福建省社会科学重点课题（2011A028）基金最终成果
教育部哲学社会科学重大招标课题（11JZD004）阶段性成果
泉州师范学院桐江学术丛书

《资本论》基本理论在终篇的具体化
——《资本论》终篇再研究

陈俊明/著

中央编译出版社
Central Compilation & Translation Press

目录

序 /1
前言 /1

第一篇 对象

第一章 《资本论》终篇的客观研究对象 /8
第一节 终篇是完整的结构 /8
第二节 终篇研究资产阶级财富总体的社会表象 /13
第三节 终篇研究的是内在规定颠倒外化的总体表象 /33

第二章 《资本论》终篇的理论对象——终点范畴 /47
第一节 终点范畴是资产阶级财富的社会表象 /47
第二节 终点范畴的特性 /55

第二篇 方法

第三章 唯物辩证法的彻底运用 /76

第四章 辩证的逻辑圆圈的完成 /109
第一节 多种逻辑圆圈的统一 /110
第二节 形成逻辑圆圈的逻辑方法 /133

第三篇 内容

第五章 科学的劳动价值论在终篇的具体化 /163
第一节 劳动价值论不是一成不变的理论 /164

第二节　终篇对劳动价值论的具体研究　　　　　　　　　　/177

第六章　科学的资本理论在终篇的具体化　　　　　　　　　　/205
　　第一节　现实资本是名副其实的三位一体　　　　　　　　　/206
　　第二节　资本理论在终篇的具体化　　　　　　　　　　　　/214
　　第三节　剩余价值的总分配　　　　　　　　　　　　　　　/235

第七章　科学的经济行为理论的具体化　　　　　　　　　　　/258
　　第一节　经济行为理论也是《资本论》的基本理论　　　　　/259
　　第二节　经济行为理论在《资本论》终篇的具体化　　　　　/269

第八章　科学的政治经济学批判在终篇的具体化　　　　　　　/295
　　第一节　《资本论》是彻底的政治经济学批判　　　　　　　/296
　　第二节　批判"三位一体公式"　　　　　　　　　　　　　/313
　　第三节　批判"斯密教条"　　　　　　　　　　　　　　　/337
　　第四节　科学批判与研究范式创新　　　　　　　　　　　　/356

第九章　《资本论》终篇的若干重要关节探赜　　　　　　　　/369
　　第一节　关于共产主义社会的剩余劳动　　　　　　　　　　/369
　　第二节　关于必然王国和自由王国　　　　　　　　　　　　/376
　　第三节　关于价值决定　　　　　　　　　　　　　　　　　/383
　　第四节　关于价值的生产与分配的关系　　　　　　　　　　/394

第十章　从理论史的末篇到理论的终篇　　　　　　　　　　　/406
　　第一节　末篇与终篇都研究"收入及其源泉"　　　　　　　/406
　　第二节　末篇对终篇的奠基和扩充　　　　　　　　　　　　/411
　　第三节　终篇对末篇的深化和拓展　　　　　　　　　　　　/425

结语　　　　　　　　　　　　　　　　　　　　　　　　　　/437

参考文献　　　　　　　　　　　　　　　　　　　　　　　　/461

后记　　　　　　　　　　　　　　　　　　　　　　　　　　/465

序

罗郁聪

陈俊明博士从1987年开始研究《资本论》终篇，1988年发表第一篇研究论文，到1996年出版《〈资本论〉终篇研究》（以下简称《终篇研究》），用了整整十年的时间啃读、钻研，可谓锲而不舍。在此后的16年中，在对《资本论》的一系列基本理论深入研究的基础上，他又觉得应该再回过头来重新研究这个终篇。于是，从2011年初起，他又重新扎进《资本论》终篇里，同时以此为题申请了一个福建省社会科学规划重点课题。现在的这部《〈资本论〉基本理论在终篇的具体化——〈资本论〉终篇再研究》（以下简称《再研究》），就是这个课题的最终研究成果。这样屈指算来，陈俊明博士对《资本论》终篇的研究和再研究前后经历了25年，实际围绕终篇的研究时间至少也有12年之久。据我了解，他自从1975年开始学习《资本论》至今，孜孜不倦地钻研《资本论》，从未间断，并且倾其研究生涯的最好年华，一再地研究它的终篇。不言而喻，终篇绝不是简单易懂的，它要使前面的研究在这里结合一系列新的条件而使之具体化，其间还包含着对"三位一体公式"和"斯密教条"的多层面、全方位批判，对不十分了解第三卷、全三卷的人来说，很难有基础、有兴趣专心致志地花这么长的时间去苦读，但是作者却孜孜不倦、津津有味地投入巨大的精力精读精研。这不仅是将《资本论》研究当成自己的终身职业，而且是将马克思主义的研究和宣传作为自己的崇高任务。他的研究有许多新的见解，但对马克思理论的正确性、科学性却从未产生过怀疑。他对《资本论》是常读常新，他的研究是越积越深，他的这种研究精神、信仰和追求不仅让人感佩，更让人深感《资本论》有巨大魅力和影响力，能够让人乐此不疲，能够给人以无尽的启示和教益。

关于《资本论》终篇，长期以来中外学术界并不重视，自作者1996年出版《终篇研究》之后，这种情况还未变化。恩格斯说过，马克思的每个字都贵似金玉。但长期以来对《资本论》整整的最后一篇却没有众多专门系统的研究，这是不可思议的，不应该的。作者对它情有独钟，一再地研究它，并且收获颇丰，发掘颇深，使马克思的这一宝贵遗产发出应有的光芒，发挥应有的作用，不至湮灭。作者的用心和苦心孤诣可谓独到，希望能引起学术界的充分关注。

这部《再研究》与他的其他几部《资本论》研究著作一起，构成《资本论》理论具体化的研究序列。从他1996年的《终篇研究》，到2000年的《〈资本论〉劳动价值论的具体化》、2004年的《资本转型论——〈资本论〉资本理论的具体化》、2006年的《政治经济学批判——从〈资本论〉到〈帝国主义论〉》、2010年的《〈资本论〉经济行为理论的具体化》，我全都仔细地阅读过，并深为他对《资本论》长期不懈的深入研究所感动，也为他的研究风格所吸引。在我国，对《资本论》长期进行这样系统深入研究的学者并不多。这些著作尽管各自有独特的研究方位，但都从全三卷的角度来阐述这些理论在全书中的具体化发展。作者于1996年出版的终篇研究，虽然没有明确表明是具体化研究，但将终点范畴与全书的具体化紧密联系在一起，论证几种基本理论在终篇的完成，其实质显然是具体化研究。现在的这部《再研究》，与前书不同，更加突出《资本论》几个基本理论在终篇的具体化。

现在看来，原先的《终篇研究》仍然有独立的科学价值，毕竟它是中外学术界系统研究《资本论》终篇的最早文本，而且这一研究持续了十年之久，涉及面较广，角度新颖，使用的方法也科学，对《资本论》终点范畴的理解和阐释有很强的说服力。但是，和现在的《再研究》相比，后者的论证更加充分和深入。之所以能比以前更上一层楼，因为作者对《资本论》的研究已经有了更多的积淀和更新的理解。因此，与《终篇研究》相比，这部《再研究》所涉及的内容更广，分析也更有深度，更见功力，许多理解或看法都很新颖，有的堪称创见。在《再研究》中，根据作为起点范畴的单个商品是"资产阶级财富的细胞形式"的观点，作者说明，终篇研究的应该是资产阶级财富的"已经发育的身体"，即已经典型化了的总体资产阶级财富。不过，虽然这种财富总体是客观存在的，它在社会表面上却并非以总体的形态、而是以分散的形式而存在、表现，这就是收入。由此，该书特别说明，马克思如何从作为终点范畴的收入与起点范畴的商品之间的关系，论证"收入"是马克思面对的"混沌的关于整体的表象"，因为在社会表面上，资本本身、剩余价值的各种表现形式、工资等等不同性质东西都统统表现为"收入"，必须对它"经过更切近的规定"，即将在社会表面的总体收入中所占份额很小、而且与总体收入的资产阶级财富性质无关的工资剥离，才能突出剩余部分的资产阶级财富性质，再对这个"庞大的商品堆积"进一步进行分析，从中抽取其元素形式，即"在分析中达到越来越简单的概念"——单个商品。这样将终点范畴的确定与起点范畴的形成联系起来，对把握《资本论》这个"艺术的整体"以及终点范畴是很有启发意义的。《再研究》认为，《资本论》的范畴体系中有几个对整个理论体系发挥重大作用的主导性范畴，这类范畴应该是直接性与间接性统一的。由此观之，剩余价值、土地所有制都不是直接性的，因而不应列入，从而确定《资本论》的四大范畴是：商品、货币、资本（狭义的）、收入，终点范畴是收入。这种理解既新颖，又比较深刻，其论证很全面，很有说服力。

从方法看，《再研究》对与终点范畴的提出、特征紧密联系的几种方法都有新的阐释。该书特别突出"直接性与间接性统一"的方法对论证几种基本理论在终篇具体化的重要作用。与前书相对照，《再研究》特别强调这些基本理论在终篇所再现的、终点范畴所具有的"直接性与间接性统一",都是间接性规定在社会表面上的颠倒表现。而且,《再研究》还很注意根据马克思的科学方法阐明理论发展的逻辑,说明按照马克思原来的计划,进一步研究的是三大阶级及其相互关系,并且是以对三种收入造成三个阶级这种现象进行分析批判为切入点的。同时说明也可以根据它的逻辑,从自由竞争的资本主义进入垄断资本主义,阐明后来的研究与《资本论》研究在逻辑发展上的一致性与跳跃性。《再研究》还证明,马克思的科学方法并非仅仅是处理思想材料的方法,还因其有预示性而能体现马克思进行理论研究的价值性。

从理论内容看,《再研究》在论证终点范畴时,虽然仍然像《终篇研究》那样从整个终篇四章的总体来把握,即论证第48章研究(c+v),第49章研究(c),第50章再研究总体的(c+v+m),第51章说明表面的分配关系与内在的生产关系之间的关系,但分析更全面,并说明了萨伊和斯密都将(c+v)与(c+v+m)混为一谈,而不是单单涉及(c+v),以致产生许多不该发生的混乱。这就将马克思的总体研究与萨伊、斯密心目中含糊不清、在不同场合有不同规定的总量相比较,并使之相形见绌。在若干讨论问题探赜中,作者还将斯托尔希也摆在萨伊、斯密的对立面,同时又说明他由于缺乏科学的基本理论,还不真正了解问题的症结,因而最终又回到萨伊、斯密的错误中。

在《再研究》中,关于劳动价值论、资本理论、经济行为理论、政治经济学批判在终篇的具体化等章的研究,探讨《资本论》的几种最重要的基本理论在终篇的发展,这是很有意义的。作者意识到,马克思在终篇并非仅仅阐明终点范畴是什么,实际上是完整地再现总体对象的社会表象,而这一对象是立体的、有复杂结构的,所以他还从不同的侧面、方位来再现它,因此,必然会涉及不同的基本理论,作者对篇幅不大的终篇探索这些基本理论的具体化,这种思考和探讨不仅与众不同,而且很符合《资本论》终篇的实际,很有必要。在《再研究》中,在论证各种基本理论在终篇的具体化时,已不再将暂时还没有涉及的其他基本理论存而不论,而是将此前的几部关于基本理论的具体化的研究成果有机地融入每个基本理论的具体化研究和思考中。这样阐述反映了资本运动的各个侧面、维度的相互联系，显然比单纯地阐明各种基本理论的完成更为具体。

人们对《资本论》劳动价值论的理解一般都比较抽象。作者在攻读博士学位的时候就已经发现，《资本论》关于劳动价值论的研究并非仅仅集中在开篇处和其他相关的地方，而是贯穿于全部三卷的始终。作者认为，既然劳动价值论与商品生产紧密联系，那么商品生产发展到什么程度，劳动价值论也应该随之发展到什么程度。因此，在《资本论》中也是不断发展的。他的这个令人惊奇的观点在《〈资本论〉劳动价值论的具体化》中得到进一步的论证。在《再研究》中，他又对这种见解进一步阐释。与《终篇研究》相比，这里对劳动价值论在终篇具体化的再研究的篇幅增加了两倍，内容更丰富，因而分析更加全面、透彻。特别是关于这一理论的内在规定与其外化表现的论述，最有新意，也能体现马克思劳动价值论与古典学派劳动价值论的重大区别。按照这种阐释，劳动价值论并非仅仅揭示社会劳动是创造价值的唯一源泉这种内在规定，还阐明这种内在规定在社会表面上决不会直接地表现，反而会在竞争中、资本家的日常意识中被颠倒表现；阐明它在一定的社会经济条件下这种颠倒表现的必然性，说明只要商品经济还在发展，这种劳动与价值创造的内在关系的规定颠倒地表现为三种要素共同分割劳动所创造的部分价值的情况还会继续存在。这对正确理解我国现阶段实行按劳分配与"按要素分配"并行的政策的确有意义，而且比其他的解释更为合理。

与《终篇研究》相比，这里对资本理论在终篇具体化的再研究的篇幅也增加了很多，它将前书的相关内容进行了必要的整合，更加系统，联系更加广泛有机。他论证，资本是一种名副其实的三位一体，既将土地所有权、雇佣劳动包容在资本之中，又将作为生产要素的土地和劳动力并入资本。在这里，作者将资本家和土地所有者归结为资本运动当事人，论证他们作为主体、特别是他们的"奇特观念"对资本运动的作用，是资本运动的题中应有之义，论证他们的行为与社会表面上的"收入"运动、与商品形式、劳动生产率内容紧密联系，使内在规定与外化表现相互作用和同时展开。作者发现，马克思在这里是结合总分配来研究资本运动的，不仅指出可以用于总分配的量的界限，而且阐明被分配的各个部分在社会表面上的表现形式对社会资本家观念的影响、对社会总资本再生产运动的影响。这样展示马克思对资本运动的再现，比起将资本运动归结为一定货币量的资本流动及其结构变动的理解，更能体现马克思的唯物主义历史观在经济理论研究中的运用，也更符合《资本论》的实际情况。

在《再研究》中，有一章专门研究经济行为理论在终篇的具体化。关于《资本论》经济行为理论的研究，虽然在学术界是鲜为人知的，但作者2010年的《〈资本论〉经济行为理论的具体化》已有深入而全面的研究。在《再研究》中，作者主要阐明这一理论在终篇的具体化。他将分配行为也归结为经济行为，但又根据工人在资本运动中的地位和获取"收入"的实际情况，将分配区分广义的和狭义的分配，并主要考察资本运动当事人之间对部分剩余价值的狭义分配，说明工人根本不可能参与这种狭义的分配，不能笼统地说工人参加分配。作者论证，马克思在《资本论》终篇是与《资本论》一、二卷末篇紧密联系的，这样将社会总资本运动的积累、再生产和分配联系起来理解终篇的研究，眼光的确独到。

《再研究》也有一章专门研究马克思的政治经济学批判，详细分析了马克思对"三位一体公式"的全方位批判，对它追根溯底，从而引出"斯密教条"，再对"公式"和"教条"产生的主客观原因进行详尽的分析。作者说明，马克思的批判至少包含着三重意义：一是批判，二是再现，三是体现自己的价值。关于批判，那是不言而喻的。所谓的再现，就是马克思通过分析"公式"和"教条"的形成与流通、竞争产生的假象紧密联系，从而将研究转向对象内在规定的外化表现，接近社会表象。作者认为，这是马克思科学再现的特有范式，是极其重要而独具特色、冠盖一切的研究范式。关于价值，体现的是马克思科学研究的价值。《再研究》说明，正如商品拜物教的客观性和历史性一样，"三位一体公式"是以资本主义商品经济为基础的，要消灭它，只有消灭资本主义商品经济，并且从根本上消灭资本主义生产方式。可见，马克思代表无产阶级进行的批判不是一般的批判，还具有革命性。作者这样的研究和分析，的确让人对马克思科学批判的意义有更深的理解。不仅如此，作者还在结语中说明，还处于社会主义初级阶段的当代中国，仍然存在着商品生产，所以"三位一体公式"所表现的一些关系还有一定的存在依据。但是，在社会主义基本经济制度基础上，它所表现的关系的性质已经发生了根本的改变。所以，马克思对它的批判和再现对指导认识当代中国的分配关系还很有意义。

《再研究》所涉及的研究方位还有很多，我尽管只是仔细地看过一遍，却感到余味未尽，还想再对照《资本论》终篇细细地品味。过去，我曾经为作者四本研究《资本论》的著作写过序言，每次都感到这些研究很有必要，也感到作者的思路和研究方法比较独特，而且功力不断加深，视野不断扩大。像这样有了较多研究之后再回过头来重新拓展深化原有研究的，在学术界的确不多，但看来很有必要。这也表明，马克思主义经济理论博大精深，值得我们不断地深入钻研。胡锦涛同志在党的十八大政治报告中提出，要深入实施马克思主义理论研究和建设工程，指出对马克思主义的信仰，对社会主义和共产主义的信念，是共产党人的政治灵魂，是共产党人经受住任何考验的精神支柱，强调全体党员要学习马克思列宁主义、毛泽东思想、中国特色社会主义理论体系。这是对学习和研究马克思主义提出的更高要求。我们应乘此加紧学习，以提高认识。我特别寄望于年轻的读者和老一辈的专家一起来探索，发掘《资本论》终篇这个理论宝库，从中吸取指导和教益，创建有中国风格、中国气派的马克思主义理论。

2012年6月 于厦门大学西村

前　言

长期以来，人们对研究《资本论》有两个显著的特点：一是大都将注意力集中在资本与雇佣劳动之间的关系上，二是更多地注意它对资本运动过程的规律和本质的研究。不言而喻，资本运动及其本质、发展趋势都是《资本论》最重要的内容，都与无产阶级的解放息息相关。所以，在无产阶级夺取政权、维护无产阶级政权的长期革命实践中，《资本论》的阶级斗争理论无疑是指导无产阶级及其政党的最重要理论基础。

随着革命的胜利，无产阶级政党的任务发生了重大的变化，人们对《资本论》的理解开始发生变化，发现其中还包含有丰富的关于一般的经济发展的理论。任务的转变导致观念的转变，对《资本论》研究方向的转型，即在坚持原有基本原理的基础上，从更广的视阈来重新研究它。"文革"结束后，人们开始根据《资本论》来论证尊重客观规律的重要性。在上世纪80年代初，在党中央的倡导下，全国上下还掀起学习、研究第二卷的高潮。人们发现，《资本论》第二卷中包含的有关社会再生产的科学论述，对社会主义建设有着极其重要的指导意义。在80年代中期，随着改革的商品经济取向明朗化，人们开始期待着研究《资本论》第三卷的高潮掀起。也正是从这个时候起，我开始了对第三卷进行专门的研究。

在最初研究《资本论》的时候，我对它的对象和方法感到比较难以把握，这反而激起研究它们的兴趣，因而根据马克思和列宁的提示，曾在这方面多作过一些探讨，从而对《资本论》是个"艺术的整体"及"事后思索"的方法有较深入的领悟。我意识到，它不仅仅是由一系列基本理论组合而成的，而是以思想材料的巧妙组织来表现各种过程、方面联系、变化的有机整体，因此每个部分在《资本论》中都是发展变化的。正是基于这种理解，我特别重视对第三卷的研究。在我检索了关于第三卷的研究文献之后，发现人们对这一卷的重视程度远远不如第一、二卷，尤其是对终点末篇，与对起点开篇的研究相比，简直不成比例。如果说，对第三卷前六篇所研究的问题，学术界皆有或多或少或深或浅的探讨，但对最后一篇，即终篇，① 除了有关《资本论》的《解说》、《提要》、《纲要》等等涉及全三卷的介绍性著作中有必要的介绍以及对其中个别问题有所涉及外，把它当成完整的一篇来进行系统的研究尚无先例。这种情况既令人不安，也令人兴奋。不安的是，在对《资本论》进行广泛而深入持久的研究过程中，人们竟把有重大理论价值的整整一座宝库搁置这么久，——至多只是对其中的个别论断有所注意，即使如此，也不是从全三卷的总体联系中来把握。——恩格斯说过："像马克思这样的人，他的每一个字都贵似金玉。"② 但长期以来人们对《资本论》整整的最后一篇却没有众多专门系统的研究，对马克思主义的研究和宣传来说，这是不可思议的，令人不安的。兴奋的是，能够有幸率先开启这座宝库的大门，发掘其宝藏，既能先品尝理论的盛宴，又能奉献于社会。

众所周知，《资本论》研究的对象是表现为资产阶级财富总体的资本运动，马克思从其中的细胞即单个商品开始，最终当然要回到这个总体本身。对这个总体对象，他是从小到大逐步展开的，因此，有关这个总体的各个侧面的基本理论，也是逐步展开的。由此发现，联系终篇可以更全面地把握《资本论》的各种基本理论，从过程发展的不同侧面来理解它们的

---

① 《资本论》终篇是研究逻辑终点的地方，与《资本论》第一、二卷的末篇、第四卷即《剩余价值理论》各册的末篇不同。说"终篇"可以与这些末篇相区别。

② 《马克思恩格斯〈资本论〉书信集》，人民出版社1974年版，第414页。

发展和具体化。结果离不开过程，过程也紧密联系着结果一样，就像一部戏剧不能只有结局，一定要有过程，完全不联系过程的生动性，就根本不能理解结局的复杂性。资本运动是不断重复和扩大的，既是结果，又是过程。所以必须结合过程来理解终点，反之亦然。

同时，我也发现，它研究的对象的社会表面运动与当代市场经济过程相距较近，这又使我们可以从新的层面来发掘这一宝库，即从它"实际提供的东西"中吸取有益的理论营养。显然，这样研究必定要与传统研究侧重雇佣劳动与资本的内在规定有所不同。一方面必须以特殊过程为基础，将研究拓展到一般过程，另一方面还要阐明内在规定的外化表现。《资本论》第三卷的这些方面研究虽然因为原先的任务而没有成为人们研究的热点和重点，却是《资本论》整体性研究的不可忽视的重要方面，对它们的研究甚至可以发现马克思特有的研究范式。由此，我开始意识到，对第三卷、特别是终篇的深入研究不能再循着人们长期以来对《资本论》研究的路径亦步亦趋，而应有新的视阈和方法，尤其要从正确理解《资本论》的总体对象内外规定的统一出发，来正确理解终点范畴，并且将《资本论》前面的各个领域的研究全部与终篇联系起来。也就是说，要超越学术界原有研究的视阈，不再只注意雇佣劳动与资本关系以及资本运动内在规定的揭示，而要重视马克思对这些内在规定外化的论述。根据这种理解，我将注意力集中在终篇。透过终篇详细而又结构复杂的论述，我发现终篇论述的内容比较具体，接近现实。正如马克思在开篇处所说："我们在本卷中将要阐明的资本的各种形式，同资本在社会表面上，在各种资本的互相作用中，在竞争中，以及在生产当事人自己的通常意识中所表现出来的形式，是一步一步地接近了。"[①] 的确，它在研究和说明资本内在规定外化的同时，对资本的社会表面联系即市场经济也进行了科学的研究，从而揭示了许多原先未能发现的东西。随着研究的深入和拓展，我越来越感到其内

[①] 《资本论》第3卷，人民出版社1975年版，第30页。

《资本论》基本理论在终篇的具体化

容博大、精深，感到其作为理论过程终点的历史价值和现实价值的深刻远大。从其具体性与切近现实方面看，其重要性远胜于《资本论》的开篇起点。经过10年的研究，我终于在1996年将原先的系列研究整理一番，出版了《〈资本论〉终篇研究》一书。

完成终篇研究之后，我将注意力转向《资本论》的几种基本理论上。在此后的15年探索中，我完成了福建省社科基金的两个重大（重点）课题，分别研究了《资本论》的劳动价值论、资本理论的具体化，后来又完成了国家社会科学基金课题"经济行为理论研究"，也对马克思的政治经济学批判有较深入的研究。在这些课题完成且相关的专著都出版之后，经过慎思，我觉得有必要从更高的视位、更新的角度、更现实的视阈、更广泛的联系重新研究《资本论》终篇，进一步发掘《资本论》终篇及全书的宝贵思想财富。我发现，正是在终篇，马克思不仅使收入理论臻于具体化，还联系主体行为来拓展理论，并且显示了与原计划的"续编"的逻辑联系，而这些正是原先的研究所需要充实的。

本书是我于1996年出版的《〈资本论〉终篇研究》的续篇。由于前书的印数较少，再加上已过16年，读者即使看过，恐怕也已经淡忘。所以，前书已经详细分析的论点，这里也作些简单介绍，以求完整。但是，本研究主要是在近16年来研究的基础上展开的，对原先已经论述过的劳动价值论、资本理论在终篇的发展，有了更新、更广的发掘，而前书没有涉及的经济行为理论在终篇的具体化，当然要补充进来。还有，终篇与《剩余价值理论史》末篇的联系，对政治经济学批判的发展，也有新的更深的理解。在联系实际方面，由于这15年来中国社会主义市场经济的深入发展，许多在80、90年代没有突出的问题现在都突出了。因此也有必要发掘在《资本论》主要基本理论的具体化集结地即终篇所包含的宝贵理论对当代中国的具体实践的指导意义。

要更深入地研究终篇，并不是一件轻而易举的事情。马克思曾说：《资本论》"这样一部巨大而且某些章节十分难懂的著作是需要时间才能读完和领会的"①。不仅这样，也只有那些有心有志、不畏劳苦愿意沿着陡峭山路攀登的人，才有希望真正全面地领会。由于人们缺乏从马克思主义整体性的意识，也不了解马克思"深化与外化统一"的研究范式，不了解马克思的唯物史观与其经济理论内在联系，或者缺乏耐心，或者带着面临的问题学习，或者为了某种特定的目的而从中搜寻相关的论述，所以都忽视与那些问题联系不那么紧密、直接的方面。特别是由于《资本论》本身的学术性，不像教科书那样，将作者的意图明明白白地披露，如果不是有科学的方法专门地研究，一般人都不会知道《资本论》各种基本理论的重点、或者再现的对象总体，是集中在理论过程最后的。

本书主要内容有四部分：

其一，确定研究对象。按照马克思的方法，在终点处要再现具体总体，是其内在规定已经外化、颠倒表现的总体。说明马克思科学方法处理的理论对象，是经过解构和重构的，要从终篇整体的角度、从与客观对象总体的关系、从与"续篇"的逻辑关系来把握终点对象及其特性。根据《资本论》的对象和方法，这个《〈资本论〉终篇再研究》不是从《资本论》的最后一章来解释终点范畴，而是按照部分到整体的方法、抓住起点与终点关系，分析终篇各章的研究对象之间的关系，论证确认逻辑终点是资产阶级财富总体在社会表面上的表象——收入。

其二，分析马克思在终篇运用的特殊方法，论证他运用的唯物史观、唯物辩证法在逻辑上的具体表现，主要涉及对象的性质分析、实体分析等方法。对这些方法及其作用，本书都联系终点范畴的论证、展开，而有新的阐释。《资本论》是《政治经济学批判》的续篇，《政治经济学批判》的导言所论述的方法正是终篇的方法。因此，本书当然也要涉及，阐明它们是如何应用的。《资本论》以"政治经济学批判"为副标题，批判方法贯穿全书并对理论的发展发挥巨大作用。在终篇，马克思所运用的批判方法

---

① 《马克思恩格斯〈资本论〉书信集》，人民出版社1976年版，第235页。

甚至还发挥特殊的作用，它既破又立，通过对"萨伊公式"和"斯密教条"的全方位批判，逐步揭示其产生的主客观原因、条件，并由此导致内在规定的外化表现。

其三，终篇论证终点范畴的过程，同时就是考察资产阶级财富总体（以19世纪中叶英国的资本运动为典型）内在规定外化为社会表象的过程，这是逐步再现对象总体的过程，因而也是充分展开研究总体对象不同方位的各种基本理论的过程。它必然研究社会总价值与社会总劳动的关系，因而会导致劳动价值论的具体化；它必然研究总资本与全体雇佣劳动的关系，因而会导致资本理论的具体化；它研究的对象总体表象是在各种主体之间的关系中形成的，所以又会导致经济行为理论在终篇的具体化；它批判了"三位一体公式"，指出它是资产阶级学者庸俗理论的集大成，所以终篇又是政治经济学批判的具体化；因为批判是从社会表面上的收入开始并围绕收入展开、论证收入范畴的，收入作为内在规定的颠倒表现，涉及其价值实体以及包含的剩余价值不同部分的社会表象，它的分配同时又是一种经济行为，所以，在终篇，收入范畴的批判，同时又是劳动价值论、资本理论、经济行为理论、政治经济学批判的具体化。

其四，终篇再研究的理论意义和现实意义，以体现其价值。终篇既是全书的总结，是"续篇"研究的出发点，又是马克思的研究目的、《资本论》价值的充分展示。终篇的研究不仅贯穿着唯物史观、辩证方法，而且奠定了科学社会主义的理论基础，甚至提示了未来社会的一系列基本的经济规定。所以，终篇是马克思主义整体性的一个典型。对此，本研究当然要系统地深入地阐述。因为终篇是《资本论》整体理论的具体化，所以，它最切近实际过程。终篇所展示的理论，只要结合现在的具体条件，使之发生适当的、不超越其发展逻辑边界的转型，也可以指导我们当代的实际过程。这也是本书所要探讨的重要内容。

第一篇 对 象

《资本论》第三卷第七篇（《资本论》的最后一篇，故简称"终篇"）的地位十分特殊，它是全书的结尾，理应是结构的终点。但是，从文字看，最后一章只开了个头，似乎没有写完。而且这一篇的标题是"各种收入及其源泉"，似乎只是前几篇的总结，只与剩余价值的分配联系较紧。这一篇由五章构成，其标题分别是"三位一体的公式"、"关于生产过程的分析"、"竞争的假象"、"分配关系与生产关系"、"阶级"，都没有明确点明终点范畴，并且第四十八章的手稿中断，与终篇篇名的联系也不那么紧，让人颇费思量。

撇开社会需要以及各个不同阶段社会主流意识的影响不说，单从经济理论的研究看，也许是因为手稿中断，也许是结构不好把握，也许认为该篇只是一个总结，长期以来，人们对《资本论》第三卷第七篇即终篇的研究甚少。在国内，除了有数的几部《提要》、《解说》、《讲解》等解说性的著作外，人们很少特地、全面地顾及它、研究它。虽然其中的某些论断已为人们重视而经常引用，但引用的时候，并没有把终篇理解为一个整体，没有把这里的整体性论述同第三卷乃至全三卷的相关论述联系起来。这种情况如果同人们对《资本论》起点的重视、熟悉、深入研究相比，反差就更强烈了。马克思说："以货币形式为其完成形态的价值形式，是极无内容和极其简单的。然而，两千多年来人类智慧在这方面进行探讨的努力，并未得到什么结果,而对更有内容和更复杂的形式的分析,却至少已接近于成功。为什么会这样呢?因为已经发育的身体比身体的细胞容易研究些。"① 照理说,经过全三卷详细深入的研究,资本运动总体的各种复杂规定都已经揭示出来,只要能理解马克思处理材料的方法,把握全三卷特别是末篇的联系,终篇应该更容易研究,更容易引起人们的兴趣和关注,但人们对马克思在这里研究整体对象却不怎么感兴趣,至少是不重视,研究文献极少,很零碎。

所谓"已经发育的身体",当然是已经典型化的具体的资本运动,就是19世纪中叶,已经达到自由资本主义较高发展阶段的英国资本运动。作为具体对象,它是客观的、复杂的、处于不断演化之中,是总体的、历史发展的、一般过程和特殊过程统一的、客体与主体统一的对象和过程。在它身上产生、蕴涵、表现着许多方面或方位的规定。且不说这时的英国,作为典型的资本主义国家已经占有大量的殖民地,这决定着价值规律已经成熟而典型,决定资本有极其广阔的海外市场,——在《资本论》中这是暂时存而不论的。——这时,工业革命已经进入较高的发展阶段,重化工业即有资本机构成高的部门纷纷出现,各个部门有机构成的差别、资本周转的差别已经拉大,从而各个部门、各种资本之间的竞争已经十分激烈,需要社会经济体制的改革和调整。各个资本家集团(产业资本家、商业资本家、生息资本家、土地所有者)的关系已经形成、稳定,银行有大量虚拟资本,与实体资本并存,资本家的行为也有虚有实。经济具有周期性特征,危机频繁发生。还有,商品经济进入较高的发展阶段,商品扩大化,各种必要的机制、杠杆都已经典型化、发挥作用。资本家的观念在资本运动中的作用越来越重要,流通的发展产生形形色色的假象,就像在激流中必然出现泡沫一样,内在关系在外化过程中被颠倒表现,并且达到相当高

---

① 《资本论》第1卷,人民出版社1975年版,第7—8页。

的程度。① 特别是资本关系已经典型而成熟，劳资两大阶级的矛盾和对立尖锐化、长期化、深刻化。

对这种复杂的客观对象，只能经过"切近的规定"②，将一些可能引起研究混乱的属于细枝末节的东西、混沌表象撇开③和处理之后，才能形成科学的理论对象进行研究。但也不是一开始就总体对象和盘托出，而是要从中抽出最基本的细胞开始研究，再逐步扩大到对象总体。由于对象是历史发展的，所以这样逐步扩大还要与对象的阶段发展紧密联系，并且要说明各个阶段的规定在阶段上升之后发生的变化。经过这样处理思想材料，使研究的对象范围不断地扩大，使之成为能够反映客观对象历史发展的逻辑体系，并在理论过程的终点处完整地再现"已经发育的身体"。

显然，《资本论》开篇研究的就是这个总体的"细胞"。或者说，开篇的研究是导向并最终要转化为对"已经发育的身体"的研究的。由此可见，终篇研究的必定是"已经发育的身体"，因而具有总体性。马克思说："对人类生活形式的思索，从而对它的科学分析，总是采取同实际发展相反的道路，这种思索是从事后开始的，就是说，是从发展过程的完成的结果开始的。"④ 经过一系列严谨的反向研究之后，自然要一步一步地接近并达到思索由以开始的"完成的结果"。

---

① "资本主义生产方式的神秘化，社会关系的物化，物质生产关系和它的历史社会规定性直接融合在一起的现象已经完成：这是一个着了魔的、颠倒的、倒立着的世界。在这个世界里，资本先生和土地太太，作为社会的人物，同时又直接作为单纯的物，在兴妖作怪。"（《资本论》第3卷，人民出版社1975年版，第938页）

② 《马克思恩格斯全集》第46卷上册，人民出版社1979年版，第37页。

③ "历史常常是跳跃式地和曲折地前进的，如果必须处处跟随着它，那就势必不仅会注意许多无关紧要的材料，而且也会常常打断思想进程；并且，写经济学史又不能撇开资产阶级社会的历史，这就会使工作漫无止境，因为一切准备工作都还没有做。因此，逻辑的方式是唯一适用的方式。但是，实际上这种方式无非是历史的方式，不过摆脱了历史的形式以及起扰乱作用的偶然性而已。"（《马克思恩格斯选集》第2卷，人民出版社1995年版，第43页）

④ 《资本论》第1卷，人民出版社1975年版，第92页。

马克思发现,客观对象历史发展的过程,同时也是资本运动的主体及其理论家研究发展变化的过程。但是,不同历史阶段的资产阶级学者的研究既受客观过程的发展状况的制约,也受他们在不同历史阶段的任务的制约。正如马克思在《资本论》第二版跋中所说:从19世纪初资产阶级最终夺得政权、世界性的经济危机爆发、两大阶级的斗争在实践方面和理论方面采取了日益鲜明的和带有威胁性的形式之后,"敲响了科学的资产阶级经济学的丧钟。现在问题不再是这个或那个原理是否正确,而是它对资本有利还是有害,方便还是不方便,违背警章还是不违背警章。不偏不倚的研究让位于豢养的文丐的争斗,公正无私的科学探讨让位于辩护士的坏心恶意。"① 资产阶级古典经济学已经彻底破产,庸俗经济学大行其道,它的理论正好是本质规定的社会表象的忠实反映。对此,科学研究当然要进行深入的批判。对马克思来说,研究和批判是同时进行的紧密联系的。马克思经济学的这种特征在《资本论》终篇也表现得十分突出。

的确如此,在终篇之前,马克思已经将其中的大部分规定及其相互之间的关系都逐一揭示,特别是《资本论》第一卷第七篇"资本的积累过程"和第二卷第三篇"社会总资本的再生产和流通"已经分别研究了社会总资本的积累和再生产。但是,第三卷的这个末篇即全书的终篇对这个总体对象却有新的视阈。就像第二卷末篇研究再生产包含第一卷的积累一样,第三卷末篇也将第一、第二卷末篇所研究的积累和再生产过程包含在内,不过并非两者的统一,而是这种统一的社会表现。对此,马克思在第三卷开头处有明确的说明:"在第一卷中,我们研究的是资本主义生产过程本身作为直接生产过程考察时呈现的各种现象,而撇开了这个过程以外的各种情况引起的一切次要影响。但是,这个直接的生产过程并没有结束资本的生活过程。在现实世界里,它还要由流通过程来补充,而流通过程则是第二卷研究的对象。在第二卷中,特别是把流通过程作为社会再生产

---

① 《资本论》第1卷,人民出版社1975年版,第17页。

过程的媒介来考察的第三篇指出：资本主义生产过程，就整体来看，是生产过程和流通过程的统一。至于这个第三卷的内容，它不能是对于这个统一的一般的考察。相反地，这一卷要揭示和说明资本运动过程作为整体考察时所产生的各种具体形式。资本在自己的现实运动中就是以这些具体形式互相对立的，对这些具体形式来说，资本在直接生产过程中采取的形态和在流通过程中采取的形态，只是表现为特殊的要素。"① 这表明，他并不满足于研究"资本在直接生产过程中采取的形态和在流通过程中采取的形态"，还要再现现实运动的"具体形式"，要将这些"特殊的要素"与这些具体形式的互相对立联系起来考察。马克思说："我们在本卷中将要阐明的资本的各种形式，同资本在社会表面上，在各种资本的互相作用中，在竞争中，以及在生产当事人自己的通常意识中所表现出来的形式，是一步一步地接近了。"② 这一方面说明，整个第三卷都是围绕它而展开的，另一方面也表明，终篇就是要全面再现"资本的各种形式……在竞争中，以及在生产当事人自己的通常意识中所表现出来的形式"。由此可见，这个总体对象不仅具有综合性，还具有表象性。当然，这个总体"已不是一个混沌的关于整体的表象，而是一个具有许多规定和关系的丰富的总体了"③，这些规定和关系并非仅仅内在的，还包括它们的外化表现的规定。

只要纵观《资本论》全书，我们不难发现，第一、二卷的末篇研究的都是社会总资本的运动。④ 根据理论发展的逻辑，在第三卷的末篇自然也要研究社会总资本。

诚然，终篇的篇名"各种收入及其源泉"，这使人们难于较直接地了解它与该篇的研究对象及其与全书总体对象的关系，因为它与全三卷中的

---

① 《资本论》第3卷，人民出版社1975年版，第29—30页。
② 《资本论》第3卷，人民出版社1975年版，第30页。
③ 《马克思恩格斯全集》第46卷上册，人民出版社1979年版，第38页。
④ "一切生产部门的平均构成加以总平均，就得出一个国家的社会资本的构成，我们以下要谈的归根到底只是这种构成。"（《资本论》第1卷，人民出版社1975年版，第673页）

其他各篇有明显的不同。在此之前，人们可以很容易从马克思所标示的各篇的篇名了解到各篇对象与总体对象的关系。但是，只要深入理解第四十八章"三位一体的公式"，就会发现，这一篇篇名所说的"收入"是指社会表面上所呈现的收入，不仅有利润、利息和地租，还包含着工资，而且在斯密以来的资产阶级学者都认为c部分会全部转换成（v＋m），换句话说，所谓的收入，指的是全部社会总产品的价值；与此相联系，所谓的"源泉"当然是社会表面上表现出来的、存在于资产阶级意识中的观念，不仅有劳动，还有资本和土地。显然，这里说的实际上是对象总体的社会表象或折射。所以，马克思不仅要客观地再现它，更要揭示它与所颠倒表现的内在规定的关系。

了解了终篇所要研究和再现的对象之后，人们自然也就不会再囿于普通思维方式而从第三卷的最后一章即第五十二章中去寻找终点范畴，而遗憾"手稿中断"了。反之，就应会发现，终篇的各章形成了一个完整的逻辑阶段、逻辑单元，研究和反映的是总体性、综合性、内在性与表象性统一的对象总体。

第一章 《资本论》终篇的客观研究对象

我们知道,《资本论》是个完整的艺术整体,所以,终篇应当而且必定包含着与起点及过程的关系。由此观之,没有研究终篇,没有结合终篇,对起点及过程的研究就都是不够深刻、不够科学的。其实,无论从整体性、系统性这种关系看,还是从理论在终篇的具体化、理论目的明朗化来看,终篇都是不容忽视的,其重要性及内容的丰富绝对是起点所不能比拟的。那么,是什么原因造成这种研究的缺如和滞后呢?最首要的恐怕是在逻辑上。从终篇本身看,其最后一章即第五十二章名为"阶级",而且"手稿中断",这就使人们不容易把握全书的逻辑终点。所以,要研究它,我们就应首先从终篇与全三卷的关系来理解它作为理论结构的终点的研究对象,为此,自然也就要涉及整个终篇的逻辑结构。

第一节 终篇是完整的结构

《资本论》终篇的篇名是"各种收入及其源泉",最后一章即第五十二章名为"阶级",而且"手稿到此中断",这使人们很容易产生一种感觉:《资本论》没有写完,因此很难说有终点。大概是由于这种原因,人们从来没有提出终点范畴这一概念,更没有深入地研究它。

但是我们知道,马克思在写完《资本论》第三稿包括现行的第三卷之

第一章 《资本论》终篇的客观研究对象

后,曾经抑制不住成功的喜悦,宣称这部巨著的"结构,整个的内部联系是德国科学的辉煌成就",并自豪地说这是德国"全民族的功绩"。① 如果手稿没有写完,怎么能说有完整的结构? 后来,马克思又进一步说明,《资本论》是个完整的"艺术的整体"②。这更表明,它不仅是有始有终的,而且起点与过程、终点存在着有机的联系。

恩格斯在第三卷序言中指出,该卷是"理论部分的终结"③。如果结构不完整,那是谈不上"终结"的。恩格斯在另一个地方还说过:"第三卷所阐述的就是剩余价值的分配规律。而讲完了剩余价值的生产、流通和分配,也就结束了剩余价值的整个生涯,此外对它就没有更多的东西好谈了。"④ 这表明,《资本论》目的是实现了,是有终点的。

如果再从《资本论》的创作过程来看,这个问题还会更为清楚。现有手稿表明,从1863年8月到1865年底,马克思重写了《资本论》第三册的草稿。马克思在他的《政治经济学批判》第一分册中说过:"科学和其他建筑师不同,它不仅画出空中楼阁,而且在打下地基之前就造起大厦的各层住室。"⑤ 这也表明,整部《资本论》的结构是相当完整的。由于有以前写成的两部手稿,所以他在写完第Ⅰ册(即第一卷)草稿之后,不是照顺序接着写第Ⅱ册,而是跳过去写第Ⅲ册。在1864年下半年至1865年上半年写完第Ⅲ册前半部分之后再转过来写第Ⅱ册,最后再回到第Ⅲ册上来。⑥ 1866年2月13日,马克思高兴地告诉恩格斯:"关于这本可诅咒的书,它的情况是:12月底已经完成。……我正好于1月1日开始誊写和润

---

① 《马克思恩格斯〈资本论〉书信集》,人民出版社1976年版,第202页。
② 《马克思恩格斯〈资本论〉书信集》,人民出版社1976年版,第196页。
③ 《资本论》第3卷,人民出版社1975年版,第3页。
④ 《马克思恩格斯全集》第22卷,人民出版社1965年版,第511页。
⑤ 《马克思恩格斯全集》第13卷,人民出版社1962年版,第47页。
⑥ 参看马健行、郭继严:《〈资本论〉创作史》,山东人民出版社1983年版,第387页。

《资本论》基本理论在终篇的具体化

色。"① 可见，整部书的手稿已完成了，有终点，应该是没有疑义了。众所周知，马克思的写作态度是极其严谨的，他在 1865 年 7 月 31 日给恩格斯的信中说："我不能下决心在一个完整的东西还没有摆在我面前时，就送出任何一部分。不论我的著作有什么缺点，它们却有一个长处，即它们是一个艺术的整体。"② 所以，第一卷的整理付印，就表明了全套书已经是一个"完整的东西"摆在马克思前面了。

据研究马克思主义经济思想史的专家考证，马克思 1864 年下半年至 1865 年底写成的第Ⅲ册草稿，分为七大章，没有分篇，但各章的内容和题目与现行的第三卷七大篇是一致的。③ 虽然马克思的手稿已为恩格斯整理过，但恩格斯说过：他"总是尽可能保存初稿的性质"④。尽管从字面看，第七篇手稿似乎没有写完、"中断"了，但恩格斯在编辑第三卷的序言中先是说：本卷"每一篇的开端通常都相当细心地撰写过，甚至文字多半也经过推敲"⑤，后面又说："第七篇的手稿是完整的。"⑥ 这也意味着终篇是完整的，也是艺术的整体。所以，《资本论》第三卷是完整的，终篇是确定的、完整的，有终点范畴也应该是没有疑问的。

既然《资本论》的理论结构是完整的，研究的对象是完整的，那么，如何准确地把握这一对象呢？终篇文本似乎没有很明确的提示，何况第五十二章"阶级"还是"未完成的书稿"。所以，要了解这一问题，按照常识在著作的最末章节段落去寻找是无济于事。出路只有一条，就是从全书的理论结构和终篇的理论结构来把握，因为整部著作是一个"艺术的整

---

① 《马克思恩格斯〈资本论〉书信集》，人民出版社 1976 年版，第 200—201 页。
② 《马克思恩格斯〈资本论〉书信集》，人民出版社 1976 年版，第 196 页。
③ 参看马健行、郭继严：《资本论创作史》，山东人民出版社 1983 年版，第 387—388 页。
④ 《资本论》第 3 卷，人民出版社 1975 年版，第 7 页。
⑤ 《资本论》第 3 卷，人民出版社 1975 年版，第 4 页。
⑥ 《资本论》第 3 卷，人民出版社 1975 年版，第 11 页。

第一章 《资本论》终篇的客观研究对象

体"。而这种系统化的结构,无非是用科学的方法"观念地反映出来"① 的对象而已。因此,了解《资本论》的总体对象,将有助于我们了解这一艺术结构的起点和终点。

关于政治经济学的对象,马克思在不同的研究和创作时期虽然有不同的表述,但实质是一样的。在《1857—1858年经济学手稿》中,马克思写道:"政治经济学所研究的是财富的特殊形式,或者不如说是财富生产的特殊社会形式。"② 所谓财富的特殊形式,在资本主义社会中,当然就是资本。在1865年底完成的第Ⅲ册手稿(即恩格斯整理出版的《资本论》第三卷)的开头,马克思则这样写:"在第一卷中,我们研究的是资本主义生产过程本身作为直接生产过程考察时呈现的各种现象,……至于这个第三卷的内容,……要揭示和说明资本运动过程作为整体考察时所产生的各种具体形式。"③ 所以,1876年版本和在1859年的《政治经济学批判》一样,都是以"资本主义生产方式占统治地位的社会财富"④ 为开头的。

在1876年出版的《资本论》第一卷序中,马克思说:"本书研究的,是资本主义生产方式以及和它相适应的生产关系和交换关系。到现在为止,这种生产方式的典型地点是英国。"⑤ 在后来马克思亲自修订的法文版中,他把"这种生产方式的典型地点是英国"改译为"英国是这种生产的典型地点"。⑥ 由此可见,序言中所说的对象,乃是资本主义生产及与之相适应的生产关系和交换关系⑦,其实也就是资本这种财富的生产及与之相

---

① 《资本论》第1卷,人民出版社1975年版,第23页。
② 《马克思恩格斯全集》第46卷下册,人民出版社1980年版,第383页。
③ 《资本论》第3卷,人民出版社1975年版,第29页。
④ 《资本论》第1卷,人民出版社1975年版,第47页。
⑤ 《资本论》第1卷,人民出版社1975年版,第8页。
⑥ 法文版《资本论》中译本,中国社会科学出版社1983年版,第2页。
⑦ 冯文光、张仲朴:《法文版〈资本论〉的独立价值》,黑龙江人民出版社1985年版,第20—21页。

适应的各种关系。

在马克思研究资产阶级财富之前，资产阶级古典学派对社会财富也有较深入的研究。他们以"国民财富"为研究对象，探讨其性质、原因及增长的"自然规律"，其学说具有相当的合理性。对这种合理的东西，马克思必定会加以批判地继承。如果不了解这一师承关系，就不能准确地把握马克思的研究对象。但是，即使是古典学派，也认为资产阶级社会是"一般"的社会，所以，他们考察只是"一般"形态的财富。与此不同，马克思研究则是财富的特殊社会形式。既然对象总体是资产阶级财富，那么，作为观念地反映这一对象总体的科学著作，其"艺术的整体"结构的终点就应该是这一总体即资产阶级财富的全面的（包括内部和外部）、辩证的（反映其历史、现状和趋势）再现。

作为一种特殊的财富，从可以直接观察的意义看，它是一个庞大的总体，是一个混沌的整体，不仅包含着真实的东西，而且有其特殊的社会表象，其中还不可避免地包含有虚拟的和虚假的成分。对这样一个复杂而混沌的总体对象，当然不可能一下子就和盘托出。——人的认识总是从简单开始，逐步上升到复杂，思想材料也这样展开，——只能从对象最基本的最简单的细胞或元素开始，尔后再逐步扩展到全体，形成再现对象总体的思想具体。因此，必须根据对象本身的性质，采用特殊的科学方法，先经过特别的处理，即暂时撇开与再现总体对象无关宏旨的方面、侧面，撇开可能引起紊乱和曲折，经过切近的规定，再从细胞到总体。但是，这种再现并不是简单的镜面式的反映以及临摹面的扩大，而是其内部机构的揭示，内在规定的丰富。其间，为了研究的方便，还需先将影响深入研究的假象、表象暂时撇开，待到内在规定揭示后，再将这些内在规定与原先暂时撇开的研究条件结合，使之发生转型而接近对象总体在社会表面上的表现，使内在规定与其外在表现综合，完整地再现客观对象"多样性的统一"①。为了能这样扩展,处于起点的整体对象的简单元素,应该包含着复杂整体的复杂规定的萌芽,这样才能从抽象到具体、从深化到外化地上升。根据这种辩证的逻辑方法,在反映特定时代特定对象的限度内,上升应该是有始有终的,终点应该是起点包含萌芽的完全展开。所以,在这个反映特定对象的理论体系内,这个终点是离开又回归起点,并且高于起点。马克思在说明政治经济学的方法时也明确指出,逻辑行程从起点开始,经过分析达到一些最简单的规定以后,行程又得回过头,最终还要回到原先的起点,但这不是简单的复归,而是达到一个具有许多规定和关系的丰富总体,这是一种思想具体。② 根据这种方法,再根据《资本论》从资产阶级财富的元素开始的情况,我们便可以断定,《资本论》的终点是充分展开的、规定具体的资产阶级财富总体。而第三卷,不仅是研究这一总体,主要还是"揭示和说明资本运动过程作为整体时所产生的各种具体形式"③。在《资本论》第三卷的前六篇中,马克思研究的是资本的各种形式以及剩余价值的各种具体形式,这当中,在许多地方都从一定的角度阐述了资产阶级财富总体的某些规定,但在第六篇地租(剩余价值的最后一种形式)的研究结束以前,资产阶级财富总体中所包含的剩余价值就还未完全具体化,所以,最具体的资产阶级财富总体只能在最后一篇中再现。

可见,必须从《资本论》的对象和方法的统一来了解《资本论》的整体结构,才能了解这一结构的终点。

第二节 终篇研究资产阶级财富总体的社会表象

说终篇研究资产阶级财富总体即社会总资本,似乎与《资本论》第

---

① 《马克思恩格斯全集》第46卷上册,人民出版社1979年版,第38页。
② 《马克思恩格斯全集》第46卷上册,人民出版社1979年版,第37—38页。
③ 《资本论》第3卷,人民出版社1975年版,第29页。

《资本论》基本理论在终篇的具体化

一、二卷末篇的研究对象没有什么区别。其实不然,和前两卷分别研究的社会总资本的积累和实现不同,终篇研究的是这种财富总体的社会表象。在研究实现的时候,剩余价值的实现还是作为整体表现为货币的,而在终篇,剩余价值已经被分割,具有不同的表现形式:利润、利息、地租,在社会表面上,它们又全都表现为收入。

一、研究总体各个部分的社会表象

仅从字面看,终篇的篇名是"各种收入及其源泉",研究的只是构成各种收入的年价值产品部分,似乎不是资产阶级财富总体,只涉及其中的一个部分。而且这里每一章都以很大的篇幅批判资产阶级学者的错误理论,这很容易造成错觉,似乎终篇不是研究总体对象。

但是,只要深入了解终篇与《资本论》对象的特殊性——这里主要指其具有内在性和表象性的统一,——第三卷及终篇的逻辑结构,了解第三卷的再现外化的方法,就可以发现其中包含的奥妙和玄机,了解马克思的研究目的和处理思想材料的苦心孤诣。终篇之所以取这一篇名,是因为在第三卷前六篇研究各种收入之后,有必要在最后一篇作个总结。之所以涉及"源泉"的问题,因为正是在这个问题上,不仅资产阶级古典经济学陷入泥潭,而且庸俗经济学还在这个泥潭中的将脏水搅混,提出一个"消灭了一切内部联系的"① 三位一体的公式。后者所依据的,全是竞争中呈现的社会表象,这正好是对象总体内在规定在社会表面上的折射或颠倒表现。所以通过批判可以揭示内在规定与外在表象之间的联系。正是通过总结和批判庸俗的"三位一体公式",马克思实现了对客观对象总体的科学再现而形成终点范畴。

先看第四十八章,它以"三位一体公式"为标题,全面分析其从形式结构到内容所包含的用意,深入地批判这个"公式"体现和包含的各种错

---

① 《资本论》第3卷,人民出版社1975年版,第939页。

第一章 《资本论》终篇的客观研究对象

误。如果仅从公式本身而言，它只涉及三种收入形式，即利息、地租和工资，与资产阶级财富总体即（c+v+m）有个巨大的差额C（假定全部生产资料的价值一年内全都转移到全部产品中）①。在这里，马克思暂时将这个错误撇开，或者说，将年产品价值中所包含的转移来的不变资本部分暂时先存而不论，就这个"公式"分析其结构和内容的错误。不过，这并不意味着马克思终篇的研究对象是总收入即v+m部分，而只是在这里先就这一部分进行分析，之后再涉及总收入的其他部分。既然《资本论》是一个艺术的整体，那么就我们不能孤立地看待《资本论》的任何一章，何况是在一个结构严谨的篇章中。必须注意的是，马克思已经充分论证，这一人们通常称为国民收入的部分，只是活劳动创造的。作为价值，它的源泉只有一个。但是这一"公式"却将它分解成的几个部分收入反过来当成价值的源泉了："这个源泉本身产生出这几个价值部分和这几个价值部分借以存在或可以转化成的那些有关产品部分，因而是产生出产品价值本身的最后源泉。"② 虽然这里还仅仅是就这几种收入而言的，但实际上已经将"公式"的根本性错误揭示出来了。直接看，马克思是在批判"公式"的错误，但结合马克思深化与外化统一的方法深入地品味，就可以发现，他以此为基础，在全方位解构"公式"内容错误的同时，还详细分析它如何表现了本质关系假象化、鼓吹财富的各种要素互相间的独立化和硬化、物的人格化和生产关系的物化、经济关系异化。③ 换句话说，"公式"显示的

---

① 在斯密那里，除了已经转移的生产资料价值外，社会总产品的价值还包含通过"以此类推"的办法将当年没有转移的生产资料的价值分解为v+m。而萨伊的"三位一体公式"所表达的却不是这种意思。详见本书第八章。

② 《资本论》第3卷，人民出版社1975年版，第934页。

③ 《资本论》第3卷，人民出版社1975年版，第938—939页。虽然马克思是在肯定资产阶级古典经济学的功绩，但也指出，这只是在客观的意义上、而非有意识地批判这"四个化"，所以"也还或多或少地被束缚在他们曾批判地予以揭穿的假象世界里，因而，都或多或少地陷入不彻底性、半途而废和没有解决的矛盾中"。（《资本论》第3卷，人民出版社1975年版，第939页）

不是对象的内在规定，而是它的外在表现，并且是内在规定的颠倒表现。可见，马克思对"公式"的批判同时还是在论证对象内在规定在庸俗的资产阶级学者理论中的外化。

在第四十九章，马克思转换视角，主要批判资产阶级学者将 C 部分撇开，即不考虑它的再生产的错误，换句话说，是围绕不变资本部分论述的。在这里，马克思先从分配的角度来分析社会总资本即总产品的再生产，"考察劳动的全部年产品的价值"，即"社会总资本的产品的价值"①，指出资产阶级学者将纯收益和总产品价值混为一谈必然造成无法克服的"困难"，并在剩余价值的具体形式上考察社会资本再生产的过程而解决了这些"困难"。②这实际上是在批判他们不该抛弃 C 部分。——这里涉及的是当年转移到产品中去的 C，至于"那个曾被使用但是没有消费掉的固定资本"部分。在这里马克思将它"暂时撇开不说"③，这不仅是为了论述方便，还因为它本身是以生产资料的形式存在，不可能被作为生活消费品，因而比转移到年产品中的 C 部分更具有不可被各种收入置换的形式。——显然，这部分论述实际上是以 C 为对象的。但他也说明，无论是工资、还是利润、利息、地租，在社会表面上都表现为货币收入，并且资本也同样表现为货币收入，甚至不变资本也是如此。因此，在社会表面上，一切都是由收入来购买，从而 C 部分就完全被分解为收入。正是根据这种表象，"三位一体公式"把全部总产品都分解为纯收益，根本否认年产品价值中的 C 部分。在这里，马克思就 C 论事的时候，不仅先结合三种不同的收入形式；说明社会总资本的再生产，将第二卷第三篇的研究进一步具体化了，而且分析了这种内在规定在收入形式上、在竞争中会颠倒表现。马克思既说明 C 是不能被分解为 (v+m) 的，又进一步说明，萨伊"公式"产

---

① 《资本论》第 3 卷，人民出版社 1975 年版，第 941 页。
② 《资本论》第 3 卷，人民出版社 1975 年版，第 944—948 页。
③ 《资本论》第 3 卷，人民出版社 1975 年版，第 944 页。

生的"幻想"不过是斯密教条的"必然的和最后的表现"①。这实际上是在批判"萨伊公式"的理论渊源。与第四十八章一样，第四十九章也是将阐明内在规定在社会表面上的颠倒表现与批判紧密结合起来。

显然，第四十八章就（v＋m）部分进行分析，第四十九章则主要涉及C部分，是分别研究资产阶级财富总体的两个组成部分，到第五十章，马克思又整合上两章的阐述，证明年产品价值的绝对界限不因各种收入的分割比例的变化而变化，② 再说明各种收入范畴的界限尽管在现实经济过程中会因竞争而出现各种变动，但从较长时期来看，这些界限都不会改变，因此，这些收入决不能扩大到连C也包括在内，由此说明年产品总价值不能由收入决定。显然，这里的研究涉及的是年产品总价值包含的c、v、m三个部分。这样将统一物解构为不同的部分或侧面，在分别考察后再重构研究的方法，在《资本论》中的运用是屡见不鲜的。当然，在这里他也不是简单地重复以前的研究，而是从资本家之间的竞争以及竞争的表现所呈现出来的现象来说明，竞争的确会产生许多假象，以至于造成C部分不存在、社会总价值全部被分解为收入、收入决定价值的假象。可见，这是在批判产生"萨伊公式"的社会表象条件——它虽是客观存在的，但却是肤浅的表象。这也意味着，这种谬论和商品拜物教一样有一定的现实依据，只要这种依据不消失，这种谬论就不会消失。批臭它与彻底地消灭它是两回事。

总之，这三章是"从不同的角度论述同一问题"③，先指出庸俗经济学将三种"收入"（v＋m）扩大为资产阶级财富总体的主观错误，再说明竞争造成C被分解的社会表象是造成这种错误的客观原因，既是从总体上把握资产阶级财富，又合理地说明它们在"竞争中，以及在生产当事人自己

---

① 《资本论》第3卷，人民出版社1975年版，第951页。
② 《资本论》第3卷，人民出版社1975年版，第970页。
③ 《资本论》第3卷，人民出版社1975年版，第7页。

的通常意识中表现出来的形式"①，以及产生这种异化形式的主、客观原因。总起来看，这几章不是孤立论述的，而是紧密联系的，是围绕资产阶级财富总体，通过对资产阶级经济学分配理论的批判，从总体上接近了当时整个资产阶级财富的社会表面上的表现。

但是，这三章的研究主要还是说明资产阶级财富的实体不可能像斯密所说的那样"以此类推"地全部分解为各种"收入"，说明各种收入的实体都是劳动所创造。虽然也说明了导致国民收入分割——不是科学意义的"分配"——模式的原因是不同的所有权，但仍需要进一步上升到唯物主义历史观的高度。

在第五十一章，马克思就从唯物主义历史观的角度来分析"三位一体公式"所表现的关系。按照这个"公式"，不仅资本家和土地所有者参加了分配，而且工人也参加了"分配"，并且这种所谓的"分配"还被有些资产阶级学者界定为"自然的关系"。这不仅是以"所谓的事实"②即肤浅表象为依据的，而且是与真实的生产关系无关的。与此相反，马克思先确定，资本主义的分配关系本质上是剩余价值在各个资本家集团之间、他们与土地所有者之间的分割，再说明这种本质关系在社会表面上却颠倒表现为"三位一体公式"所示的表象，正是在这种意义上，他说这种所谓的分配关系"本质上和生产关系是同一的，是生产关系的反面"③。由是，就将这种在社会表面上表现出来的"分配关系"与最深层次的生产关系联系起来，说明一般的基本矛盾即生产力与生产关系的矛盾会表现为具体的分配关系与生产关系的矛盾。

由此观之，终篇的前三章主要阐明资产阶级财富总体内在规定的外化即社会表象，第五十一章是将内在规定与外在的社会表象统一起来，实现

---

① 《资本论》第3卷，人民出版社1975年版，第30页。
② 《资本论》第3卷，人民出版社1975年版，第993页。
③ 《资本论》第3卷，人民出版社1975年版，第993页。

了完整的再现。

综观《资本论》全过程，我们看到，马克思始终围绕资产阶级财富或社会总资本，从其抽象的元素开始，揭示其包含的各种规定，又以这些规定为基础，逐步在对该财富总体各个部分在不同历史阶段中的运动的研究过程中丰富这些规定，直到在终点全面地具体地再现这一总体。通过这一过程，马克思建立了科学的政治经济学批判体系。① 马克思说，他只是写完原来庞大计划的"精髓"部分，"至于余下的问题"，"别人就容易在已经打好的基础上去探讨了"。② 到第三卷第五十一章，马克思的计划已经完成了，就像恩格斯所说的："此外对它就没有更多的东西好谈了。"显然，全书可以在此打上句号了。

可以说，《资本论》的终点范畴就是资产阶级财富总体及其社会表象。或者更准确地说，是已经揭示了内在规定的总体表象。它和起点由以抽出单个商品的"资本主义生产方式占统治地位的社会财富"既是同一的，又有不同。在起点处，它是混沌的，从中抽出的单个商品则十分抽象，连资本关系也暂时存而不论。而在终篇，资产阶级财富总体作为终点范畴"已不是一个混沌的关于整体的表象，而是一个具有许多规定和关系的丰富的总体"③。它既复杂又具体，既有内在规定，又有内在规定的颠倒表现，从而高于起点。

根据终点范畴的确定、论述，我们终于可以这样确证：马克思在第五十一章之后还以"阶级"为题写了第五十二章的一个开头，虽然没有写完，并不意味着整部《资本论》没有完成，而是意味着它开始新的起点，并以这个起点开始新的逻辑圆圈。在这里，马克思提出"什么事情形成阶

---

① 《资本论》的副标题是"政治经济学批判"，可见马克思的经济理论是《政治经济学批判》，而不是《政治经济学》。
② 《马克思恩格斯〈资本论〉书信集》，人民出版社1976年版，第170页。
③ 《马克思恩格斯全集》第46卷上册，人民出版社1979年版，第38页。

级?……什么事情使雇佣工人、资本家、土地所有者成为社会三大阶级"①的问题。在经济关系分析的基础上顺理成章地引出阶级问题,虽然还只是一个开头,但人们却可以根据全书所揭示的原理去探讨"同地租、利润、工资这三个主要收入形式相适应的发达资本主义社会的三大阶级,……以及由他们的存在所必然产生的阶级斗争……"②显然,这个问题,虽然与资产阶级财富的运动有关,却不属于这一主题。《资本论》从资产阶级财富的细胞开始,逐步扩大其范围,直至总体,并且从表象开始进入内部,又说明内在规定的外化,达到这个资产阶级财富的社会表象,呈现了一个标准的逻辑圆圈。从批判只根据社会表面上的不同收入来说明三大阶级产生的错误出发,开始研究资本运动形成的三大阶级的对立,其逻辑上升的轨道自然不属于全三卷所构成的"科学圆圈"③,而是顺着这一圆圈或螺旋的轨道继续上升的另一个(层)圆圈的起点。所以,"阶级"这一章发挥着两个圆圈之间承前启后的作用。从其方法来看,正好向人们显示了:全三卷的起点和终点构成的并不是平面的、半径曲率处处相等的圆圈,而是一串立体的螺旋中的一层螺旋,它从起点出发,最终又回到起点;这个终点既高于起点,同时又是另一层圆圈的起点,并且蕴含着新的逻辑过程以及进一步发展的逻辑。因此,这一章是两个逻辑圆圈的交接处。

我们知道,马克思当时完全有时间和精力将这一章再写下去,但是他却说这本"可诅咒的书"1865年12月底已经完成,"我正好于1月1日开始誊写润色"。马克思所以没有再写下去,无非是感到预定的计划已经完成,逻辑终点已经形成,可以集中精力"誊写和润色"了。所以,人们大可不必为手稿第五十二章的"中断"而感到惋惜和疑惑,相反地,倒是应该由此体会到:马克思的《资本论》不是封闭的体系,而是其终点预示着

---

① 《资本论》第3卷,人民出版社1975年版,第1001页。
② 《资本论》第3卷,人民出版社1975年版,第11页。
③ 列宁:《哲学笔记》,人民出版社1974年版,第251页。

新起点的开放系统,整个过程表现出一种内在的扩张力和扩张的逻辑。后人应该在他已奠定好的基础上,循着这一科学方法所特有的轨道,根据他的理论所具有的内在逻辑将这一科学推进到新的层次。

二、结合流通阐明总体表象的形成

马克思在第三卷开头处写道:"我们在本卷中将要阐明的资本的各种形式,同资本在社会表面上,在各种资本的互相作用中,在竞争中,以及在生产当事人自己的通常意识中所表现出来的形式,是一步一步地接近了。"① 这表明,对象总体的表象并非仅仅在竞争中表现出来的完全外在的混沌表象,还有"在生产当事人自己的通常意识中所表现出来的形式",简单说,就是在资本家的观念中、意识中的表现。在终篇,马克思很详细地论证了竞争对总体表象形成的作用。

所谓"资本在社会表面上,在各种资本的互相作用中,在竞争中",显然是指在流通中。虽然对流通的研究并非起于第三卷,但《资本论》第二卷研究的资本流通过程,实际上是一种抽象的流通,还不是具体的市场上的流通。所以,这种研究是在第三卷才真正展开的。这实际上是研究资本运动内在规定在流通和竞争中的外化:"从它的可以说内部的有机生命,进入外部的生活关系"②,在复杂的浮光掠影的外部生活中,资本内部关系看不到了,显示的是一系列性质不同的关系,"在这些关系中,互相对立的不是资本和劳动,而一方面是资本和资本,另一方面又是单纯作为买者和卖者的个人;流通时间和劳动时间在它们的进程中会互相交错,好像二者同样地决定着剩余价值;资本和雇佣劳动互相对立的最初形式,会由于一些看来与此无关的关系的干扰而被掩盖起来;剩余价值本身也好像不是

---

① 《资本论》第3卷,人民出版社1975年版,第30页。
② 《资本论》第3卷,人民出版社1975年版,第52页。

占有劳动时间的产物，而是商品的出售价格超过商品的成本价格的余额"①。但是，这些外化的结果还只是导致了内在规定被掩盖，还不是颠倒表现。随着研究对象范围②的扩大，关系的复杂化，对象内在规定就逐步因外部的因素而被颠倒表现了。

在生产过程中，剩余价值的性质会不断在资本家的意识中出现③，尽管由成本价格和利润等概念的形成将所有的预付资本都当成利润的源泉，将资本和劳动混为一体，将本质关系掩盖，但还没有将它颠倒表现。但是在流通过程中，原有的一点短暂的、隐隐约约的感觉很快就消失殆尽，因为生产过程会不断地转化为流通过程，转化为由流通产生的运动。"剩余价值一方面表现为在流通过程中实现的、超过商品成本价格的余额，另一方面表现为一个通过它对总资本的关系获得进一步规定的余额——的关系中，资本表现为一种对自身的关系，在这种关系中，资本作为原有的价值额，同它自身创造的新价值相区别。"④这样，本质关系在流通中被颠倒地表现了。

资本在流通领域中的流动必然产生激烈的竞争，并且竞争还表明："1. 平均利润，它不以不同生产部门的资本的有机构成为转移，因而不以一定资本在一定剥削部门占有的活劳动量为转移；2. 因工资水平的变动而引起的生产价格的涨落，这是一种乍看起来和商品的价值关系完全矛盾的现象；3. 市场价格的波动，它使一定时期内商品平均市场价格不是归结为市场价值，而是归结为一种和这个市场价值相偏离、而且和它差别极大的市场生产价格。所有这些现象，似乎都和价值由劳动时间决定相矛

---

① 《资本论》第3卷，人民出版社1975年版，第52页。
② 研究对象范围与研究范围不同，前者指的是对象本身范围的扩大，如从单个资本扩大到不同资本、社会总资本，后者指的是从典型对象扩大到具体对象，具体对象包括典型对象的活动载体、背景、条件等。
③ 《资本论》第3卷，人民出版社1975年版，第52页。
④ 《资本论》第3卷，人民出版社1975年版，第57页。

第一章 《资本论》终篇的客观研究对象

盾,也和剩余价值由无酬的剩余劳动形成的性质相矛盾。因此,在竞争中一切都颠倒地表现出来。"① 随着流通、竞争的发展以及与此相适应的商品资本、货币资本职能的独立化,贱买贵卖、资本自然增殖等社会表象大量出现和长期化,再加上土地所有者凭借土地所有权获得地租等现象,资本的内在规定就完全被颠倒表现了。

但是,尽管利润、利息、地租这些剩余价值的个别表现形式与它们冠冕的外壳中包含的或掩盖的不可告人的秘密完全不同,但在个别表现的场合,它们各自的掩盖和颠倒能力还是有限的。例如利润、利息充其量只能肤浅地显示它与资本的关系,地租只能让土地所有者联想起土地的作用。但在社会表面上它们却不是单独地显示这种掩盖力,而是一起配合,发挥整体的作用。并且由于它们还与工资的虚伪表现结合在一起,由是就形成了一个几乎是非常完整的"收入"分配格局,从而对本质关系的掩盖和颠倒作用就达到了无以复加的地步。对此,资产阶级庸俗经济学当然十分清楚,并且煞费苦心地炮制了一个"三位一体公式",将剩余价值的各种表现形式统一归结为利息(利润)和地租两大类形式,与工资并列在一起,"显示出了一种整齐的对称的不相称的东西"②。马克思对它的分析表明,这个所谓的"公式"将对象的本质关系彻底地颠倒了。

工人出卖劳动力获得劳动力的价值只是属于流通领域的事情,而这个领域,正如马克思所揶揄的:"确实是天赋人权的真正乐园。那里占统治地位的只是自由、平等、所有权和边沁。"③ 因此,资产阶级学者自然很乐意以此说事。由于工人不是在买卖结束的时候就获得劳动力的价值,而是在劳动一定时间后才拿到工资;更由于人们完全不清楚劳动与劳动力的根本性区别,结果是都将工人出卖劳动力换回劳动力的价值也当成是取得工

---

① 《资本论》第3卷,人民出版社1975年版,第232页。
② 《资本论》第3卷,人民出版社1975年版,第931页。
③ 《资本论》第1卷,人民出版社1975年版,第199页。

资，还由于工资和利息、地租一样都表现为货币，并且一样是流回，所以它也被当成是一种"收入"①。这样，雇佣工人与资本家、土地所有者一样全都是没有任何性质和实力区别的收入获得者了。在论证工资只是劳动力价值或价格的表现形式时，马克思说过："劳动力的价值和价格转化为工资形式，即转化为劳动本身的价值和价格，会具有决定性的重要意义。这种表现形式掩盖了现实关系，正好显示出它的反面。工人和资本家的一切法权观念，资本主义生产方式的一切神秘性，这一生产方式所产生的一切自由幻觉，庸俗经济学的一切辩护遁词，都是以这个表现形式为依据的。"② 这个依据一旦形成，就必然产生一系列的神秘性、幻觉、辩护遁词，并与利息、地租这些自动带来收入的"幻觉"一起，造成更大的、更迷人更具有欺骗性的假象。这是一个整体的假象。不过，不要因为它是虚幻的东西，说它是假象，只是针对它的内在规定而言的。对地球上的人来说，太阳永远是东升西落的，这完全是一种真相，但对其本质即地球绕太阳公转来说，只是一种假象。

在终篇，马克思通过对庸俗的"三位一体公式"的批判——它是资本家观念的集中表现——全方位地阐明流通、竞争对这一整体假象形成的作用。正是这个"公式"，先是通过将各种收入（包括工资）与各种生产要素简单地联系起来，将这些价值形态的收入归结为生产要素创造，再将构成商品不变资本部分的价值也全部分解为各种收入，直至将包括 c、v、m 在内的全部价值都归结为各种收入共同决定，完成了对总体社会表象的肤浅反映。针对这种情况，马克思在分两步对它进行深刻批判的同时，也分别论证流通和竞争会产生一系列的假象，使那些"只是在表面的联系内兜

---

① "收入，或按原来的用词，就是形成《Revenue》(《revenu》是动词《revenir》的分词，意思是'回来')。"(《资本论》第2卷，人民出版社1975年版，第403页) 在社会表面上，流入钱袋的货币就是收入。

② 《资本论》第1卷，人民出版社1975年版，第591页。

第一章 《资本论》终篇的客观研究对象

圈子",并且"为了对可以说是最粗浅的现象作出似是而非的解释"① 的庸俗经济学家们有了可供描画的表象外观。

首先,他指出,流通过程中会产生种种假象:由于资本和各种收入会在不同的资本家手中换位,存在着"对一个人来说是收入的东西,对另一个人来说则是资本"这种现象,因而似乎不变资本部分与构成人们消费的收入没有区别,可以完全分解为各种收入,似乎"不变资本只是商品价值的一个表面的要素,它会在总的联系中消失"②;例如,在简单再生产的场合,通过全方位的交换,生产不变资本的第Ⅰ部类的工人和资本家的收入,在价值和物质两方面补偿生产消费资料的第Ⅱ部类的资本家的不变资本。……最终要形成收入借以花费的物质要素即消费资料的那些商品,在一年内要通过不同的阶段,例如毛纱、毛织品。在一个阶段上,它们形成不变资本的一部分,在另一个阶段上,它们供个人消费,因而完全加入收入。"收入和资本这两个固定的规定会互相交换、互换位置,以致从单个资本家来看,它们好像只是相对的规定,而从整个生产过程来看,它们就消失了。"③ 同样地,在扩大再生产的场合,通过交换,一切新追加的劳动都存在于资本家收入的形式上,既可以用于个人消费,也可以用于生产消费,既可以作为资本来用,也可以作为收入来用。总之,在流通中,在社会表面上,在资本家的通常意识中,资本与收入并没有区别。不言而喻,资本本质上是一种能够带来剩余价值的东西,但这种本质在社会表面上却被流通、竞争掩盖了,显示出来的是一种与它的本质完全不同的东西。

其次,马克思又指出,在流通和竞争中,还存在着包括工资在内的各种收入决定价值的一系列假象:工资、平均利润、利息、地租的变动都导

---

① 《资本论》第1卷,人民出版社1975年版,第98页脚注(32)。
② 《资本论》第3卷,人民出版社1975年版,第955页。
③ 《资本论》第3卷,人民出版社1975年版,第955页。

《资本论》基本理论在终篇的具体化

致价格的变动（虽则是短期的局部的）①；而成本价格、工资、平均利润、利息、地租，在现实运动中又都表现为预先确定的量；由于再生产过程是连续进行的，不仅前提不断地表现为结果，而且结果也好像不断表现为前提②，因此，受流通假象制约的资本家自然很容易、也很乐意产生颠倒的认识。在他们看来，为使再生产能够进行而必须作为商品出售依据的那种价格，是由工资、地租和利润调节的，对资本家来说，并不存在什么客观的、内在的价值决定。简单说，在竞争中，在各种表面的运动中，好像是工资、利润和地租决定价值。③ 正是流通和竞争的作用，掩盖了劳动过程的本真、本质，将本来是劳动创造的价值，全都表现成是由收入决定的，是生产要素决定的。本来生产资料所有者（包括资本和土地所有者）之间分割剩余价值，但在社会表面上却成了他们各自按照自己的资产所有权份额的多少、按照所谓的利润率、利息率和地租率这些标准来获取收入，甚至将所谓的"工资率"也混搭其中，让工人也能隐隐约约地感受到"按'率'分配"的平等。这样就将本质规定完全颠倒了。

马克思说："如果事物的表现形式和事物的本质会直接合而为一，一切科学就都成为多余的了。"④ 的确，事物的本质是看不见的，是要经过科学研究才能揭示的，现象则是可以直接观察的。显然，庸俗经济学直接反映的只是事物的表现形式。由于辩护的需要，这些"现实的颠倒借以表现的歪曲形式，自然会在这种生产方式的当事人的观念中再现出来。这是一种没有想象力的虚构方式，是庸人的宗教"⑤。

---

① 《资本论》第3卷，人民出版社1975年版，第981—982页。
② 《资本论》第3卷，人民出版社1975年版，第983—985页。
③ 《资本论》第3卷，人民出版社1975年版，第987—989页。
④ 《资本论》第3卷，人民出版社1975年版，第923页。
⑤ 《马克思恩格斯全集》第26卷第3册，人民出版社1974年版，第499页。

三、结合资本家的观念阐明表象的形成

"萨伊公式"不仅是资产阶级财富总体表象的肤浅表述,还是"对实际的生产当事人的日常观念进行训导式的、或多或少教条式的翻译"[①],是总体表象"在生产当事人自己的通常意识中所表现出来的形式"[②]。所以,马克思要将资本家意识中的表现与竞争中的表现统一起来,来再现资产阶级财富在社会表面上的表象。

竞争之所以能将本质规定颠倒表现,并不是竞争这个机制本身造成的,而是因不同资本家的共同行为造成的。竞争当然是资本家之间的竞争,而资本家的竞争行为全都是为了追逐经济利益,是有观念模型的行为。一般的经济主体在实施经济行为的时候,除了要清楚自己的真正实力,还要在其头脑中形成一定的观念模型,即要达到什么样的目的、通过什么样的方式、手段、程序、实现什么样的价值,并且还要考虑到别的行为主体的实力、观念、目的。所以马克思在《资本论》中充分地考察了资本家的观念或意识对资本运动的影响,在完整再现资产阶级财富及其总体表象的第三卷、特别是终篇,他还将对象的总体表象在资本家观念或意识中表现出来的形式,以及这种观念或意识对对象总体表象对其内在规定的颠倒作用进行全方位的揭示。

首先,他指出,资本家是资本运动的人格化,一定要将自己的观念、意识和价值灌输进客观的资本运动中去,这必然会影响资本运动在社会表面上的表现。客观的资本运动的社会表象不是一种自然存在,作为一种社会经济过程,它不是自然发生的,而是有资本家参与的,不仅包含有资本家的各种行为,包括实体的和虚拟的行为,还包含他对资本运动的理解和认识,以及这些观念对过程的影响。"资本家作为资本家,无非是资本本

---

① 《资本论》第3卷,人民出版社1975年版,第939页。
② 《资本论》第3卷,人民出版社1975年版,第30页。

身的这种运动。他在现实中是怎样的，他在意识中也是怎样的。"① 但是，资本和商品一样，不会自动跑到市场上去，它要通过自己的所有者或监护人才能真正地动起来。资产阶级学者把资本直接当成生产资料，认为生产资料例如机器的运转与人无关，实际上，机器的运转以及使用工人的情况都在资本家的直接控制之下，并且归根到底是为资本家赚钱服务的，因此，资本家作为资本的人格化，其经济行为即运用资本的行为必然将自己的观念和意志灌输进这些资本中。② 当然，资本家的观念、意识、意志都不是凭空产生的，归根到底都是对客观的资本运动的理解和反映，只不过是对其表象直接的、镜面式的反映。他们对客观的资本运动的理解不能超越资产阶级的狭隘眼界和利益，不仅正确性、深刻性有不可逾越的界限，而且更多地受流通过程的表象所左右。

其次，之所以要在总体表象中特别反映这种资本家的观念，还因为资本家是资本主义社会的主导主体，又要根据自己的需要、价值来解释资本运动。他们的意识、观念就是社会占据统治地位的意识、观念。③ 资本家的观念并非完全主观的，是资本家按照自己的利益在自己头脑中改造过的社会表象，并通过资产阶级学者以一种"流行的思维形式再生产出来"④，

---

① 《马克思恩格斯全集》第 48 卷第 258 页，人民出版社 1985 年版。

② "为了使这些物作为商品彼此发生关系，商品监护人必须作为有自己的意志体现在这些物中的人彼此发生关系，因此，一方只有符合另一方的意志，就是说每一方只有通过双方共同一致的意志行为，才能让渡自己的商品，占有别人的商品。"（《资本论》第 1 卷，人民出版社 1975 年版，第 102 页）

③ "统治阶级的思想在每一时代都是占统治地位的思想。这就是说，一个阶级是社会上占统治地位的物质力量，同时也是社会上占统治地位的精神力量。支配着物质生产资料的阶级，同时也支配着精神生产资料，因此，那些没有精神生产资料的人的思想，一般地是隶属于这个阶级的。占统治地位的思想不过是占统治地位的物质关系在观念上的表现，不过是以思想的形式表现出来的占统治地位的物质关系。"（马克思恩格斯：《德意志意识形态》，《马克思恩格斯选集》第 1 卷，人民出版社 1995 年版，第 98—99 页）

④ 《资本论》第 1 卷，人民出版社 1975 年版，第 593 页。

第一章 《资本论》终篇的客观研究对象

表现为一种非常的"奇特观念"①,它作为一种意识,是一种"客观的思维形式"②,和资本一样在资本主义社会占统治地位,因而构成资本的一种重要规定,是资本运动的题中应有之义。理论只有反映它,才是客观的。进一步说,一种理论,即使已经探索到了对象的内在规定,还不能说是完成的,这种内在规定还要经过检验,只有进一步阐明内在规定、再结合原先撇开的条件而使之发生转化、而接近或回归其固有的现状,才构成完整的总体再现,也才能说经过检验的、完成的。也就是说,要结合资本家的观念来阐明它的变化。

再次,作为一种意识、观念,它们还直接间接地影响着资本运动,使之带有神秘性和表面性,资本运动的表象也因这种意识而被强化、固定化。如果说,在研究剩余价值的生产和一般流通的时候,马克思没有过多地阐释资本家观念的作用,那么在考察资本运动总过程的时候,他就非常重视这种研究了。剩余价值本来只是工人的无酬劳动创造的,从这种意义看只与可变资本有关。但在资本家的观念中,却是全部预付资本带来的。③这种情况导致了剩余价值向利润的转变:"剩余价值,作为全部预付资本的这样一种观念上的产物,取得了利润这个转化形式。"④ 显然,剩余价值这种核心的内在的规定在社会表面上不会自然地直接地表现出来的,它首先是在资本家的观念中表现出来,再进一步在社会表面上表现为一种普遍的现象——相对应剩余价值这种内在规定,它是一种表象、假象——不联系资本家的观念,就不能阐明剩余价值的社会表象。通过这种揭示,马克思实际上还说明,在单个资本家的意识中,他的利润是与他的全部预付资

---

① 《资本论》第3卷,人民出版社1975年版,第257页。

② 《资本论》第1卷,人民出版社1975年版,第93页。

③ 马克思特别强调资本家观念对利润范畴形成的作用:"剩余价值,作为全部预付资本的这样一种观念上的产物,取得了利润这个转化形式。"(《资本论》第3卷,人民出版社1975年版,第44页)

④ 《资本论》第3卷,人民出版社1975年版,第44页。

本发生关系的,换句话说,在单个资本家的意识中、在单个资本的范围内,已经实现了利润率的平均化。正是居于这种局部的利润率平均化,才导致社会范围内的利润率平均化。换句话说,每个资本家都认为自己是整体资本家的一个分子,他的资本是社会总资本这个大股份公司的相应股份,有相应的权力,都"按照他在社会总资本中占有的份额而分享这种权力"①。可见,如果忽略资本家对资本的观念或意识,对资本运动、资产阶级财富的认识和揭示是不完全、不到位的。所以马克思在反映这种社会表象的时候,很重视研究资本家的观念、意识对这种假象形成的作用。从这种意义看,资本家的观念对利润率的平均化发挥的作用是巨大的。如果我们从利润率的平均化有利于在商品经济条件下产业发展升级换代的角度看,资本家根据"资本是天生的平等派……它要求在一切生产领域内剥削劳动的条件都是平等的,把这当作自己的天赋人权"②的观念,而与利润率较高的资本家竞争,进行资本的流动,最终导致利润率的平均化,是很有意义的。

但是,资本家的观念、意识并非时时处处在客观上都发挥积极作用。由于他们都沉迷于流通和竞争的表象,习惯于从表面看问题,并且也正是根据平均利润率计算平均利润的观念,——他们绝不会认真地思考这种平均利润率到底是怎样形成的,——使他们对过程发展的认识和理解都包含着肤浅的偏见,根本不可能、不愿意深入理解过程的内部规律、本质,并且在此基础上形成表面的、因为按照各种"率"分割剩余价值,就以为是先有各种"率"才有收入、才有价值的错误。所以马克思说:"经济关系的完成形态,那种在表面上、在这种关系的现实存在中,从而在这种关系的承担者和代理人试图说明这种关系时所持有的观念中出现的完成形态,是和这种关系的内在的、本质的、但是隐蔽着的基本内容以及与之相适应

---

① 《资本论》第3卷,人民出版社1975年版,第218页。
② 《资本论》第1卷,人民出版社1975年版,第436页。

的概念大不相同的,并且事实上是颠倒的和相反的。"①

在第三卷,马克思非常详细地分析了资本家观念的作用。他指出,当产业资本家为了提高资本周转的速度和规模、效率而使流通职能独立化,以致利润率在产业资本和商业资本之间充分平均化之后,商业资本家根本不会认为他们获得商业利润是产业资本家让渡的,而断定这是他们贱买贵卖的差价。同样地,货币资本的所有者也绝不会认为他贷出资本取得的利息是从职能资本家那里分割来的,而认为是他的货币资本自动生成的:"只要它被贷放出去,……那就无论它是睡着,还是醒着,是在家里,还是在旅途中,利息都会日夜长到它身上来。"② 至于土地所有者,他们也必定认为他所取得的地租是他的土地自动带来的。在终篇,这种分析就更加详细和集中了。

在资本主义社会,无论是商业利润,还是利息、地租,都是从产业利润中分蘖衍生出来的。平均利润率的高低决定其余几种形式的收入量的高低,剩余价值的总量决定它们的总量。但是,这些内在的规定在社会表面上看不出来。在现实过程中,这几种剩余价值的具体形式都是同时存在并且与各自的获得根据紧密联系的。从历史看,利息和地租甚至在资本的利润没有出现之前都已经存在很长的时间了。从现实看,不仅看不出是有产业资本家的特殊作用,而且它们与产业利润都好像是"事先决定"的,彼此没有瓜葛。因为有各种资本家主体的竞争,在流通中一切都颠倒表现了。本来,平均利润率以利润率的高低为转移,利润率的高低以生产和剥削的状况为转移,但在平均利润率形成之后,对职能资本家来说它就成了一个似乎是预先确定的前提。"这个平均利润之所以会在资本家本人的观念和计算中实际上成为一个起调节作用的要素,不仅因为它会决定资本由一个投资部门到另一个投资部门的转移,而且因为它对一切销售和包括长

---

① 《资本论》第3卷,人民出版社1975年版,第232—233页。
② 《资本论》第3卷,人民出版社1975年版,第443页。

期再生产过程的契约来说,都起着调节的作用。就平均利润起这种作用来说,它是一个预先存在的量,实际上和每个特殊生产部门所生产的价值和剩余价值无关,因而更和那些部门内任何一个投资所生产的价值和剩余价值无关。从现象上看,平均利润不是价值分割的结果,相反,是一个和商品产品的价值无关的、在商品生产过程中预先存在并决定着商品本身的平均价格的量。"①

关于对经济主体观念的作用,马克思是始终关注的,并且使之一脉相承、前后连贯。在论述货币的职能时,就已经开始涉及经济主体观念、意识的作用。他说明,货币作为价值尺度是仅仅是"想象的或观念的"②。显然,这种观念只是一定的主体才可能有的。随着一般的商品生产转化为特殊的资本主义商品生产,在一般货币的职能中体现的主体的观念也随之转变为资本家的观念。在第一卷,马克思在许多场合都分析了资本家的各种观念。例如,资本家"都希望暴风雨在自己发了大财并把钱藏好以后,落到邻人的头上。我死后哪怕洪水滔天!这就是每个资本家和每个资本家国家的口号。因此,资本是根本不关心工人的健康和寿命的,除非社会迫使它去关心。人们为体力和智力的衰退、夭折、过度劳动的折磨而愤愤不平,资本却回答说:既然这种痛苦会增加我们的快乐(利润),我们又何必为此苦恼呢?"③ 在第二卷,他也总是结合资本家的观念来考察资本运动。本来,可变资本与不变资本有性质的区别,但在资本家的意识中,这种区别是不存在的,存在的只是不同资本部分价值的周转,由是,他们就只有固定资本和流动资本的区别。正是在这些研究的基础上,第三卷才能全面深入地阐明资本家观念对总体剩余价值分割中的作用,也才能在终篇顺理成章地引出以此为根据的庸俗经济学。

---

① 《资本论》第3卷,人民出版社1975年版,第984页。
② 《资本论》第1卷,人民出版社1975年版,第114页。
③ 《资本论》第1卷,人民出版社1975年版,第299—300页。

第一章 《资本论》终篇的客观研究对象

马克思通过对"萨伊公式"全方位解构说明,这个"公式"所包含的内容远比各个资本家在流通和竞争中形成的错觉全面得多。如果说,流通造成的假象还不那么炫目,那么在分配当事人的意识成为社会的主流意识——特别是经过庸俗经济学的提升加工——之后,这种假象就变得像"地心说"那样,从现象上看是正确的,从本质上看是错误的。

第三节 终篇研究的是内在规定颠倒外化的总体表象

马克思在终篇再现的资产阶级财富在社会表面的总体表象与流通、竞争以及资本家意识中的资产阶级财富的总体表象虽然都是同一个对象,但两者有根本的区别,不能混为一谈。马克思研究和再现的,并非可以直接观察的社会表面上的表象,而是在已经揭示了对象的内在规定之后,再阐明这些内在规定在社会表面上如何被颠倒表现。但是,研究的目的并不是仅仅再现对象,而是要通过这种表面的分配关系来说明它和内在的生产关系之间的关系。这就必须超越一次性"分配"的研究,阐明这种分配本身是再生产的因素。也就是说,要与对社会总资本再生产的研究紧密联系。

一、总体对象的成熟、典型化同时也是表象化

社会总资本作为总体的运动,其典型化不是发生或成熟在资本主义起点和资本主义初级阶段,而是在较为发展的阶段。这个时候资本运动已经因为利润率的平均化而形成比较典型的整体,各个资本家也不再是独立的个体,而是整个"资本家阶级的一个分子……一个独立的、可以说赋有个体生命的部分"①,"个人在这里不过是作为社会力量的一部分,作为总体

---

① 《资本论》第2卷,人民出版社1975年版,第390页。

的一个原子来发生作用"①。这是生产力、经济结构、经济形式转型发展所使然，也是生产关系的转型发展所使然，更是大资本家的作用所使然。就主导主体方面看，资本家的个性已经基本被总体性取代，各个资本家只是在形式上、法律上是独立的，但在实际上已经融入整个资产阶级整体中，"随着大工业的发展，出现在市场上的货币资本，会越来越不由个别的资本家来代表，即越来越不由市场上现有资本的这个部分或那个部分的所有者来代表"。② 在这个阶段，各个资本家集团之间（产业资本家、商业资本家、生息资本家、土地所有者）的关系已经形成、成熟、典型化，与此相适应，整个阶级的意识已经成为资产阶级的普遍共识，各个资本家的观念也趋于同质化和定型。

资本运动成熟化的、典型化的过程，既是内在规定成熟典型的过程，同时也是它在生产过程中已经产生的各种假象更具有迷惑性、并且在流通和竞争中充分表现的过程。如果说在实际的经济行为已经产生了大量的虚拟行为，那么，随着各种职能的独立化，特别是伴随着股份公司和银行的发展，也产生了大量的虚拟资本，与实体资本并存，这样，不仅资本家的行为有虚有实，资本也有虚有实。特别是流通的高度发展，各种主体竞争的过度化、激烈化，必然产生了大量的泡沫和假象。这对资本家的观念和意识有深刻的影响，特别容易让人产生错觉、甚至幻觉。以为赚钱靠的是他们的特殊能力③、流通中的贱买贵卖，以至于认为资本本身、土地本身都能自行增殖。而享受均等剥削权利的观念更因总体化而日益趋同

---

① 《资本论》第3卷，人民出版社1975年版，第216页。

② 《马克思恩格斯全集》第26卷第3册，人民出版社1975年版，第515页。这里论述的也是关于社会总资本运动的外在表现形式。

③ "资本家是否高于或低于并且按什么程度高于或低于生产价格购买或出售，因而在流通过程中占有总剩余价值的一个较大的或较小的部分，取决于一些特殊的市场行情，而就每一笔交易来说，取决于资本家的狡猾程度和钻营能力。"《资本论》第3卷，人民出版社1975年版，第419页）

第一章 《资本论》终篇的客观研究对象

化,——都认为自己的资本是社会总资本这个大股份公司的一个相应股份,都要从中获取相应的利益——而且日益表象化。所以,社会总资本作为总体的整体运动,其典型化同时也就是表象化的过程。显然,第三卷要研究的是剩余价值外在的具体的表现形式,以及这些表现形式如何反过来影响其实体、包括其人格化即资本家的观念的再生产。

马克思在《剩余价值理论》开头处有个总的评论:"所有的经济学家都犯了一个错误:他们不是就剩余价值的纯粹形式,不是就剩余价值本身,而是就利润和地租这些特殊形式来考察剩余价值。由此必然会产生……理论谬误。"① 与此不同,他在第一、二卷所研究的都是剩余价值一种纯粹的形式,而在第三卷则开始研究剩余价值的具体表现形式,这样处理思想材料是很有必要和意义的。在现实过程中,剩余价值并不是直接表现的。产业资本家根本不承认有可变资本与不变资本的区分,更不承认有只与可变资本发生关系的剩余价值的存在,在他们的观念中,只有固定资本和流动资本的区别,因而只有成本价格与利润的概念。换句话说,在资本的现实生活中,剩余价值内在于过程内部的,利润则是其外在的具体表现,并且不全部属于产业资本家。为了在同样的时间内最快、最大限度地生产剩余价值,一定要使不同的资本职能独立化,分蘖出几个独立的资本形态,从而相应地要在这些彼此独立的资本集团之间分割剩余价值。由是,剩余价值在社会表面上的具体表现就与它的纯粹形式有很大的不同。

但是,这样看还只是涉及剩余价值的具体表现形式,与终篇的研究有所不同。在终篇,马克思实际研究的,不仅涉及利息和地租,还有工资,还有不能被分配的社会总资本的不变资本部分。只有这样,才是论及社会总资本总体的社会表象。表面看,萨伊的"三位一体公式"只涉及利息、地租、工资这些相当于国民收入的部分,但实际上按照他的解释,"全部收益,全部总产品,对一个国家来说都可以分解为纯收益,或者同纯收益

---

① 《马克思恩格斯全集》第26卷第1册,人民出版社1972年版,第7页。

没有区别"①，显然，他是继承了斯密的"教条"，将不变资本部分全部分解为收入了。所以，马克思对这个"公式"以及由此溯及的"斯密教条"的批判，实际上已经超出总剩余价值的范围，涉及的是资产阶级财富总体。马克思又指出，由于可变资本表现为、转化为工人的工资，而工人用这些工资向资本家购买生活资料，在其价值流回资本家手中的同时，再生产出人身材料供资本家剥削，因此，它归根到底也构成整个社会的财富总体。

马克思之所以要研究和再现这个资产阶级财富总体的社会表象，因为这种与本质规定相反的假象的东西并非不存在，假象作为一种"象"，它本身也是客观的，尽管不能与真相、本质混为一谈。就如地球围绕太阳转是本质，是真相，太阳绕地球转是假象一样，我们不能说假象是不存在的，所以"太阳绕地球转"是不存在的。相对于地球人来说，"太阳绕地球转"这种现象是永远存在的。这并不奇怪，因为地球人是站在地球上看太阳每日东升西落的。我们不能希望资本家能够有彻底深入的、永远公正无私的科学研究，也不能无视他们所看到的这类现象。对彻底科学的天文学而言，既要揭示地球围绕太阳公转的本质——因为看不见，而且它决定地球系星球的运转，——还要合理地说明在地球人看来，这种本质会因为地球的自转而颠倒地表现为"太阳绕地球转"。只有这样，它是真正的科学。同样的道理，经济科学也必须这样研究。辩证法认为，"假象的东西是本质的一个规定，本质的一个方面，本质的一个环节。本质具有某种假象。"② 所以揭示本质不能忽视本质的表现，特别是像"泡沫"一样的颠倒表现。这意味着科学理论既要深入揭示事物的本质，反映本质规定与其表现形式之间的差距，还要阐明本质如何表现而实现内外两者的统一。只有

---

① 转引自《资本论》第3卷，人民出版社1975年版，第951页。
② 列宁：《哲学笔记》，人民出版社1974年版，第134、137页。

这样，科学理论才是完整的，客观的。① 实际上，在理论进程中，所谓的内在规定，总是在暂时撇开许多条件、关系的条件下形成的，因而是抽象的，它虽然能够揭示对象的本质、规律，但以其抽象性，却与客观对象固有的存在表象相去甚远，单有这些还不能再现客观对象总体。所以理论不能满足于揭示事物的内在规定，还必须在理论进程的发展中，重新结合前面暂时撇开的条件、关系，使之接近现实，使内在规定与外化表现统一。也就是说，理论研究的"去伪存真、去粗取精、由此及彼、由表及里"，并不是将"伪"、"粗"、"此"、"表"永远去掉，而是暂时存而不论，待到内在规定逐步形成并且阶段性地转型升级之后，还得让它们回归研究过程，与内在规定结合，并阐明由此发生的变化，以完整再现对象"现实存在的形式"②。

二、总体表象的再生产

对终篇，人们总是或者将它看成是第三卷的总结，或者看成是全三卷的总结。这都很正确，也很有必要。但还应该看到，如果仅仅看成是总结，那就看不出它作为全书最具体的研究与第三卷前六篇、与全三卷的区别，包括对象范围、研究条件、逻辑阶段的区别，这就必然将抽象规定与具体规定的关系看成是同一层面规定的综合。如果这样，那就离误解不远了。必须看到，终篇研究的是"资本主义较为发达的阶段"③对象总体的社会表象，——但不是单纯的表象，而是其内在规定在社会表面上的表现，——只是在这个阶段，这个社会表象才是最完整、丰富的。从这种意义看，全三卷中只有第一、二卷末篇与它最有直接的关系，而其他篇章则

---

① 马克思指出，斯密的二重方法即"生理学研究"和"现象学研究"都是合理的，但两者之间却没有任何联系。见《马克思恩格斯全集》第26卷第2册，人民出版社1973年版，第182页。

② 《马克思恩格斯全集》第26卷第3册，人民出版社1975年版，第536页。

③ 《马克思恩格斯全集》第48卷，人民出版社1985年版，第37页。

是研究较早阶段的资本运动，只是为达到这个阶段做准备和奠定基础。既然前两卷末篇都是研究再生产的，那么终篇也必然是研究再生产的，研究总体的分配关系的再生产，——总体的分配关系不同于剩余价值的分配，后者只涉及有产者，包括资本家和土地所有者，而总体的分配关系则涉及劳动者，这种分配只是从特定的意义上看的，即指的是全部社会产品的分配，是一种总体的分配关系或总分配。——这当然不是重述历史唯物主义关于分配关系的一般规定，而是具体阐述分配借以进行的形式，以及它们对整个再生产的作用。

再从理论逻辑来看，《资本论》终篇和第一、二卷末篇一样，都是研究社会总资本的运动的。《资本论》第一卷末篇侧重研究在暂时撇开流通过程的条件下剩余价值的再生产，第二卷以第一卷为前提考察社会总资本的流通过程，① 终篇则是侧重过程社会表象的再生产。可见《资本论》这三卷末篇的研究存在着一种内在的逻辑关系：都是围绕同一发展阶段社会总资本而展开，从它的积累到它的流通、再到它的分配，构成一个探索和表现内在规定的"形成——实现——具体表现"再生产的整体过程。社会总资本连续生产主要研究剩余价值积累的规律和历史趋势，这是资本主义生产关系的核心内容，是内在的，是被现象掩盖的。但是，本质和规律是一定要实现的，因此要有剩余价值的实现论来补足。最后，还要再来说明整个过程在社会表面上的表现。显然，这是个从抽象上升到具体的过程。这样研究无论从现实看，还是从理论逻辑看，都是自然而然的。

无论是"积累"还是"实现"，都与"表现"有很大不同。"实现"是与"生产"的关系是相对直接的，即生产出来的东西能够实现多少、实现时间长短的问题，只要实现了，就能积累。而且生产和实现的都是剩余价

---

① "在第二卷中，特别是把流通过程作为社会再生产过程的媒介来考察的第三篇指出：资本主义生产过程，就整体来看，是生产过程和流通过程的统一。"（《资本论》第3卷，人民出版社1975年版，第29页）

第一章 《资本论》终篇的客观研究对象

值,都属抽象性层面的规定,只不过抽象度不同而已。而"表现"与"实现"则不同,两者是抽象和具体不同层面规定的关系,而且不是直接表现的,因为实现的剩余价值在不同的当事人手中有很不相同的具体的表现形式。在第三卷的前六篇,阐明了不同的分配当事人之间的激烈竞争造就许多与本质规定不同的形式。在终篇,马克思更联系劳动力的价值被颠倒表现为工资,说明竞争和资本家的意识进一步将这些假象全部撮合在一起,最终完成了整体假象,形成"资本—利润(或者,更好的形式是资本—利息),土地—地租;劳动—工资"这个"经济的三位一体"。马克思指出:"在这个表示价值和一般财富的各个组成部分同财富的各种源泉的联系的经济三位一体中,资本主义生产方式的神秘化,社会关系的物化,物质生产关系和它的历史社会规定性直接融合在一起的现象已经完成:这是一个着了魔的、颠倒的、倒立着的世界。在这个世界里,资本先生和土地太太,作为社会的人物,同时又直接作为单纯的物,在兴妖作怪。"① 这样,就不是在"表现"已经"实现"的剩余价值了,反而是将"实现"的剩余价值掩盖了。

在终篇,从再生产的维度来研究和再现这个总体表象有两个特点:

其一,我们已经知道,《资本论》终篇要再现的总体对象并非混沌表象的镜面式的映像,而是一个复杂的具体总体,主要的意图是要将已经揭示的对象各种内在规定与它在社会表面上竞争和资本家的观念联系起来,实现内在的理论规定与实际的统一。在马克思的科学方法中,这是实现深化研究与外化表现的统一。② 但是,马克思不是直接地论证,而是通过批判庸俗经济学,说明它只涉及总体对象的社会表象而将内在规定与这种表象联系起来的。

马克思的深入细致的分析说明,庸俗经济学将社会表象当成了确定的

---

① 《资本论》第3卷,人民出版社1975年版,第938页。
② 参看陈俊明:《〈资本论〉,深化与外化的统一》,载《中国人民大学学报》2006年第5期。

真相，从而提出了许多似是而非的结论。例如，他们把雇佣劳动和一般劳动合二为一，从而把工资和劳动的产品合而为一，结果"工资所代表的价值部分也就会和劳动所创造的一般价值合而为一。但是这样一来，其他的价值部分，即利润和地租，也就会同工资相独立；它们必须由它们自己的、和劳动根本不同并且不以劳动为转移的源泉产生；它们必须由那些共同起作用的生产要素产生，而它们就是属于那些生产要素的所有者的；这样，利润就是由生产资料，即资本的物质要素产生的，地租就是由土地所有者所代表的土地或自然产生的（罗雪尔）"。①

而且，在社会表面上，的确存在着这样的现象："资本逐年为资本家提供利润，土地逐年为土地所有者提供地租，劳动力……逐年为工人提供工资。每年生产的总价值中的这三个价值部分，以及每年生产的总产品中和它们相适应的部分，——在这里我们先撇开积累不说，——可以每年由它们各自的所有者消费掉，而不致造成它们的再生产源泉的枯竭。它们好像是一棵长生树上或者不如说三棵长生树上的每年供人消费的果实，它们形成三个阶级即资本家、土地所有者和工人的常年收入。"②显然，这只是表明了有了资本和土地，就可以获得相应的收入。但是，庸俗经济学却按照剩余价值的分赃者的看法，硬说"资本、土地所有权和劳动，是三个不同的、独立的源泉，每年生产的价值——从而这个价值借以存在的产品——的三个不同的组成部分，就是从这些源泉本身产生出来的"③，将由以获得各种收入的依据偷换成创造这些收入的源泉。对此，马克思不仅指出它使用这种偷梁换柱手法的要害和企图是偷运"生产要素论"，即用生产要素创造价值来替代连李嘉图都论证过的劳动价值论，还进一步说明，它是将现象与本质混为一谈了。因此，他既要揭示总体对象的内在的本质，将它

---

① 《资本论》第3卷，人民出版社1975年版，第933—934页。
② 《资本论》第3卷，人民出版社1975年版，第928页。
③ 《资本论》第3卷，人民出版社1975年版，第929页。

第一章 《资本论》终篇的客观研究对象

与它的社会表象区别看来,又要将两者联系起来。毕竟本质与现象都是客观对象固有的不可分割的属性、方面,本质一定要表现出来的,总体表象的产生是以其内在规定为前提的,所以不能脱离前者来看待后者。只要存在着流通和竞争,它就会不断地再生产出来,因此资产阶级学者就必然要好好地利用它,为资本家阶级的利益服务,这实际上也是对社会总资本的运动发挥作用。

诚然,从字面直接看,马克思似乎没有提到内在规定的外化,但是,他在批判萨伊公式的理论错误时,分析了"导致这种错误的并且显然是荒谬的分析的各种困难":①不理解不变资本和可变资本的基本关系,因而不理解剩余价值的性质,并且也不理解资本主义生产方式的整个基础。②不理解劳动在追加新价值时,如何和为什么会在新形式上把旧价值保存下来,而不是把这个旧价值重新生产出来。③不理解再生产过程从总资本而不是从单个资本来看时所表现出来的联系。④收入和资本这两个固定的规定会互相交换、互换位置,以致从单个资本家来看,它们好像只是相对的规定,而从整个生产过程来看,它们就消失了。⑤由于剩余价值转化为各个特殊的、互相独立的并且同各个生产要素有关的收入形式,即转化为利润和地租,还会出现进一步的混乱。① 显然,前三点困难涉及的是过程发展的内在规定,这是连古典学派都不能理解的,而后第四、五涉及的是社会表象,这是庸俗经济学最看重并深陷其中的。反之,对马克思来说,第一、二点是其理论的深刻性之所在,第三、四、五点则是马克思发现的、内在规定必然表现的社会表象,并且不是像庸俗经济学那样直接地反映,而是阐明内在规定的外化表现。

其二,说明总体表象因不断再生产而被定型化,又反过来对再生产的发挥作用。

广义的分配离不开流通,工人出卖劳动力是在流通中进行的,产业资

---

① 《资本论》第3卷,人民出版社1975年版,第953—956页。

本家之间利润率的平均化、他们与其他资本家集团、土地所有者分割剩余价值，也离不开流通。甚至产业资本家的利润观念，虽然在生产过程中已经形成，但也与固定资本、流动资本的观念有关，从而与流通有关。在资本主义较为发展的阶段，各种主体都离不开流通，都在流通中进行激烈的竞争，与此同时，掩藏在生产过程内部的规定也都在流通过程中表现为表面的现象，不仅产生了利润、地租等形式，将剩余价值掩盖了，而且过程的连续进行还将这种扭曲的表现定型化。而这些形式一旦产生，还会反过来对再生产过程发挥作用。由于表现形式与它所掩盖的本质关系是同一对象所属的，而且本质始终在发挥作用，因此，内在的功能和外在的作用一起存在，但由于本质是看不见的，其作用是根本性的、宏观性的，人们很难发现，而外在表现则是可以看得见的，所以对一般人而言，看见的大都是外在表现的作用了。

在第一卷，马克思已经指出：工资"这种表现形式掩盖了现实关系，正好显示出它的反面。工人和资本家的一切法权观念，资本主义生产方式的一切神秘性，这一生产方式所产生的一切自由幻觉，庸俗经济学的一切辩护遁词，都是以这个表现形式为依据的"①。在终篇，他又进一步指出，连续的分配可以产生的一系列虚假现象，利润、利息、地租等形式会因为与过程的连续而被认为是决定价值的源泉。这是因为"资本主义的生产方式，和任何别的生产方式一样，不仅不断再生产物质的产品，而且不断再生产社会的经济关系，即再生产产品形成上的经济的形式规定性。因此，它的结果会不断表现为它的前提，像它的前提会不断表现为它的结果一样"②。资本家及其辩护士正是从这个连续的因果关系链条中按自己的意愿胡乱截取，倒果为因，不仅将生产要素解说为价值的源泉，而且进一步认定收入是价值的源泉。不言而喻，这对资本运动的再生产是大有益处的。

---

① 《资本论》第1卷，人民出版社1975年版，第591页。
② 《资本论》第3卷，人民出版社1975年版，第985页。

在终篇，这样的分析比比皆是，这里就不再赘言了。

对这类表现形式颠倒表现本质以及资产阶级学者的刻意渲染，马克思作了全面深入细致批判，并且由此而有重大的建树。正所谓不破不立，先破后立，破字当头，立在其中，马克思在批判的同时还进行正面的阐述。

在分析批判"斯密教条"和"萨伊公式"将不变资本的价值全部分解为收入的错误的时候，马克思结合收入的形式阐明了"分配的调节规律，分配的正常界限"①，这显然是第二卷关于社会总资本流通的主要规定的具体化。

表面看，分配之后是消费，进入消费后分配就已经结束。② 但马克思却联系再生产，说明分配范畴实质上是再生产的范畴："利润不是表现为产品分配的主要因素，而是表现为产品生产本身的主要因素，即资本和劳动本身在不同生产部门之间分配的因素。"③ 同样的道理，利息、地租、工资也都一样是"一种支配再生产的关系"④，是再生产的现实因素。

正是由于有这样的研究维度，马克思就顺理成章地将分配关系与生产关系紧密联系起来了。

三、具体分配关系的再生产

马克思在第一卷序言中说过："本书的最终目的就是揭示现代社会的

---

① 《资本论》第3卷，人民出版社1975年版，第927页。

② "肤浅的表象是：……分配决定个人分取这些产品的比例；……最后，在消费中，产品变成享受的对象，个人占有的对象。……分配依照社会规律把它们分配；交换依照个人需要把已经分配的东西再分配；最后，在消费中，产品脱离这种社会运动，直接变成个人需要的对象和仆役，供个人享受而满足个人需要。因而，生产表现为起点，消费表现为终点，分配和交换表现为中间环节，这中间环节又是二重的，分配被规定为从社会出发的要素，交换被规定为从个人出发的要素。"（《马克思恩格斯全集》第46卷上册，人民出版社1979年版，第26页。）

③ 《资本论》第3卷，人民出版社1975年版，第998页。

④ 《资本论》第3卷，人民出版社1975年版，第997页。

经济运动规律"①，因此，研究和再现总体对象的社会表象还要与他的最终目的紧密联系，即要通过阐明这种分配关系的发展以及它与生产关系发展、与生产力发展的关系，但这里说的不是一般的发展②，而是超越资本主义阶段的历史发展。

马克思在终篇原稿开头处③先从再生产的角度对生产关系作个总结性的论述："社会生产过程既是人类生活的物质生存条件的生产过程，又是一个在历史上经济上独特的生产关系中进行的过程，是生产和再生产着这些生产关系本身，因而生产和再生产着这个过程的承担者、他们的物质生存条件和他们的互相关系即他们的一定的社会经济形式的过程。"④ 其中"借以进行生产的各种关系"，当然包含着分配关系，不仅有狭义的、特指的剩余价值的分配关系，还包括广义的整个社会的分配关系。在以前的阶级社会中，广义的分配与狭义的分配是一致的，无论是奴隶主还是地主，都是在直接占有剩余产品之后不再与别人分享。与此不同，在资本主义社会，资本家阶级分为几个不同的利益集团，此外还有土地所有者阶级的存在，他们都为分割剩余价值而彼此竞争，因此有狭义的分配。显然，这种狭义的分配是一种见不得人的、必须想方设法掩盖的内在规定，是间接性的。反之，广义的分配则是社会表面上可以直接观察的，是直接性的。它一方面以货币收入的形式表现，另一方面又以工人出卖劳动力获得收入，和有产者分赃两种性质不同的获得收入的方式混搭表现，而与狭义的分配不同，并且又与狭义的分配混为一体，掩盖后者的分赃性质。由此观之，"过程的承担者、他们的物质生存条件和他们的互相关系"的再生产，既

---

① 《资本论》第1卷，人民出版社1975年版，第11页。
② 发展有同一历史阶段的缓慢的变化，有跨历史阶段的急剧的突变。
③ 恩格斯用脚注说明，第四十八章原稿的开头是从论述生产关系再生产的这一段开始的。批判"三位一体公式"的三个片段是恩格斯从第六篇手稿的不同地方移过来的。《资本论》第3卷，人民出版社1975年版，第924页脚注。
④ 《资本论》第3卷，人民出版社1975年版，第925页。

包含总体对象内在规定的再生产,也有总体表象的再生产。既然过程的结构的发展是内在规定的发展,它的外化表现也必然随着发展。既然总体表象也是客观存在的,哪怕是一种泡沫,也是内在规定的外部表现,是客观的,——但只是表面的,——只要内在规定发挥作用,其社会表象同样发挥作用。正是在这种意义上,马克思说:"分配关系本质上和生产关系是同一的,是生产关系的反面。"① 之所以这样,马克思在终篇之前已一再说明,在竞争中一切都颠倒地表现出来②。

必须注意的是,即使是广义的分配关系,也非利息、地租、工资这些收入形式之间的关系,而是它们的获得者即资本家、土地所有者、雇佣工人之间关系。只不过他们的关系在社会表面上颠倒地表现为不同收入之间的关系。

这样看,终篇研究的狭义的分配关系在社会表面上显示的广义的分配关系,是资本主义社会中具体的分配关系或总分配,而资本主义分配关系即典型的剩余价值分割,则具有抽象性。

具体的对象是多样性的统一,包含"过去的遗迹、现在的基础和将来的萌芽"③。这决定了科学的理论过程必须采用特殊的历史与逻辑统一的方法来反映和再现。对此,马克思早已向人们宣示:"我们的方法表明必然包含着历史考察之点,也就是说,表明仅仅作为生产过程的历史形式的资产阶级经济,包含着超越自己的、对早先的历史生产方式加以说明之点。……另一方面,这种正确的考察同样会得出预示着生产关系的现代形式被扬弃之点,从而预示着未来的先兆,变易的运动。"④ 不言而喻,第一卷关于原始积累的阐述,就是历史考察的显示,关于资本主义积累的历史

---

① 《资本论》第3卷,人民出版社1975年版,第993页。
② 《资本论》第3卷,人民出版社1975年版,第232页。
③ 《列宁选集》第1卷,人民出版社1995年版,第46页。
④ 《马克思恩格斯全集》第46卷上册,人民出版社19年版,第458页。

趋势的论述，就是一种预示性。但是，第一卷尚未涉及总分配的研究，所以在研究完总的具体的分配关系的终篇，就有必要阐明它与生产关系的关系、与生产力发展的关系。马克思在全书终点处说得很清楚："劳动过程的每个一定的历史形式……达到一定的成熟阶段就会被抛弃，并让位给较高级的形式。当一方面分配关系，因而与之相适应的生产关系的一定的历史形式，和另一方面生产力，生产能力及其要素的发展，这二者之间的矛盾和对立扩大和加深时，就表明这样的危机时刻已经到来。"①——这不仅阐明了分配关系与生产关系之间的关系，而且也表明：生产关系与生产力的矛盾关系（内在的），不是直接表现的，而是必定要表现为分配关系与生产力的矛盾关系（外在的），从而突出了分配关系对生产力发展的重大意义。这是关于社会基本矛盾论述的具体化，或者也可以说，生产力与生产关系的矛盾实质上是一种具有哲学味道的比较抽象的关系，是历史唯物主义意义上的基本矛盾，它必须贯穿并指导政治经济学的研究，并在政治经济学研究中实现具体化。

在这里，马克思强调分配关系与生产力发展的"矛盾和对立扩大和加深"，不仅预示这种矛盾达到一定程度的时候会怎样，还说明这种矛盾不是一下子就达到这个临界点的，而是通过积累才达到的。所以，积累、再生产过程还是这种矛盾的积累和再生产。

---

① 《资本论》第3卷，人民出版社1975年版，第999页。

第二章 《资本论》终篇的理论对象
——终点范畴

我们已经看到,《资本论》是体系完整的著作,因此,就必然有终点范畴。如果说,论证《资本论》有终点、终点研究的是什么并非难事,那么,要准确地确定它的终点范畴就不那么简单了。在上一章,我们已经论证,《资本论》终篇研究的是资产阶级财富总体及其社会表象,或者更准确地说,是总体对象内在规定在社会表面上的总体表象。根据马克思的处理思想材料的科学方法,起点从资产阶级财富总体的细胞开始,终点达到资产阶级财富总体本身,这是一个完整的逻辑圆圈。但是,客观对象总体表象与终点范畴毕竟还有差别,所以在理论上,还要有相对应的范畴来表现。

第一节 终点范畴是资产阶级财富的社会表象

终点范畴应该是终篇反映的各种关系的理论概括,和理论过程的其他范畴相比,它应该表现最具体的关系。就像起点不是过程最初的时点、站点一样,终点也非过程最终处的一个时点、站点,——资本主义起点是从

《资本论》基本理论在终篇的具体化

它的萌芽、曙光初现①到进入初级阶段以前的一个比较长的历史时期,——它是过程逻辑发展的结果,必须既包含有过程中揭示的内在规定及其发展逻辑,又是现实的、历史的,即表现内在规定的社会表象。因此,终点范畴与庸俗经济学精心描绘的表象根本不同,它建立在这样的基础上:既是全三卷研究的必然结果,又是第一、二卷末篇研究的综合,是研究社会总资本的剩余价值生产、流通和分配的统一,并且是生产、流通、分配的统一在社会表面上、在竞争中、在各种当事人——资本运动有什么样的职能,必然相应地产生什么样的当事人,既然有"生产当事人"和"流通当事人"②,那么也会因为有参与剩余价值分赃的各方而产生"分配当事人"——的意识中的具体表现。更准确地说,要表现生产、流通和分配的各种内在规定在社会表面上如何因为流通和竞争、各种当事人观念的扭曲而颠倒表现。

由此可见,《资本论》要再现的总体对象并非混沌表象的镜面式的映像,而是一个复杂的具体总体,是综合的结果。"具体之所以具体,因为它是许多规定的综合,因而是多样性的统一。因此它在思维中表现为综合的过程,表现为结果,而不是表现为起点,虽然它是现实中的起点,因而也是直观和表象的起点。"③ 所谓的"多样性",应该是指抽象性、特殊性、个别性等,而综合,决不能理解为不分阶段、层次、侧面的多种规定的总和,是充分展开的起点、过程。

---

① 资本主义起点应该是个比较长而没有明确分界的历史时期,马克思说:"这里只能谈谈显著的一般的特征,因为社会史上的各个时代,正如地球史上的各个时代一样,是不能划出抽象的严格的界限的。"(《资本论》第1卷,人民出版社1975年版,第408页。)他还说,大体看来,"虽然在14和15世纪,在地中海沿岸的某些城市已经稀疏地出现了资本主义生产的最初萌芽,但是资本主义时代是从16世纪才开始的。"(《资本论》第1卷,人民出版社1975年版,第784页)这与漫长的资本主义原始积累有直接的关系。

② "在商品生产中,流通和生产本身一样必要,从而流通当事人也和生产当事人一样必要。"《资本论》第2卷,人民出版社1975年版,第144页。

③ 《马克思恩格斯全集》第46卷上册,人民出版社1979年版,第38页。

第二章 《资本论》终篇的理论对象——终点范畴

在一般人的意识中,科学研究是要探索隐藏在现象背后的秘密的,似乎探索、揭示了现象背后的本质就可万事大吉了。但是,内在的本质是隐藏的,它的真理性是必须经过检验的。所以,还应该进一步,在此基础上阐明这些秘密规定在社会表面上的表现。马克思说:"科学的任务正是在于阐明价值规律是如何实现的。所以,如果想一开头就'说明'一切表面上和规律矛盾的现象,那就必须在科学之前把科学提供出来。"① 既然必须阐明这种现象而前面还不能阐明,那么就必然要在终篇完成这个任务。所以,只要能够真正理解马克思思维的辩证法,就不会对在《资本论》终篇研究资产阶级总体财富及其表象感到费解,反而能领略他理论的全面和科学。

从《资本论》的对象和方法的统一来了解《资本论》的整体结构,对了解这一结构及其终点是很必要的,不了解这一点,就有可能对《资本论》的终点理解不准确。

有人认为,《资本论》的终点范畴是"阶级"。② 这显然是按照通常的习惯从理论的最末处解读终点范畴。按此理解,《资本论》的起点与终点就很难建立联系了。

有人提出:"货币资本运动的最终结果"是《资本论》的终点。③ 按这种说法,货币资本运动的产物是 G',第三卷就是研究这个 G' 的。但是,第一、二卷末篇,马克思也在研究这个 G'。所以,"货币资本运动的最终结果"和《资本论》的终点是不同的。更何况《资本论》并不是从货币资本元素更不是从货币资本开始研究的。

有人认为,《资本论》第三卷要说明"资本主义生产总过程,""在这里,资本主义生产这个具体事物已经作为'一个丰富的由许多规定和关系

---

① 《马克思恩格斯〈资本论〉书信集》,人民出版社 1976 年版,第 282 页。
② 巫继学:《〈资本论〉终点范畴和逻辑终点》,载《中国经济问题》,1989 年第 2 期。
③ 戴述雨:《〈资本论〉总结构的历史性质》,载《河南大学学报》,1986 年第 3 期。

形成的总体'而呈现出来"。① 但如果把"总过程"当成终点,则未免过于笼统,虽然这一"总过程"比第一、二卷具体,但它本身也还是包含了许多转化、中介。必须看到,研究某一具体对象的过程和最终再现该对象是不同的,前者是综合的过程,后者是综合的结果,两者有不可分割的联系,但毕竟是有差别的。

有人认为资本主义土地所有制是《资本论》四大范畴即商品、货币、资本、土地所有制中规定最为丰富的具体范畴,所以它是《资本论》的逻辑终点。② 显然,这样的理解也有明显的缺陷,土地所有制是一种制度,制度是不能流通的。这与前三个范畴有很大的不同。而且《资本论》并不是为了再现资本主义土地所有制的,何况到地租篇为止也还没有回到起点,很难说从单个商品到资本主义土地所有制形成一个科学的"逻辑圆圈"。如果是这样的话,第三卷的最后一篇就统统成了终点以外的话题了。实际上,马克思早在《政治经济学批判·导言》中还特地指出从地租开始是"最错误不过的了"③。因为"不懂资本便不能懂地租。不懂地租却完全可以懂资本"④。

还有人认为,《资本论》的终点范畴是"总收益",即马克思在第三卷第四十九章提出的"总收益或总产品",其含义与"资产阶级财富总体"即∑(c+v+m)实质是一致的。⑤ 可以说,这种看法已经相当接近原著的意思了。不过,经过十几年来对《资本论》辩证逻辑方法和各种基本理论的进一步研究,我也意识到,1987年分析的终点是"资产阶级财富总体"

---

① 见张世英:《论黑格尔的逻辑学》,上海人民出版社1981年版,第407页。
② 田光:《马克思建立〈资本论〉结构的三个基本方法》,载《学术月刊》,1981年第10期。
③ 《马克思恩格斯全集》第46卷上册,人民出版社1979年版,第44页。
④ 《马克思恩格斯全集》第46卷上册,人民出版社1979年版,第45页。
⑤ 何干强:《资本论》基本思想与理论逻辑,中国经济出版社2000年版,第71页。该书71页脚注②称:陈俊明在1996年出版的《〈资本论〉终篇研究》中认为,"资产阶级财富总体"才是《资本论》的终点范畴。这种意见是符合实际的。

第二章 《资本论》终篇的理论对象——终点范畴

的看法①还有不足，特别必须根据马克思"深化与外化统一"的方法，② 看到终点范畴对起点范畴的特殊发展。也就是说，根据科学的思维辩证法，完整逻辑过程的起点是潜在的终点，终点是充分展开的起点，并且是以颠倒的形式表现和展开，那么，就会感到不能再满足于原有的理解。

不言而喻，《资本论》的起点范畴是商品，那么，是否可以说终点范畴是商品总体？显然，这是不合理的。如果这样，《资本论》就成了"商品论"、而不是"论资本的书"③了。必须看到，马克思在《政治经济学批判·导言》中已经说明："资本是资产阶级社会的支配一切的经济权力。它必须成为起点又成为终点。"④ 不过，在《资本论》中，资本范畴有多种含义，既是作为全书的研究、再现的对象，是个广义的范畴，又是作为与《资本论》范畴体系中的商品、货币等范畴有区别的相对狭义的范畴。这样，从范畴体系的链条看，应该从狭义的角度了看待其中的范畴。

当然，这并不意味着《资本论》一开始就要以资本为起点。资本毕竟是比较复杂的范畴，将它摆在起点处显然不合逻辑。而且，资本还要以更为基础的东西为前提，"如果没有雇佣劳动、价值、货币、价格等等，它就什么也不是"⑤，所以，必须从它的最基本存在、同时也是普遍存在的商品开始。对此，马克思在《政治经济学批判》（1857—1858 年手稿）中已经确定：是"表现资产阶级财富的第一个范畴是商品的范畴。"⑥ 在后来的《政治经济学批判》第一分册中，也是以商品为第一个范畴。⑦ 如果说，第

---

① 参看陈俊明：《论〈资本论〉理论结构的终点——〈资本论〉终篇研究之一》，载《华侨大学学报》1988 年第 1 期。
② 参看陈俊明：《〈资本论〉：深化与外化统一》，载《中国人民大学学报》2006 年第 5 期。
③ 恩格斯：《卡·马克思'资本论'第一卷书评——为'未来报'而作》，见《马克思恩格斯全集》第 16 卷，人民出版社 1964 年版，第 233 页。
④ 《马克思恩格斯全集》第 46 卷上册，人民出版社 1979 年版，第 45 页。
⑤ 《马克思恩格斯全集》第 46 卷上册，人民出版社 1979 年版，第 37 页。
⑥ 《马克思恩格斯全集》第 46 卷下册，人民出版社 1980 年版，第 411 页。
⑦ 《马克思恩格斯全集》第 13 卷，人民出版社 1962 年版，第 15 页。

一分册还没有展示整个范畴体系，那么在后来的《资本论》中，这个由商品开始的逻辑范畴体系已经形成并确定了，至少我们可以看到：商品——货币——资本——剩余价值……这样很明确的排序。① 但是，剩余价值是隐藏至深的，属于间接性的规定，而前三个范畴则具有可以直接考察的属性。从这种意义看，它不宜与这三个范畴并列，而利润、利息、地租等范畴虽然很重要，并且都是剩余价值的表现形式，有可以直接考察的属性，但在社会表面上，它们又都表现为"收入"。在社会表面上，表现为收入的还有工资，甚至资本也与收入没有什么区别。

这种混乱在资本运动当事人的意识中是如何产生的，我们在后面再回放马克思的说明。现在我们先撇开它，来看看收入怎样颠倒表现事物的真相。即以马克思分析社会总资本再生产的图式看，按照他所假定的条件，两大部类一年生产的结果是：

$$6000c + 1500v + 1500m = 9000$$

本来，可以用来在全社会作为收入分配（广义的分配）的只是 $1500v + 1500m$，其中 $1500v$ 转化为工人的工资收入，$1500m$ 转化为资本运动当事人的利润、利息、地租等收入。由于 $6000c$ 对一些人来说是资本，但对另一些人来说因为卖出它而获得货币收入，资本也就转化为收入。$1500v$ 首先是作为工人的收入、并且马上变成资本家的收入——因为工人是挣一文吃一文的，他们这一刻拿到，另一刻就要将它购买生活资料，从而又流回资本家的手中，形成后者的收入。再过一刻，这 1500 又马上变成资本家手中用以购买劳动力的可变资本，并很快再次变成他们的收入。所以在他们看来，资本和收入没有什么区别。正如马克思所说：在社会表面上，"最终要形成收入借以花费的物质要素即消费资料的那些商品，在一年内要通过不同的阶段，例如毛纱、毛织品。在一个阶段上，它们形成不变资本的

---

① 列宁在《哲学笔记》中就是这样说明《资本论》范畴展开的（《哲学笔记》，人民出版社 1974 年版，第 357 页）。

第二章 《资本论》终篇的理论对象——终点范畴

一部分，在另一个阶段上，它们供个人消费，因而完全加入收入。这样，人们就可以象亚当·斯密一样认为，不变资本只是商品价值的一个表面的要素，它会在总的联系中消失。"① 这样，不仅 1500v（劳动力与资本的交换）和 1500m（资本剥削劳动力）一样被当成参与分配了，而且在 3000 收入（1500v＋1500m）和 6000c（不变资本）变成收入的同时，全部 9000 都变成收入了。

由此观之，收入既是剩余价值在社会表面上的颠倒表现，又是劳动力价值的颠倒表现，同时还可以是资本的颠倒表现。所以，收入就是《资本论》的终点范畴。实际上，终篇的篇名《各种收入及其源泉》已经明确地提示了这一终点范畴。诚然，作为《资本论》研究对象的资产阶级财富总体，是能够带来剩余价值的东西，不能将工资包含在内。但是，我们已经看到，在社会表面上，在资本运动当事人——为了表述方便，后面我们都用它来表示生产当事人、流通当事人、分配当事人包括所有的资本家和土地所有者的集合——的意识中、意图中，都有意将工资与利润、利息、地租等混为一谈，都将作为母本的资本与同时作为这一母本结果的收入的区别掩盖。在竞争中，所有这些都可以表现为收入，所以，收入这个范畴正好可以掩盖资产阶级财富的实质、本质。换句话说，收入和资本本质的颠倒表现形式。

显然，在社会表面上，收入可以掩盖一切，又似乎可以等同于资本。谁拥有收入，哪怕像工人那样只有短暂的收入，都成了拥有资本。资本运动的当事人当然十分清楚这种表象对他们的意义，因而极力宣扬这种似是而非的观念。所以，收入是资本的社会表象。正如商品是总体资产阶级财富的细胞一样，收入也成了资产阶级财富总体的另一种表述、表象。这样看来，从"商品——货币——资本——收入"这样递进嬗变的逻辑过程，都是围绕社会总资本做文章，资本既是起点又是终点。在马克思的理论体

---

① 《资本论》第 3 卷，人民出版社 1975 年版，第 955 页。

《资本论》基本理论在终篇的具体化

系中,"收入的形式……是资本主义生产关系从外表上表现出来的存在,它同潜在的联系以及中介环节是分离的"①,也就是资本的"现实存在的形式"②。再现这一"完成形态",即收入,是马克思资本理论的题中应有之义。

因为"收入"是资产阶级财富的社会表象,所以它就是《资本论》开头处所说的"资本主义生产方式占统治地位的社会的财富"的"混沌表象"。但是,作为资产阶级财富,它显然不能包含工人的收入,所以要经过处理即"切近的规定"③,换句话说,马克思在实际上是从那种混合物中暂时撇开工人的收入,专门研究能够创造剩余价值的资产阶级财富,从其细胞开始研究,逐步扩大,考察剩余价值的生产、流通、分配,直到最后,才因为接近对象总体的虚假表象、再现具体而将工资虚假的收入形式与利润、利息、地租等剥削阶级的收入放在一起,构成特定意义的收入范畴。显然,马克思的收入范畴不能简单地理解,更不能将它与资产阶级学者的收入范畴等量齐观。

在终篇研究和再现客观对象的这一侧面,——"范畴表现这个一定社会即这个主体的存在形式、存在规定,常常只是个别的侧面"④;——当然是整个从抽象上升到具体的理论体系的最后环节,所以收入范畴是《资本论》最具体的范畴。众所周知,货币既是商品,又高于商品,是扬弃了商品,而资本又扬弃了货币,剩余价值扬弃了资本。至于剩余价值,又有三个具体形式:利润、利息、地租,它们在社会表面上又全都表现为收入,所以收入是对这些剩余价值具体形式的扬弃。收入本身既是价值范畴,又是财富范畴,所以,这种扬弃体现了几大范畴的上升、否定之否定。它与

---

① 《马克思恩格斯全集》第26卷第3册,人民出版社1974年版,第499页。
② 《马克思恩格斯全集》第26卷第3册,人民出版社1974年版,第536页。
③ 《马克思恩格斯全集》第46卷上册,人民出版社1979年版,第37页。
④ 《马克思恩格斯全集》第46卷上册,人民出版社1979年版,第44页。

第二章 《资本论》终篇的理论对象——终点范畴

这些范畴一起，构成《资本论》从抽象上升到具体的四大范畴，并且是范畴体系中最具体的范畴。它体现了马克思对复杂的总体对象的科学处理以及最后回归，让人们看到"一个具有许多规定和关系的丰富的总体"①。从资产阶级财富总体的细胞开始，最后又回到资产阶级财富总体的社会表象本身。这样的过程正好形成了一个完整的逻辑圆圈。这样的情况，就如列宁所说的，是"回到出发点的运动"②。从起点向终点的圆圈式的发展，从终点对起点的扬弃和超越，从终点向客观现实的接近等，来理解收入范畴，对理解《资本论》很有意义。

在社会表面上，资产阶级财富的总体表象并不是整体表现的，而是分别表现为各种收入。所以终篇不是以"总收入"、而是以"各种收入及其源泉"冠名。这不仅与再现社会总资本的总体表象不矛盾，而且正好表明社会总资本并非铁板一块的整体，反之，是由许许多多单个资本彼此联系而构成的，与此相适应，它的社会表象也应该是"各种收入"的总体。

第二节 终点范畴的特性

《资本论》终篇的思想具体，作为《资本论》的终点，是客观对象的最具体反映，同时又是马克思用科学方法处理思想材料的结果，因此它必然具有独特的性质。

客观的资产阶级财富总体的社会表象的构成十分复杂，表现这个社会表象的终点范畴自然也构成复杂。了解了这种构成，就能了解它的特殊规定和特征。

马克思在《资本论》开头说："资本主义生产方式占统治地位的社会

---

① 《马克思恩格斯全集》第46卷上册，人民出版社1979年版，第38页。
② 列宁：《哲学笔记》，人民出版社1974年版，第390页。

财富，表现为'庞大的商品堆积'。"① 对这句众所周知并且曾被引用无数次的话人们可能产生这样的误解，即把这种财富当成物质财富、或一般的社会财富。但是，所谓的物质财富，只是社会财富的材料，实质就是使用价值。② 它的创造除有用劳动外，还要有"一种不借人力而天然存在的物质基质"。③ 如果把资产阶级财富归结为物质财富，就必然承认它有几个不同的源泉。必须注意，"资本主义生产方式占统治地位的社会财富"并非一般的社会财富。它不仅在量上占统治地位，而且在质上也占统治地位，更有资本关系占统治地位。它以社会财富为载体，以资本关系为灵魂，是"财富的特殊社会形式"。

"财富的特殊社会形式"一语多义，可以与其他社会的财富形式相对而言，也可以从资本主义社会来看。就后者而言，可以看成是剩余价值的表现形式，也可以看成是整个资产阶级财富的社会表象。对终篇而言，它是比较确定的，因为这里研究的是比较具体的对象——收入。因为具体，它所包含的内容很庞杂，具有很多特性；

其一，从范畴内容看，狭义与广义兼而有之。

马克思早就指出，"经济范畴只不过是生产的社会关系的理论表现，即其抽象。"④ 无论是资产阶级经济学还是无产阶级政治经济学都一样，尽管不同阶级的政治经济学对同一范畴有不同的解释。马克思之所以要与资产阶级经济学采用同样的范畴来表现具有不同内容的关系，因为只有这样才能比较和批判。就收入这个范畴而言，资产阶级学者使用它，和马克思使用它，当然有不同的意思。就马克思的本意，收入指的是国民收入，是社会总产品中的价值产品部分，不包含不变资本部分，这样看，它的价值

---

① 《资本论》第1卷，人民出版社1975年版，第47页。
② 《马克思恩格斯全集》第23卷，第56页。
③ 《资本论》第1卷，人民出版社1975年版，第56页。
④ 《马克思恩格斯选集》第1卷，人民出版社1995年版，第141页。

第二章 《资本论》终篇的理论对象——终点范畴

实体的唯一源泉是总的社会活劳动。他还特别说明:"为了避免不必要的困难,必须把总收益和纯收益同总收入和纯收入区别开来。"① 但在资产阶级学者那里,它却还包含着不变资本部分,总收益和纯收益是没有区别的,例如萨伊"认为全部收益,全部总产品,对一个国家来说都可以分解为纯收益,或者同纯收益没有区别,因而这种区别从整个国民的观点来看就不存在了"②。

但既然马克思的科学研究是要再现客观对象的运动及社会表现,而资产阶级学者所提出的范畴所表现的观念是社会的占统治地位的观念③,他就不能完全撇开这些观念或范畴,毕竟这种观念是资本的题中应有之义。但他不是简单地表现,而是要阐明他所揭示的内在规定如何在社会表面上表现,从而使内在规定与社会表象相联系。实际上,这就是理论联系实际。或者更严格地说,在这里是说明由劳动创造的国民收入在社会表面上如何颠倒地表现为三个要素创造全部资产阶级财富,而接近社会表象。从方法和理论发展来看,这是比较抽象的理论结合一定的中介来联系实际。而且,在长期资本运动中形成的一系列必要的能够表达一定关系的用语,马克思也不能完全置之不理。既然必须使用商品、货币、资本等范畴来研究和论证资本运动,同样地,马克思也可以使用收入这个范畴来表达常人所不能理解的意思,即它是已经被揭示了内在规定的带有世俗性的范畴,并且在使用这个范畴的时候结合批判资产阶级学者使用的范畴。这样看来,终点范畴除了表现资产阶级财富总体内在规定的社会表象,是包含着

---

① 《资本论》第3卷,人民出版社1975年版,第950页。
② 《资本论》第3卷,人民出版社1975年版,第951页。
③ "统治阶级的思想在每一时代都是占统治地位的思想。这就是说,一个阶级是社会上占统治地位的物质力量,同时也是社会上占统治地位的精神力量。支配着物质生产资料的阶级,同时也支配着精神生产资料,因此,那些没有精神生产资料的人的思想,一般地是隶属于这个阶级的。占统治地位的思想不过是占统治地位的物质关系在观念上的表现,不过是以思想的形式表现出来的占统治地位的物质关系"。(《马克思恩格斯选集》第1卷,人民出版社1995年版,第98页)

《资本论》基本理论在终篇的具体化

间接性规定的科学范畴,还是包含着揶揄性质的、联系资本运动当事人及其学者的通常用语,说明它在资产阶级学者那里是一个以"流行的思维形式再生产出来"①的"奇特观念"②。只要联系商品、货币、资本这些范畴,我们必然也看到,它们在资产阶级学者的观念、理论中,和在马克思的理论中都一样存在,但都有不同的规定和意思。

其二,从整体性看,有显性与隐性两部分。

终篇所研究的社会表象的"收入"包含的内容很广,不仅是社会总资本已经生产出来的产品,还包括"那个曾被使用但是没有消费掉的固定资本"部分,尽管为了研究方便,马克思是把它"暂时撇开不说"③的,但他并没有忘了它,而在适当的地方把它综合进来④。此外,还包括那些被束缚在货币形式上的部分。对此,马克思早就指出:这"是社会财富中必须为流通过程牺牲的部分",这是"巨大的"⑤。由于它和正在执行职能的部分关系在前面已经阐明,在终篇也是存而不论的。尽管这样,我们在理解这一思想具体时,却不能将它们忽略。与其他部分一样,这两个部分在资本运动的当事人意识中,也是分解为收入的。可见,这种整体性同时具有虚拟性,是显形与隐性的统一。

其三,有多样性的复杂结构。

任何事物都包含有内部的关系和外部的关系,不同部分之间的相互关系实质上就是结构。从这种意义看,结构是事物存在的重要方式之一。除了上述的显性部分与隐性部分的结构关系外,还有许多种的结构。由此观之,这个整体对象的结构是十分复杂的。

首先,它是个系统的结构。

---

① 《资本论》第1卷,人民出版社1975年版,第593页。
② 《资本论》第3卷,人民出版社1975年版,第257页。
③ 《资本论》第3卷,人民出版社1975年版,第944页。
④ 《资本论》第3卷,人民出版社1975年版,第960页。
⑤ 《资本论》第2卷,人民出版社1975年版,第153—154页。

第二章 《资本论》终篇的理论对象——终点范畴

资产阶级财富由不同的部分组成，每个部分都有特定的数量界限，它们彼此相对独立、并列存在，又互相联系，互相制约，并形成一定的比例。正如原苏联学者 B. A. 库兹明在他的《马克思理论和方法论的系统性原则》中所说的，它具有"通过总合性、整体性、比例性、系统作用等等的集成属性表现来的规定性"①。不但产业资本和商业资本之间，而且产业资本内部的各个部类、部门之间都要遵循一定的比例，这种比例"是由利润率的平均化和与之相适应的资本在不同社会生产部门之间的分配来调节的"。但是，在社会表面上，"整个资本主义生产过程，都是由产品的价格来调节的"②。

其次，从它是内在规定的外在表现来看，它是多层次的结构。《资本论》终篇研究的是资本主义较为发展阶段的社会总资本，马克思已经证明，这种长期运作的资本本身就是剩余价值的转化形式，但是它的社会表象却是从别人那里流入的。经过这样流出流进，资本的黑毒性、野蛮性就被漂洗干净了，呈现出来的是一般的货币收入。就此而言，资产阶级财富的这种收入形式，并非直接显示的那样简单，而是隐秘着内在规定。马克思在终篇指出，资本并非它所直接表现的货币或生产资料，"资本不是物，而是一定的、社会的、属于一定历史社会形态的生产关系，它体现在一个物上，并赋予这个物以特有的社会性质"③。作为社会总资本，其运动的"直接目的和决定动机"④ 是榨取剩余价值，但它在社会表面上却被"看成是一个单纯为了满足国民需要"⑤ 的东西。所以，收入（资本）既有物的外表，又有看不见的生产关系的核心。

---

① ［苏］B. A. 库兹明著，王炳文、贾泽林译：《马克思理论和方法论的系统性原则》，三联书店1980年版，第91页。
② 《资本论》第3卷，人民出版社1975年版，第998页。
③ 《资本论》第3卷，人民出版社1975年版，第920页。
④ 《资本论》第3卷，人民出版社1975年版，第996页。
⑤ 《资本论》第3卷，人民出版社1975年版，第963页。

再次，它还包含着一般形式与特殊形式这种结构。一般和特殊的关系有几种，一种是具体对象中一般过程和特殊过程的关系，一种是典型对象中的一般和特殊的关系。前者指的是不同社会性质的过程之间的关系，后者指的是同一对象中的关系。无论哪一种，都是一般寓于特殊之中，又反过来支撑着特殊。对终点范畴来说，马克思也这样反映，特别是两种过程之间的关系：资产阶级财富虽然表现为庞大的商品堆积，有一般的货币、生产资料的形式，又有特殊的资本运动形式；它包含着一般的劳动，又包含着特殊的雇佣劳动；它的本质既是狭义分配的表现，又以广义分配的方式示人。它明明具有很明确的阶级性，表面上却带有超阶级的性质。从典型对象本身来看，它总是表现为个别的收入，但又必定构成在资本主义社会的总收入，反映了这种总收入的要求。

诸如此类，各个结构的内部关系都是混为一体的，而各种结构又彼此紧密联系，相得益彰。这两种情况都会让一般人不能区分，甚至让庸俗经济学家能够得以将它们混为一谈，欺骗世人也欺骗自己。

其四，它是客观的存在，但有主体性。

从客观的整体性看，它并非完全是包含生产资料和生活资料的商品、以及表现为货币的资本，还有特定的主体性。一方面，它分别归属于不同的主体，以不同的主体为人格化代表；另一方面，它需要通过一定的主体发挥作用，从而使物即资本主体化。但在这些主体中，能真正发挥作用的只有主导主体，特别是发挥实际职能的资本家，"作为剩余劳动的直接吸取者和一般劳动的使用者"，还决定广义的分配①，是决定整个过程发展方向和价值的主要当事人。而工人作为劳动的人格化，是推动过程发展的真正力量，但他们的劳动被物化了。这种"物的人格化和生产关系的物化"以及它进一步发展为"日常生活中的宗教"②，是总体对象及其社会表象的

---

① 《资本论》第3卷，人民出版社1975年版，第928页。
② 《资本论》第3卷，人民出版社1975年版，第939页。

第二章 《资本论》终篇的理论对象——终点范畴

重要内容,都离不开一定的主体。所以,这种整体性还具有主体性,是客体与主体的统一,是物化与人格化的统一。实际上,主体与客体的关系也是一种结构。

其五,这种特殊的财富形式还是历史发展的。

从事物的发展看,都具有共时态和历时态。共时态指的是一定发展阶段的状态,显示的是同一阶段的矛盾。上面涉及的主要是这种共时态的规定。历时态指的是它从一个阶段向更高阶段发展的总过程对象的发展变化状况,它包含着阶段上升的逻辑,表现这个阶段的范畴规定是起点范畴规定的具体化,它"在精神上表现……较多方面的联系和关系",而把起点范畴"当作一种从属关系保存下来"。① 终点范畴作为表现"较多方面联系和关系"的范畴,它的总体性、表象性与隐秘性统一的属性,显然是属于资本主义较为发展阶段的范畴,是理论发展过程的产物,——而这个理论发展过程本身又是历史发展的逻辑反映②,——比《资本论》的任何其他范畴都更为具体、更有历史性,它当然要包含起点范畴所反映的关系。诚然,在《资本论》起点处,马克思并没有涉及"收入"范畴,而是根据他特有的科学方法,对具体对象先进行"更切近的规定"③,将很容易造成认识混乱的混杂在一起的各种收入暂时撇开,但这不意味着那个时候没有收入范畴所表现的关系存在。所谓的"收入"《revenu》,是动词《revenir》的分词,意思是"回来"④。在资本运动的当事人看来,凡是流回的货币都是"收入"。由此我们应可意识到,在商品交换发展出货币之后,商品的卖出必有货币流入出卖者的钱袋,形成他的收入。不言而喻,在那时的商

---

① 《马克思恩格斯全集》第46卷上册,人民出版社1979年版,第41页。
② "历史从哪里开始,思想进程也应当从哪里开始,而思想进程的进一步发展不过是历史过程在抽象的、理论上前后一贯的形式上的反映;这种反映是经过修正的,然而是按照现实的历史过程本身的规律修正的。"(《马克思恩格斯选集》第2卷,人民出版社1995年版,第43页)
③ 《马克思恩格斯全集》第46卷上册,人民出版社1979年版,第37页。
④ 《资本论》第2卷,人民出版社1975年版,第403页。

品交换者的意识或观念中，只有货币收入的概念，没有价值的概念。价值是看不见的，是要通过科学研究才能揭示的，并且不是一般的经济研究家都能够科学地揭示的。换句话说，货币收入是价值的外在表现，并且是一定主体的一种观念。从这种意义看，终点范畴是将这种简单收入保存下来了。

再进一步从马克思的科学方法看，具体对象必定是复杂的存在，真伪、粗精并存。由于科学研究不能一开始就不加处理地将它整个拿来分析，理论过程更不能在开头处就将它和盘托出，因此，在《资本论》起点处，马克思必定要对它进行"去粗取精、去伪存真"的思维改造，将它的"粗、伪"部分暂时去掉，或者说，将这种处理当成一种条件。在后来批判"斯密教条"的场合，马克思再回过头来将这些"粗、伪"的部分重新综合进来。这样看来，在终篇以"各种收入"为对象实际上是还原起点商品的"粗、伪"外表。了解了这种逻辑的发展，我们就不难理解从商品到收入的范畴演变包含着的历史发展的逻辑。了解了马克思的科学研究和处理思想材料的方法，我们就应该意识到，终点范畴必定要表现客观对象的虚实、真伪、粗精的统一，因而这个终点范畴必定包含有虚、伪、表的成分。

恩格斯在《资本论》第三卷增补中写道，"这里所涉及的，不仅是纯粹的逻辑过程。而且是历史过程和对这个过程加以说明的思想反映，是对这个过程的内部联系的逻辑研究。"① 所以，终篇的思想具体，既有逻辑过程终点的性质，又必然要包含资本主义财富生产的历史趋势的规定，也可以说是资本主义财富生产的终点的理论体现。的确如此，在第四十八章，马克思指出，资本关系的神秘化不是永恒的，它历史地产生又将历史地灭亡，他还指出，资本的运动"有利于更高级的新形态的各种要素的创

---

① 《资本论》第3卷，人民出版社1975年版，第1013页。

第二章 《资本论》终篇的理论对象——终点范畴

造"①。在第四十九章，马克思又写道："在资本主义生产方式消灭以后……"② 直接断言它会被消灭。而第五十章的分析又表明，资本关系不是自然关系，竞争会造成颠倒的假象，但却不能改变其历史性规定。最后，在第五十一章，马克思又再次宣布，资产阶级财富生产的社会形式"会被抛弃，并让位给较高级的形式"③。

终点思想具体这种历史规定的揭示，不单是全三卷逻辑进展的必然结果，而且"有巨大的历史感作基础"④。虽然《资本论》成书的年代资本主义还处在上升阶段，但资本运动衰微解体的症候已经显露，实现社会变革的力量已经壮大。这不仅为稍后几年爆发的巴黎公社起义所证明，而且甚至在统治阶级中间也已经透露出一种模糊的感觉："现在的社会不是坚实的结晶体，而是一个能够变化……的机体"⑤。所以，这种逻辑终点已经预示了资本主义的历史终点。

其六，终点范畴还具有批判性。

在资产阶级学者那里，收入范畴表现的是乱七八糟的关系，包含本不应该包含的东西。在他们看来，不仅工人出卖劳动力获得的工资与有产者获得的利息、地租都被统称为收入，而且各种收入是由资本、土地等生产要素带来的结果，又是创造价值的真正源泉。在他们的心目中和言语中，各种收入既有不同的源泉，都是由不同的生产要素创造的，又分别成为价值的源泉。收入既是结果，又是原因。他们的这种意识混乱，始自对资本的认识，在他们看来，资本既是带来收入（利息）的东西，其价值实体又是以收入为源泉的。

对马克思来说，"收入"这个用语虽然与资产阶级学者一样，但作为

---

① 《资本论》第3卷，人民出版社1975年版，第926页。
② 《资本论》第3卷，人民出版社1975年版，第963页。
③ 《资本论》第3卷，人民出版社1975年版，第999页。
④ 《马克思恩格斯选集》第2卷，人民出版社1995年版。第42页。
⑤ 《资本论》第1卷，人民出版社1975年版，第12页。

《资本论》的终点范畴却有完全不同的内容。他不仅只是在价值的内在规定的颠倒表现的意义上来论证收入范畴,而且特别突出收入及其源泉的问题,由此必然要特别联系资产阶级学者的观点来分析、批判。在马克思看来,所谓的源泉可以有两种理解:一种是一定的主体能够得以源源不断地获得相关收入的依据,一种是创造收入的价值实体的源泉,两者并非同一概念,不能混为一谈。就前者而言,马克思说:"资本家的资本,土地所有者的土地,工人的劳动力或者不如说他的劳动本身……对资本家、土地所有者和工人来说,表现为他们各自特有的收入(利润、地租和工资)的三个不同的源泉。它们从下述意义上讲确实是收入的源泉:对资本家来说,资本是一台永久的吸取剩余劳动的抽水机;对土地所有者来说,土地是一块永久的磁石,它会把资本所吸取的剩余价值的一部分吸引过来;最后,劳动则是一个不断更新的条件和不断更新的手段,使工人在工资的名义下取得他所创造的一部分价值,从而取得由这部分价值来计量的一部分社会产品,即必要生活资料。其次,它们从下述意义上讲是收入的源泉:资本会把价值的一部分,从而把年劳动产品的一部分固定在利润的形式上,土地所有权会把另一部分固定在地租的形式上,雇佣劳动会把第三部分固定在工资的形式上,并且正是由于这种转化,使它们变成了资本家的收入、土地所有者的收入和工人的收入。"① 很明显,这里说的源泉,指的是这三个阶级获得不同货币收入的依据,根本不是创造价值的源泉。但是,在社会表面上,"在生产当事人看来,在生产过程的不同职能的承担者看来,事情却不是以这种形式表现出来的,而是相反地以颠倒的形式表现出来的"②,即不仅认为是三种生产要素产生这三种收入形式,而且进一步认为这些收入决定价值。萨伊的"三位一体公式"就是这种颠倒表现的典型代表。对此,马克思当然要进行深入的批判。他全方位地分析这个公

---

① 《资本论》第 3 卷,人民出版社 1975 年版,第 928—929 页。
② 《资本论》第 3 卷,人民出版社 1975 年版,第 929 页。

第二章 《资本论》终篇的理论对象——终点范畴

式本身的错误,并分析造成这种错误的理论根源。同时,又令人意外地客观地说明这种错误的产生有其社会表象的依据,而这些表象又是资本主义社会、资本运动和商品经济的发展所必然产生的,由此,他也就向人们宣示,只有彻底地消灭资本主义,才能彻底地消灭公式所表现的关系,从而使"公式"的存在基础消失。可见,他的理论批判不仅指向"三位一体公式",更指向资本主义经济制度。

值得注意的是,这种批判还导致《资本论》一系列基本理论的具体化,即说明这些基本理论的内在规定与竞争、资本家的观念相联系后必然产生颠倒性的转变,使这些理论能够联系流通实际而解释现实。①

其七,逻辑发展的结果。

作为辩证的逻辑过程的终点范畴,它不是孤立的,而是与起点、过程紧密联系的。这又决定它的具体性与起点的抽象性、直接性是紧密联系的。

1. 起点和终点的统一

在辩证发展的逻辑过程中,起点与终点有着内在的联系。在黑格尔看来,"科学的整体本是一个圆圈,在这个圆圈中,最初的也将是最后的东西,最后的也是最初的东西。"② 所谓最初的东西在辩证的逻辑过程中就是起点范畴,而最后的东西就是终点范畴。他将起点与终点看成是整个过程的有机组成部分,将它们紧密联系起来,这是很合理的,很有价值的。不过,在黑格尔那里,所谓的圆圈只是一个更大的圆圈中的一个部分,是大圆圈中的小圆圈,所以并非简单地回归、终点等同于起点。对此,列宁也持赞同的"科学是圆圈的圆圈"③。因此,理论的发展即"回到出发点的运

---

① 见本书后面几章的研究。
② [德]黑格尔著,杨一之译:《逻辑学》上卷,商务印书馆1977年版,第56页。
③ 列宁:《哲学笔记》,人民出版社1974年版,第251页。

动即辩证运动"①不是简单地回归,而是高于起点。《资本论》的范畴运动正是这样,终点的思想具体再现的并非起点的单个商品。起点的"单个商品"实际上是"表现为"资产阶级财富的"元素形式",回到起点乃是回到或再现资产阶级财富总体的社会表象。如果只是回到单个商品,整个理论的价值、目的就令人费解了。从资产阶级财富的元素开始,最终再现该总体的社会表象,这表明马克思的研究对象始终如一。而资产阶级财富无非是社会总资本,难怪马克思以"资本论"为巨著命名,难怪恩格斯说这是一本"论资本的书"②。

在马克思的理论逻辑中,起点范畴作为总体对象的细胞,包含着整体对象的复杂规定的萌芽。他说:单个商品形式的分析已"包含着萌芽状态中的劳动产品的一切资产阶级形式的全部秘密"③。恩格斯说得更为明确:"因此,在产品的价值形式中,已经包含着整个资本主义生产形式、资本家和雇佣工人的对立、产业后备军和危机的萌芽。"④诚然,终点范畴并不是重述这些复杂规定,但它是将这些复杂的内在规定包含在内,并着重阐明它们的社会表象。这种情况就像列宁所说的:"在高级阶段上重复低级阶段的某些特征、特性等","仿佛是向旧东西的回复"。⑤当然,它已经展开,已经具体化,所以不是简单回复,而是包含和超越。例如,起点充分论证的劳动与价值创造的关系,在终篇是作为基本内核包含的,但它还进一步阐明,劳动创造价值的根本规定,在社会表面上会颠倒表现为劳动、资本、土地共同决定价值。⑥

在开篇处,马克思通过分析商品拜物教的性质及其产生、存在条件,

---

① 列宁:《哲学笔记》,人民出版社1974年版,第390页。
② 《马克思恩格斯全集》第16卷,人民出版社1964年版,第233页。
③ 《马克思恩格斯〈资本论〉书信集》,人民出版社1976年版,第216页。
④ 《马克思恩格斯选集》第3卷,人民出版社1995年版,第661页。
⑤ 列宁:《哲学笔记》,人民出版社1974年版,第239页。
⑥ 详见本书第五章。

第二章 《资本论》终篇的理论对象——终点范畴

预示其消灭的历史趋势。在终篇又充分展开对"萨伊公式"和"斯密教条"的批判,并在各章都一再说明它们所表现的"神秘化"在未来社会都不存在,不仅使终篇的批判与开篇对商品拜物教性质的批判一脉相承,又将这种批判与全书的研究目的联系起来,展现了更为具体的历史趋势。

2. 过程和终点的统一

马克思指出:思想具体作为客观对象的具体再现,"在思维中表现为综合的过程,表现为结果"①。列宁也说过:"真理不是在开端,而是在终点,更确切些说,是在继续中"②,还说"真理是过程"③。《资本论》的理论当然是真理,也是个过程,所以不能孤立地看待终点范畴,而要把它与整个过程紧密联系起来。马克思说过:资产阶级"财富只是作为社会过程而存在"。④ 只有思想材料的这种综合的过程,才能反映这种"社会过程的存在"。所以,不能离开整个综合过程来理解终点的思想具体。

关于综合的过程,人们大都按照通常的思维习惯以为是一系列规定的汇总,是分别研究事物的各种侧面之后再把它们统一起来考察。例如,分别考察商品的价值、使用价值,再将两种规定综合起来。其实,除了这种平面的思维、共时态的思维外,在辩证的逻辑发展过程中,综合主要还是结构性思维、历史性思维的结果。所谓的结构性思维,就是对客观对象进行解构,分析不同的因素并揭示其各种规定之后,再将它们重构起来。在这里,就是将终点重新联系;所谓的历史性思维,同时也是指将同一过程解构为不同的发展阶段,将各种条件解构为不同阶段的条件,尔后再一个阶段、一个阶段地将上个阶段研究的规定与下个阶段的条件结合、综合起来。例如,在《资本论》开篇暂时撇开资本关系,在第二篇再将后者综合

---

① 《马克思恩格斯全集》第46卷上册,人民出版社1979年版,第38页。
② 列宁:《哲学笔记》,人民出版社1974年版,第182页。
③ 列宁:《哲学笔记》,人民出版社1974年版,第215页。
④ 《资本论》第3卷,人民出版社1975年版,第650页。

《资本论》基本理论在终篇的具体化

进来;在考察单个商品的时候假定它是平均样品,将它的生产条件、数量、社会需要等暂时撇开,在第三卷再将它们统一起来考察等等。在终篇,这几类不同的综合范式都同时运用了。因而,终点范畴的综合并非仅在终篇,而是发生在过程中。除了结合新的研究条件导致起点范畴相关规定的具体化,还综合第一、二卷末篇有关再生产的研究,将狭义分配与再生产紧密结合,导致剩余价值表现的具体化;并且通过广义分配的各种表现形式,阐明这些收入形式的发展变化。通过这一系列的综合,终点范畴规定实现了规定的多样化和各种规定内容的丰富。不仅与起点范畴首尾呼应,而且与前两卷的末篇、整个理论过程不能分离,构成了一个完整理论体系,体现真理的发展以及与它所表现的现实的关系。

3. 抽象和具体的统一

在《政治经济学批判·方法》中,马克思提到从抽象上升到具体的方法,是对客观对象具体的掌握"并把它当作一个精神上的具体再现出来"①的过程,所谓具体,即是很全面具体地反映对象,因而是多样性的统一。既然马克思运用从抽象上升到具体的方法处理思想材料,那么,其逻辑过程的终点就具有具体性,从而终点范畴也应该具有这样的具体性。不言而喻,它的内在规定最为丰富,其生产、流通的内在规定在总过程中外化,并且臻于再现社会表面上、资产阶级意识中表现出来的形式。相对于终篇以前在比较抽象的条件下比较抽象的阶段的研究,终篇的资产阶级财富总体,是最全面最具体的,是内在和外在、实质与表象的统一。

不过,在辩证的逻辑过程中,具体是与抽象相对而言的。应该看到,终篇的资产阶级财富总体的社会表象作为思想具体还具有抽象性。这里所谓的抽象,不是本质规定那种抽象,也不是指规定的简单性,更不是像逻辑过程的起点所具有的那种抽象,而是指它具有理论性、普遍性。通过研究我们不难发现,终点范畴不仅表明《资本论》有终点、终点范畴是资产

---

① 《马克思恩格斯全集》第46卷上册,第38页。

第二章 《资本论》终篇的理论对象——终点范畴

阶级财富的社会表象,更重要的是马克思借此还验证了前两卷揭示的一系列科学的理论规定,验证了历史唯物主义的科学性,指明了以收入为表现的广义分配关系对生产力发展的重要作用,从而使他所建造的科学的政治经济学理论体系臻于完成和科学化、完整化,使他的理论结论具有普遍性、理论性、广泛的适用性。

进一步看,在对象运动没有绝对停止之前,在研究这种对象的逻辑过程中最具体的东西还可能变为抽象的。换句话说,一旦有了更具体的条件发生和发挥作用,原有的理论就必须进一步发展。从本质上看,马克思的理论不是封闭的系统。虽然他研究的英国社会的资本运动是资本主义的典型,但对整个资本主义体系来说,它仍然是抽象的。何况他还说明,他是在"把资本主义生产方式的内部组织,在它的可以说是理想的平均形式中"① 来研究的,因而仍然带有抽象的性质。一旦超出这种"理想的平均形式,"原先的规定就必定要进一步发展、丰富,并且发生"转形"。实际上,马克思已经发现,在19世纪60年代,资本的集中已经产生了自行扬弃的矛盾。"它作为这样的矛盾在现象上也会表现出来。它在一定部门中造成了垄断,因而要求国家的干涉。它再生产出了一种新的金融贵族,一种新的寄生虫,——发起人、创业人和徒有其名的董事;并在创立公司、发行股票和进行股票交易方面再生产出了一整套投机和欺诈活动。"② 这表明,他已经确定,在新的条件下,资本运动的规律就会发生变化,或者也可以说,垄断使资本概念增加了新的规定。既然这一客观总体是会发展的,那么对它的研究而形成的思想具体也必定是开放性的、能发展的。

可见,正确理解终点范畴的具体性与抽象性的统一是非常必要的,因为资产阶级财富作为一种客观实在,和其他的客观实在一样"既是具体的

---

① 《资本论》第3卷,人民出版社1975年版,第939页。
② 《资本论》第3卷,人民出版社1975年版,第496页。

又是抽象的"[1]。

4. 直接性和间接性的统一

马克思在第三卷一开头就预示：该卷"将要阐明的资本的各种形式，同资本在社会表面上，……在竞争中，以及在生产当事人自己的通常意识中所表现出来的形式，是一步一步地接近了"[2]。按照列宁的说法，这是"接近""直接的整体"。[3] 所以，终点的思想具体应该具有某种直接性。是已经揭示了间接性规定之后，阐明间接性规定如何表现为直接性表象。

所谓的直接性，是和间接性相对而言的。这是黑格尔用来表示范畴性质的专用术语。黑格尔认为，存在是"直接的东西"[4]，"作为知识之对象的那种直接性"就反应为"知识自身的直接性"[5]；而存在里面蕴藏着的本质则是"内在的存在"[6]。人们对它不能直接观察，只有通过与别的东西相比较才能发现，通过反思才能理解和掌握，由此产生的"认识是一种间接的知"[7]。他还认为"任何地方都没有什么东西不同时包括直接性和间接性"[8]，这样，知识的进展就应达到直接性和间接性统一。从其《逻辑学》来看，就是一个"直接的存在——间接的自为——直接性和间接性统一的自在自为"的过程。黑格尔的这种看法及由此运用的逻辑方法，如果撇开其唯心主义的实质，应该说是合理的。不过，黑格尔本人并没有说明，从间接性的"自为"到直接性与间接性统一的"自在自为"会发生什么样的变化。马克思批判地继承了黑格尔的这种方法，同时在批判庸俗经济学派

---

[1] 列宁：《哲学笔记》，人民出版社1974年版，第223页。
[2] 《资本论》第3卷，人民出版社1975年版，第30页。
[3] 列宁：《哲学笔记》，人民出版社1974年版，第194页。
[4] [德]黑格尔著，杨一之译：《逻辑学》下卷，商务印书馆1981年版，第3页。
[5] [德]黑格尔著，贺麟、王玖兴译：《精神现象学》，商务印书馆1981年版，第10页。
[6] [德]黑格尔著，贺麟译：《小逻辑》，商务印书馆1982年版，第242页。
[7] [德]黑格尔著，杨一之译：《逻辑学》下卷，商务印书馆1981年版，第3页。
[8] [德]黑格尔著，杨一之译：《逻辑学》上卷，商务印书馆1981年版，第52页。

第二章 《资本论》终篇的理论对象——终点范畴

错误的同时意识到,从深化到外化会发生什么样的颠倒。① 他已经意识到本质一定会表现出来,但其表现形式即现象一定不会与本质完全一致,而这种现象并非直接看到的那样简单和肤浅,而是内在的本质的表现形式。所以,从"直接的"商品出发,揭示其内在的规定(间接性的),并逐步揭示资本及其运动的本质、规律(间接性的),最后,又再说明这些间接性规定在竞争中的社会表象及生产当事人意识中的表现(直接性的表象)。所以,终篇的思想具体应当具有这种直接性。但是,它又和起点的单个商品的那种直接性不同,那是一种包含着间接性规定但还未揭示的简单直接性,而在终点处则是间接性的本质规定的外化,所以,它具有直接性和间接性的统一的特性。这样再现对象总体,就"把可以看见的、仅仅是表面的运动归结为内部的现实的运动"。② 这样做,从认识论和逻辑的角度看,既反映了认识的深入浅出,又显示了理论研究事物说明事物的科学价值。

在终篇,我们还看到资产阶级财富表现为庞大的商品堆积。但又包含着一定的历史的生产关系即资本主义关系。就前一方面看,它体现为一定的物,并具有一定的价值,是资本关系的载体。就后一方面看,它是前者的灵魂、本质。资产阶级财富就是这样的统一体,由是,它决定了资本主义生产方式的"两个特征"。③ 这样看来,终点的思想具体的直接性和间接性统一的特性,不仅反映了客观对象本质和现象的统一,它还是客观对象存在和本质有机统一的科学反映。

---

① 参看陈俊明:《〈资本论〉:深化与外化的统一》,载《中国人民大学学报》2006年第5期。
② 《资本论》第3卷,人民出版社1975年版,第349—350页。
③ 《资本论》第3卷,人民出版社1975年版,第994、996页。

第二篇 方 法

马克思的《资本论》是对象、方法、内容和价值的统一。这里,我们将进一步研究它在终篇使用的方法,及其发展和运用的特点。

马克思在《资本论》中说,他使用的方法是唯物辩证法。① 一般说,方法作为主体认识和改造客体与主客体关系的工具、手段,有主观性。但是,《资本论》的方法首先是客观的。对象有什么样的特性,就应该有什么样的方法来反映。所以作为主体对客观对象的本质和规律的认识、反映,它具有客观性。不过,它也不能完全与客观对象一致,因为客观对象是庞杂的,它的"历史常常是跳跃式地和曲折地前进的,如果必须处处跟随着它,那就势必不仅会注意许多无关紧要的材料,而且也会常常打断思想进程"②,所以要将一些无关宏旨的东西去掉。而且在它统一的外表之中,隐藏着不同的层面、并形成特殊的结构,所以要采用特殊的方法来准确地解构、把握对象各个层面、侧面的规定,特别是其中最关键的决定性的规定,要采用特殊的范畴来科学地反映它们,还要按照它们发展的历史、结构、主体等维度来重构,以特定的理论结构发展来再现对象结构的变化。对科学研究来说,既要在实践中观察对象、形成思想材料和处理思

---

① 《资本论》第 1 卷,人民出版社 1975 年版,第 23—24 页。
② 《马克思恩格斯选集》第 2 卷,人民出版社 1995 年版,第 43 页。

想材料，又是"思维用来掌握具体并把它当作一个精神上的具体再现出来的方式"①。为了更科学地把握和再现客观对象，还必须选择正确的立场，因为立场决定眼界的宽窄，决定洞察力的深浅等。因此，方法的运用还与研究主体的目的、研究对象的典型性及运动的条件、社会背景、历史任务等有直接的关系，同样地，研究的逻辑阶段的特殊性也制约着研究和再现的方法。这样看来，这种主观与客观统一的方法必定是全程性的，是多样性的，相对的。

我们已经知道，《资本论》终篇要研究和再现资产阶级财富总体及其社会表象，以及其中包含着各种关系的历史发展的具体结果，所以这里必然更多地突出马克思运用的表现整体过程的科学方法的最后环节。在这里，理论的任务是多重的，除了揭示和再现之外，还有批判。在《资本论》第一卷第二版跋中，马克思在介绍自己的辩证方法时还特别强调它的否定性、批判性。在终篇，这种批判的方法特别显眼、特别着力、深刻，特别有战斗性和号召力。为了加深批判，除了条分缕析、层层深入外，还需要揭示错误理论的来源及产生条件，等等。这一系列过程无不贯彻着辩证分析。在这里，我们当然不可能逐一地就上述的各个方面都进行深入的探讨，只是从其中的几个侧面来了解终篇对唯物辩证方法的彻底运用以及对材料的科学处理。

---

① 《马克思恩格斯全集》第46卷上册，人民出版社1979年版，第38页。

第三章 唯物辩证法的彻底运用

唯物辩证法是自然、社会、思维三大领域普遍存在的客观规律，但是，唯物辩证法作为认识客观世界内在规定运动的唯一科学方法，并非所有阶级的人都能正确理解和把握运用的。就像资产阶级古典学派的代表人物，他们虽然作为科学家，在对资本运动的很多方面可以有某种正确的认识，体现了他们的世界观和方法论包含着唯物辩证法的某些成分。但是，他们还作为资本家，由于世界观的阶级局限性，其方法即使是正确运用的时候，也总是不彻底的。对马克思主义者来说，虽然他们代表无产阶级，但不见得所有的人都能正确地掌握唯物辩证法。何况客观世界、对象并不是全部直接地展现在世人面前的，它们的运行有许多人们看不见的规定，要认识它们，就不能单靠直接的观察，还需要有一定的方法和手段。在有些领域，可以借助于显微镜和试剂，但在经济领域，无论是宏观的还是微观的，都必须正确运用抽象力。对抽象力的运用，既不能不足，也不能过度，并且还必须还原，才能彻底。马克思认为，唯物辩证法的一般形态和它在经济学上的运用有所不同，必须全面彻底地运用它，科学的经济理论才能彻底。

一、唯物辩证法在经济学上的运用——否定之否定

众所周知，马克思《资本论》的方法是唯物辩证法。在终篇运用这一方法研究资产阶级财富总体，这一方面表示，马克思的这一方法在《资本

论》中是自始至终彻底贯彻的，不仅在各个不同的研究阶段都显示特色而互有不同，而且还"把'开端'同延续和终点联结起来"。① 另一方面也意味着：他把这种方法运用于社会经济领域，证明并丰富了历史唯物主义。恩格斯说过："唯物主义历史观及其……特别应用，只有借助于辩证法才有可能。"② 唯有如此，才能把对特定对象的考察放在特定的社会经济背景下，反过来，也才能通过前者的发展来说明后者的发展。

对唯物辩证法，人们往往用对立统一规律来概括它。如果从哲学的观点处，这样看是可以的，但对政治经济学来说，却有过于抽象之嫌。资产阶级古典政治经济学在其还保有科学形态的时候，是不乏辩证分析的，尽管既不全面、不彻底、更不能一以贯之。也就是说，它理解的对立统一规律是肤浅的、简单的。但在马克思这里，情况就根本不同了。他也有直接的对立统一分析，例如商品的使用价值与价值、抽象劳动与有用劳动、私人劳动与社会劳动、物的人格化与人格的物化等。这些分析不仅紧密相关，而且有层次。但他绝不满足于这种研究，在他看来，政治经济学的唯物辩证法的要义不在于这里，而在于否定："辩证法，在其合理形态上，引起资产阶级及其夸夸其谈的代言人的恼怒和恐怖，因为辩证法在对现存事物的肯定的理解中同时包含对现存事物的否定的理解，即对现存事物的必然灭亡的理解；辩证法对每一种既成的形式都是从不断的运动中，因而也是从它的暂时性方面去理解；辩证法不崇拜任何东西，按其本质来说，它是批判的和革命的。"③ 马克思在这里提到的否定、批判、革命，从哲学方法的角度看，可以是同义的，但作为政治经济学的根本方法，则并非同义反复，而是各有特别的含义。

它强调否定，而不是一般地强调对立统一。在马克思看来，政治经

---

① 列宁：《哲学笔记》，人民出版社1974年版，第324页。
② 《马克思恩格斯选集》第3卷，人民出版社1995年版，691—692页。
③ 《资本论》第1卷，人民出版社1975年版，第25页。

学与哲学有所不同，不能一般地讲辩证法，而要说明具体的政治经济学领域内运用的辩证法。必须注意的是，这一论述是在论述《资本论》方法的地方，是在大段引用俄国学者考夫曼的评论之后概括的，而这段评论很突出过程的历史性："每个历史时期都有它自己的规律。一旦生活经过了一定的发展时期，由一定阶段进入另一阶段时，它就开始受另外的规律支配。"① 所谓的历史性，实际上就是批判性，即一个过程批判前一个过程并替代前一过程。马克思还接着说："这位作者先生把他称为我的实际方法的东西描述得这样恰当，并且在考察我个人对这种方法的运用时又抱着这样的好感，那他所描述的不正是辩证方法吗？"② 可见，辩证法在政治经济学这个领域应用，必须突出否定之否定的方法。只有这种辩证的否定方法，才能最好地表现马克思主义政治经济学的特征。一方面，它将一般的辩证法具体化，另一方面，它与资产阶级经济学形成最强烈的反差。尽管资产阶级学者敢于承认资本主义社会有阶级矛盾，有阶级对立，但绝不敢"在对现存事物的肯定的理解中同时包含对现存事物的否定的理解"，可见，承认对立统一并不是马克思主义经济学的独特之处，只有否定，"对现存事物的必然灭亡的理解……对每一种既成的形式都是从不断的运动中，因而也是从它的暂时性方面去理解"，才会"引起资产阶级及其夸夸其谈的代言人的恼怒和恐怖"。实际上，辩证法的某种特征在马克思之前已经有人多多少少进行过研究，但只有马克思、恩格斯等无产阶级理论家，才能将一般辩证法改造后具体应用、特别是运用于政治经济学研究。

批判性。辩证法的否定性必然与批判性紧密联系，对象在可以预见的将来不具有明显的否定性，对它的批判是不可能奏效和得力。在资本主义发展的初级阶段，它的内在否定性、被替代的可能性发展得还很不充分，尽管也对它进行批判，但充其量只能是隔靴搔痒。空想社会主义批判资本

---

① 转引自《资本论》第1卷，人民出版社1975年版，第23页。
② 《资本论》第1卷，人民出版社1975年版，第23页。

第三章 唯物辩证法的彻底运用

主义就是这样，只能触动其对大众不合理的某些现象，不能触动其根源。"这种历史情况也决定了社会主义创始人的观点。不成熟的理论，是同不成熟的资本主义生产状况、不成熟的阶级状况相适应的。解决社会问题的办法还隐藏在不发达的经济关系中，所以只有从头脑中产生出来。"① 这就决定了他们的批判是乏力的。而在马克思的时代，情况已经发生了根本的变化，资本主义与生俱来的否定性已经比较充分地发酵，无论是野蛮性还是文明性都表现得比较充分，而且工人的批判意识已经抬头，所以马克思主义对它的批判正当其时。同样的道理，没有科学的理论批判，对象的否定性就不被大众所认识，而对象是不会自动退出历史舞台的。政治经济学如果缺乏批判性，就失去了唯物性与辩证性，其辩证分析再怎样精彩，对人民大众没有真正的意义。

革命性。与否定、批判直接联系，这种方法当然具有革命性。在黑格尔那里，辩证法尚且具有革命性——只不过被过于浓密的保守性所窒息——何况马克思的唯物辩证法。他详尽地分析了资本主义制度的暂时性、野蛮性、文明性②，充分地显示了马克思理论的革命性。不言而喻，对象本身就具有革命性，不会永远处于同样的条件及状态中，这决定了要有科学方法来再现这种革命性，所以马克思运用辩证方法来选择和处理对象及其范围、活动条件，引导内容的演化，甚至包括无产阶级情感的表达。在这些方面，他都实现了革命性变革。正如恩格斯所说的，是"实行了完全和彻底的科学革命"③。

这样的辩证方法当然是彻底的。资产阶级学者在某些场合可能有的辩证分析绝不可能贯穿到底，更不可能是全方位的。与此不同，马克思的辩

---

① 《马克思恩格斯选集》第3卷，人民出版社1995年版，第608页。

② 在终篇，马克思说过，资本主义比以前的奴隶制、农奴制"更有利于生产力的发展，有利于社会关系的发展，有利于更高级的新形态的各种要素的创造"（《资本论》第3卷，人民出版社1975年版，第926页）。

③ 《马克思恩格斯〈资本论〉书信集》人民出版社1974年版，第457页。

《资本论》基本理论在终篇的具体化

证方法是贯穿全程的,是贯穿一切层面和侧面的。只有这样,批判才能彻底,才有说服力。

在终篇,马克思对辩证方法的运用正好体现了唯物辩证法的这些特征,而且比其他地方更胜一筹。它作为全程的终点、总结,更需要、也更好地表现了这些特征。

终篇研究的是社会总资本的社会表象,既是第三卷的总结,又是全书的总结,同时还是一、二卷末篇的总结。无论从哪个方面看,都贯穿对总对象的辩证分析,并且都体现以上所说的几方面特征。

作为第三卷的总结,终篇将前面各篇研究的剩余价值的理论上的具体形式进一步转化为市场上和资本运动当事人观念中的形式,即收入形式。而收入是个非常笼统的现象和概念,在流通中和资本家的意识中还包含工资、流动中的资本(对一个人来说是资本,对另一个人来说是收入),这样一步一步地转型、一步一步地扬弃、否定。就所要反映的客观过程看,这些扬弃、否定虽然有的是渐进的,有的是跳跃式的,但都是自我否定。但就理论过程而言,马克思却不乏批判。在进程中的批判不用说了,——例如,在论及利润率平均化的时候,他深刻地指出:"资本家在他们的竞争中表现出彼此都是虚伪的兄弟,但面对着整个工人阶级却结成真正的共济会团体。"① 同时他也批判资本家之间的钩心斗角:"一旦问题不再是分配利润,而是分配损失,每一个人就力图尽量缩小自己的损失量,而把它推给别人。对整个阶级来说,损失是不可避免的。但是每个资本家要分担多少,要分担到什么程度,这就取决于力量的大小和狡猾的程度了,在这种情况下,竞争也就变为敌对的兄弟之间的斗争了。"② ——在终篇,马克思对"三位一体公式"用社会上最表面的收入来掩盖本质的做法更是进行了全方位的批判。从整个第三卷来看,实际上是在说明这种社会表象和虚

---

① 《资本论》第3卷,人民出版社1975年版,第221页。
② 《资本论》第3卷,人民出版社1975年版,第282页。

第三章 唯物辩证法的彻底运用

假观念是如何形成和转化并对它进行批判的。

作为一、二卷末篇的总结,终篇的否定之否定与一卷末篇有紧密联系。众所周知,在论述了资本主义原始积累的历史趋势之后,马克思提出了著名的"否定之否定":"从资本主义生产方式产生的资本主义占有方式,从而资本主义的私有制,是对个人的、以自己劳动为基础的私有制的第一个否定。但资本主义生产由于自然过程的必然性,造成了对自身的否定。这是否定的否定。这种否定不是重新建立私有制,而是在资本主义时代的成就的基础上,也就是说,在协作和对土地及靠劳动本身生产的生产资料的共同占有的基础上,重新建立个人所有制。"① 如果从哲学的角度看,第二个否定要回归最初的肯定状态。联系马克思始终不渝的反对资本主义生产资料私有制的观点,特别是注意到这一段话中突出强调这种否定不是重新建立私有制,而是要建立生产资料共同占有的社会,所以未来社会绝对不是重建生产资料的个人所有制。联系第一个否定的是劳动与劳动者统一,所以重建的也应该是个人劳动所有制(相关的论证详见本书第七章)。在第二卷末篇,马克思虽然没有专门论证这一否定之否定的问题,但也体现了同样的思想。他从流通的角度阐明资本主义社会化大生产虽然克服分散的小生产的弊病,但也产生了许多不可避免的、重大的不平衡,因此必然再次遭到否定。第一卷从积累的角度论证,第二卷从实现的角度论证,到第三卷末篇即终篇当然要从表现的角度来论证这种否定之否定。在这里,马克思阐明了广义分配如何将狭义分配②的本质掩盖、并颠倒表现。在著名的"三位一体公式"中,"劳动——工资"与"资本——利息、土地——地租"相联系,而后两者强调的都是所有权,这样似乎工资是劳动所有权带来的。显然,这与第一卷末篇的否定之否定有着紧密的联系。在前一场合,劳动所有权与劳动者在实际上是被资本所有权强行分离的,

---

① 《资本论》第1卷,人民出版社1975年版,第832页。
② 关于广义、狭义分配,详见本书第六章的分析。

《资本论》基本理论在终篇的具体化

而在后一场合,即在"三位一体公式"中,劳动所有权与劳动者却是紧密结合的。表面看,前后两个地方的论述之间似乎存在着矛盾,但从总体联系看,却表明资本主义社会那种内在的劳动者与劳动所有权被资本强行分离的本质规定,在社会表面上却颠倒地表现为通过获得工资而似乎是紧密结合的。在这里,马克思指出,这种掩盖真相的广义分配与生产力的发展之间存在着矛盾,"当一方面分配关系,因而与之相适应的生产关系的一定的历史形式,和另一方面生产力,生产能力及其要素的发展,这二者之间的矛盾和对立扩大和加深时,就表明这样的危机时刻已经到来。这时,在生产的物质发展和它的社会形式之间就发生冲突"①。关于第三卷的特征,恩格斯有个很形象的比喻:第二卷"在颇大程度上是纯学术性的,很少鼓动性的材料。可是第三卷则又如雷鸣电闪,因为它第一次从总的联系中考察全部资本主义生产,完全驳倒了全部官方的资产阶级经济学"②。终篇的最终结论,完全是对资本主义社会的坚决批判。

作为全书的总结,终篇在更高层的圆圈上回归起点,既充分展开了起点隐含的各种萌芽,从实质上看,又体现了客观的资本运动的历史发展——从资本主义起点到它的初级阶段,再到较为发展的阶段——这样的过程转换或上升也是一种自我批判、否定。但是,在考察资本主义较为发展阶段的时候,马克思又指出:"随着那些掠夺和垄断这一转化过程的全部利益的资本巨头不断减少,贫困、压迫、奴役、退化和剥削的程度不断加深,而日益壮大的、由资本主义生产过程本身的机构所训练、联合和组织起来的工人阶级的反抗也不断增长。"③对资本主义来说,这是一种另类的、致命的、他者的批判。在终篇,虽然他没有再重述这种批判,但却阐明,资产阶级已经充分感受到这种威胁,所以要以自己的观念来引导舆

---

① 《资本论》第 3 卷,人民出版社 1975 年版,第 999 页。
② 《马克思恩格斯〈资本论〉书信集》,人民出版社 1974 年版,第 461 页。
③ 《资本论》第 1 卷,人民出版社 1975 年版,第 831 页。

论,杜撰"三位一体公式"来欺世盗名,这实际上是以另外的方式来表达资产阶级内心感受到的被批判的担忧。一个阶级的发展到了如果不千方百计地欺骗别人就不能欺骗自己的地步,那它离被完全彻底否定的时期就不太远了。

二、全方位反映总体对象的各种规定

唯物辩证法对客观对象的反映必须是全面的、全方位的。所谓的全面,既包括总体对象特定时期、时点特定条件下的运动规定,还包括它从一个历史发展阶段转型到更高发展阶段的状况及发展逻辑。这种总体再现从小到大、从低到高、从内到外,从这个运动阶段到另一个运动阶段,到终篇,当然要有个总结和综合。一说到综合,人们一下子就想到是将先前揭示的各种规定综合起来。如果说,这只是指简单对象的一个运动阶段,那还说得过去。但是,对社会总资本运动这样复杂的对象,就不对头了。既然对象经历由低到高几个不同的发展阶段,各个阶段各有不同的规定,那么就不能不分青红皂白地随意综合。由此观之,终篇的综合并非将对象最初阶段的最简单规定与其较高发展阶段最复杂规定综合,——实际上,阶段的上升已经包含着原有规定结合新的研究对象范围①、研究条件而发生转型,——而是就其作为总体的内在规定(积累)结合流通(但还不是真正市场上的流通,而是抽象的流通)再结合实际的市场流通中的竞争、资本家的观念等因素阐明规定的转型。因此,马克思在终篇研究总体对象的社会表象,更能体现唯物辩证法的总体性原则。

首先,这个总体对象既是总体性的,还是成熟而典型的。恩格斯在评价马克思的《政治经济学批判》(第一分册)的时候说明:"历史从哪里开

---

① 研究对象范围与研究范围不同。前者指的是研究对象本身范围的扩大,在《资本论》中,从资本的细胞到单个资本、再到社会总资本,后者则已超出研究对象本身,如使用价值的发展、生产力的发展、上层建筑等的发展。

《资本论》基本理论在终篇的具体化

始,思想进程也应当从哪里开始,而思想进程的进一步发展不过是历史过程在抽象的、理论上前后一贯的形式上的反映;这种反映是经过修正的,然而是按照现实的历史过程本身的规律修正的,这时,每一个要素可以在它完全成熟而具有典型性的发展点上加以考察。"① 虽然这个第一分册还只是马克思原计划的整个体系的开头部分,但他的这种历史与逻辑统一的特征已经充分展现。由此可见,在终篇,马克思要研究的只是资本主义发展达到较高阶段的已经成熟而典型化的社会总资本。在第五十二章,马克思写道:"在英国,现代社会的经济结构无疑已经有了最高度、最典型的发展。"② 在这里,资本是"占统治的范畴,起决定作用的生产关系"③。之所以要研究成熟的东西,因为唯有成熟的东西,其内部矛盾才是充分展开的,各种内在规定才完整而丰富。但是,成熟并不意味着"瓜熟蒂落",很快就要衰朽。它虽然产生并激化了各种内在矛盾,但仍然利用各种因素"维持着生产的社会平衡"④,它"不仅不断再生产物质的产品,而且不断再生产社会的经济关系,即再生产产品形成上的经济的形式规定性"⑤。资本甚至成了"劳动社会生产力发展的一个特殊形式"⑥。综观整个终篇,马克思是预示了资本主义"达到一定的成熟阶段就会被抛弃",但并未表达它已经达到这样阶段的意思,只说它有利于更高级的新形态的各种要素的创造,并未说明当时已具备了将它消灭的充足条件。所以,它是成熟的,并且还在发展,向被抛弃发展。

终篇从总体上来把握和再现的资本,和其他地方所研究的资本(有的还是指总资本)不一样的地方,还因为它是多种性质的统一。在第一章

---

① 《马克思恩格斯选集》第2卷,人民出版社1995年版,第43页。
② 《资本论》第3卷,人民出版社1975年版,第1000页。
③ 《资本论》第3卷,人民出版社1975年版,第935页。
④ 《资本论》第3卷,人民出版社1975年版,第995页。
⑤ 《资本论》第3卷,人民出版社1975年版,第985页。
⑥ 《资本论》第3卷,人民出版社1975年版,第996页。

中；我们已经知道，这是抽象与具体的统一，直接性与间接性的统一，是逻辑与历史的统一，同时还是起点、过程、终点的统一。此外，它还是一般性与特殊性的统一。在《1857—1858年手稿中》马克思曾几次计划要反映资本从一般性到特殊性、个别性的发展。① 虽然马克思后来的研究并不是按原定的计划进行（相比之下，原先的计划还不完全成熟②），但是，只要综合全三卷，我们就可以发现，它仍然按此程序科学地表现了资本规定的这种辩证发展。而第三卷正是逐步拓展这一过程的，当然，只是在终篇才完全实现这一总过程，即是说，以总收入（个别性）的形成统一了资本的一般和特殊性。表面看，"个别性"与总体性是不同的，但是，在这里，要紧的是不拘泥于两者的字面区别，而应认识到前者是方法论的术语，后者则属对象的范畴，所以，两者是可以统一的。实际上，前面所提到的各种性质的统一，如果撇开各自具有特色的过程，而只从其性质的统一来看，它们也都与这后一种统一有联系，有的甚至可以直接归结为这后一种统一。

其次，唯物辩证法认为，总体对象是个复杂的系统。从这种系统性来看，马克思也从多个角度来加以说明。

角度之一，总体对象并非单一的，作为系统是有结构的，而且是多样性的。从它的实体存在看，它是由许多部分构成的。因此，马克思在终篇对它的分析是从局部到总体，次第分析了总收入各个部分、总收入本身的质和量的规定，并且既有静态的分析，又结合各部分的变化来说明，特别指出各部分的量的变动不会湮灭各部分的质的界限。质和量的规定明确了，总体的结构也就明晰了。由此表明当年劳动不可能创造往年提供的c，c也不可能分解为v＋m。

---

① 《马克思恩格斯全集》第46卷上册，人民出版社1979年版，第219—220、232—233页。
② 参看刘永佶：《马克思经济学手稿的方法论》，河南人民出版社1990年版，第336—337页。

角度之二，结构与功能紧密联系，内在结构与外在结构不同，即使是同一局部对象，其功能也有不同。终篇在将社会总资本作为整体考察的时候，并不是将它的各个部分混杂在一起，而是严格区分各个部分的内、外结构，联系资本运动阶段的变化来区分它在不同结构中的功能变化。资本作为价值的性质，是其内在结构，不管价值在运动中被分解为多少独立的组成部分，结构复杂化，功能也就复杂化。例如其中的有一部分是作为不变资本发挥作用的，有一部分是作为剩余价值被有产者瓜分的，它们或者满足各种有产者的生活需要，或者继续投入生产过程、流通过程发挥功能，或者作为可变资本被用于发放工资，维持工人的生活。这样看来，资本作为价值，这是确定的，但它同时又要发挥一定的职能，这却是不确定的。同时，马克思又从资本的外在结构来分析，即从资本价值的循环、周转来看，它作为流动资本①，它在经过运动的不同阶段时，职能是会转变的。而它的阶段变换有时发生在不同的资本家之间，即是在不同的资本家之间流动，因此，对不同的资本家来说，这部分资本不仅职能不同，功能也不同。但从社会总资本的流动或周转来看，一定资本量在一个资本家那里时而发挥资本的职能，时而又在经过别的资本家的周转过程之后又流回，发挥收入的职能。与此同时，这个资本量在这个资本家手里发挥收入职能的时候，已经在另一个资本家手里开始执行资本的职能了。所以，在社会表面上，在生产当事人的头脑中，资本和收入是没有区别的，或者说，如果有，也只对不同人而言，并且"会在总的联系中消失"②。这种情况，马克思在第二卷末篇研究社会总资本的再生产时已经有所涉及，但那

---

① 马克思区分了资本的内在结构和形式结构，内在结构指的是不变资本和可变资本的划分，是从它们在剩余价值生产过程中的不同功能划分的。形式结构指的是固定资本和流动资本，它们是根据资本价值的周转方式不同来区分的。资产阶级学者没有资本的内在结构的概念，只有形式结构的区分。参看陈俊明：《资本转型论——〈资本论〉资本理论的具体化》，社会科学文献出版社2004年版，第279—280页。

② 《资本论》第3卷，人民出版社1975年版，第955页。

第三章 唯物辩证法的彻底运用

里剩余价值的各种具体形式还没有研究，所以，在终篇，他就这些剩余价值在社会表面上的表现形式即收入来说明这种混同，或它们区别的消失。针对这种资本职能在转换中混同的现象，马克思在批判其一系列错误的同时，明确说明了资本职能在流通中的转换并不能消除某种职能在特定运动阶段的固定性，更不能消除它在内在结构中的功能的确定性，从而说明了资产阶级财富总体虽然是不同结构的统一，但在不同结构中的功能却不同一，说明其在同一结构中职能的确定性与表面的不确定性的区别和统一。对象总体的结构和职能明晰以后，社会总资本各部分间要保持一定的比例的必要性也就一目了然了。

角度之三，综合地展示各个子系统。例如总剩余价值，在对象总体中，它是一个相对独立的子系统，它由利润和地租构成，后者又再各自成系统。由于终篇以前各个子系统均已深入研究过了，所以，终篇所做的，一方面是把它与社会形式或市场形式相结合，说明"'物的本质'向'现象'转化"①；另一方面是着重说明各个子系统之间，它们与元系统（即对象总体）的关系。即如资本主义生产关系，与其他地方相比，终篇的规定就更加具体：从一般规定看："是人类生活的物质生存条件的生产过程，又是一个在历史上经济上独特的生产关系中进行的过程，是生产和再生产着这些生产关系本身，因而生产和再生产着这个过程的承担者、他们的物质生存条件和他们的互相关系即他们的一定的社会经济形式的过程。因为，这种生产的承担者对自然的关系以及他们互相之间的关系，他们借以进行生产的各种关系的总和，就是从社会经济结构方面来看的社会。"② 这个过程包含着多种关系，有人与自然的关系、人与人之间的联系，包括技术关系和社会阶级关系，并且它作为一种所有制关系还产生了相应的所有权：经济上的和法律上的。从特殊过程看："资本主义生产过程像它以前

---

① 《列宁选集》第 2 卷，人民出版社 1995 年版，第 421 页。
② 《资本论》第 3 卷，人民出版社 1975 年版，第 925 页。

《资本论》基本理论在终篇的具体化

的所有生产过程一样,也是在一定的物质条件下进行的,但是,这些物质条件同时也是个人在他们的生命的再生产过程中所处的一定的社会关系的承担者。这些物质条件,和这些社会关系一样,一方面是资本主义生产过程的前提,另一方面又是资本主义生产过程的结果和创造物;它们是由资本主义生产过程生产和再生产的。"① 在终篇,关于各种规律系统作用的说明也很深刻,因为这里不再是撇开其他条件的影响而研究了,反之,他指出,规律在市场上受各种条件的影响,受其他规律的制约,因而有序转化为无序,无序又体现了趋势。

角度之四,结合一定的条件或中介预示对象总体的个别变化。从一定的意义看,终篇的研究条件是全三卷中最具体的,但是,马克思一开始就告诉我们,他研究资本是以英国为典型的,也就是说,全三卷研究的是一国的资产阶级财富,为此,必然要把国际市场和对外贸易舍弃掉。这样做的必要性和科学性是不言而喻的。但是,这决不意味着资本主义财富的存在和运动可以离开这些外部条件。马克思早就说过:"资本……是和各种条件联结在一起的过程,……是和外部条件联结在一起的过程","创造世界市场的趋势已经直接包含在资本的概念本身中"。② 所以,这个对象总体的规定必定要在各种条件下不断丰富。在终篇,马克思对此也有说明,他如是说:"世界市场,世界市场行情,市场价格的变动,信用的期限,工商业的周期,繁荣和危机的交替",会对资本家"表现为不可抗拒的、自发地统治着他们的自然规律,并且作为盲目的必然性对他们发生作用"③。只不过这些情况没有列入研究计划。这就告诉我们,对象总体作为一个系统,是开放的,会在同具体条件相联系时发生变化。

角度之五,彻底的唯物辩证法既重视研究对象的内在规定,也重视考

----

① 《资本论》第3卷,人民出版社1975年版,第925页。
② 《马克思恩格斯全集》第46卷上册,人民出版社1979年版,第390、391页。
③ 《资本论》第3卷,人民出版社1975年版,第939页。

察它的外在形式。在第一卷,马克思主要研究资本运动的内在规定,包括运动规律和本质。在第二卷,让流通回归研究过程,开始研究第一卷揭示的内在规定的外化,但仍不断有内在规律的揭示。到第三卷,情况发生变化,主要揭示和说明资本运动过程作为整体考察时所产生的各种具体形式,包括剩余价值在社会表面上的表现形式,"阐明的资本的各种形式,同资本在社会表面上,在各种资本的互相作用中,在竞争中,以及在生产当事人自己的通常意识中所表现出来的形式"[①]。按照理论的逻辑发展,终篇当然要顺理成章地臻于这些社会表象及社会观念。按照传统的理解,科学研究就是要揭示对象的内在规定,是一种深化研究的过程,而内在规定的外化过程似乎并不很重要。——正因为这样,人们长期以来都将注意力集中在第一卷。——但是,具体对象是内外规定的统一体,没有后一环节,对客观对象的再现就不是具体的。何况对象内在规定的揭示是在对总体对象进行特别处理并从中抽取某个细胞、暂时撇开其余部分,并在一系列特定条件包括历史条件的基础上形成的,因此具有抽象性。抽象的规定虽然是对象中最重要最根本的东西,但相对于总体对象来说,它仍然是不完整、简单的、低级的,所以既要向较高的阶段发展,更要联系原先暂时撇开的对象部分、研究条件使之具体化,其结果当然要反映内在规定的外化表现。这样看来,总体对象的结构不是单一的,而是复杂的。就其内在规定而言,至少应有较浅的规律和更深的本质两个层面,而它的外在表现至少也有过程和表象两个层面,这四个层面又是紧密结合的。可见,对象的外在表现并非可有可无、无关宏旨的。只有这样,唯物辩证法才是彻底的。终篇的研究就是要表现这种结合的,因而既涉及内在规定,又要通过特殊的机制综合流通过程中不同主体之间的竞争、主导主体的观念阐明内在规定的外化。马克思研究对象的社会表现形式,与揭示它的神秘性质有直接的关系。在终篇,他特别详细而深入地分析了"三位一体公式"的神

---

① 《资本论》第3卷,人民出版社1975年版,第30页。

秘性质,实际上就是要折射其包藏的内在规定是如何颠倒表现的。在这里,他特别强调与起点研究的关系。一方面,这种神秘性不过是一般商品生产所具有的神秘性的极度发展。他分析道,资产阶级财富的生产是建立在商品生产的基础上的,并且采取商品生产的形式,即通过生产商品、价值来生产剩余价值,以致使劳动力也成为商品。在终篇,他特地把资本主义生产与一般商品生产联系起来(这不同于上述的一般性到特殊性,因为那是仅就资本而言的,而这里所涉及的一般商品生产是几个社会所共有的),实际上是深刻地阐明了资本运动的历史基础和历史形式。联系终篇对资产阶级经济学(包括古典学派和庸俗学派)的批判,我们应该认识到,资产阶级经济学不能区分资本生产和一般商品生产,以至把资本主义当成一种自然的形态,这是其种种错误的根本原因之一。另一方面,他还指出了这种经济上的神秘性的变化,在资本主义较为发展阶段,它在社会表面上的反映和表现,就是收入实体源泉的多元化,在意识和理论上就转化为"三位一体的公式"和"收入决定论"。通过这种系统的历史的研究,马克思辩证地反映了对象总体的历史基础和"上层建筑"的变化,显示了对象总体复杂系统的不同层次。

再次,马克思在终篇还深刻地反映了对象总体作为有机体的演变。在第一卷序言中,他就指出,即使在统治阶级中也已"透露出一种模糊的感觉:现在的社会不是坚实的结晶体,而是一个能够变化并且经常处于变化过程的机体"①。显然,让统治者不安地感觉到的,并不是在其制度范围内的演变,——因为资产阶级每日每时都面临不确定性,各个人、各个部门、各个集团的实力都在发生变化——而是整个资本主义制度面临的根本性变化。而马克思则是科学地证明了这种变化的必然的历史趋势。对此,马克思在终篇的说明是很有特色的。在终篇之前已经阐明对象"内部的有

---

① 《资本论》第1卷,人民出版社1975年版,第12页。

机生命"以及它如何"进入外部的生活关系"①的基础上,他一方面综合它的各个侧面,说明这个机体是有机的,它的各个组成部分因内在联系而形成有机整体,某一部分离开总体或其他部分,就不能存在,就什么也不是。例如,他写道:"如果产品的一部分不转化为资本,它的另一部分就不会采取工资、利润和地租的形式。"②无论从实体来看,还是从内在的阶级关系来看,都是这样。另一方面,他更着重说明,这个有机体是不断演变的。通过转化来说明有机体的演变是非常必要和合理的。列宁说:"如果一切都发展着,那么一切就都相互转化,因为发展显然不是简单的、普通的和永恒的生长增多(或减少)等等"③。和客观对象的两种不同性质的发展相适应,《资本论》研究了两种不同的转化。一种是一般的转化。例如价值转化为生产价格,它表现了资本主义从初级阶段向发达阶段的发展,——这显然不是量的简单的增减。——另一种是指日益成熟、矛盾日益尖锐时所必然产生的根本性变化,这是一种超出原来范围的变化。终篇阐明的就是这种变化,即如俄国学者考夫曼所说的,不是"在这些现象具有完成形式和处于一定时期内可见到的联系中的时候"的那种发展,而是这些现象"由一种形式过渡到另一种形式,由一种联系秩序过渡到另一种联系秩序"的变化,是"支配着一定社会机体的产生、生存、发展和死亡以及为另一更高的机体所代替的特殊规律"④。因为一般的转化已经发生,并已见到,所以这里主要是指明那种"一定时期"内还暂时见不到但却是必然的转化,即"会导致这样一个阶段,在这个阶段上,社会上的一部分人靠牺牲另一部分人来强制和垄断社会发展……的现象将会消灭"⑤。所以,这是一种根本的总的转化,不仅社会财富的运动,而且财富的特有社

---

① 《资本论》第3卷,人民出版社1975年版,第52页。
② 《资本论》第3卷,人民出版社1975年版,第994页。
③ 列宁:《哲学笔记》,人民出版社1974年版,第280页。
④ 《资本论》第1卷,人民出版社1975年版,第20、23页。
⑤ 《资本论》第3卷,人民出版社1975年版,第926页。

《资本论》基本理论在终篇的具体化

会形式,即运动的特有经济形式,还有整个社会经济形式,还有整个社会经济形态都要变化。在马克思主义哲学中,这就是根本质变,而前一种变化则是部分质变。不过,马克思并不是停留在一般的哲学意义的论述上。

如果注意到他在终篇的各章中关于资本主义社会前后的比较的论述,我们可以发现,他紧紧抓住剩余产品的再生产和分配这一重要问题,根据事物发展的内在必然性,在说明了将来社会的优越性的同时预示资本主义社会转变为新社会的必然性,虽然资本、资本主义还在自身范围内发展,但它内在地包含着的否定性已经使它面临根本性的变化。有机体的这种历史变化当然要有条件和动力,其中最根本的就是生产力、物质文明以及生产者的发展。这种说明在终篇是很明显的,对此,我们还将进一步阐述,所以这里暂不涉及。

一般说,资本主义生产关系的本质是资本与雇佣劳动之间的关系,《资本论》也是围绕它而展开的,但它在社会表面上不仅被社会表象以及在整个社会占统治地位的资本家观念所掩盖,而且还被资本家之间的关系所冲淡。换句话说,在社会表面上,既有资本家与雇佣工人之间的买卖关系,也有资本家之间的买卖关系。在终篇以前的研究中,马克思从单个资本到社会资本,从直接生产过程到流通过程,再到生产总过程,科学地研究并再现了资本与雇佣劳动之间关系,但他还很重视研究资本家作为资本运动的当事人,彼此之间发生的关系,要处理好彼此之间的分赃。要客观地再现资本运动,必须全面地观察这两类主体之间、资本家同一族内部之间的关系。在现实过程中,即使是资本家与雇佣劳动的关系,也与资本家之间的关系一样,都表现为一种商品货币关系,都表现为各自为获得货币收入而发生的关系。特别是从社会总体上看,更是这样。可见,以货币为表现形式的收入,无论对资本运动本身,还是对一般的商品生产,都具有巨大的作用。在《资本论》开篇,马克思已经论证,商品是生产者之间关

第三章 唯物辩证法的彻底运用

系的结晶①，在终篇，他进一步论证，收入是全部经济主体——包括资本家与雇佣工人、资本家与资本家、资本家与土地所有者之间关系的结晶。正因为这样，终篇特别侧重研究收入这种形式。

首先，终篇以剩余价值的收入形式——其社会的或市场形式——统一了剩余价值的本质和现象规定。在第三卷的前六篇中，马克思研究了剩余价值的各种具体形式。尽管这些形式由此及彼地一步一步逼近现实的形态，但毕竟还与最后的完成形态——收入有距离。在社会表面上，在竞争中，在资本家的意识中，剩余价值的各种具体形式一方面硬化、彼此独立化，另一方面又都统一了，都转化为收入。如果说利润是剩余价值的转化形式，地租是超额利润的转化形式，那么，收入就是这些转化形式的进一步转化。在终篇（主要在第四十八章），马克思通过批判"三位一体的公式"和"斯密教条"，一方面说明了这种转化过程，另一方面又使其返璞归真，即说明它们无论如何转化，其实质都不过是剩余价值，而收入无非是剩余价值的本质和现象规定综合竞争而产生的新规定。

其次，在终篇（主要在第四十九章），马克思还结合收入形式，来说明剩余价值的再生产。包括简单再生产和扩大再生产的条件和实质②，并且，还区分纯收入（即总剩余价值）和总收益，在这基础上批判萨伊和斯密的错误，解决了在收入形式上考察社会总资本的再生产时所必然产生的困难，这样也就在比较具体的收入形式上说明了总体对象运动连续性的条件。

再次，马克思还在各种收入形式上，说明剩余价值的各个部分在再生产中的作用（主要在第五十章）。例如平均利润，或者直接说，产业利润由以确定的一般利润率，是在较长期的总资本的运动中才形成的，但在竞

---

① "这些物，作为它们共有的这个社会实体的结晶，就是价值——商品价值。"（《资本论》第1卷，人民出版社1975年版，第51页。）

② 《资本论》第3卷，人民出版社1975年版，第945—949页、957—961页。

争中和社会表面上,由于过程的连续性和收入形式的表面性,竟颠倒地"在资本家本人的观念和计算中实际上成为一个起调节作用的要素"①,不仅调节着资本的投向与投入的时间、数量,而且还变成决定商品价值的要素。同样的道理,利息、地租作为收入,也起着相同的作用。简单说,通过这种综合研究,就阐明了内在规律的外部表现。

更次,马克思还说明,内在的价值规律与外在的收入之间的微妙关系。他指出:"说构成不变资本的各个商品组成部分,像一切其他商品价值一样,可以归结为各个价值部分,这些价值部分对生产者和生产资料的所有者来说会分解为工资、利润和地租,这种说法是完全正确的。这不过是下面这样一个事实的资本主义的表现形式:一切商品价值都只是商品中包含的社会必要劳动的尺度。"② 如果要换个更简洁的说法,就是价值规律是内在的看不见的规定,但它要发挥作用,所以一定要表现出来,但在社会表面上不是直接表现,而是颠倒地表现为价值的结构中没有不变资本部分,全部都表现为工资、利润和地租。并且更进一步:不是既有价值分解为这三种收入形式,而是倒过来,这三种收入决定价值。

最后,他区分了剩余价值的生产和分配,在此基础上又综合再生产把两者以收入形式统一起来(主要在第四十八章和五十一章),也就是说,他研究了不同于剩余价值部分的分割的总分配,即在再生产过程中来考察剩余价值的总分配,这样就把各种收入形式归结为再生产的关系。例如利润,他指出,从微观看,它"是在资本主义生产形式中新形成生产资料的前提","因而是一种支配再生产的关系",尽管资本家本人会把它当成一种收入来消费掉,但是,在竞争中,实践会"向他证明,利润并不只是个人消费品的分配范畴",因为它不仅要从中提取保险金和准备金,而且还

---

① 《资本论》第3卷,人民出版社1975年版,第984页。
② 《资本论》第3卷,人民出版社1975年版,第962页。

要从中提取积累。① 从宏观上看，产品的价格调节着整个资本主义生产过程，而价格，"又是利润率的平均化和与之相适应的资本在不同社会生产部门之间的分配来调节的。因此，在这里，利润不是表现为产品分配的主要因素，而是表现为产品生产本身的主要因素，即资本和劳动本身在不同生产部门之间分配的因素"②。利息也是这样，"它从它本身发展出了信用和信用制度，因而也发展了生产的形式"，并且它还"作为决定的生产要素加入价格"。③ 至于地租，更是再生产的前提，因为"地租的扣除是前提"④。从它作为预先规定的量来看，它和利息、利润一样都是调节再生产的要素、杠杆。显然，从收入形式来看剩余的总分配，就是剩余价值的生产、流通和分配的统一。这种统一，不是各种规定的相加，而是上升，是辩证的统一，是具体化。

如果我们不是以理解这种综合研究为满足，我们就应进一步看到，终篇灵活地运用辩证法科学地研究了对象总体本质、现象规定向假象的转化及转化的条件，实体与外在形式的结合、连续运动与条件、规律的外在表现、因果关系的转化等等。所以，这些研究与其说是主观借助辩证法，不如说是客观地研究了对象运动的辩证法。

三、彻底体现主体与客体的统一

在思想史上，并非所有的采信唯物主义的人都能全面正确地认识其所研究的对象，更不见得能辩证地分析社会历史问题。马克思明确指出："从前的一切唯物主义（包括费尔巴哈的唯物主义）的主要缺点是：对对象、现实、感性，只是从客体的或者直观的形式去理解，而不是把它们当

---

① 《资本论》第3卷，人民出版社1975年版，第997—998页。
② 《资本论》第3卷，人民出版社1975年版，第998页。
③ 《资本论》第3卷，人民出版社1975年版，第998页。
④ 《资本论》第3卷，人民出版社1975年版，第927页。

《资本论》基本理论在终篇的具体化

作感性的人的活动,当作实践去理解,不是从主体方面去理解。"① 简单说,他们只见物不见人。资产阶级学者虽然在整体上坚持历史唯心主义,但在对待物与人的关系问题上也不自觉地因袭这种旧唯物主义的缺点,重视的是直观的物的运动。连西斯蒙第都责备李嘉图,说他在考察资本主义生产时不注意"人",只看到生产力的发展,而不管这种发展牺牲了多少人和资本价值。② 也就是说,他们并不了解、不研究客观过程与主观主体的关系,所以对经济规律的理解,大体就是"看不见的手",换言之,他们不知道是无数资本家"有形的手"相互作用,才形成"看不见的手"这种无形的规律。诚然,他们也考察"经济人",但都不过把这些"经济人"当成资本这种物的附庸,并且是没有时代、阶级、经济实力、理性意识差别的人,也是没有行为条件差别的人。好像所有的人都能一样地自由地投资、投机、竞争,有同样的意识水平、行为能力和同样的行为。这种"经济人",正是马克思批判过的、"被斯密和李嘉图当作出发点的单个的孤立的猎人和渔夫",应归入 18 世纪鲁宾逊故事的毫无想象力的虚构。③ 他们也考察"经济人"与"经济人"之间的交换关系,但只不过把他们当成资本运动的必要条件,不是资本运动本身的题中应有之义。

在《资本论》中,马克思十分重视研究经济发展过程中的人作为经济主体的作用,尤其是他们的实践即主体的经济行为,并且是一种基于一定经济实力并处于相互关系中的行为。由于人本身及其利益结构的变化是历史性的,经济性的,其行为或活动是借助一定的资料进行的,所以唯物辩证法对与它有关的经济过程的研究考察,必然要如实地反映或再现它的历史性、主体性、物质利益以及与此有关的社会结构等等。

---

① 《马克思恩格斯选集》第 1 卷,人民出版社 1995 年版,第 54 页。
② 转引自《资本论》第三卷,人民出版社 1975 年版,第 288 页。不过,马克思也认为,李嘉图重视发展社会劳动生产力,这是他的学说中出色的地方。
③ 《马克思恩格斯全集》第 46 卷上册,人民出版社 1979 年版,第 18 页。

第三章 唯物辩证法的彻底运用

关于主体，马克思在不同的场合有不同的表述和意思。在《政治经济学批判·导言》中，他也说："主体——这里是现代资产阶级社会"，而"资本是资产阶级社会的支配一切的经济权力"①。但是，只要联系上下文的关系，就可以发现，在那里，马克思分析了不发展的具体和比较发展的具体，所以，他确定资本、资本主义社会为研究和再现的主体，是与先前的不发展的社会形态相比较而言的。在前一场合，主体不是资本，而是土地。在后一场合，主体是资本，不是土地。同时，这也是针对陷入幻觉的黑格尔的错误而言的，因为黑格尔把实在的主体当成精神自我综合、自我深化和自我运动的思维的结果。所以，马克思说要再现主体，就是强调这一主体的客观性。这种客观的主体在进入人的认识领域时，作为对象，它就是客体了。在客体的运动过程中，当然有人的参与和发挥作用。自然过程的运动是不需要人参与的，但社会发展过程则不同，没有人这种主体，就没有社会。就经济过程而言，当然要有人的参与和推动，并且人在运动中还不是完全被动的。

人的社会实践或者行为当然要借助于一定的物质条件实施，在经济过程中，物质条件就是一种经济实力。谁掌握的物质条件越多，质量越高，谁的经济实力就越大。由于社会的人数量众多，只有少数人的经济实力强大，而大多数人则没有什么经济实力，他们也因此丧失了实施经济行为的条件，因而他们在经济运动过程中的地位就很低，要发挥作用就要仰仗实力强大的主体。② 根据这些主体在经济过程、资本运动中的作用，马克思将他们区分为主导主体与从属主体。——雇佣工人在实际上隶属于资本，所以是从属主体。——不仅如此，马克思还将主导主体进一步区分"有决

---

① 《马克思恩格斯全集》第46卷上册，人民出版社1979年版，第44、45页。
② "一个除自己的劳动力以外没有任何其他财产的人，在任何社会的和文化的状态中，都不得不为另一些已经成了劳动的物质条件的所有者的人做奴隶。他只有得到他们的允许才能劳动，因而只有得到他们的允许才能生存。"（《马克思恩格斯选集》第3卷，人民出版社1995年版，第298页）

定意义的产业部门"① 的领导人与一般资本家,在终篇,他又指出,狭义的分配即剩余价值的分配是由"职能资本家作为剩余劳动的直接吸取者和一般劳动的使用者来进行分配的"②,因而在分配关系中处于支配地位。显然,这些区分并非臆断的,而是真实过程的科学反映。研究客观的经济过程要反映其中的主体行为,是唯物辩证法的重要原则。

在《资本论》中,马克思运用的客体与主体统一的方法还有一个重要的特点:主体是二重的,一是客观过程中的主体,一是站在客观过程之外的主体。前者是客观主体,后者是主观主体。但是,两种主体实际上是统一的。作为主观主体,马克思代表处于客观过程中的无产阶级这一从属主体,他怀着强烈的无产阶级情感,关心他们的处境、发展,代表无产阶级批判资产阶级和资本主义;③ 同时,马克思有强烈的研究者主体意识,作为无产阶级的理论家、革命家,又与实际过程中的雇佣工人有所不同。如果说,工厂中进行辛苦劳作的工人还多少会受到其文化水平、当前利益的限制,那么马克思则是代表工人阶级的长远、根本利益。所以,与其说无产阶级通过其运动来表达自己的利益、价值,不如说是通过马克思主义来提出、论证、提升自己的阶级利益和价值的。至于对经济过程中的主导主体即资本家,马克思认为,他们有双重人格,既是资本家,又是工业的司令官,其行为既有野蛮性,又有文明的一面。所以他一方面批判他们对无酬劳动的贪婪和压榨,另一方面还分析研究其行为规律,包括从他们的错误行为总结出教训。

在《资本论》中,主体与客体统一的方法是贯穿全书的,自然在终篇也有彻底的运用,并且也有特点。在这里,马克思的这种主观主体的身份

---

① 《资本论》第3卷,人民出版社1975年版,第138页。
② 《资本论》第3卷,人民出版社1975年版,第928页。
③ "就这种批判代表一个阶级而论,它能代表的只是这样一个阶级,这个阶级的历史使命是推翻资本主义生产方式和最后消灭阶级。这个阶级就是无产阶级。"(《资本论》第1卷,人民出版社1975年版,第18页)

是十分突出的,是他希望独钟的"社会化的人,联合起来的生产者"① 的代表。只是站在这样先进的阶级的立场上,才使他能够超出资产阶级的狭隘眼界,能够指出资本主义社会的发展趋势,根据经济发展的内在规律预示未来社会的各种基本规定。从而使他的研究体现这个主体的认识、情绪、意见和实践目的。

在终篇以前,马克思的研究也在一定程度上体现了这种主客体关系,但那主要表现了主体对客体的认识。而在终篇,当这种认识已经臻于完成之际,他就使人们更多地看到这个主导主体欺世盗名的无耻、从属主体的阶级意识觉醒及其要求。只有这样,这种再现才是有价值的,才不是古典政治经济学式的。马克思研究资产阶级财富的运动和古典政治经济学的根本区别之一,就是目的不同,或者也可以说,价值观不同。后者只是为了增加资产阶级财富,而马克思则是要使从属主体认识经济过程的规律和经济过程的社会形态变化的规律,以便加速这种社会形态被新的形式替代的过程,并"缩短和减轻分娩的痛苦"②。并且在此后,还要学会促进经济过程的发展。从哲学方法上看,也就是使客体与主体统一,即主体通过认识客体及其变化规律,进而自觉地确定目标,并通过实践而改变客体以恢复主体应有的存在方式和地位,端正主体与客体的关系,从必然王国飞跃到自由王国,等等。

终篇从多个方面反映了主客体之间的辩证关系。

首先,终篇突出地指出,客体并非自然物质,也非一般的社会存在。它作为一种实体,是主体劳动的凝结。"资本不是物,而是一定的、社会的、属于一定历史社会形态的生产关系,它体现在一个物上,并赋予这个物以特有的社会性质。"③ 显然,客体对象是一种特殊的社会存在,既表现

---

① 《资本论》第3卷,人民出版社1975年版,第926页。
② 《资本论》第1卷,人民出版社1975年版,第11页。
③ 《资本论》第3卷,人民出版社1975年版,第920页。

为物,又不是单纯的物,是人的关系、阶级关系的物化,但绝不是和谐的阶级关系的物化,从本质上看,是经济利益对立的阶级关系的凝结。在资本主义条件下,在资本的竞争中,这种人的关系必定要表现为物的关系,对立的关系会颠倒表现为和谐的关系。

资本,或者说对象总体,不仅是主体的物化,确切些说,更是主体的异化,而且是"极端的异化"①。资本的价值实体,它的结果,都是社会主体劳动的凝结、物化,这种物化,在资本关系下,反过来又成了统治主体的东西。"这个社会劳动的分配……它的从属和加入社会机构",都"听任资本主义生产者个人偶然的、互相抵销的冲动去摆布"②。这种物化,还成为掩盖内部关系的神秘形式,成为榨取劳动的条件,成为主体。"在作为资本产品的商品中,已经包含着作为整个资本主义生产方式的特征的生产的社会规定的物化和生产的物质基础的主体化。"③这里的主体化,并非转化为上述的主体,其实质乃是资本家代表资本这种物对从属主体取得主导主体地位。所以,这种主体化,乃是一种颠倒,而且是一种着了魔的颠倒。在《资本论》中,除了少数地方个别地说到这种异化外,集中地全面地分析这种颠倒就数终篇了。这里,不仅分析了异化的表现、加剧的过程、异化的各种具体形式,而且分析了它的客观原因和主观反映。

马克思既已说明了主体向客体的转化、异化,也就揭示了主客体之间的对抗性矛盾。本来,人的劳动的凝结、物化,是很自然的、必要的。但是,在资本主义社会,由于劳动所有权和劳动者相分离并异化,这种主客体间的关系就转化为从属主体即雇佣劳动者与客体的人格化即资本家与土地所有者两大剥削阶级之间的矛盾。这样,终篇就在研究剩余价值的总分配过程中,进一步就这种物化、异化形式揭示了主客体关系中所包含的阶

---

① 《马克思恩格斯全集》第46卷上册,人民出版社1979年版,第520页。
② 《资本论》第3卷,人民出版社1975年版,第995页。
③ 《资本论》第3卷,人民出版社1975年版,第995—996页。

级对立的内容。

其次，从主观主体的意识看，终篇全面地再现了客体，对认识主体来说，就是使客体主体化了，——这是一种与上述主体化不同的另一种意义的主体化——因为客体已不是完全独立于主体之外的东西，它作为"观念的东西"，"是移入人的头脑并在人的头脑中改造过的物质的东西"。① 这种改造，与客体的发展及表现程度有关。只有在客体发展的成熟阶段，代表从属主体利益的主观主体才能既全面地认识它的过去和现在，并科学地预示其未来。同时，还与从属主体的发展、它的认识能力和方法、价值观有关。马克思在《关于费尔巴哈的提纲》中，曾在第一条批评了一切旧唯物主义的缺点：对事物只是从直观的形式去理解，而不是从主观方面去理解，从主体的能动作用方面去理解人和周围世界的关系。在最后一条中，他又强调了主体认识的主要任务：既要解释世界，又要改变世界。② 据此，我们不能简单地理解马克思的"再现具体"了，而必须从中发现他所代表的从属主体认识的能动性和目的。即不仅要在认识上"在头脑中改造"对象而且要在实践中改造客体。实际上，马克思在《政治经济学批判·导言》中关于"再现具体"的说法，只是就思维"掌握具体"而言的，它并不代表认识论的全部。了解了"再现具体"的价值和目的之后，我们还应看到，它还具有更深层的意义，即在使客体的科学再现进入主观主体意识中时，排斥并批判一切有关客体的种种颠倒的训导式的说教，使从属主体同时了解自身在客体中的地位和作用——因为无论在财富总体的实质、本质和现象中，都包含了雇佣劳动，——从而唤醒其主体意识并勇敢承担起改造客体的任务。

再次，在终篇，马克思还指出了异化的客体向从属主体复归的趋势，简单地说，就是异化的消除、从属主体在客观过程中真正的主体地位的恢

---

① 《资本论》第1卷，人民出版社1975年版，第24页。
② 《马克思恩格斯选集》第1卷，人民出版社1995年版，第57页。

复的必要性和必然性。他指出，资产阶级财富，无论是它作为运动的客体，还是作为经济关系，都是一种历史性的东西，它一定会让位于较高级的形式。——这当然要有条件的，即是从属主体"剥夺剥夺者"、否定生产资料私有制、否定劳动所有权与劳动者的离异①——到那时，客体作为从属主体的异化就会成为历史而结束，新的更高级的经济的形态，将与新生产力的代表者即从属主体相统一。随着从属主体在整个社会经济过程中地位和本身能力、需要②发生根本的转变，"社会化的人、联合起来的生产者，将合理地调节他们和自然之间的物质变换"，把它置于他们的共同控制之下，而不让它作为盲目的力量来统治自己；不仅他们的主体活动、结果不再同自己相异化，相反地会转化为满足"需要的扩大"、"人类能力的发展"的手段，而且主体的"类本质"也不再异化，而是"靠消耗最小的力量、在最无愧于和最适合于他们的人类本性的条件下来进行这种物质变换"。③可以说，这就是从属主体劳动异化的消除和向从属主体的复归，是资本主义造成的"着了魔的颠倒"的反向再颠倒。显然，这种论述同样也是会使从属主体认识到自己的光明前途的。

从上面的分析还可以看出，马克思在终篇还区分了劳动者主体发展的两个阶段：其一是在资本主义社会中被物化的、被异化的、隶属于资本的；其二是在未来社会中自由的、联合起来的社会化的、无愧其人的本性

---

① 所谓的"离异"，指的是生产资料的所有权与生产者分离、并作为异己的力量来统治生产者。参见陈俊明：《劳动者与劳动所有权：统一——离异——重建统一》，载《福建论坛》2008年第3期。

② 马克思说："如果抛掉狭隘的资产阶级形式，那么，财富岂不正是在普遍交换中造成的个人的需要、才能、享用、生产力等等的普遍性吗？财富岂不正是人对自然力——既是通常所谓的'自然'力，又是人本身的自然力——统治的充分发展吗？财富岂不正是人的创造天赋的绝对发挥吗？这种发挥，……人类全部力量的全面发展成为目的本身。……人不是在某一种规定性上再生产自己，而是生产出他的全面性，不是力求停留在某种已经变成的东西上，而是处在变易的绝对运动之中。"（《马克思恩格斯全集》46卷上册，人民出版社1979年版第486页）

③ 《资本论》第3卷，人民出版社1975年版，第926—927页。

第三章 唯物辩证法的彻底运用

而生产的主体。同样,马克思的论述中也包含了这样的思想:无产阶级作为从属主体在资本主义社会中有两个发展阶段;最初是"自在的",但在认识了社会发展、经济发展的规律后,在受"资本主义生产过程本身的机构所训练、联合和组织"并开始反抗之后,是"自为的"。在前一阶段,主体具有二重性,一方面是融在客体中,作为从属主体,它有自我认识的问题,另一方面,它要将客体主体化,科学认识客体并激发主体需要的自觉意识。只有达到这一阶段,"自在的主体"才能发展为"自为的主体"。终篇虽然没有直接展示这样的说明,但从马克思的研究目的,从终篇的字里行间是不难领会的。

四、从研究对象本身扩大到研究对象的社会条件

马克思"把唯物主义贯彻和推广运用于社会现象领域"①,尤其是社会经济现象,但是,他并不是将经济发展过程抽象化。在《资本论》终篇,马克思把资产阶级财富同资本主义社会紧密联系起来。这样,辩证法的彻底运用就扩展到资本主义社会的运动规律上。

列宁发现:虽然马克思"完全用生产关系来说明该社会形态的构成和发展,但又随时随地探究与这种生产关系相适应的上层建筑,使骨骼有血有肉。《资本论》的成就之所以如此之大,是由于'德国经济学家'的这部书使读者看到整个资本主义社会形态是个活生生的形态:有它的日常生活的各个方面,有它的生产关系所固有的阶级对抗的实际社会表现,有维护资本家阶级统治的资产阶级政治上层建筑,有资产阶级的自由平等之类的思想,有资产阶级的家庭关系"②。的确如此,马克思确定以英国的资本运动为典型对象,揭示现代社会经济运动的规律,并没有忽视这个经济运动的社会背景和舞台,而是以后者为基础和前提。在他看来,资本主义是

---

① 《列宁选集》第2卷,人民出版社1995年版,第425页。
② 《列宁选集》第1卷,人民出版社1995年版,第9页。

《资本论》基本理论在终篇的具体化

整体性的,其中的经济运动离不开政治、社会,只不过他比较突出经济运动,与后来的马歇尔有意撇开政治将经济运动孤立起来研究的性质不同。所以,在他研究的政治经济学"精髓"①部分臻于完成之际,自然要顺理成章地由资本的经济运动扩展到资本主义社会的运动上。

在终篇,关于资本主义社会发展的辩证法的论述也是极其深刻的。

首先,他科学地、历史地评价了资本主义:"资本的文明面之一是,它榨取剩余劳动的方式和条件,同以前的奴隶制、农奴制等形式相比,都更有利于生产力的发展,有利于社会关系的发展,有利于更高级的新形态的各种要素的创造。"②在这里,他把资本和奴隶制、农奴制相比较,所以指的不只是"资本"本身,而是指资本主义社会。这种文明,一方面是与过去相比,另一方面是从其为新社会创造各种要素而言。如果超出这些意义,从它是榨取无酬劳动的最发达形式来看,从它是"一部分人靠牺牲另一部分人来强制和垄断社会发展(包括这种发展的物质方面和精神方面的利益)"③来看,它又是野蛮的了。

其次,马克思还在研究资本主义经济制度的运动时,指出它面临的历史性变化。如果说,在著作的起点和进程中,他主要是通过阐述资本运动的规律来揭示资本主义社会在自身范围内的发展或扬弃,那么,根据他的逻辑与历史统一的方法,终篇主要是阐明资本主义社会将要超出自身范围的历史变化。对此,连有眼光的资产阶级学者都已意识到了。例如,俄国的考夫曼这样评论道:马克思把社会运动看作受一定规律支配的自然历史过程。马克思认为重要的,不仅是那些现象具有完成形式和处于一定时期内可见到的联系中的时候支配着它们的那种规律。在他看来,除此而外,

---

① 马克思 1862 年底在给库格曼的信中说,他的著作将以《资本论》为标题,而以政治经济学批判为副标题,研究的是政治经济学的精髓部分,是基础(《马克思恩格斯〈资本论〉书信集》,人民出版社 1974 年版,第 170 页)。

② 《资本论》第 3 卷,人民出版社 1975 年版,第 925—926 页。

③ 《资本论》第 3 卷,人民出版社 1975 年版,第 926 页。

第三章 唯物辩证法的彻底运用

最重要的是这些现象发展的规律，即它们由一种形式过渡到另一种形式，由一种联系秩序过渡到另一种联系秩序的规律。考夫曼认为，马克思的研究的科学价值在于阐明了支配着一定社会机体的产生、生存、发展和死亡以及为另一更高的机体所代替的特殊规律。① 因为考夫曼理解了马克思的辩证方法，并抱有好感，所以，在他还只看到第一卷之后，就能根据其铁的逻辑了解到马克思后来论述的方向和目的。看了终篇以后，如果再联系考夫曼的这些评价，人们就必然会由衷地感到，只有了解马克思的辩证法，才能理解马克思学说的奥秘和真谛。不过，终篇关于资本主义必然灭亡的规律的揭示并不是停留在逻辑推导上，正如考夫曼所评论的：马克思"一发现了这个规律，就详细地来考察这个规律在社会生活中表现出来的各种后果。他看出了这些后果中具有这样的特征，即由以前的各种后果中所产生的以后的各种后果，更为多数人所想望，而且表现进步的特征。在这种情况下，批判已经不是随意选择的嗜好，而是先行的发阶段和后来的发展阶段的科学的比较"。② 马克思在终篇就有多处这样的比较，以说明资本主义必然被更高级的社会所替代，以及这种替代的合理性，进步性。例如，在终篇的各章中都有未来社会的各种规定的展望：剩余劳动生产率提高，工作日缩短，人类能力全面发展，人的需要及满足需要的生产力的扩大，合理地自觉地调节生产等。③ 他还比较详细地预见剩余劳动性质的变化，在"通常由直接生产者消费的部分，不再限于它目前的最低水平"的前提下，"除了为那些由于年龄关系还不能参加生产或已不能参加生产的人而从事的剩余劳动以外，一切为养活不劳动的人而从事的劳动都会消

---

① 转引自《资本论》第1卷，人民出版社1975年版，第20—23页。
② 转引自《资本论》第1卷，人民出版社1975年版，第23页。
③ 《资本论》第3卷，人民出版社1975年版，第926—927页。

失"。① "为了按社会需要所决定的程度来不断扩大再生产"②，而个人消费"则从资本主义的限制下解放出来，把它扩大到一方面为社会现在的生产力……所许可，另一方面为个性的充分发展所必要的消费的范围"③。显然，马克思是根据现实的社会生产发展的客观需要以及历史趋势作出这些预测的。此外，终篇关于资本主义社会种种弊病的综合性说明，也充分地显示了资本主义社会的历史性。

再次，终篇深刻地指出了资本主义历史发展及其必然被取代的根本原因——生产力与生产关系的矛盾："劳动过程的每个一定的历史形式……达到一定的成熟阶段就会被抛弃，并让位给较高级的形式。"当资本主义生产关系和"生产能力及其要素的发展，这二者之间的矛盾和对立扩大和加深时，就表明这样的危机时刻已经到来。这时，在生产的物质发展和它的社会形式之间就发生冲突"。④ 终篇这一经典性的阐述在《资本论》全三卷中是非常突出醒目的。显然，它是与第一卷末篇提出的"剥夺者被剥夺"遥相呼应的。——在马克思的逻辑中，三卷的末篇都是研究社会总资本运动的，是统一的整体，是从内到外逐步推进的，——因此，它在整部著作的末尾这样表述是大有深意的。这是在全三卷精深全面的经济学研究的基础上做出的，所以它已不再是一种抽象性的历史唯物主义原理，而是政治经济学研究的重要结论，并且是对历史唯物主义基本原理的科学论证。

在终篇，社会进步的检验标准还是生产力。资本主义制度之所以有文明面，因为它有利于一定时代生产力的发展。在终篇的开头⑤和末尾这样突出生产力的作用，肯定不是偶然的，而是和他的唯物史观紧密联系的。

---

① 《资本论》第3卷，人民出版社1975年版，第958页。
② 《资本论》第3卷，人民出版社1975年版，第990页。
③ 《资本论》第3卷，人民出版社1975年版，第990页。
④ 《资本论》第3卷，人民出版社1975年版，第999页。
⑤ 《资本论》第3卷，人民出版社1975年版，第924—926页，指马克思原手稿的开头。

第三章 唯物辩证法的彻底运用

这样做，对说明社会的历史进步和发展是极其必要的："只有把社会关系归结于生产关系，把生产关系归结于生产力的水平，才能有可靠的根据把社会形态的发展看作自然历史过程。"①

最后，马克思还分析了资本主义社会的社会意识："三位一体的公式"、"斯密教条"、"收入决定论"等等。如果说，在其他方面，庸俗的资产阶级学者都多多少少有些不同的见解，但在这些方面，他们却全都保持高度的一致。不言而喻，这是他们利益高度一致的最典型表述。也因为这样，马克思对它们的分析批判不遗余力。根据社会存在决定社会意识的原理，他分析了这些错误思想和理论的形成、发展、彼此联系的过程，说明它们与经济现象、竞争的假象的关系，并说明它们将随这些经济关系的灭亡而消失。

就马克思的手稿看，终篇还包括第五十二章：阶级。——虽然我们已经证明，它是属于另外一个逻辑圆圈的起点。但与这一个逻辑源泉有紧密联系。——在这一章中，马克思一方面批判了以收入形式来划分阶级的错误观点，另一方面又把阶级和经济上的两种分离的经常趋势和发展联系起来：其一是生产资料越来越同劳动分离，分散的生产资料越来越大量集中成群，其二是土地所有权同资本和劳动相分离而独立。② 这里的论述虽然着墨不多，但它反映的辩证性质却是显而易见的，因为说明了资本主义社会阶级对立及其根本原因。

经济过程的发展和社会经济形态的发展，本来就是有联系的、统一的，这种辩证关系在终篇也有显示。在前面的研究中，我们已不难发现这种联系：资本运动作为一种经济过程（包含着生产力和生产关系）和作为一种社会经济形态实际上是直接统一的，因为前者"就是从社会经济结构方面来看的社会"③。虽然它们循着各自的规律运动，却彼此互相促进，一

---

① 《列宁选集》第1卷，人民出版社1995年版，第8页。
② 《资本论》第3卷，人民出版社1975年版，第1000页。
③ 《资本论》第3卷，人民出版社1975年版，第925页。

起形成统一的历史行程。从这种意义看,《资本论》把剩余价值理论(反映资本运动的辩证过程)和唯物史观(反映资本主义社会发展)统一起来了。除此以外,在终篇,我们还可以看到两者在一系列具体问题上的辩证关系:例如,对"三位一体公式"的批判,与其说是对一种理论,社会意识的错误及其根源、发生发展过程的分析,不如说是对资本主义生产关系、生产总过程的神秘性质、异化性质及其发展的说明,当然,也可以说是前后两者的统一。

又如,马克思深刻地分析了种种"着了魔"的颠倒:社会关系的物化、物质生产关系和它的历史社会规定直接融合在一起并使后者转化为物的关系、资本先生和土地太太既作为社会的人又直接作为单纯的物兴妖作怪,等等。对此,他一方面从经济过程来研究其发展的条件、原因,另一方面又联系社会经济形态来说明其特殊性,即说明只有在资本主义社会才会产生如此荒唐的颠倒。这样,也就把特殊的颠倒现象同特殊的生产关系、特殊的社会形态联系起来了。

再如,关于价值、剩余价值的生产,马克思一方面从经济方面说明它怎么随社会生产力和资本关系一起发展,另一方面又从社会方面说明无政府状态对它的制约和限制。这两个方面虽然似乎彼此相左,在实际上却是共同起作用的,忽略任何一方,对这个问题的分析或理解就是片面的,不正确的,马克思对这种辩证关系的再现是很深刻的。

再如,他还在论证总收入的统一的唯一的源泉是社会劳动的基础上,说明了因资本的、土地的、劳动力的所有权的分裂和对立,总收入也一分为三。在这三种生产要素私有制基础上,与这种由统一物的分解产生的对立相联系,便是社会三大阶级的对立。

总之,对资本和资本主义社会经济形态运动的考察,不仅使剩余价值理论丰富和臻于完成,使唯物史观具体化,又把"这两个伟大发现"统一了。

第四章　辩证的逻辑圆圈的完成

《资本论》终篇运用唯物辩证法科学地反映客体对象、主客体关系辩证发展的客观逻辑，也形成了科学的理论逻辑。不言而喻，客观对象的典型化经历了很长的包含着几个阶段的过程。无论从客观性、历史性的角度看，还是从过程的"重复性和常规性"[①] 来看，过程的发展都包含有内在的规律。因此，研究和再现它的理论过程一方面要体现客观对象的历史发展，要能揭示其中的规律，另一方面要立足当时，即再现其典型化成熟化时期的状况。既要围绕成熟的对象进行研究，又要涉及它的历史发展。要进行这样的研究，"就得解决与政治经济学本身无关的另外一个问题。应该用什么方法对待科学？"恩格斯接着说："历史从哪里开始，思维形成也应该从哪里开始，而思想进程的进一步发展不过是历史过程在抽象的、理论上前后一贯的形式上的反映；这种反映是经过修正的，然而是按照现实的历史过程本身的规律修正的，这时，每一个要素可以在它完全成熟而具有典型性的发展点上加以考察。"[②] 显然，恩格斯的论述正好体现了要在成熟而具有典型性的发展点加以考察，同时要能体现客观对象的历史发展的

---

① "一分析物质的社会关系（即不通过人们的意识而形成的社会关系：人们在交换产品时彼此发生生产关系，甚至都没有意识到这里存在着社会生产关系），立刻就有可能看出重复性和常规性，把各国制度概括为社会形态这个基本概念。"（《列宁选集》第1卷，人民出版社1995年版，第8页）

② 《马克思恩格斯选集》第2卷，人民出版社1995年版，第41、43页。

《资本论》基本理论在终篇的具体化

辩证思维的特点。虽然这些话是恩格斯在评论马克思《政治经济学批判》第一分册时说的，而这一分册马克思还只是研究商品和货币，还没有研究到资本一般，但他已经从中充分了解马克思的辩证思维方法和所要再现的总体对象。

在《资本论》第一卷开篇，马克思也说明："对人类生活形式的思索，从而对它的科学分析，总是采取同实际发展相反的道路。这种思索是从事后开始的，就是说，是从发展过程的完成的结果开始的。"① 这就是著名的"事后思索"的辩证思维。从结果倒推过程的发展，既是有过程的结果，又是有结果的过程。从逻辑上看，要实现这种历史性的过程与"发展过程的完成的结果"的统一，唯一的方法就是起点和终点的统一，在回归起点的同时高于起点，形成开放性的逻辑圆圈。客观过程的发展逻辑是多样性的，理论逻辑方法也必定是多样性的。马克思批判性地改造了黑格尔的逻辑圆圈，用以反映客观的社会总资本运动，而且创造性地改造了黑格尔的一些逻辑方法，相应地创立一些新的逻辑方法，将它们运用于构建理论的逻辑圆圈。现在，我们就来探索终篇所体现的逻辑圆圈，以及实现这种逻辑圆圈的方法。

第一节　多种逻辑圆圈的统一

马克思在《政治经济学批判》第一分册中说过："科学和其他建筑师不同，它不仅画出空中楼阁，而且在打下地基之前就造起大厦的各层住室。"② 像《资本论》这样的系统性很强的鸿篇巨制，马克思对其整体结构当然是早已成竹在胸。他在给恩格斯的信中说："不论我的著作有什么缺

---

① 《资本论》第 1 卷，人民出版社 1975 年版，第 92 页。
② 《马克思恩格斯全集》第 13 卷，人民出版社 1962 年版，第 47 页。

第四章 辩证的逻辑圆圈的完成

点,它们都有一个长处,即它们都是一个艺术的整体",是"辩证地分解了的整体的著作"①。由此观之,关于《资本论》终篇的逻辑,就是它作为理论过程终点的逻辑。这一方面包含着终篇内容展开的根据、问题探索的程序问题,另一方面更包含着全三卷理论发展的内在根据或要求,它规定了理论发展的方向。显然,后者决定着前者,而前者又是后者在终篇的具体实施,是前者的完善。所以,不能离开总过程的逻辑来理解终篇的逻辑。

一、《资本论》的逻辑圆圈

总的理论过程作为一种思维过程,其逻辑实质就是辩证法的运用。马克思虽然没有留下《资本论》大写的逻辑,②但对政治经济学的方法则有专门的说明。他在《政治经济学批判·导言》的方法章中,以人口为例,说明了科学方法所制导的逻辑进程应是从关于整体的浑沌表象着手,经过切近的规定之后,在分析中达到一些最简单的规定;而后行程又得从那里回过头来,直到最后回到人口上,但这里人口已不是起点的表象了,而是一个具有许多规定和关系的丰富的总体了。③综观《资本论》全三卷的逻辑行程,的确是这样经历了从头开始步步深入而又回到起点的从抽象逐步具体化的过程。按这一过程的发展逻辑,终点的思想具体,思想总体,就是充分展开的起点。如果我们对马克思的这一方法与《资本论》的实际逻辑过程的关系没有另外的理解的话(事实上也不可能有另外的不同的解释),那就应当确认,终篇就是循着这样的行程回到了起点,即如我们在第一章中已经看到的,从资产阶级财富(的细胞)开始,最后又回到资产

---

① 《马克思恩格斯〈资本论〉书信集》,人民出版社1976年版,第196页。

② "虽说马克思没有留下'逻辑'(大写字母的),但他遗留下《资本论》的逻辑,……在《资本论》中,逻辑、辩证法和唯物主义的认识论[不必要三个词,它们是同一个东西]都应用于同一门科学。"(列宁:《哲学笔记》,人民出版社1974年版,第357页)

③ 《马克思恩格斯全集》第46卷上册,人民出版社1979年版,第37—38页。

阶级财富（的总体）本身。这样的过程正好形成了一个完整的逻辑圆圈。黑格尔认为："科学的整体本是一个圆圈，在这个圆圈中，最初的也将是最后的东西，最后的也是最初的东西。"① 列宁很重视他的这种看法，并且有所发展，说辩证法把起点同延续和终点联结起来②，是"回到出发点的运动"③。

辩证的圆圈不仅要求终点回到起点，而且要求终点高于起点。终篇的情况就是这样。我们知道，终篇研究和再现的，是资产阶级财富总体，与起点的单个细胞相比，它的质、量、本质、社会表象等规定都无比丰富了。而且，它还是在这样一种形式上的再现，即这一总体在社会上、竞争中以及生产当事人意识中的映象。这种社会的表面的形式所包含的规定，远非起点的单个细胞所能比，显然，它是具体的、复杂的，高于起点的。

当然，终点高于起点并非与起点毫无关系，而是一脉相承的。单个商品作为资产阶级财富的细胞，和这一财富总体相比，虽然是极简单的，但它包含着复杂总体的复杂矛盾的萌芽。"最简单的商品形式……就包含着萌芽状态中的劳动产品的一切资产阶级形式的全部秘密"。④ 正是在充分揭示这些内在的矛盾的发展的过程中，理论过程才一个阶段接一个阶段地推进，直至终点，而终点再现的对象总体，又将细胞中包含的一切矛盾都充分展开了。在终篇，马克思指出，资本成了"劳动社会生产力发展的一个特殊形式"⑤。但这并不意味着两者互相适应。相反地，生产力的发展将导致这样的情况："这个一定的历史形式达到一定的成熟阶段就会被抛弃，并让位给较高级的形式。"⑥ 这样前后一比较，就可以看出，终点已全面放

---

① ［德］黑格尔著，杨一之译：《逻辑学》上卷，商务印书馆1977年版，第56页。
② 列宁：《哲学笔记》，人民出版社1974年版，第324页。
③ 列宁：《哲学笔记》，人民出版社1974年版，第390页。
④ 《马克思恩格斯〈资本论〉书信集》，人民出版社1976年版，第216页。
⑤ 《资本论》第3卷，人民出版社1975年版，第996页。
⑥ 《资本论》第3卷，人民出版社1975年版，第999页。

第四章 辩证的逻辑圆圈的完成

大和深化了起点萌芽形态的矛盾了，甚至还包含了更为深刻的矛盾，即阶级矛盾。并且这些矛盾还不复是潜在于某物中，而是直接地显示的。在这样的基础上，马克思才得以顺理成章地在第五十二章提出阶级问题，为新一轮研究开了头。

在本书第一章中，我们已经知道，第五十二章研究的"阶级"问题与分配（包括生产资料和生活资料的分配）有直接联系，但它毕竟不是资产阶级财富本身，所以，其逻辑上升的轨道显然不属于全三卷从资产阶级财富的细胞到它的总体所构成的逻辑圆圈。根据马克思的理论逻辑，它应属于以这一圆圈为基础继续上升的另一圆圈，是后者的起点。由此观之，终篇达到的思想具体之高于起点，不仅因为它比起点规定更为丰富，矛盾完全展开，还在于它连接更高的研究层次。即是说，生产力和生产关系之间的矛盾在资本主义社会中，必然要表现为阶级矛盾的对立。在马克思所处的年代，许多政治经济学理论在探索资产阶级财富的增长方面已做了大量的工作（虽然其中良莠杂伴），但它们全都不敢涉及剩余价值的起源和分配，更不敢涉及阶级的经济分析问题。马克思在这里第五十二章以阶级为题，不仅顺理成章，表明了马克思理论的主体性、阶级性、目的性，而且也指出了人们今后的研究方向和理论发展的轨道，从而表明了理论的独创性。由此观之，这个逻辑圆圈不是自身封闭的，而是螺旋式的、开放的。列宁曾说："人的认识不是直线（也就是说，不是沿着直线进行的），而是无限地近似于一串圆圈，近似于螺旋的曲线。"① 就此而言，《资本论》的逻辑圆圈是"发展的大圆圈（螺旋）上的一个圆圈。"②

从方法的角度看，这一圆圈所具有的重要意义远不止这一些，它还显示了真理的具体性、认识的具体性。唯有从具体的东西出发，经过一系列的深入探索和浅出联系，最终又回到具体的东西上，说明它，才算对具体

---

① 列宁：《哲学笔记》，人民出版社 1974 年版，第 411 页。
② 列宁：《哲学笔记》，人民出版社 1974 年版，第 271 页。

事物有完整的现实的认识,才能指出改造它的方向和方法,对它有所作为。马克思说过:"对人类生活形式的思索,从而对它的科学分析,总是采取同实际出发相反的道路,这种思索是从事后开始的,就是说,是从发展过程的完成的结果开始的。"① 显然,这种"从后思索"的方法已内在地包含着再回到"发展过程的完成结果"的要求,也包含这个完成结果进一步演变的逻辑。如果逻辑过程没有达到这一点,它就是未完成的。

此外,这种逻辑圆圈也反映了真理发展的过程性。这种发展,一方面表现在某一理论过程上,另一方面在一定程度上反映了人类对某事物的认识发展。关于后者,我们将在本章第三部分探讨。就前者看,除了我们上面看到的过程外,还应看到,终点范畴是十分复杂的,它在逻辑过程的终点推出,就表明认识过程的发展是由简单到复杂而推进的,这是真理发展的一个重要特点。再进一步看,终点再现的"完成的结果",还是对终篇之前研究的检验。马克思曾说过:思想"材料的生命一旦观念地反映出来,呈现在我们面前的就好像是一个先验的结构"②。正因为这样,它前进的每一步,都需要检验。③ 理论是否科学,不仅在于它的进程是否合理,还在于它是否符合现实(当然不是现实的简单映现),是否经得起实践的检验。所以,这种检验,既是理论的,又是实践的。在全三卷从抽象到具体的上升过程中,每一步理论分析的深入,每种中介的结合,都既是认识、理论的深化和升级,又都是对前此形成的规定的检验,看其能否在新的条件下丰富,说明新的事实或问题。在第三卷中,马克思一方面说明资本的内部有机生命进入外部的生活关系时所发生的变化④,另一方面又使

---

① 《资本论》第1卷,人民出版社1975年版,第92页。
② 《资本论》第1卷,人民出版社1975年版,第23—24页。
③ "在这里,在每一步分析中,都用事实即用实践来进行检验。"(列宁:《哲学笔记》,人民出版社1974年版,第357页)
④ 《资本论》第3卷,人民出版社1975年版,第51页。

第四章 辩证的逻辑圆圈的完成

理论规定一步一步接近资本主义财富"在社会的表面上……表现出来的形式"。① 逐步实现理论规定与对象具体形式的对接。到终篇,马克思更以"三位一体公式"为中介,在用理论说明社会现实的同时,又用现实来检验理论。如果已经从抽象规定的上升发展而来的比较具体的规定能够说明现实,就表明发展了的理论与现实一致。如果理论不能在"圆圈式"的发展过程中说明它由以抽出的现实,不能用以分析批判各种现象、假象,或与现实、假象没有关系,那么这种理论就不能经得起不断发展的现实的检验,那就既不是科学的真理,也没有实践价值,最终还会像古典政治经济学那样,面对现实而破产。

《资本论》从起点到终点构成一个逻辑圆圈,归根到底是客观对象发展的辩证法所决定的,因为理论的逻辑毕竟是对象逻辑的再现。马克思就说过:"我们的叙述方法自然要取决于对象本身的性质"②。具体地说,客观对象是由萌芽而成长壮大起来的,而成熟的总体既有萌芽或个别细胞的各种规定,又具有进一步发展的系统规定。所以,理论从对象的萌芽或细胞开始,最后在达到成熟总体时,就要反映萌芽状态的抽象规定和成熟总体的系统规定的关系,从而形成逻辑圆圈,而与对象的发展过程相吻合。

对象客体的发展,就是其内部的本质规定从不成熟到成熟、从不完全到完全的发展。这种情况当然也要在理论的逻辑过程中反映出来,在《资本论》中,情况也的确如此。但是,按照通常的理解和解释,在《资本论》终点,已经是再现总体了,实现各种规定的综合了,似乎不再继续揭示、联系本质规定了。和这种类似直线性的思维方式不同,辩证逻辑认为,事物的本质规定是要表现出来的。在它看来,甚至是假象,也是"本质的一个规定,本质的一个方面,本质的一个环节"。因为"本质具有某

---

① 《资本论》第 3 卷,人民出版社 1975 年版,第 30 页。
② 《马克思恩格斯全集》第 2 卷,人民出版社 1957 年版,第 7 页。

种假象,假象是本质自身在自身中的表现"①。这种假象,不同于"去伪存真"的那种"伪"。作为本质的特殊规定,用黑格尔的话来说,是"返回到作为简单直接的存在的那种本质"②。所以,在逻辑过程中,它是间接性与直接性的统一。显然,唯有"回到头"的逻辑圆圈才能准确地表达这种规定。终篇研究的总收入就是这样。从它是总资本的内在本质规定在竞争中和生产当事人意识中的表现来看,它是总资本即财富总体的社会存在形式;从它完全掩盖了总体的实质、歪曲了总体的本质来看,它就是一种假象,是"从当时的现实生活关系中引出"的"天国形式"③。作为现实存在形式,它是直接性的,这就回到起点了,作为"天国形式",它又具有虚假性。终篇把它揭示了并揭示了它与本质规定的关系,由此就丰富了本质规定,由是,"这种本质的映现便有了现实性。"④可见,只有这样形成逻辑圆圈,才能科学地反映对象本质的辩证发展。

认识终篇所完成的逻辑圆圆不仅有助于加深对《资本论》理论的理解,而且有助于对《资本论》终篇方法的进一步理解。并可以澄清一些问题。

首先,从终篇的情况看,它既是一种"辩证地叙述"⑤的过程,又是"在逻辑的联系上进行研究"⑥的过程。所以,终篇的逻辑是叙述方法和研究方法统一的体现。如果说,在《资本论》的其他地方,叙述方法和研究方法多少有"形式的不同"⑦,那么,在终篇,这两者就完全同一了,即都是研究和再现同一的对象总体。由此观之,两种方法在《资本论》中的

---

① 列宁:《哲学笔记》,人民出版社1974年版,第137页。
② [德]黑格尔著,贺麟译:《小逻辑》,商务印书馆1982年版,第327页。
③ 《资本论》第1卷,人民出版社1975年版,第410页。
④ [德]黑格尔著,贺麟译:《小逻辑》,商务印书馆1982年版,第327页。
⑤ 《马克思恩格斯〈资本论〉书信集》,人民出版社1976年版,第123页。
⑥ 《资本论》第2卷,人民出版社1975年版,第4页。
⑦ 《资本论》第1卷,人民出版社1975年版,第23页。

第四章 辩证的逻辑圆圈的完成

"形式不同"并没有人们所想象的那样大。有许多人认为，马克思是先研究后叙述，研究过程主要体现在手稿中。实际上《资本论》第三卷本身就是由手稿编撰而成的，并且是唯一的稿本。可见，这种诠释不符合马克思的实际研究，或者说只是一种想当然。诚然，广义的研究即充分地占有材料，分析它的各种发展形式，那是应当先于叙述的，但它仍然要从抽象上升到具体。如果将充分地占有的材料不分青红皂白地堆砌在一起，能有科学研究吗？还不是要从中先筛选出最基本、最典型、最普遍的东西来研究，尔后再扩大到对象总体。显然，这样的研究过程本身与叙述过程在本质上并没有什么重大的差别。至于狭义的研究，即"在逻辑的联系上进行"的研究，那更是须臾离不开"辩证叙述"过程的。

其次，掌握具体再现具体并不是简单地被动地反映具体。马克思说："对人类生活形式的思索，从而对它的科学分析，总是采取同实际发展相反的道路。这种思索是从事后开始的，就是说，是从发展过程的完成的结果开始的。"① 显然，这个逻辑圆圈是"从后思索"的产物。不言而喻，所谓"发展过程的完成的结果"，并非对象已经不再发展了，应该是指它已经达到比较发展的阶段，已经典型化、成熟了。众所周知，马克思是从19世纪中叶英国的资本运动开始研究的，在当时，这种客观对象不仅已经成熟、典型化了，而且竞争、流通还使它具有混沌的表象。所以，对它的研究必须经过"去粗取精、去伪存真、由表及里、由此及彼"的改造制作功夫，但是，这些被去掉的粗、伪、表、彼（即与其他方面的关系②）等因素原本就是该对象固有的，如果说客观对象只是由这些"精、真、里"所构成，那它就是不真实的、不具体的。如果一个化学家告诉人们，水是氢和氧两种气体构成的，液体只是一种假象，那么，他的话人们是不会相信

---

① 《资本论》第1卷，人民出版社1975年版，第92页。
② "去粗取精、去伪存真、由表及里"都是针对对象本身而言的，但对象不是孤立存在的，所以还有与其他对象或方面的关系，所以还要先由此再及彼。

的。黑格尔也曾经说过:"一个化学家取一块肉放在他的蒸馏瓶上,加以多方的割裂分解,于是告诉人说,这块肉是氮气、氧气、炭气等元素所构成。但这些抽象的元素已经不复是肉了。同样,当一个经验派的心理学家将人的一个行为分析成许多不同的方面,加以观察,并坚持它们的分离状态时,也一样地不能认识行为的真相。"① 道理很简单,抽象的规定与具体有相当大的距离。所以,那些被去掉的"粗、伪、表、彼"等因素必须在适当的场合回归研究过程,与内在规定综合,才能"在思维行程中导致具体的再现"②。就此而言,马克思提出的《资本论》终点范畴不仅包含和体现着十分复杂的规定,而且包含着一系列的特点:其一,它作为"发展过程的完成结果",既是研究的起点,又是反映的终点,包含着一整个长期的历史发展过程,从其发展逻辑看,还包含着一定的历史趋势。其二,这种思索即研究突出了研究者的主体性及其功力、作用。正如有的论著中指出的:它把思维的视角引向主体,表现了主体认识的能动作用,对于客观发展来说,它是主体对客观对象发展的"追溯",是"反思",它体现了主体的科学抽象能力。③ 其三,它使资产阶级古典学派和空想社会主义都相形见绌。因为在它们兴盛的年代,资本主义还没有达到典型化、成熟化,正如恩格斯在批判空想社会主义的时候所说的:"这种历史情况也决定了社会主义创始人的观点。不成熟的理论,是同不成熟的资本主义生产状况、不成熟的阶级状况相适应的。解决社会问题的办法还隐藏在不发达的经济关系中,所以只有从头脑中产生出来。"④ 就古典学派而言,他们也认为资本主义只有起点,没有终点,所以其研究不仅起点是随意设定的,而且是没有归宿的、任意的、不收敛的。

---

① [德]黑格尔著,贺麟译:《小逻辑》,商务印书馆1982年版,第413页。黑格尔这句话是他在《小逻辑》末尾处论述认识的具体性时说的。
② 《马克思恩格斯全集》第46卷上册,人民出版社1979年版,第38页。
③ 冯景源:《唯物史观理论基础再研究》,《新视野》2002年第6期。
④ 《马克思恩格斯选集》第3卷,人民出版社1995年版,第608页。

第四章 辩证的逻辑圆圈的完成

再次,通过逻辑圆圈的完成,我们还可以从新的角度来理解逻辑学、认识论、辩证法三者的关系。列宁说过:"在《资本论》中,逻辑、辩证法和唯物主义的认识论[不必要三个词:它们是同一个东西]都应用于同一门科学"。① 对此,人们已作了许多深入研究和阐述,但大多是就《资本论》的总体结构来看的,再多也不过联系头篇和三卷中的个别章节作些说明。这样研究固然不乏深刻之处,却有不全面之虞。要说明这三者彻底统一,就不能不结合终篇的情况。而这恰恰是人们所忽视或笔力未及的。从上面的研究我们可以看出,在终篇,理论逻辑辩证发展的终点,与主体认识辩证发展的完成、客体对象的辩证发展历史趋势是完全一致的。尽管客观对象在马克思的时代正处于上升时期,但它的内在规定中包含的否定性可见,这三者在《资本论》中是始终统一的。在了解了理论与主、客体的关系基础上,我们更可以从"是彻底统一的"这一层进而认识到它们"为什么是彻底统一的"。此外,我们还可以看到,终篇所体现的三者统一与别的地方相比还显出一些特点:其一,更具现实性,即是说,理论逻辑的终点,也正是客观对象发展的成熟之顶点("在顶点是要发生变革的")②、认识的起点和回归点(从"完成的结果"开始再回到"完成的结果")。马克思说过:科学方法所达到的思想具体(即终点)"在思维中表现为综合的过程,表现为结果","虽然它是实际的起点,因而也是直观和表象的起点"。③ 可以说,这一段话就非常明确地表明了三者在逻辑过程终点的统一的关系。其二,这种统一还是逻辑的。所谓的逻辑,有广义的和狭义的,前者是客观对象发展的逻辑、主体思维(包括研究和叙述)的逻辑,后者则专指理论思维的特殊方法,它"摆脱了历史的形式以及起扰乱作用的偶

---

① 列宁:《哲学笔记》,人民出版社 1974 年版,第 357 页。
② 《马克思恩格斯全集》第 19 卷,人民出版社 1963 年版,第 240 页。
③ 《马克思恩格斯全集》第 46 卷上册,人民出版社 1979 年版,第 38 页。

然性","在抽象的、理论上前后一贯的形式上"[1]反映客体对象的发展。显然,这三者的统一既有前一重意义,也有后一重意义。就终篇看,后者更为明显。其三,根据上述的发展逻辑,我们还可以说,在终篇这三者的统一还是开放性的,即是说,随着成熟主体的变化或被改造、取代,认识和理论的逻辑也将在新一轮的"圆圈"中与之统一。显然,这一特点,只能在终篇显示。

关于这个逻辑圆圈及这种统一,我们还应了解它是如何实现的。下面就来探讨后一问题。

二、逻辑圆圈的回归点

马克思在说明科学的政治经济学方法时曾提到17世纪的经济学家:他们从生动的整体开始,并且从分析中找出一些有决定意义的抽象的一般关系。这本来是很有价值的、很必要的,但他们却不懂得循序渐进,竟直接从"这些简单的东西上升到国家、国际交换和世界市场",犯了强制地将具体复杂的对象等同于抽象规定的错误。"他们还没有把问题在初级形式上解决,就先在复杂化了的形式上进行探讨"。[2]这种做法谬种流传,直至19世纪初还被李嘉图所沿用,结果导致其学说的破产。之所以这样,并非他们不懂得从整体开始最后还要回到整体上来,而是不懂得如何才能走好这条路,使"抽象的规定在思维行程中导致具体的再现"。可见,要形成辩证的逻辑圆圈并非易事。

在辩证的逻辑过程来说,逻辑圆圈并非平面的、纯圆的,而是"圆圈的圆圈",或者说是一个多层的螺旋。只有这样,才能从起点出发,回归起点又高于起点。达到这个回归点,也就是再现了思想具体。

所谓的思想具体,就是"思维用来掌握具体并把它当作一个精神上的

---

[1] 《马克思恩格斯全集》第13卷,人民出版社1962年版,第532页。
[2] 《马克思恩格斯全集》第13卷,人民出版社1962年版,第47页。

第四章 辩证的逻辑圆圈的完成

具体再现出来的"[1] 的理论上的"具体总体"。马克思在批判了古典政治经济学的错误后又指出,思想具体之所以具体,因为它"是许多规定的综合,因而是多样性的统一。因此它在思维中表现为综合的过程,表现为结果"[2]。据此,人们大多认为,《资本论》终篇就是把前面的各种规定综合起来。这样理解似乎有道理,但并不准确。因为在辩证的思维过程中,综合是与分析是常相伴的,并非在终篇才有。如果这里说的"许多规定"只是"第一条道路上""完整的表象蒸发"出的"抽象规定",那么无论怎么综合都达不到思想具体。何况这种理解根本不符合理论发展在终点要回起点又高于起点的逻辑要求,也不符合终篇的实际情况。

其实马克思已经指出,抽象规定要"在思维行程中导致具体的再现",而思维行程包括终点却并不归结为终点。在漫长的思维行程的各个阶段中,既有抽象规定的综合,更有不同研究条件、不同的研究阶段等等与抽象规定的综合,而终篇的情况就更为复杂。

首先,是各个局部研究对象的综合。我们知道,第三卷第一至第三篇所研究的资本还是资本一般,但从马克思的论述看,它是以产业资本为代表的。而第四、五篇研究的分别是商业、生息资本,第六篇研究的则是与土地所有制紧密联系的农业资本。尽管这些篇都有涉及社会总资本,但它们毕竟是其中的一个相对独立的部分,而它们攫取的产业利润、商业利润、利息、地租也分别只是总剩余价值的一个相对独立的部分。这样做当然是必要的,马克思说:"分析的进程要求把研究对象这样割裂开来,而这种割裂也是符合资本主义生产的精神的。"[3] 这样割裂的必要性中同时还包含着综合。否则,被割裂的部分就什么也不是了,总体也不存在了。就

---

[1] 《马克思恩格斯全集》第46卷上册,人民出版社1979年版,第38页。
[2] 《马克思恩格斯全集》第46卷上册,人民出版社1979年版,第38页。
[3] 《资本论》第1卷,人民出版社1975年版,第361—362页。

像剥葱一样，"将葱皮一层层地剥掉，但原葱已不在了"。① 所以，在分析完这些部分之后，在终篇把它们综合起来是必要的，必然的。如果不了解这种处理材料的方法，人们就必定感到在第六篇和终篇之间似乎存在着逻辑中断。但是，这里的综合并非简单地像拼积木那样的合并，而是要结合新的研究条件来考察对象总体。不仅是剩余价值各个组成部分的总体，还有不变资本和可变资本部分，并且是这个总体在社会表面上的表现。

但是，如果以为终篇的研究只用综合法也不正确。在辩证逻辑中，"综合的同时又是分析的"②，在理论过程的起点、过程、终点，都是如此。就《资本论》的起点看，马克思把单个商品作为具体物进行深入分析，这是不言而喻的。在漫长的理论过程中，分析与综合统一更是比比皆是。而在终点，如上所说，它是研究对象各相对独立部分的综合。但它在具体化总体化后，又成了分析的对象。不过这时已不再重复先前的分析，而是结合它的社会映像，把它放在新的条件下，从总分配的角度进行分析。同时，还分析了假象的实质，产生的原因等等。当然，分析之后马克思又及时地对它们进行综合。显然，这样再现的思想具体总体，与起点处所说的资产阶级财富总体已经有了很大的不同。

其次，是研究对象总体与新的研究条件的综合。在第三卷前六篇，马克思虽已研究了各种资本形式及与之相应的剩余价值的社会表现形式，但还未研究它们所构成的资产阶级财富总体的社会表现。所以，终篇就来研究对象总体的社会映像。在这里，不仅研究范围扩大了，而且还必须加进另外的因素。如果仅仅是研究对象的范围扩大，原有的规定的内容固然会有程度不同的变化，但这样综合还只是处在原来的逻辑阶段。从终篇的情况来看，显然不是这样。摆在我们面前的，并非单纯资产阶级财富各部分的汇总，而是总体在竞争中的表现形式和生产当事人意识中的映象，后者

---

① ［德］黑格尔著，贺麟译：《小逻辑》，商务印书馆1982年版，第413页。
② 列宁：《哲学笔记》，人民出版社1974年版，第257页。

第四章 辩证的逻辑圆圈的完成

又集中表现在"三位一体的公式"上。它不仅是实际生产当事人日常观念的"训导式的、或多或少教条式翻译",而且"消灭了一切内部联系"①,表现出一种完全表层的、颠倒的映象。这里的综合,和前六篇所考察的那种综合虽然有联系,但有明显的区别。在前面,强调的是客观对象各个部分的表现形式,它们的运动和转化及其条件,而终篇则是说明又发展了的理论规定与竞争的综合,与已经全面发展的资本家的观念的综合。显然,前面研究过程中的综合是逐步推进的,先考察产业资本内部因竞争和资本流动而导致利润率的平均化,再考察产业资本家因职能的专门化而导致产业利润与商业利润的分流。在假定资本家全都使用自有的资本和土地考察这些资本的核心构造的运动后,马克思又将这些假定条件引进研究过程,换句话说,就是综合这些研究条件来考察资本运动。而在终篇,考察的是社会总资本"在社会表面上,在各种资本的互相作用中,在竞争中,以及在生产当事人自己的通常意识中所表现出来的形式"②,换言之,是综合在社会表面上彼此对立的各种资本之间的竞争,以及由此产生的资本家的通常意识来阐明社会总资本的表象化。显然,要综合的要素都成了理论发展或上升的必要中介。

在《资本论》的逻辑进程中,有许多不同类型的中介,诸如本质关系、研究条件、理论环节、运动阶段等等。它们是理论上升的阶梯,是范畴彼此联系的纽结,同时,又是各种规定保持其科学性、合理性的界限。没有特定的中介,一定的规定就失去了产生的条件、发展的可能。换言之,一定的范畴规定的内容,只是因一定的条件或中介而变化,并且也只是在这一定条件或中介起作用的范围内才具有相对稳定的内容,才具有真理性。一旦条件或中介变化,它的内容也将随之变化。离开一定的中介,抽象程度不同的同一规定之间就会发生矛盾。在终篇,"公式"作为一种

---

① 《资本论》第3卷,人民出版社1975年版,第939页。
② 《资本论》第3卷,人民出版社1975年版,第30页。

中介,发挥着不容忽视的作用。

首先,它把对象实体规定与映象规定联系起来了。在终篇之前,资本就是资本,不管是就个体、部门还是总体看,还是就哪种形式看都是资本。但在社会表现上,它却同时表现为收入,等同于收入。这样看来,终篇之前的研究所形成的科学范畴及其规定就与对象的现实表现有距离。但是现实就是现实,不以理论为转移,理论只能再现并说明现实,而不能无视现实。终篇之前的理论与现实的差距之所以产生,只是处理材料的方法所使然,即是说,是思维为了研究和叙述的需要而不得不把产生差别的条件暂时撇开。黑格尔早就说过:"从来造成困难的总是思维,因为思维把一个对象的实际上联结在一起的各个环节彼此分隔开来考察。"列宁在摘录这句话时还特地批注:"如果不把不间断的东西割断,不使活生生的东西简单化、粗糙化、不加以割碎,不使之僵化,那么我们就不能想象、表达、测量、描述运动。"① 这也意味着在做完这一切之后,思维还应当把暂时割断的部分联结起来,恢复其活生生的面目。所以,在终篇马克思就通过"公式"引出对象的映像,从而把对象实体的研究与对其社会表现形式的研究统一起来了,实现了理论与现实的对接和统一。恩格斯说过:"一切对立都经过中间环节而互相过渡"②。可以说,在理论过程的终点引出"公式"就是为了实现这种过渡。

其次,由于它的介入,关于对象总体的研究就有了新的角度和视点,从而能揭示新的规定,即说明了在什么样的条件下实在主体的规定发生了什么变化及这种变化的原因。这也向人们表示,在终篇之前,虽然在第三卷前六篇中已逐步说明了不同范围的对象的内在规定的外化,但毕竟还未达到表面化。一旦加进竞争的颠倒作用,加进生产当事人的意识及别有用心,它们就必然发生变化。可见,这一中介就是理论规定正确性的界限及

---

① 列宁:《哲学笔记》,人民出版社1974年版,第285页。
② 《马克思恩格斯全集》第20卷,人民出版社1971年版,第554页。

第四章 辩证的逻辑圆圈的完成

发展条件。从理性看,从科学的角度看,"公式"是完全错误的,是对对象实体本质规定的完全颠倒,应该抛弃的。但在资本主义社会,实体本质规定却必然这样折射表现,并且这种假象还成为一种社会性的东西广泛存在,所以这是一种不容忽略的客观要素。所以,这些中介和别的中介一样,它还是理论过程中不可或缺的。通过它,一方面可以使理论的再现更为完善,规定更为全面、科学,另一方面还可使政治经济学批判更为彻底。

从上面的分析可以看出,这里的中介和终篇之前的中介是有不同的,因为它最逼近现实,是这一个逻辑圆圈的最后一个中介。而且,作为一种研究条件,它可能还是研究过程最先抽象的。马克思在《政治经济学批判·导言》的政治经济学的方法一节中说过:"如果我从人口着手,那么,这就是一个混沌的关于整体的表象,经过更切近的规定之后,我就会在分析中达到越来简单的概念……"① 所谓对混沌表象"经过更切近的规定",人们都认为是不言而喻的,因而对此从未有过深入的说明。如果把这里的说明的方法和《资本论》从完成的结果开始思索联系起来,我们完全可以设想有这样的对混沌也就是全书最早的抽象环节,因而也成了最后一个中介。

再次,终篇的综合还导致了范畴的转化,即总资本转化为总收入。我们知道,经济范畴是生产关系的理论概括,它将随生产关系的变化而变化。并且,就后者而言,其本质和表现形式又不会"直接合二为一"②。所以,范畴不仅要变化,而且要转型或变形。③ 在第三卷前六篇中,马克思

---

① 《马克思恩格斯全集》第 46 卷上册,人民出版社 1979 年版,第 37 页。
② 《资本论》第 3 卷,人民出版社 1975 年版,第 923 页。
③ 《资本论》第 3 卷,人民出版社 1975 年版,第 17 页。

已经阐明了对象在资本主义社会范围内发生的某种程度的变化，"扬弃"①。在此之前，《资本论》也曾出现过多次范畴的转化，例如商品转化为货币、货币又转化为资本、剩余价值转化为利润、价值转化为生产价格等等。显然，这些变化或转型都还保留着特殊过程、特殊范畴的性质。但是，在终篇，随着总资本在竞争中、资本家意识中转化为与收入没有什么差别，而社会表面上，工人的工资也表现为收入，所以收入已经不是专属于特殊过程的范畴，还具有一般过程的性质。并且收入又是过程最表面的概念。所以，与前面论述的那些转化相比，终篇的综合所达到的或导致的范畴转化，总资本转化为总收入，在理论过程中是最彻底的转化，与再现对象总体的联系最为直接。

不过，只从它的逻辑过程中的位置来理解这一转化是不够的。从方法上看，还应注意到这是向间接性和直接性统一的转化。当然，第三卷前六篇也研究剩余价值从纯粹形式到特殊形式的转化，和剩余价值相比，利润、利息、地租等也具有某种直接性，但毕竟它们之间的界限还是很清楚的，而收入则是一种完全彻底外化的东西。在收入这种社会表象和社会意识的直接反映中，资本和收入的区别消失了，社会劳动与价值的内在联系被其他的牵强附会混淆了，并最终被消灭了，也就是说，直接性规定掩盖了间接性规定。但是，这里的直接性与起点的直接性不同。因为从总资本向其"现实性的形式"、"现实存在的形式"② 转化，既是实在规定与外在形式的对接，更是内部矛盾的充分展开，是用内在规定说明外在表现。所以，这种直接性是间接性的外化，或者严格地说是间接性规定与直接性规定的统一。这样做是极有必要的。马克思早就说过：科学的任务不仅在于

---

① "那种本身建立在社会生产方式的基础上并以生产资料和劳动力的社会集中为前提的资本，在这里直接取得了社会资本（即那些直接联合起来的个人的资本）的形式，而与私人资本相对立，并且它的企业也表现为社会企业，而与私人企业相对立。这是作为私人财产的资本在资本主义生产方式本身范围内的扬弃。"（《资本论》第3卷，人民出版社1975年版，第493页）

② 《马克思恩格斯全集》第26卷第3册，人民出版社1974年版，第536页。

第四章 辩证的逻辑圆圈的完成

揭示事物的规律本质,还在于阐明规律是"如何实现的"。① 在思想史上,黑格尔早就提出要通过由间接性回复到直接性,才能使认识真正地进入客观性。如果撇开其唯心性质,这的确是一个极有价值的思想方法。② 但是,黑格尔并没有明确地说明,在达到间接性与直接性统一③后,已经与间接性规定不同了。马克思是深谙黑氏方法之精华的,他在处理思想材料时批判地"卖弄"黑氏的表达方法④是众所周知的。在这里,我们不仅看到生动的一例,而且发现,他比黑格尔更胜一筹,说明内在规定在外化表现的时候,会因为新的条件、中介而颠倒表现。虽然黑格尔在意识中多多少少有这种意思,但由于他没有专门研究最生动的经济生活,因而不能深刻地体验这种颠倒表现。话再说回来,由于这种转化多少具有思辨性,所以,普通人要认识这一点似乎不太容易。不过,只要深入了解《资本论》,联系起点和终点的两次转化,对这种转化的客观性和必要性就会有较深切的认识。也就是说,在起点"经过切近的规定"从混沌表象中确定实在的对象之际,实际上已潜在地包含着在终点处综合这种混沌表象的要求。可以说,起点的"切近的规定"就是一种转化,即客观的混沌表象转化为明确的研究对象,是伪中取真,粗中取精,是主观的改造制作。反之,终点的转化则是回过头,是理论切近现实,是反映真表现为伪,精表现为粗,即"把'我们眼前发生的现象'表述出来"⑤。当然,不是镜面式反映,而是根据事物的内在规律来表现现象。

可见,马克思的方法与黑格尔的方法有根本不同,因为转化并非凭空发生,更非杜撰、完全思辨性。实际上,后者是借助于主观"体验"活动而实行这一转化的,而马克思则把这种转化当是一种检验,看理论的内在

---

① 《马克思恩格斯〈资本论〉书信集》,人民出版社1976年版,第282页。
② 参看邓晓芒:《思辨的张力》,湖南教育出版社1992年8月版,第415页。
③ 黑格尔并没有直接性与间接性统一的说法。
④ 《资本论》第1卷,人民出版社1975年版,第24页。
⑤ 《列宁选集》第1卷,人民出版社1995年版,第59页。

《资本论》基本理论在终篇的具体化

规定能否与表面现象接近,看其能否说明事物的表面现象,并把这种检验也包含在理论内容的上升过程中。

在马克思看来,范畴的转化并不是最终目的,否则,他就会在第四十八章说明内在本质如何转化为假象时就打住了。相反地,他还探索这种内在东西转化为外在假象的条件、必然性,由此,他就更进而揭示资本主义分配关系的虚伪性、神秘性,并最终归结为生产关系的历史性。可见,终篇的综合,既是把局部对象综合为总体,又是总体与必要的中介的综合,同时又是理论与现实的综合,理论的科学性与目的性的综合。

三、批判也形成辩证的逻辑圆圈

《资本论》以政治经济学批判为副标题,在正面论述的过程中适时进行这种批判。在终篇,马克思研究和再现资本在竞争中、在资本家意识中的表现。竞争和资本家的观念这个领域恰恰是资产阶级学者的庸俗性滋生和膨胀的温床,所以,马克思也必然在这里对它进行批判。和正面的研究和再现一样,全三卷始终进行的批判也形成辩证的逻辑圆圈,并且正是借助于批判,才导致逻辑圆圈的完成。

在《资本论》头篇,马克思就批判过资产阶级经济学的拜物教性质:"商品世界……具有的物的外观,……使一部分经济学家受到迷惑"[1],这可以从关于自然在交换价值的形成中的作用所进行的枯燥无味的争论中得到证明。马克思还指出:"由于商品形式是资产阶级生产的最一般的和最不发达的形式……因而它的拜物性质显得还比较容易看穿。但是在比较具体的形式中,连这种简单性的外观也消失了。"[2] 所谓比较具体的形式,即是货币、资本、收入。在这里,他已预示了,随着商品神秘性质的发展,

---

[1] 《资本论》第1卷,人民出版社1975年版,第99页。
[2] 《资本论》第1卷,人民出版社1975年版,第99页。

第四章 辩证的逻辑圆圈的完成

资本、收入已成为"统治的"、"典型的形式"①，其神秘性也必定在资产阶级经济学中反映出来。例如，货币主义的幻觉、资本拜物教和"认为地租是由土地……产生的……幻觉"②等等。当然，这里还只是一种预示，对它的彻底批判只有在具体的研究阶段才有可能。从《资本论》的实际情况看，在论述商品形式及其神秘性的发展过程中，同时也是在说明资产阶级经济学随着过程的神秘性而逐步庸俗化：随着研究从资本的生产过程（第一卷）——资本的流通过程（第二卷）——资本主义生产的总过程（第三卷）的推进，对资产阶级经济学的批判也逐步扩大和深入：从商品拜物教——有关过程各种假象的各种谬论（如"最后一小时"、"节欲"、"服务价值"，劳动有价值，流通增殖等等）——到"三位一体的公式"（它又是许多谬论的综合、总结）。从马克思对诸种谬论的批判可以看出，起点的商品拜物教具有简单性的外观，它包含有比较具体的形式的萌芽，并必然在资本关系的哺育下发展，而终点的"公式"，则是一种极端神秘的东西，是前者在资本主义较为发展阶段的充分发展。所以，前后两者具有一种内在的必然的联系（即蕴含的和充分发展的）。对此，马克思在终篇也有明确的说明。③由此可见，从起点的批判，经由过程的批判，到终点的批判，就又构成了一个批判的逻辑圆圈。这个逻辑圆圈的完成，同样是综合过程的结果：

首先，终篇所批判的"公式"，包含了"三个显然不可能综合在一起的部分"④，它们之成为"一体"，完全是由庸俗学者无原则凑合的。要彻底批判这种错误的大杂烩，有必要追溯并批判其最简单的形态，即上面所看到的简单商品的神秘性，再研究它在具体关系下的变化。显然，这就必

---

① 《资本论》第1卷，人民出版社1975年版，第99页。
② 《资本论》第1卷，人民出版社1975年版，第100页。
③ 《资本论》第3卷，人民出版社1975年版，第934—935页。
④ 《资本论》第3卷，人民出版社1975年版，第923页。

须综合具体的关系和条件。还要从诸种错误中区分并批判其最基本的环节或方面,即"劳动—工资"。马克思在第四卷即《剩余价值理论》的末篇中明确指示:"劳动—工资"这个形式最不合理,"它是另外两个形式的基础","因为工资在这里表现为劳动的特殊产品,表现为劳动的唯一产品……所以价值的其他部分——地租、利润(利息)——也必然表现为是从其他的特殊源泉产生的"①。正因为这样,马克思根据论述的需要和逻辑,在第一卷第四章论证工人出卖的只是劳动力的基础上,第十七章进一步分析批判了"劳动有价值"的错误,说明工资只是劳动力的价值或价格的转化形式,从而从根本上批判了"劳动—工资"的错误。在后来,即在第三卷,在说明了剩余价值转化为利润之后,马克思又结合利润这种具体形式来研究批判"资本—利润",在揭示了平均利润理论之后,他又综合土地所有权、经营权的垄断,在研究地租时批判"土地—地租"。可见,终篇对"三位一体公式"的批判是全三卷批判从抽象上升到具体的过程的结果,是综合的结果。不过,终篇并非将这些地方的批判汇总起来。必须看到,在不同场合与终篇实施的批判彼此不是并列的,而是继起的;不是同等抽象度的,而是依次从抽象上升到具体的。

其次,在终篇对"公式"的批判也表现为综合的过程,但不是前面批判的内容的简单汇总,而是在此基础上,分别结合竞争和资本家的观念,联系价值的真正源泉对它的结构、内容、理论渊源诸方面进行深入批判,并且这几方面又都是从不同的侧面进行分析。终篇的批判就是这些分析的综合。先看对其结构的批判,它由三个步骤构成:

第一,把三个环节的起点——资本、土地、劳动,即"各种所谓的源泉"拿来比较,指出它们"属于完全不同的领域",不仅彼此毫无共同之处,而且毫无关系。可见,把它们混为一体,混为一谈,是完全错误的。

第二,把三个环节的结果——利息、地租、工资,即各种"源泉"的

---

① 《马克思恩格斯全集》第26卷第3册,人民出版社1974年版,第533页。

第四章 辩证的逻辑圆圈的完成

产物或果实拿来比较，指出它们都属于价值范围；再从各个环节的前后关系看，两个端点都没有关系。由此，马克思指出，它们只能"因下述缘故而一致起来"，即"资本也像土地和劳动一样，只是就它的物质实体来看的"①。由是，马克思也就揭示了"公式"把物质实体与价值性质混为一谈的错误。

第三，在对"公式"的结构进行了上述的解剖之后，马克思又把它们综合起来从总体上揭露它的荒谬："把三个显然不可能综合在一起的部分"综合在一起。②

在批判"公式"的错误的结构时，马克思还进而揭示了它的更为隐蔽的和更为外露的错误：即把价值的生产和分配混为一谈、把价值的唯一源泉转变为多个源泉。在揭示了"公式"的错误目的之后，马克思就又深入批判它的错误内容。

关于对"公式"内容的批判，我们将在第五章中探讨。在那里，我们将说明，马克思一步一步地揭露"公式"所显示的"四种化"即假象化、要素的硬化、人格的物化、异化。这种批判，由表及里，也是一个综合的过程：既是四方面批判的综合，又是批判层次的深入、内容的上升，即内层批判包含并深化了外层的批判。

如果再深入这种批判的细节，我们还可以发现马克思逻辑方法的奥妙。例如，他批判"公式"的异化是同分析资本主义生产的神秘性的发展结合在一起的，因为公式无非是这一复杂过程中迭出假象的肤浅反映。对后一过程的论述，马克思依次从直接生产过程、流通过程、现实生产总过程来考察假象的迭出和复杂化、强化。从论述的逻辑这一角度看，这一过程正好是"普遍性——特殊性——个别性"的递进。因为剩余价值与劳动

---

① 《资本论》第3卷，人民出版社1975年版，第931页。在第922—923页，因为手稿中断，看不出以上内容，但在第931页第二段的小结中，马克思却讲得很明白。

② 《资本论》第3卷，人民出版社1975年版，第923页。

的内在联系被割断或被掩盖的情况在三个研究阶段中都存在,所以它是普遍性的,而且它最先发生在生产领域,并在资产阶级的脑子里成为确定的成见。在流通过程中,这种割裂或掩盖又被所谓的"让渡利润"和流通时间的"积极假象"所强化,"好像它会带来一个从资本的本性中产生的、不以劳动为转移的规定"。于是,普遍性的东西就特殊化了。最后,在总过程中,"又产生种种新的形式,在这些形式中,内部联系的线索越来越消失……"① 以至于剩余价值的不同部分完成了异化的形式。这种个性化也就是"日常生活中的宗教"——"三位一体公式"。

在终篇,马克思还在上述批判的基础上,揭示"公式"的理论基础是"生产要素论",揭示"公式"的非历史性、分析其社会经济条件,发掘其理论根源——"斯密教条",并对该教条作了最彻底的清算。由此,我们更可了解这种批判的全方位及全方位的综合性。

最后,对"公式"的批判还综合进了主体的目的性,即是说,这里的批判,不是简单地否定,它一方面要揭示其错误,探寻其原因、条件,另一方面又要显示马克思作为批判主体的目的,即要消除其错误并说明彻底消除其错误的条件:既然这种错误不能归结为个别人的罪过,是特定的经济条件的产物,是必然产生的假象的反映,那么,只有消灭这种经济条件,才能根除这种错误。在这里,我们应注意到这种批判主体目的性的贯彻。只有这样,批判才不是简单的鞭挞,才是彻底的否定,是破字当头,立在其中。一般说,目的是贯彻始终的。但是,只是在终点,才更为明显,并且在与正面再现不同的批判中,更为明显。显然,它强化了批判主体再现客体的能动性,突出了主体的立场和价值观。

终篇对"公式"的批判,既完成了对庸俗政治经济学批判的圆圈,而且还形成了一个更大的圆圈。因为这里批判的还有古典学派。资产阶级政治经济学从古典学派开创的科学研究(虽则不彻底)到它破产、其附属固

---

① 《资本论》第3卷,人民出版社1975年版,第936页。

第四章 辩证的逻辑圆圈的完成

有的庸俗因素被庸俗学派发展扩大、再到马克思科学理论的完成,实际上也就构成到马克思时代为止的人类对资本及资本主义社会的认识史。虽然这一理论从科学到庸俗化和人类在其他领域里的种种进步极不协调,但是马克思在科学世界观、方法论基础上对它们批判性的扬弃、创新,却使人类在这方面的认识史翻开了崭新的一页。而这种批判和创新又是在《资本论》终篇才完成的。如果我们从思想史的角度看,从古典学派到庸俗学派再到马克思的《资本论》,正好形成一个否定之否定的大逻辑圆圈,终篇即是这个大圆圈的终点。

第二节 形成逻辑圆圈的逻辑方法

马克思在构建《资本论》逻辑圆圈的时候,使用了多种逻辑方法,有的是阶段性的,有的是全程性的。前者主要着眼于某个阶段、对象某个局部、某个局部的某个侧面,例如在许多地方运用的解构与重构统一的方法①,在有的地方是逐步加进条件推进②,还有主体分析的方法,历史分析

---

① 很多人以为,在分析商品的时候,使用的是分析与综合统一的方法,即将商品分为使用价值和价值两个方面分别考察,尔后再将两者统一起来。从辩证逻辑的角度看,分析与综合并不是这样理解的。它是先将某些条件或侧面暂时撇开进行分析:分析商品的两个因素,析出一系列基本规定,再将它们统一起来;而综合指的则是将那些基本规定与为研究它们而暂时撇开的因素、条件结合,阐明基本规定发生的变化。至于将商品分解为两个因素,是对商品的解构;尔后将两者统一起来,则是在解构基础上的重构。之所以说是重构,因为它不是简单地将两个因素合并,而是重新理解或诠释原来的商品。

② 例如,在研究社会总资本积累的第七篇,马克思先假定所有的剩余价值全部周期地被消费掉,考察完成后,再假定全部剩余价值都被用于积累。到二十二章第3节,他又具体地分析"剩余价值一部分由资本家作为收入消费,另一部分用作资本或积累起来"的情况(《资本论》第1卷,人民出版社1975年版,第649页);在第4节,他指出,再进一步假定积累量、积累率到一定的时候,资本家还是可能扩大再生产的。

的方法,均衡分析的方法,时点、时段、时期统一的方法①,实体与虚拟统一的方法等。后者指的是以这种阶段性的研究为基础,逐步扩大至资本主义较为发展时期总体对象的全部方面。无论是阶段性的,还是全程性的方法,都是为了构建这个逻辑圆圈,所以,"尽管它的逻辑学性质较多而经济学性质较少,但毕竟是我们研究过程中极其重要的问题"②。

与我们对终篇的研究相关,在这里我们感兴趣的主要是全程性的方法。这种全程,主要是历史发展和逻辑发展的全程。历史发展要遵循一定的逻辑,而逻辑发展也不是纯理论的,它要以特殊的方式即范畴的演进来表现历史发展。③ 对此,马克思在《政治经济学批判·导言》的方法一章中已有详细的论述,恩格斯在《政治经济学批判》第一分册的评论中也有详细的论述,所以这里就不再赘言。而主要关注从抽象上升到具体的方法、直接性与间接性统一的方法、一般与特殊统一的方法。这些方法虽然人们已经有很多的研究,但仍有可发掘的空间、新的研究视角。这里无意再驻足已经形成共识的看法,只是从新的角度来说明它们各自的特点,以及如何应用于终篇的研究和叙述、终点范畴特征的揭示。

一、抽象与具体统一的方法

马克思是在《政治经济学批判·导言》中提到从抽象上升到具体这种方法的。从其区分抽象与具体以及如何上升的内容看,实质上是要实现抽象与具体如何统一的问题。所以,从抽象上升到具体的方法实际上是抽象

---

① 在《资本论》第三卷分析市场价值的确定时,马克思对一个比较长的时期还进一步区分为较长的时段和各个时点,分别阐明市场价值确定的不同规定。许多人没有这种区分,只是笼统地概括,因此不能真正了解马克思研究的奥妙。参看陈俊明著:《〈资本论〉经济行为理论的具体化》,中央编译出版社2010年版,第340—347页。

② 《马克思恩格斯全集》,第46卷上册,人民出版社1979年版,第445页。

③ 参看陈俊明:《资本转型论——〈资本论〉资本理论的具体化》,社会科学文献出版社2004年版,第四章第1节。

第四章 辩证的逻辑圆圈的完成

与具体统一的方法。对这一方法，从上世纪 50 年代中期开始至今，学术界已经展开了几轮比较密集的讨论。但始终见仁见智，对这些讨论，这里不再追踪，只是结合《资本论》终篇的实际情况来看看这一方法的具体要求。

（一）紧密结合总体对象来理解这种方法

不言而喻，方法的运用是为了再现对象总体，所以必须紧紧围绕对象总体来理解方法。实际上，马克思也是这样理解和运用这一方法的。

马克思在《政治经济学批判·导言》中对从抽象上升到具体的方法讲得并不多，但却很精到，"从抽象上升到具体的方法，只是思维用来掌握具体并把它当作一个精神上的具体再现出来的方式。"① 其中强调，这种方法的核心是精神或思维如何把握具体与再现具体。这个具体，就是包含着发展内在逻辑并在社会表面上表现的"发展过程的完成的结果"②，这是运用这个方法的出发点和归宿。所以马克思说："在理论方法上，主体，即社会，也一定要始终作为前提浮现在表象面前。"③ "在研究经济范畴的发展时，……应当时刻把握住：无论在现实中或在头脑中，主体——这里是现代资产阶级社会——都是既定的。"④ 在这里，马克思所谓的主体，实际上就是客观对象总体。

之所以要强调这一点，是因为人们往往忽视这一点。如果这样，起点范畴与终点范畴的关系就很难确定，从而起点范畴也很难选择，其性质也很难确定。如果这样，终点范畴也不能确定了。例如，有人说《资本论》的五大范畴中最具体的是土地所有制。这就意味着到地租理论《资本论》就可以结束了。再如，有人以为，这种上升是不断的、无止境的，会越来

---

① 《马克思恩格斯全集》第 46 卷上册，人民出版社 1979 年版，第 38 页。
② 《资本论》第 1 卷，人民出版社 1975 年版，第 92 页。
③ 《马克思恩格斯全集》第 46 卷上册，人民出版社 1979 年版，第 39 页。
④ 《马克思恩格斯全集》第 46 卷上册，人民出版社 1979 年版，第 44 页。

越具体。这样就势必会产生这样的错误，即认为《资本论》本身的理论体系是未完成的。

（二）起点范畴的抽象性

只要了解这种方法与对象的联系，就可以知道，在逻辑过程起点处，只能是客观对象的抽象元素。我们已经知道，《资本论》研究的客观对象总体是总体资产阶级财富在社会表面上的表现，它具有总体性、结构性、虚实性、历史性等总体属性，在它的细胞或元素中也是具备的，只不过是潜在地具备的。所以，这种抽象，一方面是指总体对象中最有代表性而又最小的组成部分，并且还应是最普遍的存在。相对于具体的对象总体，这当然是最抽象但又最简单的范畴。说它是抽象，因为如果离开总体对象，它就什么也不是。说它是最简单，也是将它与总体对象相比的。而且它一抽出来，它与总体的整合机制也就相应地被暂时抽象掉了。

了解了起点范畴的抽象性后，我们就应该意识到，与此相关的各种规定都是抽象的。包括使用价值、有用劳动，都具有抽象性。人们在谈到使用价值的时候都以为，使用价值概念是具体的，其实不然，在与价值相对的时候，它是具体的。但使用价值作为从形形色色的具有使用价值的物品抽象出来的概念，本身就已经是抽象的了。它既不是这个物品，也不是那个物品。同样地，有用劳动也具有抽象性，它也是既不是这种形式的劳动，又不是那种形式的劳动。正因为这样，有的人将它与抽象劳动混为一谈了，但实际上这种抽象还是直接性范围内的抽象。

另一方面是指如何靠抽象力的运用而被抽象出来的。例如，《资本论》开篇从单个商品入手，先撇开它的各种不同的使用价值，形成一般的、抽象的使用价值，然后又再撇开使用价值，从中抽出价值。从各种不同的有用劳动的相互关系中析出抽象劳动，这就进入间接性的层面了。马克思在那里的分析十分仔细、合理，令人惊叹。而对单个商品的抽象，却没有这么详细。因此，人们都忽略了他抽去了什么。他这样说："资本主义生产方式占统治地位的社会的财富，表现为'庞大的商品堆积'，单个的商品表现为这种财富的元素形式。因此，我们的研究就从分析商品开始。"① 这实际上是告诉人们，这种单个商品虽然是总体资产阶级财富的细胞，具有特殊性，但它同时还具有一般性，因为它既不是这种，又不是那种商品，因而是一般的商品。可见，它的抽出实际上是将它所寓于其中的资本关系、总量、结构以及由此产生的社会需要等等因素暂时撇开了，同时也将它发展的阶段性、条件都暂时撇开了。可见，抽象性是与一定的研究阶段、研究条件以及对象本身的一定范围紧密联系的。

所谓的暂时撇开，实际上意味着它是潜在地包含着的。马克思说："最简单的商品形式——在这种形式中，商品的价值还没有表现为对其他一切商品的关系，而只是表现为和自己的天然形式不相同的东西——就包含着货币形式的全部秘密，因此也就包含着萌芽状态中的劳动产品的一切资产阶级形式的全部秘密。"② 恩格斯也强调："在产品的价值形式中，已经包含着整个资本主义生产形式、资本家和雇佣劳动的对立、产业后备军和危机的萌芽。"③ 所谓的萌芽，已经不是一般的可能性，而是必然成长的。但是，如果没有结合上述的那些阶段、条件以及对象范围的扩大，这些萌芽是不会自动成长的。

（三）上升过程的多样性

所谓的上升，在一般的辩证逻辑中只是指理论规定越来越具体。如果这是指某个特定的范畴而言的，那还是正确的，但在《资本论》中，情况比较复杂，并非单指这种情况。既然起点的单个商品是暂时不考虑其总体性、特殊性、阶段性、发展条件的，那么它要演化上升成具体总体，至少要有三个方面的上升：

---

① 《资本论》第 1 卷，人民出版社 1975 年版，第 47 页。
② 《马克思恩格斯〈资本论〉书信集》，人民出版社 1976 年版，第 216 页。
③ 恩格斯：《反杜林论》，见《马克思恩格斯选集》第 3 卷，人民出版社 1995 年版，第 661 页。

其一，是对象性质的转换以及伴随而来的范围的扩大、发展条件的变化。从细胞上升到肢体、再到总体。在《资本论》中，是从资产阶级财富总体的细胞开始，发展到单个资本，再到社会总资本。

其二，是指范畴的转化。在马克思看来，即使是同一个对象，它的存在和发展也有许多侧面。要表现它们，一定要有相应的理论形式，范畴就是最重要的一种。经济范畴是一定生产关系的理论概括，但"范畴表现这一定社会的即这个主体的存在形式，存在规定，常常只是个别的侧面"[①]；所以，对一种复杂的生产关系不能只用一个范畴来概括，而要有一系列有内在联系范畴来表现。而这些范畴并非同属一种过程而并列的。这些范畴必然随着对象范围的扩大和性质的转换而转化，从一般过程的范畴转化为特殊过程的范畴，从反映简单关系的范畴转化为反映复杂关系的范畴，如商品——货币——资本——收入。商品和货币最初都可以列入一般过程的范畴，而资本则是特殊过程的范畴。在资本范畴出现后，商品和货币都被资本影响而具有一般和特殊双重性。从一般的商品、货币到特殊的商品、货币即资本的发展，实质上是一种转化。而资本发展为社会表面上的收入，也是一种转化。

其三，是指范畴规定的丰富和转化。范畴表示的是一种比较基本的关系，对它们的分析表明，这种基本关系还表现为一定的结构，因此，也要有一系列的规定来表征其各个层面的结构关系。例如商品的使用价值和价值分属不同的层面，并且各有质、量、度的规定。这样，范畴的内容就丰富了。随着研究对象范围的扩大、研究阶段的推进——在《资本论》中两者是一致的，不仅范畴演化了，各个范畴的规定也变化了，从而使范畴内容转型了。

所有这些上升都是结合一定的阶段、性质、条件而实现的，这些先前暂时撇开的阶段、性质、条件等，在理论进程中都可归结为一定的中介。

---

① 《马克思恩格斯全集》第46卷上册，人民出版社1979年版，第44页。

这也意味着，上升是借助一定的中介而进行的。但是，由于不了解辩证逻辑，古典学派，特别是李嘉图，就跳过一定的中介直接将理论过程最初的最抽象的规定与现实过程中最具体的现实联系起来，结果导致跳跃不成功而破产。而马克思则由此而推进理论过程，使之一步一步地接近对象总体的社会表象而臻于具体化。

（四）终点的具体性

终点不是突然到来的，而是一系列的演进过程的归宿。随着研究过程的推进，结合的研究条件当然是对象总体最外层的现实。按照马克思的说法："凡在过程开始时不是作为过程的前提和条件出现的东西，在过程结束时也不可能出现。但是另一方面，一切作为前提和条件的东西，在过程结束时则必然出现。"① 也就是说，起点处暂时撇开的那些对象范围、对象性质、研究条件都逐步回归研究过程，在终点处全部回归。具体地说，这个时候研究的是资本主义较为发展阶段的社会总资本的运动在社会表面上的表现。也就是说要能根据已经揭示的这个阶段的资本运动的内在规定——不是起点揭示内在规定，相对于起点的各种规定，这里的规定已经充分转型，——来联系资本的竞争与资本家的通常意识，说明它的变化。这就是马克思所说的，一步一步地接近"资本在社会表面上，在各种资本的互相作用中，在竞争中，以及在生产当事人自己的通常意识中所表现出来的形式"。②

这样看来，终点范畴应该是具体的，它回到具体的资产阶级财富上。这样，起点和终点就构成了一个完整的圆圈。就如黑格尔所说："科学的整体本是一个圆圈，在这个圆圈中，最初的也将是最后的东西，最后的也是最初的东西。"③ 而且这种具体，是结合流通中的竞争、资本家的观念而

---

① 《马克思恩格斯全集》第46卷下册，人民出版社1980年版，第262页。
② 《资本论》第3卷，人民出版社1975年版，第30页。
③ [德] 黑格尔著，杨一之译：《逻辑学》上卷，商务印书馆1977年版，第56页。

形成的,是内在规定在竞争中、资本家日常观念中表现出来的那种形式,这就是社会表面上的收入。这样,它就与起点相统一又相背离了。相统一,因为它回到起点;相背离,因为它高于起点,与起点不是同一平面。但它仍具有抽象性。一方面,它包含着已经揭示的内在规定,是内在规定与外部条件的结合产生转型的结果。从这种意义看,它是抽象与具体的统一。另一方面,它作为思想具体也有抽象性。因为资产阶级财富总体不是到马克思时代就不再发展了。虽然马克思说"这种思索是从事后开始的,就是说,是从发展过程的完成的结果开始的"①,但并不意味着客观的资本运动已达到"过程的完成"了。相对于仍在发展的资本运动,他的理论再现还是有抽象性的。实际上,对还没有完全消亡的对象来说,任何研究和再现的理论都具有抽象性。②"因为我们永远不会完全认识具体事物"。③ 因此,了解总体对象的这种抽象与具体的统一,无论对理解这一方法,还是对理解《资本论》的开放性,都是很有意义的。

这样看来,从抽象上升到具体的方法应该是:研究对象本身(包括对象的规模、性质)的从抽象上升到具体,研究阶段(包括研究条件)的从抽象上升到具体,研究内容的从抽象上升到具体。

在《政治经济学批判·导言》中,马克思曾提出著名的"两条道路":"在第一条道路上,完整的表象蒸发为抽象的规定;在第二条道路上,抽象的规定在思维行程中导致具体的再现。"④ 由于马克思在这一句话前面还说"第一条道路是经济学在它产生时期在历史上走的道路",很多人都以为这是从具体到抽象,是错误的,只有第二条道路才是从抽象上升到具体。其实,就资产阶级经济学而言,他们走的第一条道路并非全都错误。

---

① 《资本论》第 1 卷,人民出版社 1975 年版,第 92 页。
② 列宁说:"自然界既是具体的又是抽象的,既是现象又是本质,既是瞬间又是关系。"(列宁:《哲学笔记》,人民出版社 1974 年版,第 223 页)自然界尚且如此,何况人类社会。
③ 列宁:《哲学笔记》,人民出版社 1974 年版,第 310 页。
④ 《马克思恩格斯全集》第 46 卷上册,人民出版社 1979 年版,第 38 页。

第四章　辩证的逻辑圆圈的完成

"十七世纪的经济学家总是从生动的整体，从人口，民族，国家，若干国家等等开始；但是他们最后总是从分析中找出一些具有决定意义的抽象的一般的关系，如分工，货币，价值等等。"显然，这并没错。——不过，他们关于价值的分析侧重的是量，而且不能介入更深层面，这是抽象力不足。从这种意义看，当然是错误的。——他们的错误是"这些个别要素一旦多少确定下来和抽象出来，从劳动，分工，需要交换价值等等这些简单的东西"就直接"上升到国家，国际交换和世界市场"① 上去，表面看，这似乎是上升，但实际上是有缺陷的：一是没有对"生动的整体"进行必要的"切近的规定"，二是抽象力不够，三是跳过必要的中介而直接联系。至于他在这里所说的："后一种方法显然是科学上正确的方法"，并非指第二条道路，而是在这句话前面所说的："如果我从人口着手，……我就会在分析中达到越来越简单的概念；从表象中的具体达到越来越稀薄的抽象，……于是行程又得从那里回过头来，直到我最后又回到人口，但是这回人口已……是一个具有许多规定和关系的丰富的总体了。"② 显然，这"后一种方法"就是两条道路的统一。

从抽象上升到具体的方法虽然黑格尔已经论述过，但与马克思相比，除了唯心唯物根本性质不同外，还有重大的区别，即历史性。马克思说："我们的方法表明必然包含着历史考察之点，也就是说，表明仅仅作为生产过程的历史形式的资产阶级经济，包含着超越自己的、对早先的历史生产方式加以说明之点。……这种正确的考察同样会得出预示着生产关系的现代形式被扬弃之点，从而预示着未来的先兆，变易的运动。"③ 的确如此，他在研究简单商品拜物教性质的时候，不仅追溯商品生产以前的历史，而且预示未来社会的情景。由此说明商品拜物教是一种历史现象，有生必有灭。在考察社会

---

① 《马克思恩格斯全集》第46卷上册，人民出版社1979年版，第38页。
② 《马克思恩格斯全集》第46卷上册，人民出版社1979年版，第37—38页。
③ 《马克思恩格斯全集》第46卷上册，人民出版社1979年版，第458页。

总资本运动的场合,特别是在第一卷末篇,由资本的积累追溯资本主义原始积累、并预示积累的历史趋势。在终篇分析收入决定价值的原因时,马克思还举小农的商品生产(非资本主义生产)为例,说明"在这几种收入形式的存在条件根本就不具备的地方,也会被人应用",因此,"资本主义关系好像是每一种生产方式的自然关系的这种假象,就更加具有迷惑作用"。① 在最后,他又明确地指出当资本主义分配关系与生产关系的矛盾尖锐化,"在生产的物质发展和它的社会形式之间就发生冲突"。②

二、直接性与间接性统一的方法

马克思说:"商品首先是一个外界的对象,一个靠自己的属性来满足人的某种需要的物。"③ 这样的外界的对象无论如何都不能说是看不见的、内在的本质。商品与《导言》中的"人口"一样,都有一种很重要的性质,是从抽象上升到具体所没有体现的,都是"一个可感觉而又超感觉的物"④。这种"物",不像"价值物"那样,完全不可感觉,不能归结为抽象性。对单个商品的这种特性,列宁早已指出。在《哲学笔记》中,在抄录了《小逻辑》的目录之后他这样写道:"概念(认识)在存在中(在直接的现象中)揭示本质(因果律、同一、差别等等)——整个人类认识(全部科学)的真正的一般进程就是如此。自然科学和政治经济学〔以及历史〕的进程也是如此。"接着,他举《资本论》为例:"开始是最简单的、普通的、常见的、直接的'存在':个别的商品(政治经济学中的'存在')。"⑤

显然,最简单的、普通的、常见的、直接的"存在"无论如何也不能归结为本质。相对于看不见的本质,看得见的存在就是一种直接性的存

---

① 《资本论》第3卷,人民出版社1975年版,第989、990页。
② 《资本论》第3卷,人民出版社1975年版,第999页。
③ 《资本论》第1卷,人民出版社1975年版,第47页。
④ 《资本论》第1卷,人民出版社1975年版,第87页。
⑤ 列宁:《哲学笔记》,人民出版社1974年版,第355、357页。

第四章 辩证的逻辑圆圈的完成

在。这是一种与抽象性不同的属性。

所谓的直接性，是黑格尔用来表示事物存在性质的一个术语。指的是某一对象中可以直接观察的方面或属性，而间接性则是隐藏于对象内部的方面或属性，是不能独立表现的，要通过与不同的对象之间的关系才能了解。黑格尔认为，科学过程起点的"存在"除了具有抽象性以外，还具有直接性。① 马克思对黑格尔的这种看法是很重视的，在他的《小逻辑》（第83节—111节）摘要中，一开头就录下了："直接性。自在概念"，最后又录下："在存在中一切都是直接的；在本质中一切都是相对的"②。——因为是间接的，所以是相对的。

事物的直接性存在和间接性本质的区别并不意味着它们是彼此分离独立存在的，反之，它们是紧密融合的。没有直接性的存在，间接性的本质也无从发生。所以，事物都是直接性与间接性的统一。

既然客观对象具有这样的特性，那么科学研究也应该分别研究它们，并科学地再现它们的区别和统一。黑格尔认为，思想进程"最初的开端不能是任何间接性的东西"，必需"以直接性开始"，然后扬弃这种直接性而认识隐藏其中的间接性的东西；但"知识的进展，既不偏于直接性，也不偏于间接性"，于是，又得使间接性的认识外化，达到直接性与间接性的统一。③ 这样的研究和叙述过程，即"直接性——间接性——直接性与间接性统一"的过程，就是直接性与间接性统一方法的过程表述。很明显，这种的过程，既体现了认识的否定之否定的发展，又在逻辑过程的发展中反映了客观对象的内外规定的统一。黑格尔虽然提出了直接性与间接性的区别和统一，但他并没有提出这样的反映二重存在的逻辑方法。他认为，

---

① ［德］黑格尔著，贺麟译：《小逻辑》，商务印书馆1982年版，第188页；黑格尔著，杨一之译：《逻辑学》上卷，商务印书馆1977年版，第56页。

② 《马列著作编译资料》第7集，第8—12页。

③ ［德］黑格尔著，贺麟译：《小逻辑》，商务印书馆1982年版，第189、168页；黑格尔著，杨一之译：《逻辑学》上卷，商务印书馆1977年版，56页。

直接的存在只是一种自在的东西,而间接性的本质则是自为的,它们的统一是自在自为的统一,所以他有"自在——自为——自在自为"① 的提法。只是由于人们对直接性与抽象性的关系没有理顺,所以没有发现他的这种创见,因而没有意识到他有这样的辩证逻辑方法。

(一)"直接性——间接性"的过程是深化研究的过程

直接性的东西有简单的、个别的、抽象的,也有复杂的、总体的、具体的。研究进程当然只能从简单的直接对象开始研究②,这才符合逻辑。

《资本论》从最简单的直接对象开始研究,逐步扩展到更为复杂的直接对象。正如恩格斯所说:"研究运动的性质,当然应当从这种运动的最低级、最简单的形式开始,先理解了这些最低级的最简单的形式,然后才能对更高级的和更复杂的形式有所阐明。"③ 并且在各个阶段的研究中,也经历这个阶段。无论是劳动价值论,还是资本理论,都是这样。可见,直接性间接性统一的方法作为一个过程不是一蹴而就的,它要经过几个发展阶段,才能达到再现复杂的总体。整个过程是一种"从个别性提高到特殊性,然后再从特殊性提高到普遍性;……普遍性的形式……是把许多有限的东西综合为无限的东西"④。它意味着理论规定是有不同层次的,不同层次的规定是分阶段逐步接近所要再现的具体的。

为了从总体中筛选出这个简单的直接对象,当然需要有一番整理的功夫。从这一过程的第一阶段来看,是从形成了最简单的直接对象开始,深入其内部。在《政治经济学批判·导言》中,马克思以口为例说明:"如果我从人口着手,那末这就是一个混沌的关于整体的表象,经过更切近的

---

① [德]黑格尔著,贺麟译:《小逻辑》,商务印书馆1982年版,第185页。
② 黑格尔也说:作为开端的,"不是具体物本身,而仅仅是简单的直接物"(黑格尔著,杨一之译:《逻辑学》上卷,商务印书馆1977年版,第64页)。
③ 《马克思恩格斯选集》第3卷,人民出版社1972年版,第491页。
④ 恩格斯:《自然辩证法》,见《马克思恩格斯选集》第三卷第554页,人民出版社1972年版。

第四章 辩证的逻辑圆圈的完成

规定之后,我就会在分析中达到越来越简单的概念;从表象中的具体达到越来越稀薄的抽象,直到我达到一些最简单的规定。"显然,这先是一个去粗取精、去伪存真即"达到越来越简单的概念"的过程,尔后才是由表及里的深化过程。换句话说,在同一的研究阶段中,"深化研究"并不是一步到位的,而是先形成直接性层面的抽象,再形成间接性层面的抽象,并且不仅"达到越来越稀薄的抽象",还要"达到一些最简单的规定",可见这种抽象是有层次的。在《资本论》中,情况也是一样。从商品分析看,先撇开使用价值,再从直接性的交换价值中析出价值(有质和量的规定,是抽象的、直接性的)。显然,它和从抽象上升到具体方法中的"第一条道路"是一致的。

必须注意的是,《资本论》"直接性——间接性"的过程是分阶段实施的。在第一研究阶段的范围内,在确定单个商品之后,才真正开始这一过程,逐一分析出价值、抽象劳动、私人劳动的社会性质之后并没有开始向终点的"上升"。在进入第二研究阶段之后,他又重新开始这样的"直接性——间接性"的过程。在第四章,他让前面暂时撇开的资本主义生产关系回归研究过程,这样,货币就转化为资本。对资本,他也是先考察它的直接性的运动形式,即资本总公式:G——W——G'。他深入地分析了资本增殖的原因,主要是购买了特殊商品,从而导出了资本家与劳动者之间的关系,进入了间接性的层面。显然,对第一阶段的研究来说,这里的"直接性——间接性"就是上升。同样地,在第三研究阶段,这样的深化也照样进行。所以,这种深化研究的过程不是一蹴而就的,而是分阶段进行的。这三个阶段既一脉相承,又是转型升级。不言而喻,单个资本和社会总资本虽然都是资本,即使从直接性规定看,无论是结构、功能,还是所处的发展阶段,全都有很大的差别,而间接性规定也有很大的差别。在单个资本那里,还看不出两大对立阶级的关系,只有在社会总资本的运动中,才包含这种阶级关系。

(二)"间接性——直接性与间接性统一"的过程是间接性的内在规定

《资本论》基本理论在终篇的具体化

外化表现的过程

在上述"人口"例子中,在"达到一些最简单的规定"之后,马克思又使行程"从那里回过头来,直到我最后又回到人口,但是这回人口已不是一个混沌的关于整体的表象,而是一个具有许多规定和关系的丰富的总体了"①。最深层的"最简单的规定"当然是间接性的,而"具有许多规定和关系的丰富的总体"已经是包含着间接性规定又体现为直接性的人口,也就是直接性与间接性统一的。不言而喻,这就是"间接性——直接性与间接性统一"的过程。这里,讲得虽然简约,却很精妙。

在《资本论》中,情况当然复杂得多,它也随着深化研究一起转型升级。一方面,是同一阶段内在规定的社会表象。但还不是整个理论过程的"具体的再现",只是同一阶段的"具体再现"。这种再现的最大特征是物化、异化,即内在的本质规定的颠倒表现,达到直接性与间接性的统一。在第一研究阶段,马克思在说明价值之后,又"回到价值的这种表现形式"②上,并由此阐明内在的价值在社会表面上会因为商品交换而颠倒表现,表现为价格,并且在质上和量上都与价值偏离。在第二研究阶段,情况也是一样。这些外化表现同样是一脉相承、转型升级的。所以,必须全面把握。我们已经知道,不管在哪个研究阶段,内在的本质关系都是在暂时撇开一系列条件的情况下形成的,这些条件不是永远被抛弃,而是暂时被撇开,在内在规定形成之后,它们最终还是要回归的。再说,本质关系一定要发挥作用,因而一定要表现。因此,在理论上,它们就要与那些回归的研究条件相结合。一旦实现了这种综合,它们就必然要发生转型而表现,而与内在规定不同。③这就是表现的转型,或者说是内在规定的外化

---

① 《马克思恩格斯全集》第 46 卷上册,人民出版社 1979 年版,第 37—38 页。
② 《资本论》第 1 卷,人民出版社 1975 年版,第 61 页。
③ "如果事物的表现形式和事物的本质会直接合而为一,一切科学就都成为多余的了。"(《资本论》第 3 卷,人民出版社 1975 年版,第 923 页)

转型表现。是的内在规定的转型升级。另一方面，第一阶段所揭示的内在规定，例如商品价值，是在暂时撇开资本主义生产关系的条件下形成的，它可以表现一般过程的生产者之间的关系，也可以表现"资本家幼虫"[①]之间的一般买卖关系。但在第二研究阶段，资本主义生产关系回归了，原先的一般过程的关系就转化为特殊过程的关系了，即资本与雇佣劳动之间的关系。当然，在这个研究阶段，也有资本家之间的一般过程的关系。到第三研究阶段，研究的是资本主义较为发展阶段的社会总资本包含的本质关系，是两大对立阶级的关系。

这样看来，这个"间接性——直接性与间接性统一"的过程，实质上就是内在规定的外化表现过程，也就是"抽象的规定在思维行程上导致具体的再现。"

如果说，这种方法对再现对象内在规定的外化转型表现在第一、二个研究阶段还不是很明显，那么在第三研究阶段，特别在终篇，这就非常突出了。我们已经知道，终点范畴是资产阶级财富的社会表象，但它并不是镜面式地反映这种表象，而是说明社会总资本的最主要的内在规定在社会表面上的颠倒表现。由此可见，所达到的"直接性与间接性统一"中的"直接性"，并非起点的直接性。它表现了一种对内在规定的颠倒。这是这个方法的最大优点和特点。

从上面的分析可以看出，这种方法的演进图式是这样的：（→表示转型）

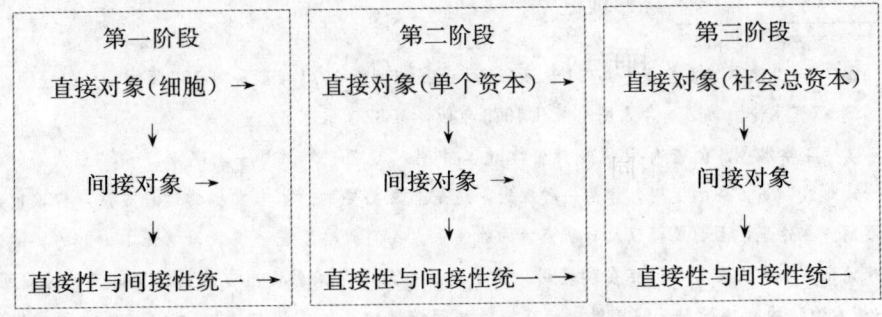

[①] 《资本论》第1卷，人民出版社1975年版，第189页。

这样看来，从直接性到间接性，就是深入内部，是"生理学研究"，而从间接性到直接性与间接性统一，则是从内部的有机生命转向外部，是"现象学研究"。马克思发现，斯密有关于资本主义的"生理学研究"和"现象学研究"，两者都合理，但彼此没有关系。①李嘉图则力图将两者联系起来，但跳过必要的中介，失败了。马克思吸取他们理论、方法中的合理成分，创造性地运用这种直接性与间接性统一的方法，既深化了"生理学研究"，又解决了它与"现象学研究"的联系。

（三）与从抽象上升到具体方法的关系

我们发掘这种方法，直接的根据是《资本论》有关于"研究的直接对象"②的提法以及《资本论》的实际研究，只有这种方法，才能反映对象存在和运动的直接性。可以说，直接性与间接性统一（"直接性——间接性——直接性与间接性统一"）的方法客观地反映了客观对象存在和运动的二重性，所以是不可或缺的。③虽然在《资本论》中并没有这样的提法，然而，这不是杜撰。在《资本论》中，同样也没有"从抽象上升到具体"的提法，难道能说这种方法不存在吗？实际上，从《政治经济学批判·导言》方法一节中关于如何阐明"人口"的说明中，人们并不难领悟出这种方法的存在和运用。

不过，从上面的分析可以看出，这种方法与马克思在谈到从抽象上升到具体的方法时说到"两条道路"是一致的，那么是否可以将这种方法归

---

① 《马克思恩格斯全集》第26卷第2册，人民出版社1973年版，第182页。
② 《资本论》第2卷，人民出版社1975年版，第32页。
③ 在学术界，也曾有人说在《资本论》中有"现象——本质——现象"和"形式——内容——形式"等方法的运用，作为一种探讨，这是非常必要的。本书发掘的这种方法，应该也是必要的。在这里，因为篇幅以及与研究目的的关系，我们省略了进一步联系《资本论》的实际进程来论证这一方法在其中的存在和运用。关于这种方法与学术界提出方法的区别，参见陈俊明：《〈资本论〉的直接性——间接性——直接性和间接性统一的方法初探》，载《华侨大学学报》，1987年第1期；或见陈俊明著：《〈资本论〉经济行为理论的具体化》，中央编译出版社2010年版，第二章第1节。

结为从抽象上升到具体的方法呢？恐怕不能。

按照马克思的说明，从抽象上升到具体的方法，"在思维中表现为综合的过程"①。由于马克思没有对这种"综合"作进一步的说明，许多人只是根据具体是"许多规定的综合"，而以为综合是对象将多样性规定综合起来。但是这样的理解却有不确定之虞：多样性规定可以是同一抽象层次的，也可以是不同层次的；是同一研究阶段、同一研究条件下的，也可以是不同研究阶段、不同研究条件下的，等等。显然，从《资本论》的实际情况看，马克思不是指同一阶段的、更不是同一层次规定的综合。所以这种综合是需要其他方法配合的。而直接性和间接性统一的方法，则能导致抽象规定与原先暂时存而不论的条件、特殊的社会性质等等方面或因素的综合，而且还实现了规定的转型，是研究过程的推进。

必须看到，这种方法与从抽象上升到具体的方法两者之间还是有很大差别的。从对研究对象的掌握来看，从抽象上升到具体的方法侧重于对总体对象（包括直接的和间接的）横向考察，阶段的上升，这样的考察很能体现对象发展的历史性；而直接性间接性统一的方法则适用于对局部对象同一阶段的纵向分析，在每个阶段，至少主要范畴的规定都要实现从直接性对象开始，进入间接性层面，进行"深化"研究，再到直接性与间接性统一，实现"外化"表现。这样，即使在同一逻辑阶段，也包含着"深化"和"外化"两个小阶段。显然，前一方法是"历时态"的，这一方法则是"共时态"的。

三、一般与特殊统一的方法

马克思在《资本论》中运用的全程性的方法中，还有一种"一般与特殊统一的方法"，它在《资本论》终篇也发挥着重要的作用。

在《政治经济学批判》（1857—1858年草稿）中，马克思提出的四个

---

① 《马克思恩格斯全集》第46卷上册，人民出版社1979年版，第38页。

《资本论》基本理论在终篇的具体化

计划中,有关于资本的"一般性、特殊性、个别性"的提法。据此,有学者论证:在《资本论》中有一种"一般性——特殊性——个别性"的方法。① 从这些计划的内容及《资本论》全三卷的内容来看,的确如此。鉴于许多逻辑学著作都用比较简短的表述来介绍过程性的逻辑方法,如抽象与具体的统一、逻辑与历史的统一,这里我们也将"一般性——特殊性——个别性"的方法简称为"一般和特殊的统一"。因为统一是以区别为前提的,统一是个过程。

(一)两种类型的一般和特殊统一

不言而喻,上述《政治经济学批判》草稿中的计划主要是针对典型的资本运动而言的。因此,这是一种典型对象的"一般和特殊统一"。它主要揭示资本的一般性、特殊性、个别性规定。

但是,在社会领域,任何客观存在的东西都不是纯粹的、单独存在的,而是一种集合物。理论研究为了方便和可能,总是从中挑选出比较纯粹的特定部分,构成典型研究对象。这样做的必要性和合理性是不言而喻的。在现实社会过程中,具体的资本运动也是极其复杂的,它要生产、分割剩余价值,还离不开一般的经济发展过程,既通过工业化来提高效率,又通过商品交换来提高效益。而工业化和商品生产都是跨社会形态的,与特殊的资本运动不同,是一般的经济发展过程。而且,具体资本运动也离不开社会的上层建筑。一般过程之所以进入政治经济学的研究范围,因为它与作为特殊过程的资本运动互相渗透,你中有我,我中有你,离开一般过程,特殊过程就是不具体的。换句话说,典型对象与一般过程以及社会的上层建筑,就构成复杂的具体对象。

马克思考察的资本运动不仅是典型的,而且是具体的。就具体的资本运动而言,一般过程与特殊过程两者有本质的区别,既不能混同,也不能等量齐观。两者在一定的限度内相互作用、相互促进。资本运动很善于利

---

① 田光:《〈资本论〉的三个方法》,载《学术月刊》,1981年10期。

第四章 辩证的逻辑圆圈的完成

用一般过程,特别是它的竞争所造成的假象。在资本主义较为发展的阶段,这种情况特别明显。

(二)典型对象本身的一般和特殊统一

从逻辑上看,一般性和特殊性相比,是比较抽象、简单的。但是,它又是最基本的,所以,理论过程理应从一般开始。

在《资本论》中,在典型对象的范围内,这种"一般性——特殊性——个别性"的过程展开有多种样式:

从研究阶段看,生产过程——流通过程——总过程;

从研究对象看,社会总资本的细胞——社会总资本的基本单元——社会总资本;

从历史发展看,资本主义起点——资本主义初级阶段——资本主义较为发展阶段;

从资本形式看,产业资本——商业资本——生息资本;虽然生息资本的表面运动很简单,但实际内容却很复杂,它是将内在地包含的资本"核心构造"① 的运动这一极其重要的中介完全掩盖了。

从各个研究阶段看,也都贯穿着这种"三段式"。例如,在考察作为资产阶级财富细胞的单个商品的时候,马克思是先把它当成一般的商品来研究,尔后再研究特殊的商品——从商品中分离出来充当一般等价物的商品,最后再考察货币。按照逻辑过程的展开,这也就是"一般性——特殊性——个别性"的逻辑发展过程。至于资本运动,就如上面所述,更是"一般性——特殊性——个别性"的逻辑发展过程。

从一般开始,是从最简单、最早的、最基本的对象或元素开始,形成一般性规定,然后再逐步扩展开,结合具体条件而特殊化、个别化,达到整个体系。

先析出资本的一般性概念,再推进到特殊性,这是关系到整部《资本

---

① 《资本论》第3卷,人民出版社1975年版,第297页。

论》逻辑发展的重要举措。先考察一般的资本，顺理成章地只能研究剩余价值的一般形式。这是马克思说《资本论》第一卷的三个崭新特点之一，也是马克思经济理论与资产阶级经济理论的重大区别之一。可见，这种方法在建构整个理论体系方面有着举足轻重的作用。

这种方法，也是一种上升，并且是一种转型发展的过程。

在辩证逻辑的发展中，范畴及其规定是越来越丰富。因此，终点并非一般性规定和特性殊规定的统一，而是特殊性规定——从逻辑发展来看，特殊扬弃或包含了一般——结合更复杂的研究条件而个别化，或者也可以说是具体化。在《资本论》第三卷开卷处，马克思说：第二卷末篇考察生产过程和流通过程的统一，"至于这个第三卷的内容，它不能是对于这个统一的一般的考察。相反地，这一卷要揭示和说明资本运动过程作为整体考察时所产生的各种具体形式。"①

这种方法的运用，使理论空间具有巨大的发展空间。根据唯物辩证法，典型对象中包含的一般，具有普遍性，同时也是同类事物或对象的一般（甚至可以由此透视它的前身）。但它在其他同类对象的特殊运行条件、国情中就会显出特殊性来，并且和原典型对象中包含的特殊性有所不同。根据这种方法，人们就可以结合不同（即特殊）的国情、所处社会发展的特殊阶段来认识不同国家的资本运动，达到各个不同的个别性。马克思重点是研究英国的资本运动，但他并不认为这种研究可以直接应用到其他资本主义国家。他十分关注美国的、德国的资本运动，他认为，美国的、德国的资本运动和英国有所不同，各有自己的特点。相比而言，英国发展水平在当时比较高，所处的社会发展阶段也比较高②，条件比较有利于资本

---

① 《资本论》第3卷，人民出版社1975年版，第29页。
② 马克思说："工业较发达的国家向工业较不发达的国家所显示的，只是后者未来的景象。"（《资本论》第1卷，人民出版社1975年版，第8页）前者指的显然是英国，后者则是德国。可见英国所处的发展阶段比后者高。

主义的发展。但各国都包含着同样的一般性的、普遍的规定。所以在《资本论》的序言中，他写道："我在理论阐述上主要用英国作为例证。但是，如果德国的读者看到英国工农业工人所处的境况而伪善地耸耸肩膀，或者以德国的情况远不是那样坏而自我安慰，那我就要大声地对他说：这正是说的阁下的事情！"① 尽管如此，我们还是不能将英国资本运动包含的一般规定直接地、简单地套到其他资本主义国家中去。在由以研究其他国家的资本运动时，必须加进具体的国情、时代发展内容。马克思说："相同的经济基础——按主要条件来说相同——可以由于无数不同的经验的事实，自然条件，种族关系，各种从外部发生作用的历史影响等等，而在现象上显示出无穷无尽的变异和程度差别，这些变异和差别只有通过对这些经验所提供的事实进行分析才可以理解。"② 显然，不了解相同的经济基础——其理论反映就是基本理论的一般规定——是不行的，但是光理解相同的经济基础、一般规定也是不够的，必须结合各国具体情况使之个别化。

了解这种一般和特殊统一的方法既有理论的意义，也有现实的意义。据此，人们才不会将典型对象中的一般当成一成不变的东西，不至于将典型对象中的较抽象的一般等同于整个体系的较丰富的一般。据此，人们还可以进一步发现，这种方法是实现理论联系实际的重要途径或路径依赖。

综上所述，对典型对象而言，一般和特殊统一的方法有两种应用：一是通过从个体到总体而实现一般概念的具体化，即"典型的三段式"的具体化；二是以这种较充分具体化的规定为出发点和基础，研究它在特殊的国情、"社情"中的进一步具体化，导致"体系的"特殊化。

（三）具体对象的一般过程和特殊过程统一

具体对象包含的一般过程与特殊过程不是彼此分割的，这就使得典型对象在具体运动环境中变得不那么纯粹。

---

① 《资本论》第1卷，人民出版社1975年版，第8页。
② 《资本论》第3卷，人民出版社1975年版，第892页。

首先，一般过程的研究是特殊过程研究的基础。在《资本论》中，马克思也很注意研究一般过程，主要是从最一般的意义来考察商品生产、工业化、社会化。当然是将它与特殊过程的研究紧密结合在一起，所以这种研究也融入整个理论的三个阶段中。在有的场合，是先一般，后特殊；在有的场合，则是同时展开。

在第一阶段，即起点，马克思先暂时撇开资本关系考察简单的商品生产，即简单的一般过程。之所以这样，因为起点的简单性有双重含义，单个商品既是资产阶级财富的细胞，是姓"资"的，又可以由此透视资本主义以前的简单商品。不言而喻，这种研究的意义是相当深远的。

在第二阶段，即研究资本运动的初级阶段，他一开始就阐明简单的一般过程（商品生产）与简单的特殊过程（资本运动）的区别和联系。第二篇分析两种流通公式，一种是一般过程的 W——G——W，一种是特殊过程的 G——W——G′。显然，资本运动是兼而有之。第三篇也是这样，第五、六章都先分析一般的劳动过程、价值形成过程，再分析特殊的资本劳动过程、价值增殖过程。既坚持价值规律，阐明其发展，又在此基础上阐述剩余价值的产生。第四篇研究相对剩余价值的生产，也是从一般过程开始。先阐明简单商品生产价值规律在生产力迅速发展条件下的转型，再阐明超额剩余价值的生产，结果导致相对剩余价值的生产。此后关于工场手工业、机器大工业的研究，涉及的都是一般的经济发展过程。第五、六两篇，论证特殊过程的发展都没有离开一般过程。在第二卷第一、二篇，情况也基本如此。关于资本的循环和周转的分析，都是建立在商品流通和产业发展的基础上。没有流通时间、流通费用的分析，没有生产时间和劳动时间、周转时间的分析，特殊过程的研究是难以展开和深入的。在第三卷开篇，首先分析的成本价格，也是一般过程的范畴。

在第三阶段，即资本主义发展的较高阶段，这也是与商品生产、工业化的升级（各部门资本有机构成的提高和差异的扩大）紧密联系的。在第一卷末篇，他详细说明生产力的发展（一般过程）对资本运动的影响，在此基础上揭示资本积累的规律。在第二卷末篇,他始终没有离开一般的商品流通。从第三卷第二篇起,马克思着力阐述价值的转型与利润率的平均化之间的关系。在这里,他还用了巨大的篇幅,将两种过程结合起来,阐明价值的内在结构的变化与各种资本形式的独立化之间的关系,阐明价值的内在规定在资本竞争中外化、异化,以及这种异化对资本运动内在规定的外化、异化的作用。

其次,两种过程彼此互相影响、促进,有限转化。

一般过程从来不能单独存在,总是寓于特殊过程之中,并在后者的"普照之光"的笼罩下运作,受特殊过程的影响极大。事实的确如此,在资本主义以前,商品生产在相当长的时间内都是不温不火地缓慢维持着,始终不能成大气候。只有在资本关系的哺育下,它们才有长足的发展,才典型化,成为社会规模的过程,因而它也具有一定的特殊性。我们在说商品生产、工业化的时候,总是特指哪个社会的商品生产、工业化,也就是说,它们都是有"姓"的。资本运动总是在特定的科学技术条件下进行的,科学技术一旦合并入资本,就转化为资本。所以在理论上,就要阐明资本关系如何催化商品价值关系、工业和科学技术的发展,使之带有特殊的属性,这是一方面。另一方面,马克思也说明,一般过程作为资本运动的现实载体,也使后者具有某种一般性。资本运动的本质和目的是攫取剩余价值,但它是通过生产商品和价值来生产剩余价值的。至少在直接的生产过程中,资本必须遵循生产力、商品生产的一般规律,也要努力地提高生产率,改善经济结构,还要遵循价值规律的转型要求。正因为这样,它的特殊性质才不容易被发现。这也决定,科学的经济理论不能只是干巴巴地从头到尾论证资本对雇佣劳动的剥削和压迫,而应以巨大的篇幅深入研究一般过程的转型以及它如何促进资本运动的转化。就具体的资本运动看,特殊的资本运动和一般的经济发展过程两者之间是"你中有我,我中有你"。由于有这种影响和制约,典型对象包含的一般规定和特殊规定都会发生变型。

再次,较充分发展的一般过程和特殊过程与较具体的运行条件结合。

为了研究一般过程,不但要将特殊过程暂时撇开,而且要将比较具体的过程发展条件也暂时撇开。特殊过程的研究也是这样。因此,在理论过程的终点处,它们还必须与早先暂时撇开的那些条件相结合。其结果当然是使这些一般过程和特殊过程的内在规定都发生外化转型。在《资本论》的终篇,我们就看到,一般过程中原有的内在规定,如劳动创造价值的规定,已经被颠倒表现了。同样地,剩余价值生产的内在规定也因为它的各种具体形式在社会表面上相互对立而变成由作为生产资料的资本和土地所创造。马克思还指出,社会总资本在社会表面上表现为收入,它既是特殊过程的产物,又是一般过程的产物。

最后,还要阐明一般过程与特殊过程对立的发展。

一般过程是跨社会形态的,它因特殊过程的催化而恢宏,又不因特殊过程的衰朽而式微。从一定的意义看,资本运动作为特殊过程由生到灭的运动与一般过程的发展有直接、间接的关系。资本运动并非与商品经济、工业化、社会化的发展——后者无非是生产力发展的特殊形式——始终一致,至少在运行目标方面存在着重大的差别。当资本运动与一般过程的运行方向一致的时候,它的发展就比较顺利,反之,当两种过程的差别发展为对立,而特殊过程的各种制度、体制已经不能再实现根本性的变革,不能再体现出促进一般过程发展的优越性,甚至极大地限制后者的发展,其中包含的一般过程的某些属性就逐步瓦解这种特殊过程。劳动过程的"这个一定的历史形式达到一定的成熟阶段就会被抛弃,并让位给较高级的形式"①。在《资本论》中,这方面研究不是零碎的、隐含的,而是系统的、突出的、贯穿全书始终的。没有它,资本理论的进展,甚至是不可能的。

---

① 《资本论》第 3 卷,人民出版社 1975 年版,第 999 页。

第三篇 内 容

在终篇，马克思研究和再现的是资产阶级财富的社会表象，再现的是总体对象，是对象发展总过程的综合。

马克思说过："对人类生活形式的思索，从而对它的科学分析，总是采取同实际发展相反的道路。这种思索是从事后开始的，就是说，是从发展过程的完成的结果开始的。"① 所谓"从发展过程的完成的结果开始"，当然也要返回到"发展过程的完成的结果"即他那个时代的英国资本运动为止。所谓"同实际发展相反的道路"，指的是对复杂的总体对象经过"更切近的规定"之后，从中抽出最简单的最有普遍性、典型性代表的细胞，在对它的"分析中达到越来越简单的概念；从表象中的具体达到越来越稀薄的抽象，直到……达到一些最简单的规定"。此后"行程又得从那里回过头来"，一步一步地返回到"一个具有许多规定和关系的丰富的总体"②，即"发展过程的完成的结果"。这样，起点的研究是以终点的再现为归宿，整个研究和叙述的过程都是一脉相承的。这表明，起点的研究绝不是孤立的、绝对的，而是与整个过程的发展紧密联系的。由此观之，即使是在起点处相对完整、相对独立的研究，也是十分抽象的，必须继续发

---

① 《资本论》第1卷，人民出版社1975年版，第92页。
② 《马克思恩格斯全集》第46卷上卷，人民出版社1979年版，第38页。

展和丰富的。这样看来,起点开篇形成的劳动价值论的各种规定,——学术界大都以为劳动价值论主要在这里形成——也只是这一理论的最初形态,必须进一步发展,并且必定要在终篇才臻于具体化。① 劳动价值论如此,其他的基本理论也无不如此。道理很简单,健全肌体的细胞与整个肌体密不可分,细胞的发展导致肌体的发展,反过来也一样,整体肌体的发展也导致细胞的发展,直到整个肌体生命完结,细胞的发展才完结。所以,决不能将劳动价值论、资本理论、经济行为理论看成是彼此独立、完全独立的理论。它们相互渗透,一起发展和丰富,全都直到终篇才臻于具体化、完成。

经过较长时间的深入研究,我在几部研究《资本论》的著作②中都论证,从逻辑与历史统一的方法看,《资本论》的研究有三个紧密联系的逻辑阶段:分别研究资本主义起点、资本主义初级阶段、资本主义较为发展阶段的不同范围、属性的商品生产、资本运动、经济主体的经济行为等,相应地,劳动价值论、资本理论、经济行为理论等基本理论都经历三个逻辑阶段的发展,直至在终篇臻于完成、具体化。由此观之,所谓的完成或臻于具体化,并非它们都已达到极限,而是指它们都达到具体地即完整而深刻地再现了那个"发展过程的完成的结果",甚至这个结果或过程的发展所蕴含的发展逻辑、趋势,也能够科学地预示。因此,无论是劳动价值论研究的商品生产、资本理论研究的资本运动,还是经济行为理论研究的经济行为等过程的转型发展,都不是发生在某个历史阶段的过程,而是都要经过不同的发展阶段、经过转型发展才能逐步成熟和典型化,这就决定了这些基本理论在《资本论》中都要经过三个逻辑阶段的转型发展,才能

---

① 参看陈俊明:《〈资本论〉劳动价值论的具体化》,中国青年出版社2000年版,第七章。
② 参看陈俊明:《〈资本论〉劳动价值论的具体化》,中国青年出版社2000年版;《资本转型论——〈资本论〉资本理论的具体化》,社会科学文献出版社2004年版;《〈资本论〉经济行为理论的具体化》,中央编译出版社2010年版。

臻于具体地再现马克思当时所面对和研究的"发展过程的完成的结果"。由于客观对象的发展是在社会表面上呈现的,所以理论研究不能仅以揭示过程的内在规定为归宿,还应该进一步阐明这些内在规定在社会表面上如何表现。因为本质规定是一定要表现出来的,其表现是本质的一个规定,而且其表现一定与本质规定不能合二为一,所以再现这种表现对有关内在规定也是一种检验,看其是否、能否说明内在规定在社会表面上如何与社会表象统一。而《资本论》对总体对象社会表象的再现又是集中在终篇的,所以,各种基本理论一定要在终篇才能完全具体再现客观对象。

如前所述,终篇在整个逻辑过程中的位置比较特殊,研究的既是总体的再生产,又是其社会表象,这种情况在《资本论》中是独有的。它最逼近的社会表面,既是资本家通过社会表面的流通漂洗黑金的过程,又是庸俗经济学最为活跃的领地,污水横流,所以,它又是马克思主义经济理论展示其批判力、战斗力的特殊战场。在这里,我们可以看到马克思将资产阶级学者的理论进行了系统的梳理,以对"萨伊公式"的批判为引导,既突出了古典学派与庸俗学派的区别与联系,又通过分析"公式"的主客观原因,创立了自己特有的"生理学研究"与"现象学研究"统一的研究范式。①

按照马克思从抽象上升到具体的方法,理论过程的进展是研究对象本身范围②的扩大,是理论阶段、研究条件、理论内容的上升。③ 其特征是内

---

① 马克思运用直接性与间接性统一的方法,将"生理学研究"和"现象学研究"有机地联系起来,创立了全新的研究范式。参看陈俊明:《马克思对斯密双重观察法的批判及研究范式的创新》,载《当代经济研究》,2009年第9期。

② 研究对象范围与研究范围不同。前者指的是研究对象本身即资产阶级财富总体,在《资本论》中属特殊过程的研究,马克思对它是先从其细胞开始,逐步扩大,最后在终篇达到总体本身。而研究范围则超出研究对象,包括一般过程以及社会条件,它们对特殊过程的影响不可忽视,但只是在一定的地方才进行研究过程。

③ 参看陈俊明:《略论〈资本论〉从抽象上升到具体的方法》,载《经济研究参考资料》,1983年第58期。

容越来越丰富、具体，整个过程就如黑格尔所说："认识是从内容到内容向前转动的。首先，这种前进是这样规定自身的，即：它从单纯的规定性开始，而后继的总是愈加丰富和愈加具体。因为结果包含它的开端，而开端的过程以新的规定性丰富了结果。普遍的东西构成基础；因此不应当把进程看作是从一个他物到一个他物的流动。绝对方法中的概念在它的他有中保持自身；普遍的东西在它的特殊化中，在判断和实在中保持自身；普遍的东西在以后规定的每一阶段，都提高了它以前的全部内容，它不仅没有因它的辩证的前进而丧失什么，丢下什么，而且还带着一切收获和自己一起，使自身更丰富、更密实。"① 列宁对此说："这一段话对于什么是辩证法这个问题，非常不坏地作了某种总结。"② 根据这种辩证的逻辑方法，研究的对象范围越是扩大，理论阶段越是高级，理论内容必定越是因为将前面的研究包容在内而丰富。这意味着终篇所考察的价值，已经不再是起点范畴中包含的价值了，也不是理论过程中已经转型的价值，其中包含的剩余价值是在利润率充分平均化基础上，已经转化为、表现为产业利润、商业利润、利息、各种地租等形式了。与此相联系，这里研究的关系当然也复杂化了。所以，必须从这种意义来理解终篇的各种范畴。

终篇要研究和再现的是对象总体的社会表现及其"在生产当事人自己的通常意识中所表现出来的形式"，是其直接的、表面的映像、假象，但不是直接的镜面式的反映。一般说，第一卷考察的直接生产过程中的社会关系比较隐秘，而第二卷考察的流通过程则比较表面，第三卷的总分配过程则是最表面的了。但是，终篇指出，在社会表面上，原先考察的各个过程中的或明或暗的关系全都被掩盖了，都神秘化了。就直接生产过程来看，这是资本吸取剩余劳动的过程，但是，"随着相对剩余价值在真正的独特的资本主义生产方式下的发展，……这些生产力以及劳动在直接劳动

---

① [德] 黑格尔著，杨一之译：《逻辑学》下卷，商务印书馆1981年版，549页。
② 列宁：《哲学笔记》，人民出版社1974年版，第250页。

过程中的社会联系，都好像由劳动转移到资本身上了。因此，资本已经变成了一种非常神秘的东西"。① 显然，在社会表面上，直接过程中的内在关系外化并异化了。至于流通的关系，对于生产过程中的关系来说，它当然是外层的，但在社会表面上，这些关系仍然是内在的，马克思分析说："事实上，这个领域是一个竞争的领域，就每一个别情况来看，这个领域是偶然性占统治地位的。因此，在这个领域中，通过这些偶然性来为自己开辟道路并调节着这些偶然性的内部规律"，对一般人来说"仍然是看不出来，不能理解的"。显然，第二卷研究的"形式规定"也不是外在的、一目了然的。反之，它研究的仍是流通领域中的"内部规律"。② 而在终篇，要阐明的则是这些"内部规律"、"形式规定"在竞争中的映像、假象。同样地，第三卷前六篇研究的虽然是"一步一步地接近"社会表象，但其中还有许多内在规律和复杂过程，它们都是内在于表象的。所以，接近表面并不意味着达到表面。而在终篇，马克思就说明，在社会表面上，利润、地租这些剩余价值的表现形式都独立化、硬化，都好像是生产条件本身产生的，都和剩余价值没有关系；此外，在生产当事人意识中，社会总资本中的不变资本部分全部分解为各种收入，这样，社会总资本，资产阶级财富总体就又归结为收入。终篇就是要研究这些表象、假象是什么，为什么必然采取这样的形式。

总之，研究对象总体的总分配过程及其社会表现，是《资本论》中的最具体研究。它必然使在先前的研究过程中形成的各种基本理论具体化而臻于完成。

---

① 《资本论》第3卷上册，人民出版社1975年版，第935页。
② 《资本论》第3卷，人民出版社1975年版，第936页。

第五章 科学的劳动价值理论在终篇的具体化

劳动价值论是由资产阶级古典学派首先提出的,之所以如此,因为当时古典政治经济学所代表的资产阶级正处于上升阶段,是先进的、革命的阶级,并且其攫取的剩余价值正遭受土地所有者的瓜分。① 囿于其阶级利益、狭隘的眼界以及并非完全科学的方法的限制,它只是在提出一系列有重要意义的观点之后就将它当成一成不变的东西来运用了。不仅有如隔靴搔痒,而且是僵化的。虽然古典政治经济学"奠定了劳动价值论的基础"②,并比较科学地说明了商品经济发展初期的重大经济问题,但却不能"从这个基础出发……去揭示这个基础本身的发展"③,致使这种僵化、先天不足的理论在更发达的商品经济中面临复杂问题时破了产。

资产阶级古典学派劳动价值论的破产给后人的警示主要是它囿于资产阶级的狭隘眼界,缺乏正确的历史观,始终没有意识到这一理论特定的对象是一定历史条件下、生产力条件下、生产关系下的商品生产,将它当成是跨社会形态的、跨经济时代的理论,当成是一成不变的基础理论,当成

---

① "古典派如亚当·斯密和李嘉图,他们代表着一个还在同封建社会的残余进行斗争、力图清洗经济关系上的封建残污、扩大生产力、使工商业具有新的规模的资产阶级。"(马克思:《哲学的贫困》,《马克思恩格斯全集》第4卷,人民出版社1958年版,第156页)
② 《列宁选集》第2卷,人民出版社1995年版,第312页。
③ 《马克思恩格斯全集》第26卷第2册,人民出版社1973年版,第164页。

是不与其他基本理论一起发展的理论。如果从方法看，这些古典学者的"抽象力"① 都有问题，或者"抽象不足"②，或者"抽象过度"③，更糟糕的是完全不懂得理论是要随着条件的变化而发展的，理论是要经过实际检验的。并且还因为它创立这一理论的目的过于功利化，一方面为本阶级的发财致富服务，另一方面是为了批判土地所有者的不劳而获，没有意识到这一理论有巨大历史感，能动的功能等。

与古典学派创立劳动价值论不同，马克思继承这一理论并使之科学化并不完全是为了证明"不劳动者不得食"的状况必须改变，更重要的是证明商品生产一般作为一般过程的发展规律以及对特殊过程的支撑作用。一旦特殊过程的发展已经不再与一般过程的发展相匹配，而后者的进一步发展已经受到前者的束缚时，原先的支撑作用就转变为颠覆作用了。正是从批判入手，马克思的劳动价值论一开始就与它有很大的不同，有很明确的对象、科学的方法、辩证发展的逻辑，所以不是在研究最简单对象的时候就将它完结，而是在终篇继续研究而使之具体化。

第一节　劳动价值论不是一成不变的理论

人们在理解劳动价值论的时候，注意的全都是马克思关于商品的因素、劳动的社会属性、商品的价值形式、商品拜物教等论述，都以为它是

---

① "分析经济形式，既不能用显微镜，也不能用化学试剂。二者都必须用抽象力来代替。"（《资本论》第1卷，人民出版社1975年版，第8页）

② "他的抽象还不够深刻，不够完全，因而当他……考察商品价值时，一开始就同样受到各种具体关系的限制。"（《马克思恩格斯全集》第26卷第2册，人民出版社1973年版，第112页）

③ 马克思指出李嘉图"跳过必要的中介环节，企图直接证明各种经济范畴相互一致"（《马克思恩格斯全集》第26卷第2册，人民出版社1973年版，第181页）是"强制抽象"，即强制地将比较具体的现象当成与抽象规定同一层面的规定来看待。

第五章 科学的劳动价值理论在终篇的具体化

马克思主义经济理论的基础。如果从最一般的意义看,这样理解似乎无可厚非,因为第一章或第一篇的研究和叙述的确表现了一种前所未有的科学性和合理性。特别是关于价值和抽象劳动的分析,更给人留下深刻的印象。但是,细想起来,根据这一章或这一篇的论述把劳动价值理论归结为人们所熟知的那几项内容或规定,将它看成是一成不变的理论,却存在着许多问题,例如它还没有阐明劳动如何形成价值的问题等。当然,随着研究的深入,有些学者也联系《资本论》第一卷、第三卷某些地方的相关论述来解说劳动价值论,将劳动形成价值、市场价值等规定也归拢进来。这样似乎比较全面了,但解决了价值形成的问题后,也产生其他疑问。例如,它是否就仅有这些规定?是否可以说从对简单商品的研究中揭示的价值规律是永远不变的?为什么马克思不在第一卷第一章(篇)中就将它完整地论述出来,而要到第五章才说明劳动怎样形成价值的问题?又为什么要间隔很长的篇幅在第三卷第十章再来论述市场价值的确定?第三卷则是研究资本主义总过程的,它们显然处于不同的逻辑阶段,既然可以这样归拢,怎么没有把第二、三卷的其他相关论述也归拢进来?难道可以说这一理论是由一系列语录拼凑成的?一旦形成就一成不变?对此,我们不能不追问:这样理解劳动价值论是否符合《资本论》的原意?或者换个说法,劳动价值论是否由一些分散在《资本论》不同地方的论述构成的?它们之间是按照什么样的逻辑构成科学理论的?为什么不包含在终篇的论述?

这些问题表明,人们通常的理解或解释是存在着重大缺陷的。它甚至还包含着一种似是而非但又似乎约定俗成的观念,只要将马克思的比较集中论述的分散在《资本论》各处的相关论点归拢在一起,并表明马克思的劳动价值论是如何如何伟大和科学就足够了。而大部分人也习惯于这样的阐释,完全不去理会这样随意拼凑马克思的语录是否科学合理。但是,这本身就不是科学的态度,更不利于真正地理解和领会这一理论。正因为对这一理论的了解是不正确的、不完整的,所以,一有什么风吹草动,特别在有人别有用心地提出要"突破"劳动价值论的时候,许多原先曾经以很

《资本论》基本理论在终篇的具体化

高分贝表示对它衷心崇拜的人,就很快转换面目,反过来对它口诛笔伐了。而许多坚定信仰马克思主义的人虽然各尽所能地捍卫这一理论,但面对原有理解的理论与现实的巨大差距,也大都陷于被动招架的地步。因为他们原先所信奉的理论并非马克思科学论证的,充其量只是其中的一些缺乏内在逻辑联系和逻辑发展能力的随意摘取理论观点的拼盘。

众所周知,马克思在《资本论》开篇是通过研究简单商品而论述劳动价值论的,但是,人们并没有意识到这里的劳动价值论是以商品生产为对象的。不言而喻,任何学科或科学的研究都是要有一定对象的,但似乎对劳动价值论是个例外。在研究劳动价值论的各种文献中,全都没有提到它的研究对象。如果以为只有对整部《资本论》来说才有研究对象的问题,各种基本理论都没有相应的研究对象,这就大错特错了。如果以为《资本论》只研究特殊的资本运动,不研究其他的过程,那也是大错特错的。诚然《资本论》主要考察资本运动,但资本运动不是纯粹的、独立进行的。马克思说资本家通过生产商品来生产剩余价值,没有商品生产,也就没有资本运动,如果没有一般的商品、货币、价值,资本"就什么也不是"[①]。所以,马克思也很重视研究包括商品生产和工业化在内的一般过程。他的劳动价值论就是研究商品生产一般的理论。

表面看来,劳动价值论研究的是劳动与价值的关系。但是,马克思并不是直接研究劳动和价值的。他认为:"处于流动状态的人类劳动力或人类劳动形成价值,但本身不是价值。它在凝固的状态中,在物化的形式上才成为价值"[②],而价值又是不可捉摸的,所以这种研究必须通过确定的直接对象才有可能。马克思在《评阿·瓦格纳的〈政治经济学教科书〉》中明确地说:对他来说,"对象既不是'价值',也不是'交换价值',而是

---

① 《马克思恩格斯全集》第46卷上册,人民出版社1979年版,第37页。
② 《资本论》第1卷,人民出版社1975年版,第65页。

第五章 科学的劳动价值理论在终篇的具体化

商品"①。正因为这样,在《资本论》的开篇头章,马克思一开始研究的,不是劳动和价值,而是商品。而商品生产受特殊的生产关系的制约,而且是历史发展的,在一定的发展阶段上,是按照它包含的价值出售的,在更为发展的阶段,则是按照生产价格交换的。② 由于忽视这一理论的对象发展,当然意识不到对象的变化会导致理论的变化。可以说,人们对劳动价值论理解的全部缺陷都与不了解它有特定的在广泛联系中发展的对象有关。

在开篇处,单个商品既是作为资产阶级财富提出的,又是暂时撇开资本关系的,实际上只是一般的商品。——虽然研究它可以透视资本主义以前的生产方式③,但它作为资产阶级财富的细胞,还要进一步发展和典型化。马克思说过:"价值这个经济学概念在古代人那里没有出现过。……价值概念完全属于现代经济学,因为它是资本本身的和以资本为基础的生产的最抽象的表现。价值概念泄露了资本的秘密。"④ 可见,即使是开篇处的劳动价值论也不是以这种十分抽象的、极其简单的商品为对象的。这种单个商品是从表现为"庞大的商品堆积"的资产阶级财富总体中抽象出来的,所以,劳动价值论不能以这里的研究为满足。换句话说,这里的研究只是马克思对总体商品的研究的最初步骤,充其量只能提出劳动价值论的最抽象、最一般的规定,以这种理论规定是不能支撑复杂的资本理论发展的。所以说,这里的研究还是相当抽象的,必须进一步发展和具体化。在

---

① 《马克思恩格斯全集》第19卷,人民出版社1963年版,第400页。
② "商品按照它们的价值或接近于它们的价值进行的交换,比那种按照它们的生产价格进行的交换,所要求的发展阶段要低得多。而按照它们的生产价格进行的交换,则需要资本主义的发展达到一定的高度。"(《资本论》第3卷,人民出版社1975年版,第197、198页)
③ "资产阶级社会是历史上最发达的和最复杂的生产组织。因此,那些表现它的各种关系的范畴以及对于它的结构的理解,同时也能使我们透视一切已经覆灭的社会形式的结构和生产关系。"(《马克思恩格斯全集》第46卷上册,人民出版社1979年版,第43页)
④ 《马克思恩格斯全集》第46卷下册,人民出版社1980年版,第299页。

《资本论》基本理论在终篇的具体化

《资本论》中，总体对象的研究集中在一、二卷末篇，三卷第三篇①和终篇，但在终篇之前，都还不是在最具体的表现形式上考察，所以，劳动价值论必须在终篇才能真正臻于具体化。

商品生产不是单独自在和发展的，②而是与其他过程相互依存、共同发展的。从经济发展来看，与其同时发展的一般过程还有工业化、社会化等，而且它的典型化只是因资本关系的哺育和催化，所以它还是存在于特殊的资本运动过程之中而随之发展的。但作为一般过程，在一定意义上也是资本运动的载体，它对资本运动也发挥着重大的作用。

人们通常认为，劳动价值论是资本理论的基础，从文本看，马克思是先研究商品货币之后再研究资本运动的，似乎也支持这种看法。但是，既然商品生产是与时俱进的，那么反映它的一般规定的劳动价值论也必定是与时俱进的。所以，与其说它是资本理论的基础，还不如说是资本运动的"根本"。有机物肌体是与其根本始终共存的，根本是有机体赖以存活的根据，它的根系和躯干越是不断地向广度和深度扩展，有机体就越有充分的营养、越兴旺发达；而有机体本身枝繁叶茂，同时又会反过来促进这一根本的扩展。正是由于有商品生产的发展转型，才导致资本主义社会需要格局的转型和资本的充分竞争流动，导致价值的转型，同时也导致有机构成和周转构成不同的部门资本之间的利润率的平均化，同时导致价值的社会表象背离价值、颠倒表现价值。

如果我们意识到马克思是根据科学方法来处理研究对象，推进研究进程并扩展理论内容的，对劳动价值论还会有不同的理解。

根据从抽象上升到具体的方法，《资本论》起点的对象应该是简单的、

---

① 《资本论》第三卷第三篇研究的是总体产业资本，在没有分别考察资本的各种具体形式之前，产业资本是作为全部资本的总代表。所以这里的研究也具有总体研究的性质。

② 斯大林说："决不能把商品生产看作是某种不依赖周围经济条件而独立自在的东西。"（《苏联社会主义经济问题》，人民出版社1961年版，第11页）任何过程都不是独立自在的，斯大林的这种看法无疑是正确的。

第五章 科学的劳动价值理论在终篇的具体化

抽象的、直接的，但又包含着进一步发展的复杂对象的具体规定的萌芽，如果起点的研究是完全独立的、自成一种的理论，那么它所包含的萌芽就不能成长了。和整个理论过程一样，劳动价值论也"不能离开理解（认识、具体研究等等）的过程去理解"①。所以，说劳动价值论形成并完成于《资本论》头篇头章是不妥的。

在《政治经济学批判·导言》的第三节"政治经济学的方法"中，马克思论证了逻辑与历史统一的方法，说明运用这种方法所使用的经济范畴有的比较简单，有的比较复杂，"比较简单的范畴可以表现一个比较不发展的整体的处于支配地位的关系或者一个比较发展的整体的从属关系，这些关系在整体向着一个比较具体的范畴表现出来的方面发展之前，在历史上已经存在。在这个限度内，从最简单上升到复杂这个抽象思维的进程符合现实的历史过程"②。不言而喻，在《资本论》范畴体系中，起点处的商品是最简单的，它表现的绝不是比较发展的整体的关系。可想而知，以这样的范畴所包含的侧面及其规定，无论如何也不能支撑复杂的资本运动，必须进一步发展。

根据马克思的方法和提示，我们知道，马克思研究资产阶级财富，是循着"从了解部分到了解整体、到洞察普遍联系的道路"③，先从这一庞大的商品堆积中抽出单个商品来研究，而后再研究单个的资本的运动及其产品，最后扩展到社会总资本产品即资产阶级财富总体。马克思说过："分析的进程要求把研究的对象这样割裂开来，而这种割裂也是符合资本主义生产的精神的。"④ 但是，这样的"割裂"所造成的间断性是以连续性为前提的。许多人不了解这一方法，竟把马克思从商品经济发展总过程中"割

---

① 列宁：《哲学笔记》，人民出版社1974年版，第220页。
② 《马克思恩格斯全集》第46卷上册，人民出版社1979年版，第40页。
③ 《马克思恩格斯全集》第20卷，人民出版社1971年版，第385页。
④ 《资本论》第1卷，人民出版社1979年版，第361—362页。

《资本论》基本理论在终篇的具体化

裂"出简单商品生产阶段,从对简单商品进行分析时所形成的一些最基本的规定当成完整的劳动价值理论绝对化,看不到它是从商品经济发展过程中暂时"割裂"出来的,没有意识到各个被"割裂"的阶段与整个发展过程的内在联系,共同构成由此及彼、由低到高的不可分割的整体过程。这样,把劳动价值论归结为这么一个逻辑阶段的规定就不足为怪了。

马克思不仅在批判地继承了黑格尔的辩证逻辑并运用于经济分析的时候有许多超越,而且在批判古典学派的时候,也形成自己特有的研究范式,特别是深化与外化统一的方法所构成的范式。这种方法所表现的过程特征是:直接性——间接性——直接性与间接性统一,而且各个逻辑阶段都是这样展开的。这种范式有个很突出的特点,能够合理地阐明内在的本质规定在具体条件下的颠倒表现。可见,对劳动价值论来说,不能用较低阶段的内在规定直接解释较高阶段的外在表象,而必须结合多项中介、经过多次转型,才能与颠倒表现的社会表象相联系。这就意味着劳动价值论不仅要经过不同逻辑阶段的上升,还要经过几次上升,才能合理地反映这种颠倒表现以及这种颠倒表现的升级。因而必须在终篇才能实现具体化。

正因为马克思用特殊的方法处理和研究抽象的对象,在《资本论》头篇头章所揭示的基本规定必然带有相当的抽象性。

先看商品的价值。马克思是就单个商品来考察价值的,这样,某个商品生产出来后,是用不着再用它去生产同一种商品的,因为人们是不会用面包去生产同样的面包的。所以在这种研究场合,价值是舍象了再生产因素的。在开篇头章,对商品的研究还暂时抽去生产条件:"如果我们把劳动产品的使用价值抽去,那么也就是把那些使劳动产品成为使用价值的物质组成部分和形式抽去。……随着劳动产品的有用性质的消失,体现在劳动产品中的各种劳动的有用性质也消失了,因而这些劳动的各种具体形式也消失了。各种劳动不再有什么差别,全都化为相同的人类劳动,抽象人类劳动。"① 可见,他在暂时撇开产品的使用价值的同时,也将劳动的具体形式撇开了,这意味着将它的物质组成部分包括劳动工具也撇开了。正因为这样,他说价值是"无差别的人类劳动的单纯凝结"②,"在商品体的价值对象性中连一个自然物质原子也没有"③。显然,这样的规定是不能说明社会总产品的使用价值和价值的。

马克思指出:"在研究价值时,涉及的是资产阶级关系。"④ 但是,在头篇,这种关系还是潜在的,充其量不过是萌芽而已。所以这里的价值是相当抽象的。

再看抽象劳动,它析出和论证的深刻、科学固然前无古人,但它毕竟是从单个商品中抽象出来的,而且是在特定的条件下抽象出来的。这种抽象劳动的结构单一,表现的是单个生产者与其他生产者之间的关系,是一种表示劳动等同性的社会关系,所以它充其量只能表现简单的商品生产关系。不言而喻,在简单商品生产的地基上不能支撑资本运动,同样的道理,在这种抽象劳动的基础上也不能支撑复杂的资本理论。

这种抽象性,还在于它和具体问题有一定的距离,它如果不发展,就不能解决实践提出的诸多难题。对此,马克思在1859年出版的《政治经济学批判》中已经指出,并且预定在雇佣劳动、资本、竞争、地租等学说中解决。⑤ 这一计划,在1867年出版的《资本论》中是完全实行了。很难设想马克思早已意识到的问题在经过八年后论述这一理论时却不存在了、不解决了。另外还有一个导致李嘉图学派破产的难题,即等量资本不管使用的活劳动多少,最后总会在相同时间内生产平均的相等的利润。⑥ 对"在

---

① 《资本论》第1卷,人民出版社1975年版,第50、51页。
② 《资本论》第1卷,人民出版社1975年版,第51页。
③ 《资本论》第1卷,人民出版社1975年版,第61页。
④ 《马克思恩格斯全集》第19卷,人民出版社1963年版,第403页。
⑤ 《马克思恩格斯全集》第13卷,人民出版社1962年版,第51—53页。
⑥ 参看《资本论》第2卷,人民出版社1975年版,第24页。

第一卷里还不可能加以探讨的这方面的问题",马克思是"在第三卷的第一至第四篇里"才"有明确的阐述"的。① 可见,这一理论是不能仅仅停留在抽象规定上的。马克思在批评李嘉图的价值理论时明确指出:必须"从这个基础出发,……去揭示这个基础本身的发展。"② 在他看来,"基础本身"不是一成不变的,而是要"发展"的。如果说,在《资本论》第一章,马克思已建立了科学的劳动价值论的基础,那么,它是还没有完成的,是必须发展的。

还有,关于商品拜物教性质的研究,也是比较抽象的。所谓的拜物教性质,在马克思看来,指的是"人们自己的一定的社会关系,但它在人们面前采取了物与物的关系的虚幻形式"③。人们已经注意到,这里的研究包含着这种拜物教性质产生的原因、条件,以及消灭的历史条件的阐述,但人们却没有根据马克思的方法,说明这是商品内在规定在社会表面上的颠倒表现。只要了解了深化与外化的统一,那么很自然地就会意识到,这只是这种颠倒表现的最初形式,它必定要进一步发展。在终篇,马克思将对"萨伊公式"的分析批判与开篇对商品拜物教性质的分析联系起来:"在论述资本主义生产方式甚至商品生产的最简单的范畴时,在论述商品和货币时,我们已经指出了一种神秘性质,它把在生产中以财富的各种物质要素作为承担者的社会关系,变成这些物本身的属性(商品),并且更直截了当地把生产关系本身变成物(货币)。"④ 显然,在简单商品上所体现的拜物教性质是十分简单的、抽象的,在商品经济的进一步发展中,在典型的商品中,它必定发展为更具体更典型的形式,所以科学的劳动价值论不可能只以反映这种抽象的拜物教性质为限度,必然要在研究最为复杂的商品

---

① 《马克思恩格斯〈资本论〉书信集》,人民出版社1976年版,第570—571页。
② 《马克思恩格斯全集》第26卷,第2册,第164页。
③ 《资本论》第1卷,人民出版社1975年版,第89页。
④ 《资本论》第3卷,人民出版社1975年版,第934页。

第五章 科学的劳动价值理论在终篇的具体化

（资本、土地）的时候揭示它的最复杂内涵和最迷幻的外表。

通常理解的劳动价值论不仅是抽象的、非辩证的、非过程性的，而且还存在着先天不足。

首先，将"商品的两个因素"曲解为"商品二因素"，将商品的所有权因素完全排除出去。研究"商品的两个因素"并不意味着它只有两个因素。正如马克思在研究商品使用价值的时候将价值存而不论一样，在第1节阐明商品二因素的时候，也有其他条件和因素的存而不论。实际上，在这一节的末尾处他还这样说："谁用自己的产品来满足自己的需要，他生产的就只是使用价值，而不是商品。"① 在这里，"谁用自己的产品"表明了产品是有归属的。如果说在考察作为"平均的样品"的单个商品时突出它的所有权暂时还没有必要，那么在论及交换的时候，揭示这种所有权的规定，则是不可避免的。在第3节，他就说到"两个单个商品所有者"②之间的偶然关系转变为总和的扩大的关系，在第二章，又讲的更为清楚：交换双方"必须彼此承认对方是私有者"③。这些地方的论述不仅突出了交换主体，而且这些主体都是交换商品的所有者，表明商品有所有权归属的规定。在现实的经济过程中，一切商品都无例外地具有所有权，所以科学理论无论如何也不能将它排除于商品的因素之外。④ 我们决不能完全不顾马克思处理思想材料的科学方法，望文生义地将一个地方的论述绝对化。正所谓"花开两枝，话分两头，先表一头，再表另一头"。难道能因为先按下一头不表，就将这一头当成与先表的一头无关的东西吗？在马克思的辩证论述中，这样先讲一头再讲另一头，以后再将两头结合起来的方法比

---

① 《资本论》第1卷，人民出版社1975年版，第54页。
② 《资本论》第1卷，人民出版社1975年版，第79页。
③ 《资本论》第1卷，人民出版社1975年版，第102页。
④ 参看陈俊明：《〈资本论〉劳动价值论的具体化》，中国青年出版社2000年版，第五章第2节。

比皆是，不理解他的方法，就不能理解的他的理论。①

其次，没有发现马克思关于劳动所有权属性的论述。与商品的三因素相适应，劳动必然也具有三重社会属性：社会有用性、社会等同性、私人性。因为劳动是私人劳动，所以必定具有私人性。这是无可置疑的，也是马克思反复论证的。他在考察一般过程的场合，一方面将产品的所有权和劳动的所有权区分开来："正像自己的劳动实际上是对自然产品的实际占有过程一样，自己的劳动同样也表现为法律上的所有权依据。"② 另一方面，又结合交换来阐明两者的关系，说明劳动者是通过劳动产品的所有权交换来实现劳动所有权的交换。表面看，生产者之间交换的是不同的商品，但实际上交换的是不同种类的劳动。直接地看，他是拥有产品的所有权，深入地看，他是拥有自己劳动的所有权。交换使劳动所有权发生了重大的变化，"通过某种社会行动的媒介，使对自己的劳动的所有权变为对社会劳动的所有权"③。这才是私人产品所有权转换的真实目的。换句话说："对他人劳动的所有权是通过对自己劳动的所有权取得的。"④ 通过这样的研究，马克思突出了劳动所有权，揭示了不同劳动之间的社会关系，正是在这样的基础上，他才能进一步论证"剩余劳动的所有权"⑤ 及其归属。资产阶级学者从来只看到物有所有权，而看不到它的本质是劳动所有权，其目的是否认对"剩余劳动所有权"的剥削。

了解劳动有所有权的规定，还要进一步弄清它与"劳动二重性"提法

---

① 列宁在上个世纪初提出一个"要义：不钻研和不理解黑格尔的全部逻辑学，就不能完全理解马克思的《资本论》，特别是它的第1章"（《哲学笔记》，人民出版社1974年版，第191页）。

② 《马克思恩格斯全集》人民出版社第46卷下册，人民出版社1980年版，第464页。

③ 《马克思恩格斯全集》人民出版社第46卷下册，人民出版社1980年版，第464页。

④ 《马克思恩格斯全集》人民出版社第46卷下册，人民出版社1980年版，第518页。

⑤ 《资本论》第3卷，人民出版社1975年版，第494页。"对过去无酬劳动的所有权，成为现今以日益扩大的规模占有活的无酬劳动的唯一条件。"（《资本论》第1卷，人民出版社1975年版，第639页）

第五章 科学的劳动价值理论在终篇的具体化

的联系。对此必须将资本主义起点与资本主义过程本身区分开来。在《资本论》的逻辑中，起点的抽象具有一般性、超越性，可以透视以前的社会形态。一方面，在资本主义以前发展程度不高的或比较简单的生产关系中，劳动所有权属性与劳动二重性紧密结合着，统一于私人劳动。所以列宁说："资本主义发展过程，按其纯粹形态来说，确实是从零散的小商品生产者的制度和他们的个人劳动所有制开始的（例如在英国）。"① 另一方面，在资本主义生产中，私人劳动已经转化为雇佣劳动，"工人在资本家的监督下劳动，他的劳动属于资本家"②。所谓的"劳动属于资本家"，指的是全部劳动的所有权都属资本家，连同必要劳动的所有权也属于资本家。尽管从量上看，必要劳动创造的价值正好等于工人的劳动力价值，而且资本家也是用这部分劳动创造的价值来支付工人的劳动力价值的，但这并不意味着工人自然地直接地拥有这部分劳动。只不过资本家在过了一定时间之后再用它的已经实现的价值来发放工资。可见，工人获得劳动力价值与拥有必要劳动的所有权在性质上根本不同，不能混为一谈。至于剩余劳动的所有权，它只属于资本家，并且它还会被积累起来。显然，在资本主义以前的小生产中，私人劳动既是起点又是终点，从而劳动三重属性的统一既是起点又是终点。但是，资本主义原始积累在将生产资料所有权与劳动者相分离的同时，也将劳动与劳动的所有权分离了。显然，这种情况与商品的三个因素有所不同。③

所有权当然要有所归属，并且一定是归属于一定主体的。同样的道理，私人性也是指一定的个体。所以，商品有所有权规定、劳动有私人性规定的揭示实际上突出了它们的主体属性，即所有权的主体、私人劳动的主体。在《资本论》开篇，单个商品是从资产阶级财富总体中抽象出来

---

① 《列宁选集》第1卷，人民出版社1995年版，第45页。
② 《资本论》第1卷，人民出版社1975年版，第210页。
③ 分析劳动的所有权属性在理论上很有意义。

的，是"平均样品"，尽管它是极其抽象的，也应该有一个主体。与单个商品的抽象性相匹配，这种主体也是抽象的，就是说，是全部经济主体的代表。显然，这也是十分抽象的，必须使之具体化。

以上的分析表明，开篇关于劳动价值论的研究是与抽象的、简单的、直接的商品生产相联系的，因而所形成的理论规定必然是抽象的。

但是，开篇劳动价值论的抽象性并不是这一理论的缺陷，只要看到它是对从复杂而具体的总体对象中抽象出来的细胞在抽象的条件下的分析形成的，就应该意识到它必然会进一步发展和丰富。马克思说明，在资本关系下，劳动力成了商品，商品经济典型化了，这必然导致劳动价值论的理论规定的变化。由于本书的主题及篇幅限制，我们没有必要将劳动价值论在《资本论》中三个阶段的发展变化，以及如何解决最初的理论所没有解决的理论难题都一一介绍。不过，我们必须看到，在第一、二卷末篇的研究中包含着从整个社会看的商品经济的生产、流通，必须在第三卷末篇即全书的终篇也相应地研究它的社会表象。"……在末篇中，生产以及它的每一个要素都表现为总体，但是同时一切矛盾都展开了。"①

诚然，根据马克思的研究，到地租理论已经解决了他提出的劳动价值论的所有难题，似乎可以说劳动价值论至此已经完成了。可是，在第三卷的前六篇研究中，马克思已经逐步使总体对象的内在规定与流通中的竞争、资本家的观念相结合，阐明了剩余价值被分割后所采取的各种形式，它们对这些内在规定包括劳动与价值关系的内在规定的掩盖，并使之发生的变异，有必要在终篇再将它们统一起来。而且，我们已经知道，劳动价值理论是和对商品的研究紧密相连的，而直到第三卷地租理论结束，马克思还未从总过程的角度来研究对象总体即表现为庞大的商品堆积的资产阶级财富总体。根据他处理材料的方法，只有在整个理论体系的终点，才能完整地具体地再现对象的各种复杂规定。所以，马克思对劳动价值论的论

---

① 《马克思恩格斯全集》第46卷上册，人民出版社1979年版，第178页。

第五章 科学的劳动价值理论在终篇的具体化

述并不以第三卷第六篇为限，下面我们将看到，他只是通过在终篇对社会总资本的产品总体的研究，才导致劳动价值理论的完成。

第二节 终篇对劳动价值论的具体研究

在《资本论》开篇，马克思在特定的抽象的条件下研究单个商品，揭示了其中包含的价值及其与劳动的关系。在终篇，马克思研究资产阶级财富，就是开篇起点研究的从中抽出单个商品的"庞大的商品堆积"①的总体，并且结合早先暂时抽象的研究条件，同样研究其中包含的价值与劳动的关系。按照事物及理论发展的逻辑，随着对象的扩大、逻辑阶段的上升、探究条件的具体化，原先揭示的各种规定的内容必然随之丰富和发展。对这种变化，马克思在其手稿中已有提示："所有这些论点只有从现在的观点出发来抽象地考察这种关系时才是正确的。在以后的研究中，还要包括一些新的关系，那将大大改变这些论点。"②

在终篇，马克思告诉我们，"我们从来不是说单个商品，而是说商品资本，即资本产品在一定期间例如一年内借以表现的形式"③。这样做，不但是为了从总体上再现资产阶级财富，而且也可以从新的角度丰富劳动价值理论的各个规定，使原先的抽象规定具体化。

以前，古典政治经济学家在研究经济问题时，总是以单个"经济人"为活动主体，这样得出的关于劳动和价值的规定当然是很抽象、简单的，并且也因为对象的狭小和固定而没有包含进一步发展的逻辑，从而没有伸展、腾挪、转型发展的空间。与此相反，马克思则在不断扩大研究对象范

---

① 《资本论》第1卷，人民出版社1975年版，第47页。
② 《马克思恩格斯全集》第46卷上册，人民出版社1979年版，第306页。
③ 《资本论》第3卷，人民出版社1975年版，第964页。

围的时候，在发展其他理论的同时发展这一"基础"，直至终篇，达到总体对象的整体表象。这就决定他的劳动价值论一定是全程发展的。因为总过程的展开和再生产本身就是资本家作为经济主体通过生产、再生产商品而生产剩余价值以及非常的"奇特观念"① 的过程，是商品生产、资本运动、经济行为的有机统一总体，所以马克思能够在研究和再现它的过程中全面地展开与此相关的基本理论。不过，也因为这些基本理论有机地统一于一个目的和价值，所以人们都没有发现它们彼此之间在相互联系中的独立发展和具体化。但是，毕竟这些过程都各有各自的特殊性，应该也必须有专门的研究，正如一个有机体的完整性不妨碍人们对它的各个组成部分分别进行研究一样。就劳动价值论而言，马克思在终篇一方面结合终篇的研究目的，澄清在总量研究的场合由于竞争的假象和资本家及其理论家的错觉而造成的价值概念的混乱，另一方面则是使已在研究过程中不断具体的劳动价值论的各个规定进一步具体和丰富。为了说明方便，我们将两个方面结合起来说明。

在第四十八章开头的三个片断，首先批判"三位一体公式"，指出庸俗经济学家杜撰的这一公式的目的是"免除了理解价值的义务。"② 随着批判的深入，又指出庸俗经济学家还以假乱真，制造"收入决定论"。资本家及其学者不仅不能正确理解作为收入的（v+m）的源泉，而且对构成产品价值的转移来的生产资料的价值，也错误地将它归结为工资、利润和地租。"项庄舞剑，意在沛公"，表面看是讲分配，但目的是借此颠倒价值实体的源泉，是从三位一体的"分配"格局导向三位一体的价值源泉。在他

---

① 《资本论》第3卷，人民出版社1975年版，第257页。
② 《资本论》第3卷，人民出版社1975年版，第924页。

第五章 科学的劳动价值理论在终篇的具体化

们那里，资本既是当作生产要素，当作收入的源泉，① 同时又是一种收入。看来好像很错乱，但目的却很清晰：突出生产要素的分配格局，突出生产要素获得的收入对价值形成的作用。

关于马克思对资产阶级学者这些错误的批判，在后面再来详细介绍分析，② 这里先就本章的论证主题，着重了解马克思从总体对象的角度所作的论述。

一、总体对象中的社会总劳动

和第二研究阶段的研究对象相比，终篇的研究对象更加典型和成熟，从而劳动价值论的相关研究更加具体。

首先，考察总体劳动与价值，特别是价值的社会表现的关系。

马克思研究政治经济学的"最终目的就是揭示现代社会的经济运动规律"③，而《资本论》开篇研究考察的是简单商品生产，是简单交换关系中各个单个生产者的经济行为，所以关于劳动与价值关系的论述十分抽象，这与他的经济理论的研究目的存在着较大的差距。必须看到，经济学研究的一个重大特色就是宏观性，以社会为背景的大规模经济行为。即使在李嘉图那里，价值量决定于劳动时间这一规定，也只适用于这样的商品，"这些商品可以由工业任意增加，它们的生产受无限制竞争的支配"，对此，马克思评论说："这不过是说，价值规律的充分发展，要以大工业生

---

① "如果看看普通的经济学著作，首先令人注目的是，在这些著作里什么都被提出两次。举例来说，在分配上出现的是地租、工资、利息和利润，而在生产上作为生产要素出现的是土地、劳动、资本。说到资本，一看就清楚，它被提出了两次：(1) 当作生产要素；(2) 当作收入源泉"（《马克思恩格斯全集》第46卷上册，人民出版社1979年版，第32页）。

② 见本书第八章。

③ 《资本论》第1卷，人民出版社1975年版，第11页。

产和自由竞争的社会,即现代资产阶级社会为前提。"① 所以,无论如何也不能以为《资本论》开篇关于价值规律的论述就是最完整具体的,换句话说,那里的研究只是形成一个抽象的、必定要发展的、包含着发展逻辑的规定,绝对不是关于单个商品生产的规律的一成不变的规定。随着研究阶段的上升,研究条件的增加,研究对象范围的扩大,各种规定必然随之丰富。不过,在考察单个资本运动的逻辑阶段,所反映的是资本主义初级阶段的商品生产关系,劳动与价值的关系虽然复杂化了,但仍然限于个别企业中的劳动与价值的关系,因而价值尚未转型。只是在资本主义较为发展阶段,由于社会总资本运动的哺育与促进,价值才转型、典型化,而《资本论》第三逻辑阶段的研究所反映的与价值的关系,才超出个别企业的狭隘界限。前面我们已经阐明,马克思是"事后思索"的,他研究的是资产阶级财富总体,是已经转型的、典型化的价值,——对社会总产品来说,总价值与总生产价格是等量的,②——因而考察的也是这种总体的劳动与价值的关系。在这里,马克思不仅仍然强调,社会总劳动是社会总价值的唯一源泉,而且它是在从积累和实现的维度上被考察之后,是要联系它的社会表现来研究的。如果说第一、二卷末篇考察的是社会总劳动运动状态即积累和实现,那么在终篇则是考察其凝结的状态的各个部分在社会表面上的表现。前面说过,这种社会表象并非单纯的现象,而是作为本质关系的必然表现。只有资产阶级社会总劳动包含的各个部分的社会表象的考察和再现,才可能与"揭示现代社会的经济运动规律"的要求相匹配。

假定单个企业的劳动可以用 A 来表示,社会总劳动并非简单地表现为

---

① 转引自《马克思恩格斯全集》第 13 卷,人民出版社 1962 年版,第 50 页。李嘉图一方面从单个"经济人"出发研究经济,另一方面又注意到要联系整个经济过程来考察价值规律。这既是其理论的缺点,也是其理论的优点。

② "我们在以下的研究中可以把生产价格和价值的区别撇开不说,因为像在这里所作的那样,当我们考察劳动的全部年产品的价值,也就是考察社会总资本的产品的价值时,这种区别就不存在了。"(《资本论》第 3 卷,人民出版社 1975 年版,第 941 页)

第五章 科学的劳动价值理论在终篇的具体化

n个A（n→∞）。它并非由一种劳动构成，而是表现为无数种类的劳动，表现为有一定比例关系的复杂结构，这些劳动按照它们的性能，按照一定的比例关系进行生产，满足社会的不同需要。而且社会总劳动并不全是活劳动，其中有很大的一部分表现为物化劳动。物化劳动创造不变资本的物质，活劳动创造作为三个阶级收入的价值实体；无论从个别企业看、还是从整个社会看，社会劳动都必须生产一部分用于补偿损耗的生产资料，用于扩大再生产的追加生产资料。由于这些形式的劳动包括物化劳动和活劳动都是在产品的价值中表现的，并且最终都表现为收入，因此它们的职能区别全都被掩盖了。因此，资产阶级学者根据社会表面上呈现出来的似乎同一的表象，将各种内在的差别全都抹杀了。由于有这种先入之见，并用以裁定一切，结果很多必须分别实施的结构分析全都忽略了。所以马克思说："困难只有当从总体上来考察生产过程的时候才会出现。"① 这种所谓的"困难"当然只是对资本家和资产阶级学者而言的，他们长期浸淫于流通的假象之中，满足于在"在表面的联系内兜圈子"②，看到的、注意的只是充满泡沫的表象。"由于这种被歪曲的关系，必然在生产过程中产生出相应的被歪曲的观念，颠倒了的意识，而这些东西由于流通过程本身的变形和变态而完成了。然而资本家作为资本家，无非是资本本身的这种运动。他在现实中是怎样的，他在意识中也是怎样的。因为他体现着关系的肯定的统治的一方，所以这些矛盾并不使他不安，相反，只有处在这些矛盾中间，他才感到很美好"③。那些"流通过程本身的变形和变态而完成了"的表象，最后就以"三位一体公式"为系统的表现形式。而且，由于资本家占据社会的统治地位，他们的思想观念已经成了社会的主流思想，

---

① 《资本论》第3卷，人民出版社1975年版，第951—952页。
② 《资本论》第1卷，人民出版社1975年版，第98页脚注（32）。
③ 《马克思恩格斯全集》第48卷，人民出版社1985年版，第258页。

《资本论》基本理论在终篇的具体化

连雇佣工人也"受这同一种被歪曲了的观念束缚"①。所以，从总体上来考察劳动与价值表现的关系并非将早先的论述放大即可了事，反之，劳动价值论发展至此，还必须阐明内部的统一（都是社会劳动的凝结）但外部表现的不统一（分别表现为活劳动和物化劳动，包括当年的和往年的物化劳动）在社会表面上的表现如何造成人们认识的困难。

其次，研究总劳动总价值与总分配的关系。

劳动价值论的研究当然要研究劳动。根据马克思的研究目的和方法，对象是总体资产阶级财富，劳动当然是社会总劳动，而且是已经因经常流动而全面发展的、成熟的、典型化的社会总劳动。由于终篇的研究语境突出总的分配关系，所以马克思在这里还特别强调社会总劳动创造的年产品总价值与总分配的关系。实际上，在第一、二卷末篇，马克思已经联系资本积累和再生产考察了社会总劳动的积累和实现，在终篇，也必然顺理成章地研究它与总分配的关系以及在社会表面上的表现。在终篇，联系总分配是很有必要的，因为分配既是与生产、流通有所区别的，又是通过流通领域进行的②，而这正是庸俗经济学泛滥的场所，也是各种现象交错重叠的地方，很容易让人产生误解，所以有必要在批判的同时正本清源。

总分配是相对于生产和流通而言的，也是对生产和流通的扬弃。因此，它不是要阐明社会劳动的全部产品如何在全部社会成员中分配，而是要阐明，社会劳动一年生产的全部产品从使用价值看，分为生产资料和生活资料两个部分，从价值上看，分为不可分配和可以分配两个部分，能够分配的只是新创造的价值。总劳动及其总产品的这种结构决定了可分配的东西（无论是狭义的还是广义的）不能包括物质生产资料。

终篇所研究的社会劳动已经不再是凝结在个别劳动中的那种具有社会

---

① 《马克思恩格斯全集》第48卷，人民出版社1985年版，第258页。
② "整个资本家阶级的总利润通过商业途径在其各个成员之间进行分配。"（《马克思恩格斯全集》第26卷第3册，人民出版社1985年版，第553页）

第五章 科学的劳动价值理论在终篇的具体化

平均性质的抽象劳动,而是社会总劳动。个别劳动中包含的社会劳动的社会性是间接的,而社会总劳动则越来越具有直接的社会性,"劳动只作为社会劳动起作用"①。这是由生产的社会化决定的。终篇所说的生产是工具复杂的大生产,而是随着资本关系扩大,规模也扩大,特别是股份公司,"直接取得了社会资本(即那些直接联合起来的个人的资本)的形式,而与私人资本相对立,并且它的企业也表现为社会企业,而与私人企业相对立"②。在资本主义大企业中,劳动是总体的劳动,已经越来越多地具有直接的社会性了。但是,在社会表面上,它从来就不是作为一个完整的可由社会有意识调控的整体,只表现为私人所有的东西,并且被无数大大小小的资本家占有和支配。它作为总体性的东西,实际上是分散存在的,只是由内在联系连结成不同的组成部分,特别是通过竞争的压力③才集中表现。关于它的生产和实现,一、二卷末篇已经研究过了,无须赘述。而它内在的统一的社会性通过总体的分配,表现为不同资本家的资本的存在形式,一方面彼此对立,另一方面又表现为统一的收入形式。这些当然要在终篇研究。

再次,联系物质生产条件来考察社会总劳动。

这样研究当然是以唯物主义历史观为指导的,所以马克思在这里的开篇处先说明一般的社会生产过程的实质和特点,"是……生产和再生产着这个过程的承担者、他们的物质生存条件和他们的互相关系即他们的一定

---

① 《资本论》第 3 卷,人民出版社 1975 年版,第 995 页。
② 《资本论》第 3 卷,人民出版社 1975 年版,第 493 页。
③ "为了使种类相同,但各自在不同的带有个别色彩的条件下生产的商品的市场价格,同市场价值相一致,而不是同市场价值相偏离,即既不高于也不低于市场价值,这就要求各个卖者互相施加足够大的压力,以便把社会需要所要求的商品量,也就是社会能够按市场价值支付的商品量提供到市场上来。"(《资本论》第 3 卷,人民出版社 1975 年版,第 202 页)

的社会经济形式的过程"①。突出了过程承担者及其互相关系,紧接着又说明"资本主义生产过程像它以前的所有生产过程一样,也是在一定的物质条件下进行的,但是,这些物质条件同时也是个人在他们的生命的再生产过程中所处的一定的社会关系的承担者。这些物质条件,和这些社会关系一样,一方面是资本主义生产过程的前提,另一方面又是资本主义生产过程的结果和创造物;它们是由资本主义生产过程生产和再生产的"②。可见,他十分重视联系过程的承担者和劳动的物质条件来研究生产——而生产是分配的前提,——当然也涉及劳动价值论的各种规定。这不仅导致劳动价值论在终篇臻于具体化,还可凸显劳动价值论的批判性价值。

但是,人们在涉及劳动规定的时候,往往或大都偏重价值诸规定的研究,而将对劳动的研究融入价值理论中,以至于忽视《资本论》关于劳动的论述。有学者指出,这主要是因为研究的基点是在经济形式上而不是在经济内容上,忽视了劳动这一社会经济生活的实质内容。③ 所谓的经济形式,指的是商品生产这种形式,所谓的内容,指的则是指劳动过程,像工业生产这样的实际经济过程。综观《资本论》关于劳动的研究,也是贯穿全三卷的,内容非常丰富。在终篇,关于它的经济内容,马克思特别综合劳动生产力及其与主体的关系来考察。

在资本主义较为发展的阶段,物质生产条件的变化是很快的,作用是很大的。"随着相对剩余价值在真正的独特的资本主义生产方式下的发展,——与此同时劳动的社会生产力也发展了。"④ 随着劳动的规模的扩大,社会财富的规模也扩大了。在前面研究的基础上,终篇进一步指出:"社会的现实财富和社会再生产过程不断扩大的可能性,并不是取决于剩

---

① 恩格斯说明,马克思第四十八章的手稿是从这里开始的(《资本论》第3卷,人民出版社1975年版,第924页)。

② 《资本论》第3卷,人民出版社1975年版,第925页。

③ 钱津:《劳动论》,中国社会科学出版社2005年版,第22、23页。

④ 《资本论》第3卷,人民出版社1975年版,第935页。

第五章 科学的劳动价值理论在终篇的具体化

余劳动时间的长短,而是取决于剩余劳动的生产率和这种剩余劳动借以完成的优劣程度不等的生产条件。"① 必须注意的是,他这里用"剩余劳动的生产率"来代替劳动生产率、相对劳动生产率大有深意。

显然,相对劳动生产率与一般的劳动生产率不同,前者是特殊,后者是一般。与相对劳动生产率相比,剩余劳动生产率又是特殊。前者指的是整个劳动过程的生产率,后者则侧重剩余劳动的生产率。作为范畴,前者的提出主要是解决剩余价值如何产生的问题,后者则是解决剩余价值如何增加的问题。如果联系劳动的质量和社会财富的历史性质,两者的区别就更为明显。毕竟相对劳动生产率的形成是"几十万年历史的恩惠"②,而剩余劳动生产率则与机器大工业紧密联系,是资本主义较为发展阶段的产物,所以内容更为具体和丰富。从一般的劳动生产率到相对劳动生产率,再到剩余劳动的生产率,劳动生产率范畴内容的变化正好体现了资本主义历史发展阶段的变化。

马克思之所以突出剩余劳动的生产率的重要性很有意义:

其一,因为它同时也是必要劳动的生产率,它的提高必然导致必要劳动时间的相对缩短,在相对延长的剩余劳动时间内,在其他条件不变的情况下,其生产率的提高必然增加剩余产品的数量,提高商品率。

其二,因为剩余劳动的生产率与"社会的现实财富"的增加和再生产有紧密的联系。一个国家必要劳动创造的财富充其量只能满足一国民众的必要需求,如果一个国家的大部分时间都是必要劳动,大部分人都忙着"搞饭吃",虽然也生产出许多原有意义的社会财富,但大部分要被用于现阶段人口的日常消费,剩余的社会财富不可能很多。如果一个国家不是靠提高剩余劳动的生产率,只靠劳动和自然资源投入而获得财富,这并不值得称道。所以,"社会的现实财富"不是一般的使用价值,不仅是指富余

---

① 《资本论》第3卷,人民出版社1975年版,第926页。
② 《资本论》第1卷,人民出版社1975年版,第560页。

的,而且是与剩余劳动的生产率紧密联系的财富,这是他的社会财富观的重大升华。剩余劳动的生产率还与"社会再生产过程不断扩大的可能性"相联系,因为唯有剩余劳动创造的剩余产品才能用以积累,剩余劳动生产率越高,社会再生产过程不断扩大和升级的可能性越大。从这种意义看,这里着重考察的一般的剩余劳动部分,是有剩余的、能够用于积累的劳动。

其三,突出与物质生产条件紧密联系的主体及其行为的关系。物质生产条件当然要有人使用,它的优化也靠一定的主体。如果单从生产关系的发展来看,联系主体来看物质生产条件,必然突出一系列的关系:其中重要的,莫过于各个主体对物质生存条件的所有关系,即生产资料所有制关系,以及由它决定的产品所有制关系。马克思指出,由于这些物只能通过它的所有者才能与其他的所有者发生关系,因而客观的所有制关系必须而且必然人格化。这种人格化涉及的已经不仅仅是物属于人的问题,而是分别占有不同所有物的主体之间的关系,是不同主体之间的物质利益关系。与此相联系,又必然突出各个主体对生产资料所有权的差异及其关系。如果说,上述的主体行为及主体间性是一切社会都存在的,因而是一般的,那么,在资本主义社会,它们还具有特殊性,因为有种种原因和条件决定了不同主体对生产资料所有权的差别,拥有很多生产资料的,成了"生产当事人";而绝大多数人则完全没有属于自己的生产资料,成了雇佣工人,他们虽然实际进行生产,但已经不是"生产当事人"。资本家和雇佣工人已经不再是"生产者之间的关系"了,而是生产资料所有者与使用者的关系。反之,资本家之间的关系则成了"生产当事人"之间的关系。随着社会经济的发展,各个资本家生产资料的规模、结构会因为客观的和主观的原因而迅速发展,导致资本家和雇佣工人的关系的深化和扩大,使之打上不同经济时代、不同发展阶段资本主义所有制性质的烙印,并显示其发展的历史趋势。

其四,突出物质生产条件对提高剩余劳动生产率的作用,换句话说,

第五章　科学的劳动价值理论在终篇的具体化

它是剩余劳动借以完成的重要生产条件。之所以这样，不仅因为它是劳动借以进行的必要条件，还因为在不是抽象考察的条件下，生产条件的优劣程度会影响劳动的复杂程度。① 换句话说，在不是考察单个劳动者、而是考察涉及许多劳动者的同种劳动领域，劳动生产率的高低差别是决定劳动复杂程度高低的关键。

其五，突出物质生产条件的生产中发挥决定意义作用的那些生产部门的地位和作用。剩余劳动生产力的提高意味着生产过程中使用的生产资料的质的提高和量增加，这也意味着社会总劳动中用来生产这些生产资料的部门，特别是那些"有决定意义的产业部门"② 必须迅速发展，从而整个经济结构必须不断地优化。

与考察总商品即资产阶级财富不同，对社会总劳动的考察没有涉及它的所有权。之所以这样，因为它不属于劳动者，因为在生产过程中，劳动者的劳动被并入资本中③，他们的总体劳动属于资本家，连必要劳动也和剩余劳动一起全部属于资本家。但是，在社会表面上，工人出卖的是劳动，在"三位一体公式"中，似乎"劳动"的所有权是属于工人的，所以劳动获得工资。——而实际上这是劳动力的所有权所决定的。——这就把劳动力的所有权④颠倒地表现为劳动的所有权了。之所以会这样，马克思

---

① 在考察单个劳动者的劳动时，生产力的变化本身丝毫也不会影响表现为价值的劳动。但在考察同类劳动的场合，这种情况就要发生变化。"生产力特别高的劳动起了自乘的劳动的作用，或者说，在同样的时间内，它所创造的价值比同种社会平均劳动要多。"（《资本论》第1卷，人民出版社1975年版，第354页）

② 《资本论》第3卷，人民出版社1975年版，第138页。

③ 马克思说：雇佣工人"一进入劳动过程，便并入资本。作为协作的人，作为一个工作机体的肢体，他们本身只不过是资本的一种特殊存在方式"（《资本论》第1卷，人民出版社1975年版，第370页）。

④ "劳动力的、资本的和土地的所有权，就是商品这些不同的价值组成部分所以会分别属于各自的所有者，并把这些价值组成部分转化为他们的收入的原因。"（《资本论》第3卷，人民出版社1975年版，第981页）

《资本论》基本理论在终篇的具体化

进一步指出:"如果产品的一部分不转化为资本,它的另一部分就不会采取工资、利润和地租的形式"①,"只是由于劳动采取雇佣劳动的形式,生产资料采取资本的形式这样的前提,——也就是说,只是由于这两个基本的生产要素采取这种独特的社会形式,——价值(产品)的一部分才表现为剩余价值,这个剩余价值才表现为利润(地租),表现为资本家的赢利"②,劳动力的价值才表现为劳动的工资。可见,马克思是结合特殊过程来研究一般过程的,或者反过来说也一样,是结合一般过程来研究特殊过程。

从最初的劳动所有权属于劳动者,到后来只属于资本家而与劳动者分离,这是一种否定。在马克思看来,在资本主义较为发展阶段,这种否定已经发展到顶了。随着"剥夺者被剥夺",这种分离又会被否定,重新建立劳动者与劳动所有权的统一。在第一卷末篇,他已经论证了"劳动者与劳动所有权关系"的否定之否定,在这里,在全三卷研究的基础上,他当然要联系总体分配来预示这种否定:"劳动过程的每个一定的历史形式……达到一定的成熟阶段就会被抛弃,并让位给较高级的形式。当一方面分配关系,因而与之相适应的生产关系的一定的历史形式,和另一方面生产力,生产能力及其要素的发展,这二者之间的矛盾和对立扩大和加深时,就表明这样的危机时刻已经到来。这时,在生产的物质发展和它的社会形式之间就发生冲突。"③ 显然,马克思这是将一般的劳动过程与特殊的社会形式结合起来,把劳动价值论与资本理论结合起来而作出的科学预见。还要看到,在作出这一结论之前,他还说明,资本主义社会中劳动者与所有权的分离是被掩盖的,在社会表面上显示的却是与真相相反的表象:与资本家、土地所有者凭着对资本和土地的所有权获得利息、地租一

---

① 《资本论》第 3 卷,人民出版社 1975 年版,第 994 页。
② 《资本论》第 3 卷,人民出版社 1975 年版,第 997 页。
③ 《资本论》第 3 卷,人民出版社 1975 年版,第 999 页。

样，劳动者也似乎是凭着其"劳动的所有权"获得工资。

以上的分析说明，劳动二重性理论绝不是没有研究对象的理论，它的对象绝不是简单商品中包含的私人劳动，因而绝不是一个只有抽象形态的、简单的、一成不变的理论，反之，它以商品的劳动为对象，随着商品生产的发展，这种劳动的范围、内容、各种规定也必然随之发展。

由此可见，马克思的劳动价值论并非以劳动条件为外在的前提，并非仅仅说明在比较抽象的条件下什么样的劳动创造价值、怎样创造价值、为什么表现为价值，其内容主要还是说明，在比较发达的商品经济条件下什么样的劳动能够创造并借助更为优等的生产条件创造社会财富，什么样的劳动创造比一般劳动更多的价值，怎样支撑比较发展的资本运动，怎样为未来社会创造条件等等。

二、终篇对象的性质决定劳动价值论相关规定的变化

终篇的研究对象既是总体的，又是接近社会表象的，这决定了劳动价值论在终篇有很大的变化。它虽然不是作为一个总体的商品、而是以不同的组成部分分别出现在市场上，但仍然有总体的使用价值、所有权、价值、劳动等方面的规定，并且因为结合许多新的研究条件都有较大的变化。下面依次说明：

关于资产阶级财富总体的使用价值。

终篇研究的资产阶级财富总体当然也有使用价值，但它与起点单个商品有很大的不同：① 一方面，它不仅数量极其庞大，而且是"已经在资本主义下变形的商品"②，实质是一种蕴含着或能带来剩余价值的商品，它包罗万象，连劳动力也成为商品。因此，其使用价值已经发生变化了，只能

---

① 在起点，使用价值乃是一种满足人的某种需要的属性，它只是在一定条件下，即在作为交换价值的物质承担者时才进入马克思的研究领域。所以它只是一种极其简单的规定。

② 《资本论》第3卷，人民出版社1975年版，第17页。

《资本论》基本理论在终篇的具体化

理解为满足资本家榨取剩余价值的需要。同样的道理，社会总产品也只能满足资本家和土地所有者对剩余产品的占有、瓜分以及这种过程不断扩大的需要。显然，这种使用价值的社会有用性不再像起点的单个商品那样只体现在对别人有用这一点了，而是体现在对资本家、土地所有者有用上。但是，在社会表面上，这种本质却是被掩盖的，以至于施托尔希把社会总产品的效用归结为"单纯满足国民需要"。马克思认为，这种看法是一种"错误的抽象"①。另一方面，马克思说："如果我们不是考察单个资本的产品，而是考察社会总资本的产品，那末，总收益等于构成不变资本和可变资本的物质要素加上表现为利润和地租的那种剩余产品的物质要素。"② 但是，在社会表面上，在资本运动当事人意识中，它却与"纯收益"没有区别。③

关于资产阶级财富总体的所有权。

前面我们已经阐明，马克思关于商品的论述包含着所有权因素。对资产阶级财富的所有权，终篇也有相关的论述。顾名思义，资产阶级财富当然是有所有权的，并且全部归属有产阶级，而与无产阶级无缘，否则就不是资产阶级财富了。在资产阶级财富的所有权中，最重要的是生产资料的所有权。马克思在《资本论》中已经充分论证，资产阶级财富所有权是一种历史现象，它决定财富的分配，即狭义的分配，从而决定分配的历史性质。在终篇，他再次重申这种规定。同时，他又指出，在社会表面上，在资本家的观念中，财富是生产要素共同创造的，可全部被要素的所有者分光，而且生产资料（包括资本和土地）的所有权与劳动（本质是劳动力）的所有权按份共享财富，都获得收入，这就将资本主义社会中最重要的所

---

① 《资本论》第3卷，人民出版社1975年版，第963页。

② 《资本论》第3卷，人民出版社1975年版，第950页。

③ "象萨伊先生那样，认为全部收益，全部总产品，对一个国家来说都可以分解为纯收益，或者同纯收益没有区别，因而这种区别从整个国民的观点来看就不存在了。"（《资本论》第3卷，人民出版社1975年版，第951页）

第五章 科学的劳动价值理论在终篇的具体化

有权(资本和土地)与附属的所有权(劳动力)统统归入资产阶级财富总体的所有权中了。如果说,这是用广义的分配来掩盖颠倒狭义的分配,那么,它同样是用广义的所有权来混淆狭义的资产阶级财富所有权。不仅如此,资产阶级学者还坚持认定,生产资料的所有权是自然的,永远不变的,完全否认了它的历史性。

关于资产阶级财富总体的价值。

终篇研究的资产阶级财富总体的价值,虽然仍然是不可捉摸的,但已经不再像单个商品那样抽象和结构单一了。反之,其结构相当复杂,社会表象更为复杂。其实体包含有酬劳动和无酬劳动两大部分,在社会表面上,有酬部分表现为成本价格,无酬部分不仅表现为利润、利息、地租,而且进一步颠倒表现为收入。正如资本的各个组成部分有不同的表现形式、而且它们在社会表面上的表现各不相同导致许多混乱一样,以社会总劳动为唯一源泉的社会总产品各个部分的价值在社会表面上的表现也各不相同,并且会因为各自属于不同的主体而独立化、硬化、表象化。这样,原本同一的实体在社会表面上就因为它的各个部分的归属以及各个主体之间的竞争而变成彼此没有内在联系,不仅让人看不到它们作为价值的共同的唯一的源泉,反而以为它们各有自己的源泉。① 庸俗的资产阶级学者正是抓住这些社会表象,在曲解后有意夸大其表现形式的差别,掩盖其中的同一性,先是将这种源泉归结为生产要素,接着就进一步归结为三种收入。所以,马克思要说明内部同一且单纯而外部表现不同且各个部分彼此独立、对立的情况,就不能不批判这些谬误。可见,在终篇结合资产阶级财富各个部分的社会表象来研究劳动价值论,特别是其中最重要的价值源泉规定就是至关重要的工作。之所以要在终点处这样强调和再现,因为这里的语境是批判"三位一体公式"否认价值、更否认劳动是价值的唯一源泉的错误,是在论述总体的广义的分配。这样做的目的很明显,就是强调价值是理解分配的先决条件。如果撇开或曲解价值及其源泉,所涉及的"分配理论"就没有丝毫的科学性可言。

只要仔细研读《资本论》,我们就可发现,在《资本论》的几个关键场合,马克思都一再强调劳动与价值的关系的重要性,并且都结合新的研究条件阐明价值的逐步转型,推动劳动价值论的升级。在考察单个资本运动的第二逻辑阶段,他强调要在价值规律的基础上来阐明剩余价值的产生,但不是最初从研究简单的单个商品中提出的简单形态的价值规律,而

---

① 马克思也从另外的意义来解说"源泉":利润、地租和工资"从下述意义上讲确实是收入的源泉:对资本家来说,资本是一台永久的吸取剩余劳动的抽水机;对土地所有者来说,土地是一块永久的磁石,它会把资本所吸取的剩余价值的一部分吸引过来;最后,劳动则是一个不断更新的条件和不断更新的手段,使工人在工资的名义下取得他所创造的一部分价值,……其次,它们从下述意义上讲是收入的源泉:资本会把价值的一部分,从而把年劳动产品的一部分固定在利润的形式上,土地所有权会把另一部分固定在地租的形式上,雇佣劳动会把第三部分固定在工资的形式上,并且正是由于这种转化,使它们变成了资本家的收入、土地所有者的收入和工人的收入,但是并没有创造转化为这几个不同范畴的实体本身"(《资本论》第3卷,人民出版社1975年版,第929页)。显然,马克思所说的是特定意义的"源泉",一方面是能据以源源不断地获得相关收入的根据,另一方面是资本、土地、劳动力的所有权,并不是指构成这些收入价值实体的源泉。这也就是说,庸俗学者故意将这两种情况混为一谈了。显然,这不是对词义理解的无能,而是故意偷换概念。

第五章 科学的劳动价值理论在终篇的具体化

是转型了的价值规律，即结合生产资料阐明劳动分为活劳动和物化劳动，从而产生相对劳动生产率，并进一步阐明相对劳动生产率对活劳动的决定性影响，使之分为必要劳动和剩余劳动，以至于使劳动力一天的价值小于一天的使用所创造的价值，从而解决了使古典学派破产的第一个难题。① 在考察社会总资本运动的第三逻辑阶段，又强调要在价值规律的基础上解决利润率的平均化。同样地，这回也不是简单地照搬第二逻辑阶段那个已经比较具体的价值规律，而是结合资本运动、社会需要在较为发展阶段的发展要求，说明价值必须转型。他以很大的篇幅结合资本家的普遍观念说明无论对单个资本还是对社会总资本来说，资本的任何一个部分都是"同股同权"的，说明社会需要的转型发展即社会必须发展那些有机构成较高、周转周期较长的部门，要保障这些部门投资的利润率不能低于有机构成低、周转周期短的投资的利润率，因而不能再以早些时候的价值来进行交换，而要以转型了的生产价格为基础进行交换。在终篇，他同样强调价值规定的不可忘却，但这里的价值是利润率充分平均化②的、包含着地租的生产价格，由于价值规定的内容已经臻于完成，所以这里不再在其内在规定的转型上重复，而是在其外化表现的转型上侧重说明这种内在的价值在社会表面上如何颠倒表现。按照传统的理解，劳动价值论是关于价值创

---

① 一般的教科书都认为，马克思是直接根据价值规律来说明剩余价值的产生的。这是误解。最初提出的价值规律是最简单的、最抽象的，它所反映的关系在比较发展的资本主义初级阶段已经不存在了，怎么可以用以解释比较复杂的剥削关系？换句话说，如果没有相对劳动生产率的存在及发展，劳动日怎么可能分为必要劳动和剩余劳动两个部分？实际上，马克思是在第十四章已经提出了劳动生产率与剩余价值生产的关系的。人们不习惯于、不懂得从整个逻辑进程的发展来把握价值规律的转型，所以对此的理解或解释并不合理，更与马克思的原意相去甚远。参看陈俊明：《〈资本论〉经济行为理论的具体化》，中央编译出版社 2010 年版，第 197 页。

② "在阐述的过程中，以后凡是说到一般利润率或平均利润的地方，要注意我们总是就后一种意义而言，即只是就平均利润率的完成形态而言。因为这种利润率现在对产业资本和商业资本来说是相同的，所以，在只考察这个平均利润的时候，就不再需要区分产业利润和商业利润了。"（《资本论》第 3 卷，人民出版社 1975 年版，第 377 页）

造的理论,与价值表现根本不能扯在一起。这种理解似乎很正宗,但并不正确。问题是怎样理解价值表现。人们经常将价值表现归结为价值量如何表现,以为价值量的表现是在流通领域内进行的,所以为避免"流通决定论"的嫌疑,干脆否认价值表现与价值决定的关系。大概是因为这样,传统的《资本论》研究家都对价值创造与价值表现的关系避之唯恐不及。但是,价值并非只有量才需要表现,价值的质、本质等规定都需要表现,并且一定要表现出来。上面我们已经说明,价值实现与价值表现并非同一层面的规定,因此这里所说的表现并非指价格,而是指内在的、隐蔽的价值源泉在社会表面上的表现。由于有竞争和资本家观念的作用,内在的价值必定会颠倒表现。因此,科学的劳动价值论不仅要包含通过深化研究揭示的价值内在规定,还要包含阐明它的外化表现。如果它不能通过外化接近现实解释表象,人们就对它的真理性产生怀疑。不言而喻,价值作为内在规定是看不见的,正因为这样,它是否正确、科学,就必须要经过检验。所谓实践是检验真理的唯一标准,就是要用实际的可见性的实践来检验无形的内在的真理。没有经过检验的理论还不能算是真正的科学理论。但是检验不是直接地生搬硬套,而是要阐明它在结合原先抽象的条件后发生的转型是否能说明表象。所以这样做并非画蛇添足,而是锦上添花,非常必要。

所以,马克思对这些错误的集中表现"三位一体公式"的批判,是"醉翁之意不在酒,在乎山水间",实际上是通过这种批判而涉及对象的社会表象,以导致对象的内在规定接近社会表象,阐明对象的内在规定因为什么、如何在社会表面上被颠倒表现。他一方面强调社会劳动是社会总价值的唯一源泉,同时也说明,这样一种内在规定,不仅不能在社会表面上自动地直接地表现出来,反而会因为它的价值实体在流通中,表现为资本和收入两大块,后者又被分解为利息(利润)、地租、工资三种收入形式,而前者与后者既可以互调位置,甚至还会在资本家之间的竞争、资本家的观念中又表现为没有差别,而全归结为收入,这样一系列颠倒的结果,唯

第五章 科学的劳动价值理论在终篇的具体化

一源泉就颠倒表现为三个源泉：资本、土地、劳动。虽然马克思对这种错误进行了体无完肤的批判，但是他也看到并分析，这种错误的产生并不完全是资产阶级学者的杜撰，而是有一定的社会表象依据。在第五十章，他特别详细地分析了产生这些假象的客观的社会表象。在资本主义商品经济条件下，这种虚幻形式是必然产生的，因而是客观的，就像"太阳绕地球转"对地球人来说是不变的客观现象一样。① 而且，这种表象一定要发挥作用，对人的认知产生影响，尤其是对那些只注意表面现象的人来说，会"表现为赋有生命的、彼此发生关系并同人发生关系的独立存在的东西"②。而且，更由于这些人在社会中占据统治地位，他们的观念也成了占统治地位的社会观念，所以，社会表象以及他们的那些"奇特的观念"就成了资本、商品生产的本身固有的东西，再现这种颠倒转变也成了科学的理论题中应有之义。这样，劳动价值论在反映或再现商品生产一般的时候，就不仅仅要深入地揭示劳动与价值的内在联系，而且还要说明这种内在联系必定在流通中、在资本家的意识中颠倒表现。如果没有后半部分，就不彻底，就是半截子的理论。不是彻底的理论，是经不起实践、实际检验的理论。理论只有彻底，才是真正科学的理论，才有说服力，才能掌握群众。③

由此可见，不深入领会终篇的论述，就不能理解它的转型发展、转型表现的奥妙，不能真正理解劳动价值论的彻底性、科学性。这也表明，长期以来人们对劳动价值论的理解不仅是非逻辑性的、非过程的，而且都是半截子的。不了解劳动价值论的逻辑发展，当然将它随意肢解，或者随意拼接，以至于产生"突破"它的妄想、狂想。

---

① 因为人类是站在地球上用肉眼观察的，所以看不到"地球围绕太阳公转"。但对科学的"日心说"来讲，"地心说"是一种颠倒性的错误认识。

② 《资本论》第1卷，人民出版社1975年版，第89页。

③ 马克思说："批判的武器当然不能代替武器的批判……但是理论一经掌握群众，也会变成物质力量。理论只要说服人，就能掌握群众；而理论只要彻底，就能说服人。"（《马克思恩格斯选集》第1卷人民出版社1995年版，第9页）

《资本论》基本理论在终篇的具体化

关于价值量的进一步规定。因为这里已不是简单的单个商品,而是社会总产品的总价值量,所以它所涉及的是"社会一般劳动时间,是社会一般可以支配的劳动量",即社会总劳动量。但由于它是由不同的部分组成的,各个部分所包含的劳动量并不等同于实际包含的社会劳动量,所以各个部分的价值总量只涉及"在这个劳动量中所吸收的相对量",它们又"在一定程度上决定着它们各自在社会上所占的比重"①。为什么是"在一定程度上"而不是完全按各自所吸收的劳动的相对量决定呢?因为价值已转形,其中的无酬劳动已转化为平均利润和利息、地租,这样,决定各种商品的市场生产价格的,当然不是其生产过程中生产所耗费的劳动量。马克思指出,在资本家的实际经营过程中,在社会表面上,平均利润"是一个预先存在的量,实际上和每个特殊生产部门所生产的价值和剩余价值无关","从现象上看,平均利润……是一个和商品产品的价值无关的、在商品生产过程中预先存在并决定着商品本身的平均价格的量"②;同样的理由,"农业资本家以契约规定的租金的形式和其他企业家以营业场所的租金形式支付的地租,也是这样"③,并且"地租的扣除是前提"④。同样地,工资也是在生产过程开始之前已经确定的。还因为资本的各个部分不断地进入流通,对一个人来说是资本、对另一个人来说就是收入,从而全部表现为收入,结果在社会表面上,在资本运动当事人的意识中,不是生产过程的劳动创造了价值,而是收入决定价值。总之,在社会表面上,商品市场生产价格的确定从内容到社会表现都发生了重大的变化。这是一、二卷末篇所未说明,而且在第三卷前六篇也未能阐明的规定。

价值是社会关系的物的表现,随着资本运动的发展,它所反映的关系

---

① 《资本论》第3卷,人民出版社1975年版,第997页。
② 《资本论》第3卷,人民出版社1975年版,第984—985页。
③ 《资本论》第3卷,人民出版社1975年版,第985页。
④ 《资本论》第3卷,人民出版社1975年版,第927页。

第五章　科学的劳动价值理论在终篇的具体化

越发复杂。在终篇之前，马克思分别研究、揭示了典型的高度发达的商品中包含的资本家与雇佣工人、产业资本家与商业资本家、职能资本家与货币资本家、所有资本家与土地所有者之间的关系，在终篇，他当然要顺理成章地将这些关系综合起来。据此，他指出："产品作为商品""这种性质也包含着生产当事人之间的一定的关系，这种关系决定着他们的产品的价值增殖……"① 显然，这种关系一开始就不是平等的，而是一方增殖与另一方减值的关系，是零和的对立关系。在这种关系中，职能资本家始终发挥"主动轮"② 的作用，各种"收入，是由职能资本家作为剩余劳动的直接吸取者和一般劳动的使用者来进行分配的"③。无论是一般过程中资本家之间的关系，还是特殊过程中资本家与雇佣工人的关系，都是产业资本家处于支配地位，劳动者同时受资产阶级和土地所有者阶级的共同剥削。当然，马克思还说明：这种有产者共同剥削无产者的关系不会直接表现，反之，却会在社会表面上、在"消灭了一切内部联系的三位一体"④ 中，被颠倒表现为三个阶级共同按照他们的共同认可而又切实可行的原则分割"总收益"这个大蛋糕。显然，马克思是通过批判而展示这种颠倒表现的。

关于价值决定的作用。人们都认定它能调节社会生产。在终篇，马克思虽然也复述这样的一般规定："价值规律不过作为内在规律，对单个当事人作为盲目的自然规律起作用，并且是在生产的各种偶然变动中，维持着生产的社会平衡。"⑤ 但是，他还进一步揭示，由于价值已经转型，所以，他又将这种价值的调节规定得更为具体："整个资本主义生产过程，都是由产品的价格来调节的，而起调节作用的生产价格，又是由利润率的

---

① 《资本论》第 3 卷，人民出版社 1975 年版，第 995 页。
② 《资本论》第 1 卷，人民出版社 1975 年版，第 649 页。
③ 《资本论》第 3 卷，人民出版社 1975 年版，第 928 页。
④ 《资本论》第 3 卷，人民出版社 1975 年版，第 939 页。
⑤ 《资本论》第 3 卷，人民出版社 1975 年版，第 995 页。

平均化和与之相适应的资本在不同社会生产部门之间的分配来调节的。"① 显然,这里不仅将社会必要劳动时间具体化为生产价格,而且用只对资本家有意义的利润(对社会来说,这是非社会性的)调节来替代社会性的生产价格的调节。因为现代条件下,人们生产商品并非为了投入和产出相等,而是为了追求最大的利润。所以,终篇的这一论述实际上说明,所谓的价值调节,乃是其中利润的调节。当然,与价值的其他规定在社会表面上都是颠倒表现的一样,转型了的价值决定也会颠倒表现为价格决定。

关于总产品的价值形式。我们知道,价值在不同的情况下有不同的表现,一般说,它表现为价格。既然总价值的成分不是单一的,其价格也就必定构成复杂,不但包含成本价格,还有平均利润和地租。但是,在资本主义下,资本是一种商品,所以不管资本家使用的是否自有的资本,他都要为所用的资本独立计算利息。所以,在终篇,马克思又揭示了价格的具体构成,除了上面所说的因素外,"利息等等这些所谓的分配形式,是作为决定的生产要素加入价格的"②,"加入这个资本家所生产的商品的成本价格"③。但是,单个商品和社会总产品的价值形式的主要区别还不在这里。在终篇,马克思指出:"一切商品的价值都只是商品中包含的社会必要劳动的尺度""这样一个事实的资本主义表现形式",这些价值(包括不变资本的各个商品组成部分的价值)对生产者和生产资料的所有者来说会分解为工资、利润和地租。④ 如果说,马克思在起点头章对价值形式的研究揭示了价值所包含或所体现的一般商品生产者的关系,说明了劳动为什么表现为价值,那么,社会总产品的价值"这个十分独特的价值形式"⑤的分析,则向我们揭示了资本主义社会中,价值关系已经转变为工人阶级

---

① 《资本论》第 3 卷,人民出版社 1975 年版,第 998 页。
② 《资本论》第 3 卷,人民出版社 1975 年版,第 998 页。
③ 《资本论》第 3 卷,人民出版社 1975 年版,第 985 页。
④ 《资本论》第 3 卷,人民出版社 1975 年版,第 962 页。
⑤ 《资本论》第 3 卷,人民出版社 1975 年版,第 995 页。

与剥削阶级之间对立的阶级关系,说明了未来社会的劳动不能再表现为价值了。显然,这样分析将《资本论》起点头章关于拜物教性质的论述展开了。他写道:"在论述资本主义生产方式甚至商品生产的最简单的范畴时,在论述商品和货币时,我们已经指出了一种神秘性质,它把在生产中以财富的各种物质要素作为承担者的社会关系,变成这些物本身的属性(商品),并且更直截了当地把生产关系本身变成物(货币)。一切已经有商品生产和货币流通的社会形态,都有这种颠倒。但是,在资本主义生产方式下和在资本这个资本主义生产方式的占统治的范畴、起决定作用的生产关系下,这种着了魔的颠倒的世界就会更厉害得多地发展起来。"① 从字面看,这只是指商品的拜物教性质,但是,只要了解"神秘性质",就必定会意识到,这种人们自己的一定的社会关系"在人们面前采取了物与物的关系的虚幻形式"可以与"宗教世界的幻境"相比拟:"在那里,人脑的产物表现为赋有生命的、彼此发生关系并同人发生关系的独立存在的东西。在商品世界里,人手的产物也是这样。我把这叫做拜物教。"② 如果借用哲学术语,这种人脑的产物反过来变成支配人的情况就是"异化"。③ 这与他和恩格斯在《德意志意识形态》中所说的异化是完全一样的:"我们本身的产物聚合为一种统治我们的、不受我们控制的……物质力量。"④ 在《资本论》的几部手稿中,他也都谈到了异化问题。"个人劳动只有通过异

---

① 《资本论》第 3 卷,人民出版社 1975 年版,第 934—935 页。
② 《资本论》第 1 卷,人民出版社 1975 年版,第 89 页。
③ 异化,有的也译为"疏远化"。英国的米克认为:"就一种十分真实而又重要的意义而言,《资本论》事实上是关于'疏远化'的一部书——或者,说得更精确一些,是关于两种不同而又紧密相关联的疏远化类型的一部书。""第一种类型的疏远化……是与商品生产本身相关联的。……第二种类型的疏远化是与资本主义商品生产的特有的社会经济制度相关联的。这一种类型的疏远化最终是由第一种类型产生而又加以深化,并且似乎变得超出在第一种类型之上。"([英]米克著,陈彪如译:《劳动价值学说的研究》,商务印书馆 1979 年版,第 14 页)
④ 《马克思恩格斯全集》第 3 卷,人民出版社 1979 年版,第 37 页。

化",才能实际表现为社会劳动。① 在他看来,"把主体颠倒为客体以及反过来的情形",也就是"物质生产中,现实生活过程(因为它就是生产过程)中与意识形态领域内表现于宗教中的那种关系完全同样的关系,……这是人本身的劳动的异化过程"②。不过,劳动表现为价值还只是一般的异化,③——资本是劳动的特殊的、极端的异化。④——《资本论》起点头章所论述的这种颠倒还只是劳动一般异化的最初形式,而终篇所分析的"各种经济关系的异化的表现形式"⑤,无非是工资、利润、利息、地租等各种收入形式,则是其典型化形式。它们全都属于价值的范围,并且全都来源于工人所追加的劳动。可见,终篇所提出的异化和开篇头章所描述的异化不仅有联系,而且还进一步发展,表现为极端的异化:"不仅工人的已经转化为独立权力的产品(这种产品已成为它们的生产者的统治者和购买者),而且这种劳动的社会力量及其有关的形式,也作为生产者的产品的属性而与生产者相对立。因此,在这里,关于历史地形成的社会生产过程的因素之一,我们有了一个确定的、乍一看来极为神秘的社会形式。"⑥

在开篇头章,马克思一再说明这种颠倒是一种历史现象,只有消灭商品生产才能彻底地消灭它。在终篇,他论及异化的典型化和特殊化,也表达了同样的意思,并且更为明确,即劳动过程的资本主义形式要让位给较高级形式。他甚至预示:在未来自由人的联合体中,"社会化的人,联合起来的生产者,将合理地调节他们和自然之间的物质变换,把它置于他们的共同控制之下,而不让它作为盲目的力量来统治自己;靠消耗最小的力

---

① 《马克思恩格斯全集》第26卷第3册,人民出版社1974年版,第146页。
② 《马克思恩格斯全集》第49卷,人民出版社1982年版,第49页。
③ 参看王恒丰:《价值是异化劳动》,载《四川大学学报》,1980年3期。
④ 《马克思恩格斯全集》第46卷上册,人民出版社1979年版,第520页。
⑤ 《资本论》第3卷,人民出版社1975年版,第923页。
⑥ 《资本论》第3卷,人民出版社1975年版,第920页。

第五章 科学的劳动价值理论在终篇的具体化

量,在最无愧于和最适合于他们的人类本性的条件下来进行这种物质变换。"① 所谓的"人与自然之间的物质变换",不就是劳动吗,所谓的"不让它作为盲目的力量来统治自己;……最无愧于和最适合于他们的人类本性"不就是异化的消灭吗? 当然,这里的论述已不再像起点那样还只是一种预言,而是经过全三卷的科学分析所得出的结论。

上面依次分析的价值的质、量、关系、作用、社会表现等并非我们的有意整合,而是大体按照终篇的逻辑安排的。大体看来,第四十八章主要围绕资产阶级财富总体价值的——侧重围绕 $v+m$ 部分——质批判"三位一体公式",说明它的唯一源泉在社会表面上的颠倒表现。第四十九章主要围绕它的总量,侧重说明 C 部分的价值有一定量的界限,不可被斯密"依此类推"式②地被分解,从而说明 $v+m$ 部分也有一定量的界限。综合这两章的论述,我们可以看到,这里实际上是从质和量两方面来分析社会总产品的价值。在这一基础上,第五十章马克思说明"总收益或总产品"($c+v+m$)怎样在社会表面上变成"纯收入" $v+m$。在这里,他不仅分析了各组成部分的量及其在竞争中的表现、变动,更说明了其变动的界限,而界限即是尺度,即是不同界限或比例的关系。显然,这几章的论述基本上都是在对象直接性的范围。

由于庸俗资产阶级经济学的故意渲染,再加上社会表象将本质规定完全掩盖,马克思不得不在终篇用两章的篇幅来分析批判以正本清源。在从质和量的研究基础上,在第五十一章中就可以根据深化的逻辑,通过人们对年价值产品的占有,全面地揭示资本主义社会中三个阶级的关系,其中,有两个有产阶级之间共同瓜分剩余价值的分配关系,即狭义的分配关

---

① 《资本论》第 3 卷,人民出版社 1975 年版,第 926、927 页。
② "亚·斯密根据自己根本错误的分析得出了以下的荒谬结论:虽然每一单个资本分成不变组成部分和可变组成部分,但社会资本只分解为可变资本,或者说,只用来支付工资。……我们看到,这个论据的全部力量就在于把我们推来推去的'依此类推'这几个字。"(《资本论》第 1 卷,人民出版社 1975 年版,第 647 页)

系。它决定着生产的全部性质和全部运动,是整个过程发展的内在的本质关系。但是,这种狭义的关系在社会表面上却表现为三个阶级一起分割社会总产品(实际上是国民收入),表现为广义的分配关系,后者是对狭义的分配关系的颠倒表现。

综观《资本论》终篇关于价值的论述,大体上是循着质——量——度——本质——现象的次序递进的,这种情况,和起点头章的逻辑顺序基本是一致的。并且这里所涉及的各种规定,和起点头章形成的各种规定还是一脉相承的。当然,后一规定不是前一规定的同义反复,而是其具体化。

关于劳动的研究,前面已经涉及,这里不再赘言。

从上面的分析可以看出,终篇的劳动价值理论的研究和资本主义社会商品价值生产的现实已十分接近了,所以已十分具体了。这种具体化,和黑格尔《逻辑学》中概念的普遍性——特殊性——个别性的发展十分相似,是普遍的抽象规定综合特殊的关系、条件而达到理性具体。在《资本论》开篇头章,马克思从庞大的资产阶级财富中抽出单个商品,暂时撇开特殊的资本关系,暂时舍弃具体的商品堆积,这是为了分析方便,也是为了从中抽出关于劳动价值论的最普遍的规定。现在,我们看到,在终篇,原先暂时抽象的条件、要素在两个阶段的上升过程中逐步回归逻辑过程而和抽象规定综合了。这样,劳动价值论的抽象规定就具体化了。

由此可见,马克思的劳动价值理论,一方面由于其基础部分带有科学的抽象性,是关于商品价值生产的最普遍原理和科学反映,所以具有较强的适用性,正如恩格斯在《资本论》第三卷增补中所说的。这些原理即便在当代,无论是对资本主义国家或者是对社会主义国家来说,都是适用的。因为商品经济在现代还在发展。另一方面,这个理论作为马克思整个政治经济学的基础,本身又是和资本、剩余价值理论、经济行为理论一起发展的。从这个意义看,马克思的劳动价值理论又具有特定的历史性。按照他的设想,在未来的共产主义社会中,产品并不表现为商品,劳动也不

第五章 科学的劳动价值理论在终篇的具体化

表现为价值，劳动的异化已经复归。所以，这一理论是资本主义商品经济发生、发展和灭亡过程的最一般的反映（相对于剩余价值学说而言）。它从资本主义商品开始（尽管起初是抽象的），以再现资本主义商品生产并奠定剩余价值理论的基础为目的，这是马克思的劳动价值论的一大特点。正因为马克思没有空谈劳动、空谈价值，所以这一理论能够渗透到一系列理论（剩余价值的生产、流通、积累、分配等）中，从而使各个理论彼此连贯而成为统一的体系，也因为这样，它能和这些理论一起发展，并且也通过这些理论而得到论证。正是基于这种认识，我们才能说这一理论在《资本论》终篇完成。也正是基于这种认识，我们不能简单地将马克思劳动价值论的相关规定直接地套用到已经发生很大变化的当代资本主义经济、现代中国的社会主义市场经济，而应充分注意它的理论发展逻辑，在与发展了的实际条件进行结合，使之发生必要的转型形成更为发展的理论规定之后，才能用之以联系具体实际。所以，根据马克思的方法，从历史和逻辑的过程来理解劳动价值理论的对象和内容的形成与完成，以及在新的条件下进一步发展，都有极重要的理论意义和现实意义。

诚然，即使是根据这一理论的最基本的抽象规定，人们也早已认识了它作为整个政治经济学的基础的意义。但是，必须看到，这样的理解终究会因为最初规定的抽象性和不完整而让人感到它和资本剩余价值理论联系不够紧密。这里所说的不完整，不仅在于许多重要的规定在《资本论》起点头篇还不可能形成，而且还在于人们往往将劳动价值理论简单地归结为反映简单商品生产和交换的价值理论。其实，从马克思的论述来看，劳动理论是价值理论所不可替代的，并且在《资本论》中都是不断发展的。当然，马克思并不是研究一般的劳动，而是研究"劳动的社会形式，劳动的社会结构，或者换句话说，是人们在参加社会劳动中的相互的关系"[1]。关于这些，在《资本论》的起点头篇虽也有所涉及，但它毕竟是在暂时抽去

---

[1] 《列宁全集》第 7 卷，人民出版社 1986 年版，第 31 页。

《资本论》基本理论在终篇的具体化

特殊关系、不考虑生产条件影响的条件下形成的,所以相关的内容大都是潜在的。如果我们从过程的延续和终点来探索,对它的内容或规定就会有更多的理解。显然,这些理论和价值理论的丰富和具体化,对突出劳动和资本的关系这一轴心,对揭示资本主义社会发展规律有着更为直接的逻辑意义和理论价值。同时,也要意识到劳动价值理论的具体化,是与资本主义条件下商品经济的研究直接联系的。自《资本论》第三卷问世以来,许多人由于不懂得理论从抽象到具体的发展的必要性和如何具体的实际过程而产生许多疑问,更有人别有用心地利用理论规定在不同逻辑发展阶段的差异提出种种责难。关于价值向生产价格的转化就是其中的一例。其实,马克思在该卷第二篇的论述,虽然已接近社会表面的实际情况,但相对于终篇来说,还是未完成的。因为关于社会总劳动和社会总产品的价值的关系只是在终篇才得以全面展开。如果从总产品的角度来看问题,则价值和生产价格"这种区别就不存在了",从而转型问题就好理解了。① 就现实来看,终篇完成的劳动价值论就更有意义了。特别是价值的实质规定,把它理解为运动的已增殖和能增殖的东西,比起把它理解为单纯劳动的凝结,不是更加积极更加现实吗?可以说,马克思的这种逻辑的进展,正是历史的进展以及人们认识进展的反映。此外,对马克思在这里提出剩余劳动率这一术语,我们也不能等闲视之。可以说,提高剩余劳动率才是打开致富大门的金钥匙。

---

① 《资本论》第3卷,人民出版社1975年版,第941页。

第六章　科学的资本理论在终篇的具体化

在《资本论》第三卷，马克思研究的资本已经脱离了第一、二卷研究环境或语境中的那种抽象性，已经是比较具体的、并且基本上是总体的资本（第一篇研究的还是单个资本），在终篇，这种资本还是直接性与间接性统一的资本。作为臻于具体化的理论，它反映的不仅是典型的、而且是具体的资本运动，即不单单是资本运动本身，还有它与其他发展过程特别是一般的商品生产的关系。

在前面，我们已经知道，马克思从这种具体总体的商品和作为资本产品的商品出发，论述劳动价值理论的具体化。这种具体化既是与研究对象的扩大有关，又与资本关系的结合有关，更是资本理论具体化发展的载体。现在，我们就来探讨马克思如何从财富总体作为总资本及其存在条件出发，再现现实的资本而导致资本理论的具体化。

在《资本论》中，资本理论有广义的狭义的两种，前者指的是整部《资本论》，即恩格斯所说的《资本论》是"论资本的书"[1]，也是列宁所说

---

[1] 恩格斯：《卡·马克思〈资本论〉第一卷书评——为〈未来报〉而作》，见《马克思恩格斯全集》第16卷，人民出版社1964年版，第233页。

的"有骨骼、有血有肉"①的理论体系,它是最具体的理论,后者则是指狭义的资本理论,即与劳动价值论、经济行为理论有区别的基本理论。就后者而言,所谓的具体化,根据马克思在第三卷开头的说明以及他在终篇的论述,至少包含两方面内容:首先,是以社会总资本为对象,把它作为"现实资本、作为多数资本的互相作用"②的总体来考察,这显然和从个别资本出发考察资本一般是不同的;其次,是指资本关系的"完成形态,那种在表面上、在这种关系的现实存在中,从而在这种关系的承担者和代理人试图说明这种关系时所持有的观念中出现的完成形态"③。就前者而言,具体化还包括马克思对资本运动与商品生产相互关系的论述。

第一节 现实资本是名副其实的三位一体

从字面看,终篇的标题是"各种收入及其源泉",讲的是广义分配问题。④ 从各章的具体内容来看,也是如此:第四十八章批判"三位一体的公式",分析资产阶级分配理论的荒谬。第四十九章既从剩余价值分配的角度说明社会总资本的再生产,又追溯"公式"的错误理论根源。第五十章则说明竞争必然造成种种假象,从而说明"公式"和"斯密教条"的错误的客观原因,说明错误的分配理论产生的必然性。第五十一章直接以分

---

① 列宁认为,全面研究生产关系是《资本论》的骨骼,"虽然他完全用生产关系来说明该社会形态的构成和发展,但又随时随地地探究与这种生产关系相适应的上层建筑,使骨骼有血有肉。"(《什么是'人民之友'以及他们如何攻击社会民主党人》,《列宁选集》第1卷,人民出版社1995年版,第9页)

② 《马克思恩格斯全集》第46卷下册,第158页。

③ 《资本论》第3卷,人民出版社1975年版,第232—233页。

④ 这里的"广义分配"只是与"狭义分配"相对而言的。恩格斯曾经提出过一种"广义政治经济学",其中的生产、交换、分配、消费都是广义的、一般的。显然,这里的"广义分配"并非指后一种情况。

第六章 科学的资本理论在终篇的具体化

配为题,展开生产关系的一个侧面。正因为这样,总资本在总过程中的具体化就容易被人们误解为加进分配的内容,而忽视它的各种规定在终篇臻于完成,尤其是当人们忽视了马克思的逻辑方法与理论的内容的关系时,更是这样。

但是,如果我们注意到马克思论述的逻辑过程是不断地具体化,后一过程或阶段的内容是对前一过程或阶段的内容的包含和超越,那就应该认识到,剩余价值的分配是一个包含着剩余价值的生产、实现和社会表现等各个环节在内的过程。理解这一点,我们对喜欢行文简洁的马克思在终篇的各个场合复述和更新剩余价值的生产和流通的规定就不会感到意外了,从而也就会由衷地感到,在这样的场合来展开总资本的各个规定并使之具体化是十分科学和合理的。

基于以上的理解,我们就可以知道,第四十八章批判荒谬的"三位一体的公式"对从新的角度来揭示资本的规定是十分必要的。马克思指出:这个公式"把社会生产过程的一切秘密都包括在内"。① 所以,我们决不能把这一章只简单地归结为对这一公式的批判,还应该由此进一步发现,资本本身就是一个名副其实的"三位一体":既将土地所有权、雇佣劳动包容在资本所有权之中,又将作为生产要素的土地和劳动并入资本。换句话说,无论从财富的创造还是从生产关系的再生产来看,情况都一样。

马克思指出,庸俗经济学的"三位一体的公式"并列了三个完全不同的、彼此毫无联系的、不能互相比较的物之间的关系,但是,马克思并不是单向度地批判它的荒谬,而是同时还通过批判阐明,在资本身上,的确以一种特殊的运行方式将土地和劳动转变为自身的存在形式,以一种特殊的社会制度形式将土地所有制和雇佣劳动转变为资本关系。他在这个表面上"消灭了一切内部联系的三位一体"中发现资本对土地所有权、雇佣劳动的主导和利用联系,并将这种内在联系归结为资本关系。如果我们把这

---

① 《资本论》第3卷,人民出版社1975年版,第919页。

种联系理解为资本家和土地所有者共同剥削并瓜分雇佣劳动者提供的剩余价值,这当然是正确的。但是,在这种认识中,资本和土地所有权、雇佣劳动还是彼此完全独立的、互不依赖的三个因素,这不符合资本运动的实际。

先看资本对土地所有制的合并和改造。

我们知道,在考察单个资本的时候,马克思把它作为整体财富的抽象代表、典型。唯有如此,由以产生的剩余价值才是抽象的或撇开具体形式的。为了考察方便,马克思还假设产业资本家自营产品的销售、自己拥有全部预付资本,并假定地产＝0。① 这些假设当然不是随意的,在现实经济过程中,整个社会的剩余价值都是在生产过程中产生的。不过,在考察现实的资本运动时,马克思也很确定地说明,为了更快地、更有利地、更集中地创造剩余价值,必须寻找必要的代理人,必须及时地利用其他资本家的资本,利用土地所有者的土地,从而要与这些当事人共同瓜分剩余价值。但是,也不能因为后来的这种分赃行为而忽视之前产业资本在剩余价值创造过程中的对其他资本形式和土地所有制的作用。这样我们就看到,产业资本的运动既将其他形态的资本和土地所有权、经营权的垄断作为内在要素包含在内,又以后者为前提。由于在社会表面上"利息表现为资本所固有的、独特的产物,与此相反,企业主收入则表现为不以资本为转移的工资"②,所以部分资本获得利润、部分资本获得利息都在"三位一体公式"中归结为"资本——利息"。有鉴于此,我们可以将商业资本、生息资本都包括在资本项目内,来领会马克思如何将土地所有制归入资本的"三位一体公式"中。

首先,他指出:"大土地所有制是资本主义生产的前提和条件"③,在

---

① 《马克思恩格斯〈资本论〉书信集》,人民出版社1974年版,第131页。
② 《资本论》第3卷,人民出版社1975年版,第919页。
③ 《资本论》第3卷,人民出版社1975年版,第928页。

第六章　科学的资本理论在终篇的具体化

一定意义上,"土地取得土地所有权的形式,是资本主义生产方式的历史前提"①。土地所有制的存在"又意味着直接生产者被剥夺了土地"②,这就为保证雇佣劳动者不断被资本雇佣创造了条件。马克思说:"土地所有权的垄断是资本主义生产方式的历史前提,并且始终是它的基础。"③

其次,一方面,资本"把土地所有权弄成荒谬的东西"④,另一方面,资本按照自己的利益彻底改造了土地所有制,使之成为资本运动的内生要素。

以上是从生产关系方面看的。再从财富的创造即生产力的发展看,情况也一样:

首先,从资本的实际运行来看,土地"作为劳动的原始活动场所,作为自然力的王国,作为一切劳动对象的现成的武库……"⑤ 不仅农业资本、工业资本离不开它,连商业资本、借贷资本也是这样,否则它们都不能生存和发展。显然,在土地私有制的社会里,资本的存在和运行是不能和土地分离的。

另一方面,资本在租赁了土地之后,就将土地并入资本的运动之中,对土地按社会化、产业化的方式进行经营,将"农艺学的自觉的科学的应用"⑥ 施加于土地,在土地上实行各种改良,使土地的肥力变成资本的"不可分离的偶性"⑦。从再生产的角度看,即使最初的处女地,在经过几轮投资之后,也已经有资本融入其中。

---

① 《资本论》第3卷,人民出版社1975年版,第998页。
② 《资本论》第3卷,人民出版社1975年版,第994页。
③ 《资本论》第3卷,人民出版社1975年版,第696页。
④ 《资本论》第3卷,人民出版社1975年版,第697页。
⑤ 《资本论》第3卷,人民出版社1975年版,第933页。
⑥ 《资本论》第3卷,人民出版社1975年版,第696页。
⑦ 《资本论》第3卷,人民出版社1975年版,第699页。原文指的是资本对土地的改良在租约期满续租的时候作为土地的偶性,变成土地所有者的财产,这里是借用"不可分离的偶性"说明资本家将土地并入资本之中。

再看资本对劳动的合并和改造。

至于劳动,它不仅属于资本家,而且表现为资本的运作。所以,在考察总资本时,不能忽略雇佣劳动、劳动这一要素。在第一卷,马克思就指出,劳动者"一进入劳动过程,便并入资本。作为协作的人,作为一个工作机体的肢体,他们本身只不过是资本的一种特殊存在方式。因此,工人作为社会工人所发挥的生产力,是资本的生产力"①。也就是说,资本合并了劳动,由是,劳动的生产力便变成了资本的生产力。在终篇,他更明确地说:"这是劳动社会生产力发展的一个特殊形式,不过,这种劳动社会生产力是作为与工人相对立的资本的独立力量,因而直接与工人本身的发展相对立。"② 没有劳动,也就没有使用价值和价值的创造,资本就什么也不是。从另一个角度看,"劳动作为雇佣劳动的形式对整个过程的面貌和生产本身的特殊方式有决定的作用"③,没有雇佣劳动,商品生产就不会成为生产的一般的、典型的形式,从而资本也就无从活动,并且失去剥削对象,当然也就不成其为资本。"只是由于劳动采取雇佣劳动的形式,生产资料采取资本的形式这样的前提……价值(产品)的一部分才表现为剩余价值,这个剩余价值才表现为利润(地租),表现为资本家的赢利。"④ "很清楚,资本是以作为雇佣劳动的劳动为前提的。"⑤ 这个前提并不是摆设,是实实在在地作为资本发挥作用的。

当然,资本也对劳动进行符合其需要的改造,使它与生产资料相结合,使它与资本家提供的生产资料按照一定的比例投入。它要提高劳动生产率,把劳动耗费"缩减到当时的社会平均水平以下",要服从"资本家作为资本的人格化在直接生产过程中取得的权威",它"以劳动过程的完

---

① 《资本论》第1卷,人民出版社1975年版,第370页。
② 《资本论》第3卷,人民出版社1975年版,第996页。
③ 《资本论》第3卷,人民出版社1975年版,第997页。
④ 《资本论》第3卷,人民出版社1975年版,第997页。
⑤ 《资本论》第3卷,人民出版社1975年版,第932页。

全按等级安排的社会机构的形式出现"①，而宏观的"社会劳动的分配，它的产品的互相补充，它的产品的物质变换，它的从属和加入社会机构，却听任资本主义生产者个人偶然的、互相抵销的冲动去摆布"②。

总之，资本的扩张力是在其"合并了形成财富的两个原始要素——劳动力和土地"③之后才获得的。在实际过程中，资本、大土地所有制（这是和小土地所有制有性质区别的）、雇佣劳动三者是不可须臾分离的，它们在社会表面上的独立性只是因为其经济上的体现彼此不同，及其所有者不同而显示的。但是，这仅仅是一种表象。诚然，"三位一体的公式"也表明它们是"一体"的，但是，这只是从它们都有自然形式并把它们都归结为自然的东西，即把资本归结为生产资料，把土地所有制直接等同于自然存在的土地，把雇佣劳动归结为劳动，所以这种统一是社会表面上最表面的统一，而不是"本质的统一"，因为本质的东西不能在社会表面上呈现出来。

资本合并大土地所有制、雇佣劳动，不仅因为三者的功能互补，缺一不可，而且在实际经济过程中，资本还渗进后两者中，或与后两者混为一体。

资本家会通过特定行为与工人的劳动混为一体。资本的人格化是资本家，在论述协作的时候，马克思已经指出，资本家的管理具有二重性。这意味着资本家"从共同的劳动过程的性质产生的管理职能"与"同从这一过程的资本主义性质因而从对抗性质产生的管理职能"是混为一体的。④但是，即便如此，这也是不能混杂、等同的。正如一个人在家庭中可以同时扮演父亲、儿子和丈夫的角色，但人们不能因为这三种角色混为一体而

---

① 《资本论》第3卷，人民出版社1975年版，第996页。
② 《资本论》第3卷，人民出版社1975年版，第995页。
③ 《资本论》第1卷，人民出版社1975年版，第663页。
④ 《资本论》第1卷，人民出版社1975年版，第369页。

将它们混为一谈或等同一样。同样地,在理论上也不能将资本家的一些实际的、由社会化大生产产生的角色与它的最能体现资本家本质的最重要职能混为一谈。不过,随着生产力的发展,规模的扩大及分工层次的加深,资本家一般过程的管理职能必然逐渐淡出,交给专业的管理人员。特别是在资本所有权与经营权"两权分离"后,资本家的剥削职能典型化了。马克思在研究生息资本的时候针对利息与企业主收入的区分已经说明:"人们完全忘记了:资本家作为资本家,他的职能是生产剩余价值即无酬劳动,而且是在最经济的条件下进行这种生产。"同时,他还指出:"由于利润即剩余价值所分成的两个部分的对立形式,人们忘记了,二者不过是剩余价值的不同部分,并且它的分割丝毫不能改变剩余价值的性质、它的起源和它的存在条件。"① 因而在社会表面上,经过别有用心的人的曲意渲染,特别是在资本家的所谓"监督工资"上,马克思揭示的那种本质区别就被掩盖了,"好像它不是来自剥削雇佣劳动的职能,而是来自资本家本身从事的雇佣劳动"②。在资本家看来:他们"指挥生产过程和流通过程。对生产劳动的剥削也要花费气力,……他的企业主收入是某种同资本的所有权无关的东西,不如说是他作为非所有者,作为劳动者执行职能的结果"③。因此,在资本家的脑袋里必然产生这样的观念:"他的企业主收入远不是同雇佣劳动形成某种对立,不仅不是别人的无酬劳动,相反,它本身就是一种工资,是监督工资,……是高于普通雇佣工人工资的工资,(1) 因为这是较复杂的劳动,(2) 因为资本家支付给自己工资。"④ 虽然这种观念来自一定的表象,但表象就是表象,表象任何时候都不能成为研究或论证的依据。资本家想通过这种伪装来欺世盗名,美化自己,将自己与

---

① 《资本论》第 3 卷,人民出版社 1975 年版,第 427 页。
② 《资本论》第 3 卷,人民出版社 1975 年版,第 937 页。
③ 《资本论》第 3 卷,人民出版社 1975 年版,第 427 页。
④ 《资本论》第 3 卷,人民出版社 1975 年版,第 427 页。

工人混为一体，的确很有欺骗性。

在《资本论》第六篇中，马克思在研究地租时，曾区分了地租和"土地资本"，后者指的是化学性质改良、施肥、修排水渠、平整土地、建造经营建筑物等方面的投资。马克思认为，这部分投资属固定资本的范畴，只要"契约规定的租期一满，在土地上实行的各种改良，就要作为和实体即土地不可分离的偶性，变为土地所有者的财产"①。这样，资本就与土地所有权融为一体了。对租地农场主来说，在"契约规定的租期"内，资本家的投资是与土地融合在一起，土地已成了他投资的一部分，其收益也是归租地农场主的。

在终篇，马克思还指出，资本、土地所有权、雇佣劳动不是按不变的结构结合的，因为一国土地是有限的，开发是有个过程的，无论从单个资本还是从社会总资本看，劳动密集度、资本（包含技术）密集度、资源密集度的发展以及这些要素匹配的结构在不同时期是有不同的。如果说一国劳动者的数量和素质的变化较慢，那么资本的膨胀却很快。这样，三者的结合就显出阶段性。"如果一个国家的工资和土地价格低廉，资本的利息却很高，因为那里资本主义生产方式总的说来不发展，而另一个国家的工资和土地价格名义上很高，资本的利息却很低，那末，资本家在一个国家就会使用较多的劳动和土地，在另一个国家就会相对地使用较多的资本。"② 这种情况，就是今天人们常说的劳动密集型、资本密集型、资源密集型。因此，这种"三位一体"的结构变化说明了不同国家、而且说明一国资本的发展程度的差别。但是，无论技术如何密集，资本家都离不开土地和劳动的使用。并且也不能反过来说，在资本主义比较发达的地方，土地会大量地闲置。土地不和有一定技术水平的产业资本相结合，必定会与其他形式的资本相结合。显然，不知道这三者的统一体关系就可能将资本

---

① 《资本论》第3卷，人民出版社1975年版，第699页。
② 《资本论》第3卷，人民出版社1975年版，第988页。

的发展程度这样的规定排除在资本的具体规定之外。

总之，资本、土地所有权、雇佣劳动，"它们好像是一棵长生树"①，是三而一，一而三，缺一则没有生机，则不成其为现实的资本。

第二节 资本理论在终篇的具体化

在《资本论》中，马克思对社会总资本的研究，主要集中在第一卷第七篇、第二卷第三篇、第三卷第三篇及终篇中。对那些人所共知的规定，以及我们在本书第一章已经了解的一些总资本的最基本的规定，这里就不再赘述了。除此之外，我们还要特别注意马克思在《资本论》终篇阐明总体资本运动在总分配中的表现形式对总体对象运动的影响。

一、作为典型对象的资本运动

在《资本论》第一卷刚开始直接研究资本时，马克思就已揭示了资本总公式：$G-W-G'$，它反映了一切形式的资本的内容、目的、主体、运动的无限性。接着，马克思就研究了作为资本的 $G-W-G'$ 的运动过程，揭示了资本的一系列内在的规定。但是，内在规定总不会直接地表现出来，特别是在竞争中，一切都颠倒表现了。在终篇，马克思指出，这一公式在社会表面上已经颠倒表现：在直接生产中，生产力以及劳动在直接劳动过程中的社会联系，都好像由劳动转移到资本身上，由是，内在过程就被掩盖了；在流通中，还有让渡产生利润、流通时间决定价值这样的假象；在现实的总过程中，则"又产生出种种新形式，在这些形式中，内部联系的线索越来越消失"②。结果，不但 $G-W\cdots P\cdots W'-G'$ 这样的过程不

---

① 《资本论》第3卷，人民出版社1975年版，第928页。
② 《资本论》第3卷，人民出版社1975年版，第936页。

第六章 科学的资本理论在终篇的具体化

见了，G—W—G′也转化为资本—利息（G—G′）①。正是在这个形式上，"一切媒介都已经消失，资本归结为它的最一般的、但因此也就无法从它本身得到说明的、荒谬的公式"。这是和"现实的资本关系较为接近"② 但又是"最无概念的公式"③。而且这个公式具有广泛的适用性，在社会表面上、在资本运动当事人意识中成了现实的资本总公式。"正因为如此，照[通常的]观念看来，资本主要存在于这种形式中，这就是真正意义上的资本。"④ 这意味着，最初揭示的总公式 G—W—G′在社会表面上已经颠倒表现为 G—G′。

"资本—利息"这个公式在使资本的内在联系消失的同时还产生了资本的"物神"化，并且使之"达到了完善的程度。这是一个已经完成的资本，……在生息资本上，这个自动的物神，自行增殖的价值，创造货币的货币，达到了完善的程度，并且在这个形式上再也看不到它的起源的任何痕迹了。社会关系最终成为物（货币、商品）同它自身的关系"。显然，在社会表面上，"照[通常的]观念看来，资本主要存在于这种形式中。这就是真正意义上的资本"⑤。正因为这样，利息还有特殊的功能，直接表现（实质上是颠倒表现）资本的本质："在利息上，这种异化形式却明显地作为本质的东西出现、存在和表现。这种形式作为某种同剩余价值的实际性质相对立的东西独立化并固定化了。"⑥

---

① 在《资本论》第3卷第21章研究生息资本的场合，马克思已经用"G—G′"来表示生息资本的表面运动（《资本论》第3卷，人民出版社1975年版，第392页）。
② 《资本论》第3卷，人民出版社1975年版，第924页。
③ 《资本论》第3卷，人民出版社1975年版，第922页。
④ 《马克思恩格斯全集》第26卷第3册，人民出版社1974年版，第503页。
⑤ 《马克思恩格斯全集》第26卷第3册，人民出版社1974年版，第503页。
⑥ 《马克思恩格斯全集》第26卷第3册，人民出版社1974年版，第543页。

"资本—利息"产生的资本物神化形态既奠定于"劳动—工资"① 基础上,又改造了"土地—地租"这一环节,——和货币资本家凭借其资本所有权获得利息一样,土地所有者也是凭借其土地所有权获得地租的,但资本关系将封建的土地所有制改造为资本主义土地所有制,——而且,由于资本、土地所有权和雇佣劳动是彼此不可分离的,所以它还和"土地—地租"、"劳动—工资"相呼应而构成更神秘的虚幻的"三位一体的公式"。这一公式不但包含"资本—利息"的神秘性,而且还导致更彻底的神秘性:资本、土地、劳动成了"产生出产品价值本身的最后源泉"②。如果说,"资本—利息"主要表现了因果关系的神秘化,那么"三位一体的公式"则着重表现所谓的"源泉"和真正的"价值实体"关系的颠倒和神秘化。资本的本质关系,就这样经过总公式的转化和几个转化的公式的组合而被一再地掩盖了,双重地异化了。

在社会表面上,资本会被等同于生产出来的生产资料的自然形态,又会与收入混为一体。从简单再生产的角度看,"收入和资本这两个固定的规定会互相交换、互换位置,以致从单个资本家来看,它们好像只是相对的规定,而从整个生产过程来看,它们就消失了"③。首先,生产不变资本的第Ⅰ部类的工人和资本家的收入,在价值和物质两方面补偿生产消费资料的第Ⅱ部类的资本家的不变资本,这情况使人们产生这种观念,对一个人来说是收入的东西,对另一个人来说则是资本。这样资本家和工人之间的收入就没有本质区别了。其次,最终要形成收入借以花费的那些商品,

---

① "在'土地—地租,资本—利润(利息),劳动—工资'这个三位一体的公式中,可能看起来最后一个环节还是最合理的:这里至少说出了工资产生的源泉。但是实际上正相反,最后这个形式却是最不合理的,它是另外两个形式的基础,就象雇佣劳动一般说来以作为土地所有权的土地和作为资本的产品为前提一样。"(《马克思恩格斯全集》第26卷第3册,人民出版社1974年版,第533页)

② 《资本论》第3卷,人民出版社1975年版,第934页。

③ 《资本论》第3卷,人民出版社1975年版,第955页。

第六章 科学的资本理论在终篇的具体化

在一年内要通过不同的运行阶段，在一个阶段上，它们形成不变资本的一部分，在另一阶段上，它们又供人消费。这样，人们就会不知不觉地像亚当·斯密一样认为，不变资本只是商品价值的一个表面要素，它会在总联系中消失。同样地，这样转换也会发生可变资本和收入之间的交换。还有，第Ⅰ部类生产的不变资本部分并不需要与第Ⅱ部类交换，但人们常常忽视这一点，以至产生一种假象，似乎消费者的收入会补偿全部产品，因而补偿不变的价值部分。① 从扩大再生产来看，情况也是这样，连资本家用于再转化为追加资本的那一部分利润，"也必须首先经过一个表现为收入……的阶段"②。经过这一系列互换、转换，资本也就转化为或被归结为收入了。这种经过流通的转化和劳动力的价值转化为劳动的价值一样，对资产阶级来说，也具有决定性的意义③，它不仅掩盖了资本的本质关系，而且使资本从头到尾"脱了皮"或化了装，变成漂洗过的一般的货币，变成和工人的收入一样的东西。它不仅使庸俗经济学家的辩护有了新的"依据"，也使像斯密这样的古典学者产生的"教条"谬误流传。

在终篇，马克思还在剩余价值的收入形式上再次说明了社会总资本的再生产。在这过程中，马克思又有进一步论述。

首先，他澄清了资产阶级经济学家在总收益和纯收益同总收入和纯收入区别问题上的混乱，尔后又根据原先已经揭示的规定，说明总产品各部分的相对量的客观界限。并且又指出，它们和商品价值本身的联系以及它们受商品价值本身的限制的事实，决不会在社会表面上显现出来。相反，

---

① 《资本论》第3卷，人民出版社1975年版，第955—956页。

② 《资本论》第3卷，人民出版社1975年版，第961页。

③ "为什么劳动力的价值和价格转化为工资形式，即转化为劳动本身的价值和价格，会具有决定性的重要意义。这种表现形式掩盖了现实关系，正好显示出它的反面。工人和资本家的一切法权观念，资本主义生产方式的一切神秘性，这一生产方式所产生的一切自由幻觉，庸俗经济学的一切辩护遁词，都是以这个表现形式为依据的。"（《资本论》第1卷，人民出版社1975年版，第591页）

在流通中,在竞争中它们都表现为一种主观商定的契约所决定的量。最后,马克思分析了这种客观过程中形成的量的界限之所以颠倒地表现为主观预定的要素的原因,即再生产的连续进行会使"它的结果不断表现为它的前提"①。例如,平均利润是在相当长的时期中在客观过程中形成的,但是,它一旦形成,在以后的一段时间内就成了各部门资本由此计算利润的依据。对各部分资本来说,这就是主观预定的东西了。由此观之,在社会表面上资本的各种规定,虽然与内在规定不同,却是内在规定在社会表面上的折射或歪曲的反映。在资本主义竞争中,这是不可避免的,所以这些规定的产生也是必然的、客观的。必须注意的是,马克思是根据对象的内在规定来说明它们因为竞争和资本家简单观念的折射而颠倒表现的,所以是科学的、彻底的,而资产阶级学者从统治阶级的立场简单地镜面式地反映这种社会表象,那就"不是素朴的和客观的,而是辩护论的"②。

马克思还指出,社会总产品除了那些用以补偿的和追加的不变资本物质组成部分外,其余的各个组成部分在实现后在社会表面上是被资本运动的各种当事人、工人当作独立的收入互相对立的。我们已经看到,这些收入之所以归资本、土地、劳动力的所有者所得,其根本原因是因为他们各自拥有这些要素的所有权,并非这些要素本身能够产生出这些收入的价值实体。所以马克思说:"劳动力的、资本的土地的所有权,就是商品这些不同的价值组成部分所以会分别属于各自的所有者,并把这些价值组成部分转化为他们的收入的原因。"③ 在这里,和资本的所有权并列的,是劳动力的、土地的所有权,而不是别的什么资本,所以,它指的乃是总资本的所有权。由此,马克思一方面说明了资本所有权是资本取得利润的原因,并且也是造成了利润好像是由资本产生的假象的原因;另一方面,尤为重

---

① 《资本论》第3卷,人民出版社1975年版,第985页。
② 《马克思恩格斯全集》第26卷第3册,人民出版社1974年版,第499页。
③ 《资本论》第3卷,人民出版社1975年版,第981页。

第六章 科学的资本理论在终篇的具体化

要的是在完整的意义上提出资本所有权的概念。在第一卷第七篇，马克思曾说明了商品生产所有权规律转化为资本占有权规律。但是在那里，资本家是所有参与分赃的人包括土地所有者的代表，占有是代表两个剥削阶级的共同占有，并且积累是抽象地考察的，显然，还没有离开生产过程。说到底，占有还只表现了资本的一项职能、权能。显然，单从生产过程是不能提出明确的资本所有权概念的。因为这里的所有权，既表现为占有权，又与生产过程没有分离。在第二卷第三篇，马克思从生产领域转到大流通领域，研究了社会资本各部分的转换和补偿，虽然其中已包含总剩余价值的实现，但毕竟还是比较抽象的，还不是资本所有权在经济上的实现这一规定的再现。只是到了第三卷，但在研究生息资本的时候，马克思揭示了比占有权更高的终极的权利："物质财富的对立的社会性质……离开生产过程，已经表现为资本所有权本身。"① 相比一下，可以说，第一卷第七篇所说的资本所有权表现为对无酬劳动占有权，实际上只表示了一种占有关系，因为此时资本的单纯所有权还未揭示。而在终篇，所说的已是这种占有的原因。作为逻辑过程的终点提出的概念，它包含了占有和单纯所有权这两项规定，并且与土地所有权相分离，因而它是最复杂的、并且也是最具体的规定了。当然，由于这里的研究还没有超出经济领域，所以这里的资本所有权实际上乃是资本所有制，是资产阶级的"社会的经济关系"②。马克思早就说过："给资产阶级所有制下定义不外是把资产阶级生产的全部社会关系描述一番。"③ 因此，它只有在逻辑过程的终点才能具体化。

终篇在突出资本的所有权、劳动力的和土地的所有权的同时，还反映了总资本的各个构成部分共同瓜分剩余价值的关系，即各部分资本如产业资本、商业资本、借贷资本的所有权及其实现。这样，资本的所有权就更

---

① 《资本论》第3卷，人民出版社1975年版，第398页。
② 《资本论》第3卷，人民出版社1975年版，第985页。
③ 《马克思恩格斯全集》第4卷，人民出版社1958年版，第180页。

具体了。

说资本所有权在终篇具体化,还在于它的社会表现的说明。资本所有权的具体化,不仅是占有权的演变发展,不仅仅是这种所有权在经济上的实现,还包括它在社会表面上的表现。换句话说,生产要素所有权决定收入的归属在社会表面上颠倒表现为这些生产要素的使用决定收入实体的源泉。在终篇,在讲到这种实现的具体形式即收入的基础上,提出完整的即包含内在的规定及其外在表现的资本所有权概念,是必然的、必要的。

马克思指出,所有权作为一定的经济关系,它们都是客观的,它们在经济上的实现在社会表面上表现为按不同的规律确定的相对的价值量。这些价值量的规定本来是客观的,但在竞争中,在再生产过程中,它们都表现为主观的东西。例如各个资本依据其所有权可以从总剩余价值中取得多大的份额的根据,即平均利润率,是按一定的规律在较长时期中在社会背后形成的,但在资本家的观念和计算中却变成一种预先存在的量,一个似乎是各个资本家之间主观的、彼此约定俗成的量;而工资、商业利润、利息、地租等也都好像是由当事人之间签订的契约所规定。这种情况不断进行,"它不断再生产出来,又因为它不断地成为前提"[①]。于是,所有权这种客观的经济关系在社会表面上表现成为一种主观的契约关系了。这样,资本所有权的本质关系(间接性的)就与土地的所有权、劳动(力)的所有权一样,颠倒地表现为一种获得收入的依据了。

在终篇,马克思还全面地科学地评价了资本的历史地位。他严厉地批判了资产阶级学者把资本说成自然的东西的错误,指出:资本是"一定的、社会的、属于一定历史社会形态的生产关系"[②],"具有独特的,历史的和暂时的性质"[③],但却是历史发展的必经阶段,"是劳动社会生产力发

[①] 《资本论》第3卷,人民出版社1975年版,第985页。

[②] 《资本论》第3卷,人民出版社1975年版,第920页。

[③] 《资本论》第3卷,人民出版社1975年版,第993页。

第六章 科学的资本理论在终篇的具体化

展的一个特殊形式"①。作为劳动过程的一定历史形式，它"会进一步发展这个过程的物质基础和社会形式。这个一定的历史形式达到一定的成熟阶段就会被抛弃，并让位给较高级的形式"②。显然，在没有达到这种成熟阶段以前，它还是不会轻易退出历史舞台的。马克思从分析资本的细胞开始，说明资本的产生、运动，到这里，又以总资本的运动的总过程说明资本的历史性质、"圆满完成全著的结束部分"。诚然，在第一卷第七篇，马克思已断定，剥夺者就要被剥夺了，但是，只有经过总过程的分析，这样的结论才是具体的。所以，恩格斯说，第三卷的深刻分析，"甚至使第一卷相形见绌"③。

从上面的分析可以看到，总资本的这些规定，都是直接性和间接性的统一：资本的文明面与资本的黑暗面、局限性并存，而且在社会表面上，文明面往往掩盖了野蛮、黑暗面；如果说资本的总公式是资本本质的异化表现，那么资本表现为收入则反映了实体和表象的关系；再下来我们就看到客观的内在的量的界限在竞争中主观化，客观的所有关系契约化；最后，资本好像是"从人类本性产生出来的"④，因而其历史性质具有自然的形式。

上面我们看到的，还是属于资本总体本身的诸种规定，——这是为了论述方便而集中在一起的——至于总资本作为一种运动过程的具体规定，马克思当然是不会忽略的。

在终篇，马克思还从新的角度研究了社会总资本的再生产。他说明，之所以要重谈这个问题（因为第二卷第三篇已研究过了），一方面是要在收入的形式上更具体地说明这一问题，因为在社会表面上，两大部类产品

---

① 《资本论》第3卷，人民出版社1975年版，第996页。
② 《资本论》第3卷，人民出版社1975年版，第999页。
③ 《马克思恩格斯全集》第36卷，人民出版社1974年版，第299页。
④ 《资本论》第3卷，人民出版社1975年版，第993页。

间的交换，物质补偿和价值实现，都是通过收入形式而进行的。所以马克思还在剩余价值的收入形式上阐明社会总资本的再生产，他说明："如果再生产过程正常进行，其他条件不变，因而也把积累撇开不说，那么第Ⅰ部类的工资、利润和地租的价值总额，就必须等于第Ⅱ部类的不变资本部分的价值。"① 将第二卷第三篇的Ⅰ（v＋m）＝Ⅱc的公式具体化为Ⅰ（工资＋利润＋地租）＝Ⅱc，显然，这种分析比第二卷的论述更贴近社会现实。这种具体化之所以必要，是因为Ⅰv是生产资本，并不进入流通，只有作为工资发放出去并由工人消费时，才能与Ⅱc相交换；并且Ⅰm作为纯收入，也不是作为一个统一体与Ⅱc相交换的。另一方面，这不仅是在阐明一种交换关系，同时也是在说明，虽然交换两端的价值相等，可以交换，但不要忽视，它们都是不同使用价值的交换，Ⅱc不会因为交换就分解为收入。正是在此基础上，他进一步批判"斯密教条"撇开C的错误。这里的分析令人信服地说明了社会总不变资本绝不会被分解为收入，说明它的补偿对再生产正常进行的重要性。

在分析过简单再生产之后，马克思还结合收入再分析扩大再生产。不过，这里他已变换了阐述的角度，即是说明"收入"与资本积累的关系，根据这样理解我们就会发现，从这一章的开头到第948页第2段，和从第948页第三段到957页第一段，虽然所论述的问题有所不同，但毕竟都是以简单的再生产为基础的。从第957页第二段起，马克思就把资本家的收入即利润和扩大再生产联系起来。在这里，他说明利润的一部分，"必须充当保险基金"，当然，在一定的条件下，它也有可能因为偶然的情况在事实上被用作积累基金，或者用来补偿再生产上的短缺。② 除此以外，剩余劳动的产品即一部分利润"转化为资本的现象还会不断发生"、"由利润到资本的再转化……表明了如下事实：不断地以收入形式表现出来的追加

---

① 《资本论》第3卷，人民出版社1975年版，第948页。
② 《资本论》第3卷，人民出版社1975年版，第958页。

第六章 科学的资本理论在终篇的具体化

劳动，并非用来维持或再生产旧的资本价值，而是只要它不作为收入被消掉，就用来创造新的剩余的资本"①。马克思还指出，一切新资本都来自利润、地租这一事实，会使人产生一种错误的观念，好像商品的全部价值都是来自收入。显然，马克思不仅说明了社会资本的再生产如何因"收入"即利润的转化而扩大，而且说明了这种转化掩盖了剩余劳动是积累的唯一源泉这样的内在规定。

社会总资本的运动，作为一个连续不断的过程，其规律并非单一的，而是一个完整的体系，唯其如此，才显出不同的层次。除了那些通过单个资本而发生作用的规律外，这里我们还应特别注意那些在总资本的运动中由无数单个资本在一定时期内同时相互作用中产生的规律，例如前述的剩余劳动率提高的规律，$IIc = I$（工资＋利润＋地租），商品生产的内在和外在规律，剩余价值的分配等等，这些规律有的每时每刻都在起作用，有的则要在较长时期中才能显示，例如"起调节作用的平均数的统治作用"②、"资本的平均化"③。但是这规律又不是纷然杂陈，而是相互制约的有机序列，并有不同层次。马克思也说他总是"把资本主义生产方式的内部组织，在它的可说是理想的平均形式中表现出来"④。但是，由于有各个资本家之间的相互竞争，这些规律彼此制约，还可能在作用中变形，例如人为的或自然条件的垄断虽然不能根本改变某些客观界限，却可能使这些界限变动。⑤"世界市场、世界市场行情，市场价格的变动，信用的期限，工商业的周期，繁荣和危机的交替"等等也都会按不同的方式"对生产当事人表现为不可抗拒的、自发地统治着他们的自然规律，并且作为盲目的

---

① 《资本论》第 3 卷，人民出版社 1975 年版，第 959 页。
② 《资本论》第 3 卷，人民出版社 1975 年版，第 973 页。
③ 《资本论》第 3 卷，人民出版社 1975 年版，第 936 页。
④ 《资本论》第 3 卷，人民出版社 1975 年版，第 939 页。
⑤ 《资本论》第 3 卷，人民出版社 1975 年版，第 967、973 页。

《资本论》基本理论在终篇的具体化

必然性对他们起作用"①。最后,竞争则会使必然性表现为偶然性,客观性表现为主观性,这种嬗变,在资本主义条件下是必然发生的,因而本身又带有规律性。

在讲到资本的运行时,终篇还有两个很重要的思想。其一,社会生产虽然在社会表面上是无政府的,但其本质却是按比例进行的。马克思分析道,在资本家中间,占统治地位的是极端的无政府状态,"在这种状态中,生产的社会联系只是表现为一种不顾个人的自由意志而压倒一切的自然规律"②。可见,这种无政府状态中包含着"压倒一切的自然规律"。在马克思看来,价值规律"在生产的各种偶然变动中,维持着生产的社会平衡"③。其实,各部门乃至各个资本的竞争、对利润的追逐,就是"资本的平均化过程",利润率的平均化过程,本身就是以特有的方式反映社会对各部门生产的商品量的需要。也就是说,资本在各部门的流动或分配,利润率的平均化,从根本上来说,是由更深层的社会需要,或各部门的合理比例决定的,因为利润率的高低是以能否满足社会需要以及满足的程度决定的。这种意思,马克思在《剩余价值理论》第三册末篇表达得更为明确:整个阶级的总资本根据生产的需要在不同的特殊领域之间进行分配。④可见,总资本的运行,尽管呈现出极端的无政府状态,但从长期看,仍然是以"试错"的方式不断地调整各个资本家的行为方向和力度,以至于在客观上反映了较长时期的比例关系,基本上满足了这个长时期的各种社会需要,因而表现了某种程度的合理性,构成资本运行的基本内容或合理内核。它作为一种内在的东西,虽然不会在社会表面上直接表现,却又必然要起作用,不断地矫正偏离。既然在生产中,一切内在的东西都会颠倒表

---

① 《资本论》第3卷,人民出版社1975年版,第939页。
② 《资本论》第3卷,人民出版社1975年版,第996—997页。
③ 《资本论》第3卷,人民出版社1975年版,第995页。
④ 《马克思恩格斯全集》第26卷第3册,人民出版社1974年版,第576页。

现，那么，这种比例性也要以特殊的方式颠倒表现。可以说，在资本主义私有制条件下，无政府状态就是这种按比例发展的特殊表现方式。

其二，表面看，个别资本的生产是有组织的，但根子里却是无政府的。在第一、二卷，马克思的研究已说明，在个别企业内部，其生产是有组织的，人、财、物、供、产、销，无不注意保持比例平衡。但是，在私有制商品经济中，各个企业的生产都是彼此独立进行的，因此都必然具有无政府性。在终篇，马克思又指出："社会劳动的分配，它的产品的互相补充，它的产品的物质变换，它的从属和加入社会机构"，都"听任资本主义生产者个人偶然的、相互抵消的冲动去摆布"[1]。而这些生产当事人既根本不了解各个时期中社会生产的比例关系，也根本不了解较短时期的社会需要，只是根据价格波动的晴雨表决定自己的经济行为，因而本质上是无政府的。可见，资本主义社会生产的无政府只是一种状态，其根子在于生产当事人的无政府性。正因为这样，所有的资本运动当事人都"高声地责骂对社会生产过程的任何有意识的社会监督和调节"[2]。可以说，在这种场合，有组织是在短期的现象上表现出来的，无政府性则是长期被掩盖着的内在本质。

但是，也不能以为个别资本家都不顾市场和社会的需要而为所欲为地生产，他们也还要经常按照市场价格的变动经常调整投资的方向和力度。如果说，在资本主义初级阶段这就是价值规律的调节，那么，在资本主义较为发展的阶段上，价值已经转型为生产价格，所以，"整个资本主义生产过程，都是由产品的价格来调节的，而起调节作用的生产价格，又是由利润率的平均化和与之相适应的资本在不同社会生产部门之间的分配来调节的。因此，在这里，利润不是表现为产品分配的主要因素，而是表现为产品生产本身的主要因素，即资本和劳动本身在不同生产部门之间分配的

---

[1] 《资本论》第3卷，人民出版社1975年版，第995页。
[2] 《资本论》第1卷，人民出版社1975年版，第395页。

因素"[①]。这种包含有利润平均化规定的调节,实际上就是资本主义条件下价值规律的调节的具体化。马克思在第一卷说过,这是一种自发的事后的调节。但是,由于利润平均化,并且由于平均利润形成以后在一段较长的时期内相对稳定,特别是由于再生产的连续性,"它的结果会不断表现为它的前提",结果,平均利润就"会在资本家本人的观念和计算中实际成为一个起调节作用的要素","它决定资本由一个投资部门到另一个投资部门的转移",而且"对一切销售和包括长期再生产过程的契约来说,都起着调节作用"[②]。显然,对资本家来说,由于利润率是预先知道的、确定的,包含剩余价值总分配规定的调节,因此在实际过程中,价值规律的调节在转化为生产价格的调节后,因利润率似乎实现已确定、并普遍发挥作用,在某种意义上已变为"事先的"、"有意识"的调节了,这也意味着内在的、客观的尺度在外化的时候被颠倒地主观化了。只不过这不是关于社会化大生产比例关系的意识,而是追逐平均利润的意识。但是,也不要小看这种意识,在资本主义社会,正是也只有这种意识,才导致主体行为不会偏离整个社会生产按比例发展的客观要求太大、太久。换句话说,一旦整个社会的再生产比例关系的不平衡积累达到一定程度,不同部门利润率的差距必然显现出来,即使还没有发生经济危机,各个资本家也会因为对较高利润率的追逐而抓紧调整投资的方向和力度——尽管还是滞后的、盲目的。——所以,根据利润率的较大变动进行某种"有意识"的调节是一个经济周期中调整比例关系不平衡的重要机制。这显然和资本主义初级阶段、价值转化为生产价格以前的价值规律的调节有明显的差别,因为那时的价值中还没有包含剩余价值总分配的规定。当然,这样说并不意味着资本主义生产总体也是可以"有意识"调节的。

[①] 《资本论》第3卷,人民出版社1975年版,第998页。
[②] 《资本论》第3卷,人民出版社1975年版,第984页。

二、作为具体对象的资本运动

社会总资本的运动既是典型的，又是具体的，作为典型过程，它是纯粹的特殊过程，作为具体过程，它离不开一般过程，与一般过程相互渗透、作用。所以，资本理论的具体化还要将特殊过程与一般过程结合起来考察。在终篇，这方面研究至少有两个方面：

其一，与一般剩余价值实体生产的关系。

在《资本论》原手稿终篇的开头处，在说明资本运动当事人的分赃以一定的剩余价值为前提时，一方面说明，无论从总分配看，还是从狭义的即剩余价值的分配看，在再生产过程中，为了防止意外和危险，"利润的一部分，即剩余价值的一部分，从而只体现新追加劳动的剩余产品（从价值方面来看）的一部分，必须充当保险基金"。这是资本家的收入中既不作为收入来消费也不一定用作积累的唯一部分，也是"甚至在资本主义生产方式消灭以后，也必须继续存在的唯一部分"①。显然，马克思这里所指的"一部分剩余价值"，具有一般过程的性质。这表明资本的运动也要遵循社会生产的一般规律。

与一般剩余价值的生产相联系，马克思特别强调了剩余劳动生产率、强调了生产条件优劣的重要性，他指出："社会的现实财富和社会再生产过程不断扩大的可能性；并不是取决于剩余劳动时间的长短，而是取决于剩余劳动的生产率和这种剩余劳动借以完成的优劣程度不等的生产条件。"② 这里的论述，从最直接的字面意义看，是在揭示一种包括资本主义在内的一切社会经济形态的共同的"自然必然性"。在第一卷第四篇以前，马克思主要是从剩余劳动时间与必要劳动时间的关系来说明剩余价值的生产，剩余价值形式的变化。在那里，我们看到，由于劳动力的价值和劳动

---

① 《资本论》第 3 卷，人民出版社 1975 年版，第 958 页。
② 《资本论》第 3 卷，人民出版社 1975 年版，第 926 页。

力在使用过程中创造的价值两者之间有差额,这个差额就构成了资本家的剩余价值。人们大多认为,这就是剩余价值生产的秘密。其实,这样的说明还是比较抽象的。如果人们的劳动生产率很低,——即马克思所说的绝对的劳动生产率①,——以至一天的劳动所创造的产品只能维持劳动者一天的生活,那么上述差额便无由产生,显然,没有一定的即"相对的劳动生产率",便没有剩余价值的生产。由此观之,这种一般意义的剩余价值并非由特殊的资本运动才开始创造,而是一般过程必然产生的。"一般剩余劳动,作为超过一定的需要量的劳动,必须始终存在。只不过它在资本主义制度下,像在奴隶制度等等下一样,具有对抗的形式"②。在终篇,马克思有意将特殊过程与一般过程联系起来,因此必然突出剩余劳动生产率的作用。在这里马克思还写道:"按照劳动生产力发展的不同情况,剩余劳动可以在一个小的总工作日中显得大",因此,只要生产条件优越、劳动生产率高,即使工作日缩短,剩余价值仍可能增加,从而资本主义财富亦可扩大,剩余劳动生产率的提高,当然也会作用于整体劳动。结果"产品价值的一个较小的部分,就能够在实物形式上全部补偿不变资本部分。这时,余下的部分就可以用来形成新的追加资本,或者可以使较大部分的产品采取消费资料的形式,或者使剩余劳动减少"③。必须看到,这种情况并不始终适用于个别资本。因为由劳动生产率提高可能使更多的工资、更多的不变资本,因而更多的利息加入部分产品或单个商品,并且其不变资本也可能贬值。马克思指出:后面"这种情况只与单个资本家有关"④。所以,提高剩余劳动的生产率,乃是总资本的一种具体规定,它不仅更符合总资本生产的实际,而且预示了总资本生产的发展。事实证明,总资本的

---

① 《马克思恩格斯全集》第26卷第1册,人民出版社1972年版,第143页。
② 《资本论》第3卷,人民出版社1975年版,第925页。
③ 《资本论》第3卷,人民出版社1975年版,第960页。
④ 《资本论》第3卷,人民出版社1975年版,第958页。

这种规定是越来越发达了。

与一般剩余价值的生产相联系,马克思还特别强调了资本积累。在阐明了"一般剩余劳动,必须始终存在"之后,马克思还接着说:"为了对偶然事故提供保险,为了保证必要的、同需要的发展以及人口的增长相适应的累进的扩大再生产(从资本主义观点来说叫作积累),就需要一定量的剩余劳动。"① 资本运动虽然是特殊过程,但它要发展,也一定要有积累。实际上,这是第一卷已经阐明清楚的道理了。但是,马克思在《资本论》的终点处强调这一点,还有特别的意义,就是谈到"资本的文明面"。他写道:像野蛮人为了满足自己的需要,必须与自然进行斗争一样,"文明人也必须这样做","这个自然必然性的王国会随着人的发展而扩大,因为需要会扩大",并且"满足这种需要的生产力同时也会扩大"。毫无疑问,相对于以往的社会,资本主义就是一种文明社会,尽管不是文明社会的最高形态,而是有重大的、根本性缺陷的文明社会。但这种自然必然性,即物质生产的扩大,对资本主义来说也不例外。当然,在这种社会里,人的发展,人的需要只是实现并扩大资本剥削需要的手段。但是,马克思明确地指出:"资本文明面之一",乃是"它榨取剩余劳动的方式和条件,同以前的奴隶制、农奴制等形式相比,都更有利于生产力的发展,有利于社会关系的发展,有利于更高级的新形态的各种要素的创造"②。这三个"有利于"当然是特殊的、相对的,所以这种文明面,既不能否认,也不能夸大。资产阶级经济学家施托尔希是不顾其局限性,将资产阶级生产说成是单纯满足国民需要而工作的总体,当然要受到马克思的批判。③ 还要看到,它所涉及的是生产力的发展、生产关系的发展、社会形态的发展等,这些都是研究经济发展的最根本、重要的方位,正因为这样,这三个

---

① 《资本论》第3卷,人民出版社1975年版,第925页。
② 《资本论》第3卷,人民出版社1975年版,第925、926页。
③ 《资本论》第3卷,人民出版社1975年版,第962、963页。

"有利于"还有一般的、绝对的意义。它对一切社会形态都有指导意义。这表明，特殊的、典型的资本运动包含有一般过程的基本规定，对它的研究应该注意析出这种一般规定。但是，马克思也告诫人们，不要因见到统一……就忘记了本质的差别。而忘记这种差别，正是那些证明现存社会关系永存与和谐的现代经济学家的全部智慧所在。①

在终篇，马克思在深刻地揭示资本的野蛮性、剥削的基础上，公正地反映它的文明面。这样，资本理论就更全面、更客观，并且也更富历史感和客观性。这对于我们观察和研究当代资本主义国家的实际状况是十分有教益的。

其二，资本运动以商品经济为其运行形式，所以马克思又把资本的运动和商品经济综合起来考察。

他指出资本主义生产一开始就有两个特征，其一是劳动力成为商品，"劳动就表现为雇佣劳动"②，资本本身也是商品，也有其价值形式。正是这种商品的性质，"即1. 产品作为商品和2. 商品作为资本产品的性质，已经包含着一切流通关系，即产品所必须通过并由以取得一定社会性质的一定的社会过程；同样，这种性质也包含着生产当事人之间的一定的关系，这种关系决定着他们的产品的价值增殖和产品到生活资料或生产资料的再转化"③。对此，我们可以进一步领悟：在马克思看来，这种商品并非那种抽象的简单商品，——在理论上，那种商品的交换是等价的，交换是

---

① 《马克思恩格斯全集》第46卷上册，人民出版社1979年版，第22页。
② 《资本论》第3卷，人民出版社1975年版，第995页。从字面看，这里说的第一个特征似乎是："它生产的产品是商品"。但是如果细看原文，我们就会发现，这是一种误解。这里的论述并不是从具体过程中抽象出一般性的特征，相反地，是把一般性的特征具体化。就在"它生产的产品是商品"后面，他紧接着说："使它和其他生产方式相区别的，不在于生产商品，而在于，成为商品是它的产品的占统治地位的、决定的性质。这首先意味着，工人自己也只是表现为商品的出售者，因而表现为自由的雇佣工人，这样，劳动就表现为雇佣劳动。"这样看来，这个特征指的是劳动力成为商品，与此相联系的是资本也具有商品形式。
③ 《资本论》第3卷，人民出版社1975年版，第995页。

第六章 科学的资本理论在终篇的具体化

为了满足自己的需要,——而是劳动力广泛成为商品①以后的、典型化的、成熟的商品,这种交换使商品包含的并非社会表面上呈现的那种平等的交换关系,而是一种决定着资本家能够价值增殖并且能够再生产的关系,这决定了必须有一部分人只能出卖劳动力,同时,也决定着,这种具有商品形式的交换的内容一开始就是不平等的。这也意味着商品经济作为一般过程并不单独存在,而是寓于一定的特殊过程之中,并由此而具体化,导致原有商品及其规定的转型,"在这个十分独特的价值形式上,一方面,劳动只作为社会劳动起作用;另一方面,这个社会劳动的分配,它的产品的互相补充,它的产品的物质变换,它的从属和加入社会机构,却听任资本主义生产者个人偶然的、互相抵消的冲动去摆布"②。因为有这种变化,"在商品中,特别是在作为资本产品的商品中,已经包含着作为整个资本主义生产方式的特征的生产的社会规定的物化和生产的物质基础的主体化。"③ 反之,特殊过程也不能离开一般过程,没有它的一般规定,"任何生产都无从设想"④。当然,两者不是彼此混搭,而是实行以一方为主的互相融合,表现为资本主义商品经济。

关于资本主义生产的第二特征:"生产剩余价值是生产的直接目的和决定动机",从其论证看,主要是说明"生产资料采取资本的形式"⑤,这又意味着"资本本质上是生产资本的,但只有生产剩余价值,它才生产资本",意味着资本家作为资本的人格化在社会生产过程中取得绝对的权威

---

① "资本主义时代的特点是,对工人本身来说,劳动力是归他所有的一种商品的形式,他的劳动因而具有雇佣劳动的形式。另一方面,正是从这时起,劳动产品的商品形式才普遍化。"(《资本论》第1卷,人民出版社1975年版,第193页脚注(41))
② 《资本论》第3卷,人民出版社1975年版,第995页。
③ 《资本论》第3卷,人民出版社1975年版,第995—996页。
④ 《马克思恩格斯全集》第46卷上册,人民出版社1979年版,第22页。
⑤ 《资本论》第3卷,人民出版社1975年版,第997页。

地位。① 从资本运动的角度看，这是不言而喻的，但这还不够，因为特殊过程离不开一般过程而发展。所谓"生产资料采取资本形式"，意味着这种生产资料的规模已经很大，效能已经很高，生产力发展水平也已经很高，并且一般过程的发展水平已经达到一定的高度，只有已经积聚了大量资本的资本家才能采用。同时，也意味着资本要发展劳动的社会生产力，也和商品生产分不开。首先，正如马克思早就说过的，资本是通过生产商品来生产剩余价值；其次，还因为商品生产本身是一种产品能够价值增殖的经济形态。道理很简单，因为商品生产、交换与生产力的发展有直接的关系，没有一定的相对劳动生产率，就没有剩余产品，就不可能有交换，就没有商品。换言之，在资本主义以前，尽管生产力水平很低，但剩余产品还是有的，因而剩余劳动已经存在。人们可以说价值增殖是资本主义生产特有的，但不能说只有资本才发明剩余劳动。只不过资本赋予了商品生产中的剩余劳动以"独特的资本主义性质"。② 还有，更因为商品生产有成本价格这一"最有力的杠杆"，有联系最广的社会生产过程，便于提高资本生产力，便于生产资料向资本形式的转化、资本的积累，便于权威管理的形成和强化。最后，这些权威的执掌者也"不过作为商品所有者互相对立"③，所形成的社会联系也是一种商品经济的联系，只不过是特殊的商品经济联系。

---

① 《资本论》第3卷，人民出版社1975年版，第996页。就第二个特征看，也并非主要说明它的目的和动机，而在于说明实现这一目的的过程的资本形式：资本的生产力、资本的人格化和社会联系。在论述过这三个方面之后，马克思接着写道："只是由于劳动采取雇佣劳动的形式，生产资料采取资本的形式这样的前提，……价值（产品）的一部分才表现为剩余价值……"这一段话一方面可以看成是两个特征的概括，另一方面则表明这两个特征与分配的关系。因此，不能认为两个特征构成独立的问题或层次。反之，作为资本主义分配关系的"前提"，它应属于从第993页第四段开始的第二个层次或问题：资本主义关系决定分配关系。只有这样理解，才好把握整章的逻辑结构，也才好理解它与本章题目的内在联系。

② 《资本论》第3卷，人民出版社1975年版，第990页。

③ 《资本论》第3卷，人民出版社1975年版，第995页。

第六章 科学的资本理论在终篇的具体化

由于联系商品生产,资本运动也将商品的拜物教性质发挥到极致,使之转型为资本拜物教。与开篇所说的简单的商品拜物教性质不同,这是一种"统治的、从而是典型的形式"①。在终篇,马克思指出:"在商品中,特别是在作为资本产品的商品中,已经包含着作为整个资本主义生产方式的特征的生产的社会规定的物化和生产的物质基础的主体化。"② 换句话说,就是"人格的物化"和"物的人格化"的对立在资本的产品中统一了。商品经济既是资本运动的方式,同时它本身又是在资本关系的培育下繁盛起来的。因此,在理论过程中,资本理论对劳动价值理论的完成具有不可忽视的反馈作用。

诚然,就劳动具有雇佣劳动的特殊社会性质来说,它不形成价值。"当我们把劳动确定为形成价值的要素时,我们不是从它作为生产条件的具体形式上来考察它,而是从一种和雇佣劳动的社会规定不同的社会规定性上来考察它。"③ 但是,马克思也发现了雇佣劳动和一般劳动两者的关系:"社会劳动时间在商品价值上作为决定要素起作用的一定形式,是同劳动作为雇佣劳动的形式,以及与此适应的生产资料作为资本的形式有关的,因为只有在这个基础上,商品生产才成为生产的一般形式。"④

根据劳动价值论的一般规定,劳动是彼此独立的生产者分散进行的。这样,价值所反映的社会联系就是有限的。而在资本关系下,劳动的社会联系已从流通领域扩展到直接生产领域,即在各个资本的企业中部分实现。在资本平均化、利润率平均化后,这种社会联系就更加广泛、更为深刻了,这必然导致价值规定内容的具体化。产品作为商品和商品作为资本产品的性质"包含着生产当事人之间的一定关系",由此,"就会得出全部

---

① 《资本论》第1卷,人民出版社1975年版,第99页。
② 《资本论》第3卷,人民出版社1975年版,第995—996页。
③ 《资本论》第3卷,人民出版社1975年版,第930页。
④ 《资本论》第3卷,人民出版社1975年版,第997页。

价值决定和得出全部生产由价值来进行调节"①。总资本实际上是由许多个别资本相互作用而构成的,这些资本的竞争虽然产生许多偶然性,并产生价格对起调节作用的生产价格的偏离,但同时又使"各次偏离的界限比较狭窄"、"各次偏离的平衡具有规律性"②。显然,包括了这样的内容之后,价值规律就更为丰富和具体了。

前面我们已经看到,总资本的生产过程不断进行,必然造成劳动生产率迅速提高,这种规定对劳动价值论诸规定的作用,在第二章中我们已有了解,这里就无需赘述了。

资本理论在终篇的完成或规定的具体化,既"阐明马克思对资本主义基础上的社会再生产过程的研究的最终结论",又"科学地分析资本主义社会形态"③,实现了马克思几十年科学研究的目的。它科学地使一般的抽象的规定在逻辑行程中具体地再现客观对象,因而,这一研究不仅是理论内容的完成,同时也是其科学方法的光辉结晶,并且也充分反映了他的研究对象的科学性,更是对劳动价值论的理论验证及其发展的理论条件。可以说,这是马克思科学理论的最高成就,是其理论体系王冠上的宝石。

具体的资本理论还应该是有"预示之点"的理论。马克思说:"我们的方法表明必然包含着历史考察之点,……另一方面,这种正确的考察同样会得出预示着生产关系的现代形式被扬弃之点,从而预示着未来的先兆,变易的运动。一方面,如果说资产阶级前的阶段表现为仅仅是历史的,即已经被扬弃的前提,那么,现代的生产条件就表现为正在扬弃自身,从而正在为新社会制度创造历史前提的生产条件。"④ 在终篇,的确可以发现有许多预示性的深刻论述。在考察资本运动过程中,马克思发现它

---

① 《资本论》第3卷,人民出版社1975年版,第995页。
② 《资本论》第3卷,人民出版社1975年版,第973页。
③ 《资本论》第2卷,人民出版社1975年版,第25页。
④ 《马克思恩格斯全集》第46卷上册,人民出版社1979年版,第458页。

与社会化大生产的紧密联系，从而揭示它与生产力发展趋势的矛盾关系，并且顺理成章地说明按照生产力发展的辩证法，在资本运动成为历史的地方，社会生产力发展应该具有的最一般的规定。鉴于本章的篇幅已经够大，所以这些问题只好安排在后面的章节中探讨。

资本理论的完成不仅给我们以极高的理论享受，而且还给我们以深刻的启迪。诸如其中资本的文明面与剥削面统一，资本与商品化、社会化的关系（如果从全三卷对总资本的论述来看，还有和工业化的关系），资本的历史地位等规定，是今天我们认识、研究当代资本主义的唯一科学的理论基础，再如其中的资本所有权规定，特别是它不在逻辑过程起点而在终篇作为最根本的东西提出，对我们的理论研究和教学就更有指导意义。现在的政治经济学教科书，往往一开始就将具体的所有制提出来。这样做，实际上是将复杂的关系提到简单规定前面，而这正是马克思批评的在科学以前就将科学提出来的做法，因而是不合逻辑的。所以，要合理地逻辑地进行科学研究并再现对象，就得深入地研究、理解、品味马克思完成的资本理论。

第三节　剩余价值的总分配

在第一卷，马克思已经论证，从连续的再生产来看，剩余价值以资本主义生产为前提，资本积累又以剩余价值为前提。① 所以，剩余价值是资本的题中应有之义。但是，无论从作为直接生产过程的结果来看，还是从范畴本身来看，剩余价值都是有别于资本的。所以，终篇在结合分配考察社会总资本的社会表象时，还对它的结果剩余价值的总分配进行深入的研究。

---

① 《资本论》第1卷，人民出版社1975年版，第781页。

《资本论》基本理论在终篇的具体化

不过，毕竟"剩余价值和剩余价值率相对地说是看不见的东西，是要通过研究加以揭示的本质的东西。利润率，从而剩余价值的形式即利润，却会在现象的表面上显示出来"①。因此，在社会表面，只有利润、利润率的存在，在资本主义生产当事人的意识中，在资产阶级学者的理论中，也只有利润、利润率的范畴或概念。与此相联系，必然产生产业利润、商业利润、利息、地租等范畴。按照研究的逻辑发展，在分别研究过这些比较具体的范畴之后，终篇在分析批判"三位一体公式"错误的时候，直接指对的是剩余价值的具体形式即利息和地租，似乎没有必要再反过来研究抽象形态的剩余价值。但是，在终篇马克思还有四十多处提到剩余价值，许多地方还有专门的论述。显然，这是马克思有意所为的。当然，这里涉及的已经不再是原来那种在比较抽象条件下还没有分化的个别的剩余价值了，而是将剩余价值作为总资本的产物，作为统一的总体来研究的。之所以这样处理思想材料或安排逻辑范畴，是因为只有这样才便于厘定它的总量规模即可用于分割的限额，也便于阐明它与总工资的变动之间的关系。显然，这样的研究与社会总资本的研究既是异曲同工的，又是对后者的必要而有益的补充，可充实资本理论。正因为这样，我们在考察了资本理论的具体化之后再来研究终篇对剩余价值的总体变化、它的结构变化的说明，是很有必要的。

一、剩余价值的总分配是资本运动的重要环节

终篇给人的最初印象是讲分配问题，并且从篇目标题以及各章所涉及的内容来看，还似乎是讲总收入在三大阶级间的分配。这样的印象使人们没有注意到我们在前面的研究中所探讨的问题，并且还可能在理解终篇的分配理论时，没有注意到这里所论述的实质是剩余价值的分配。马克思指出："在考察分配关系时，人们首先是从年产品分为工资、利润和地租这

---

① 《资本论》第3卷，人民出版社1975年版，第51页。

第六章 科学的资本理论在终篇的具体化

种所谓的事实出发。但是,把事实说成这样是错误的。"① 之所以说是错误的,是因为它将分配关系归结为三大阶级一起进行分配,而实质上工人阶级并没有参加分配,分配的实质是剩余价值的分配。因此,不能望文生义地理解终篇篇目的"各种收入"。只要我们注意到第三卷尤其是终篇的研究对象,以及终篇与全三卷的关系,就会认识到它作为全书的终篇,作为剩余价值的生产、流通和分配这条主线的终点,讲的必定是剩余价值的分配。恩格斯说过:"剩余价值的分配就像一根红线一样贯串着整个第三卷。"② 所以,我们在研究终篇的分配理论时,必须充分认识到剩余价值分配在整个分配理论中的分量和中心地位。

和终篇的对象相适应,这里研究的自然是总剩余价值。在第三卷前面,马克思已经说明:在利润率平均化后,剩余价值的生产就"不以特殊生产部门本身为转移"③ 了。在终篇,情况更是这样:"当我们在这里说利润是归资本所有的那部分剩余价值时,我们所指的是平均利润(等于企业主收入加上利息),它已经由于从总利润(在数量上和总剩余价值相等)中扣除地租而受到限制。"④ 显然,这里所涉及的平均利润、剩余价值,指的都是总体。

从研究方法上看,马克思假定全部剩余价值都能够实现,这样做就可以不考虑在单个资本的场合部分商品包含的剩余价值没有实现的问题。⑤ 这样将利润、利息、地租的总和再归结为剩余价值之所以必要,还因为这样处理,可以在考察它与工资的此长彼短时,不必再涉及利润、地租等具体形式。诚然,在终篇马克思虽然常谈到利润、利息和地租这些剩余价值的具体形式,但与之相比,对剩余价值总体的论述还有相当的比重,而且

---

① 《资本论》第3卷,人民出版社1975年版,第993页。
② 《马克思恩格斯全集》第22卷,人民出版社1965年版,第512页。
③ 《资本论》第3卷,人民出版社1975年版,第185页。
④ 《资本论》第3卷,人民出版社1975年版,第927页。
⑤ 《资本论》第3卷,人民出版社1975年版,第941—942页。

在这里有时利润还"被理解为剩余价值的一般形式"。① 在一至六篇研究了它的各种具体形式之后,在终篇再把它们作为统一的总体来说明,这是典型的"解构——重构"方法的运用。这种重构的必要性,还因为便于阐明剩余价值在社会表面如何被颠倒表现。在社会表面上"剩余价值分解成各个不同的特殊部分,而这些部分又与各种不同的、只是在物质上不同的生产要素……发生关系,只要剩余价值一般获得特殊的、彼此无关、互不依赖、由各种不同的规律调节的形态,那末,剩余价值所有这些形态的共同的统一体(剩余价值本身),从而这个共同的统一体的性质,也就愈来愈无法辨认"②。如果只讲具体形式不讲一般内容,就会淡化一般内容。所以,在终篇研究剩余价值总体,其意义不可低估。

在涉及剩余价值各个部分在社会表面上的具体表现时再突出一般的剩余价值,还具有批判的意义。在社会表面上,完全看不到有什么剩余价值,只看到利润、利息、地租等具体形式。"古典经济学把利息归结为利润的一部分,把地租归结为超过平均利润的余额,使这二者在剩余价值中合在一起;此外,把流通过程当作单纯的形态变化来说明;最后,在直接生产过程中把商品的价值和剩余价值归结为劳动;这样,它就把上面那些虚伪的假象和错觉,把财富的不同社会要素互相间的这种独立化和硬化,把这种物的人格化和生产关系的物化,把日常生活中的这个宗教揭穿了。这是古典经济学的伟大功绩。"③ 可见,把各种固定的和彼此异化的财富形式还原为它们的内在的统一性,再用以与这些异化形式相比较,具有多么重大的意义。诚然,由于古典学派从来没有剩余价值的概念,并且他们大都一身二任,既是理论家,又是资本家,所以全都是从资产阶级的观点出发,因而必然"或多或少地被束缚在他们曾批判地予以揭穿的假象世界

---

① 《资本论》第 3 卷,人民出版社 1975 年版,第 959 页。
② 《马克思恩格斯全集》第 26 卷第 3 册,人民出版社 1974 年版,第 538 页。
③ 《资本论》第 3 卷,人民出版社 1975 年版,第 938—939 页。

第六章 科学的资本理论在终篇的具体化

里,因而,都或多或少地陷入不彻底性、半途而废和没有解决的矛盾中。"① 可见,在分别研究剩余价值的各种具体形式之后再反过来研究一般的剩余价值,有利于在形式的区别中突出统一的本质,将外在的具体形式的研究与内在的本质规定紧密联系在一起。

必须看到,这里的剩余价值总体是解构后重构的,和在第一卷研究的剩余价值是有不同的。在第一卷,单个资本尽管具有很独立的形态,可以自主行为,但马克思着重研究的是社会总资本,在逻辑过程中,单个资本还只是作为社会总资本的细胞,与后者相比是抽象的,因此,作为其产物的剩余价值也必然是抽象的,是"撇开了它的特殊形态"②的,而且它还是没有实现和被分割的。那里的规定就其所处的理论逻辑阶段来说,当然是科学的,但从理论必然上升的内在逻辑看,却是未完成的。实际上,"把剩余价值……理解为一般范畴"的,并不仅仅马克思和恩格斯两人,斯密有时也这样看③,只不过他没有科学论证,而且将它和它的具体形式混为一谈。因此,没有看到这种抽象性,就不能了解其发展的必要性,对马克思的剩余价值理论的理解就必然不全面。再说,事物作为"总体的运动"自然"不同于这一总体的独立器官的运动"④,剩余价值作为一个总体,和作为单个资本的产物,各自运动的规律及包含的关系都有不同。作为总体,其规定更为复杂,这当然要在理论过程的终点才能再现。

在《资本论》第一卷,我们已经看到,剩余价值是由可变资本雇佣的劳动者创造的。在其他条件不变时,剩余价值量以一定资本中的可变资本

---

① 《资本论》第3卷,人民出版社1975年版,第939页。
② 《马克思恩格斯〈资本论〉书信集》,人民出版社1976年版,第225页。
③ "亚·斯密把剩余价值,即剩余劳动——已经完成并物化在商品中的劳动超过有酬劳动即超过以工资形式取得自己等价物的劳动的余额——理解为一般范畴,而本来意义上的利润和地租只是这一般范畴的分枝。"(《马克思恩格斯全集》第26卷第1册,人民出版社1972年版,第60页)
④ 《资本论》第1卷,人民出版社1975年版,第367页。

量为转移。在那里,剩余价值是与特定的生产资本紧密联系的。如果将这种规定绝对化,将会对剩余价值的占有归结为一定企业的生产资本。实际上,第一卷的研究是以单个资本为对象的,并以这个资本为整个资产阶级的总代表,因此是比较抽象的。经过第二卷对年剩余价值的研究,马克思在第三卷研究剩余价值转化为利润、平均利润时又指出:"一定量的无酬劳动""不以特殊生产部门本身为转移"。① 这样,就导致第一卷所阐明的规定转型了。但是,在第三卷一至三篇的研究还只限于产业部门,所以这种具体化还须进一步发展。在分别考察了剩余价值的其他形态之后,马克思在终篇又指出:"资本的平均化过程""使商品的相对平均价格同它们的价值相分离,使不同生产部门(完全撇开每个特殊生产部门内的单个投资不说)的平均利润同特殊资本对劳动的实际剥削相分离"。结果,就使"特殊资本的平均利润不同于这个资本从它所雇用的工人身上榨取出来的剩余价值"②。之所以这样,是因为有"把资本构成较高的部门产品中所包含的不足的剩余价值,提高到平均利润率的水平"③ 这样的资本运行机制发生。在这里,马克思不仅告诫说,不能就每个特殊部门内的单个投资来说明对剩余价值的实际剥削,而且还说明剩余价值的生产和剩余价值的最后源泉,对各生产部门的资本来说并非完全一致,只有对社会总资本来说两者才是完全一致的④,由是,他就把关于剩余价值生产的规定向前推进了。由此观之,参与利润平均化的,除了各部门的生产资本外,还有非产业资本。所以在这里,马克思还说明了企业主利润中包括商业利润和货币

---

① 《资本论》第 3 卷,人民出版社 1975 年版,第 185 页。
② 《资本论》第 3 卷,人民出版社 1975 年版,第 936、937 页。
③ 《资本论》第 3 卷,人民出版社 1975 年版,第 1027 页。
④ 根据马克思的逻辑方法,在《资本论》第三卷第十章所说的两种总量相等(即社会总价值量=社会总生产价格量,社会总剩余价值量=社会总平均利润量)还是比较抽象的,那里考察的侧重点还是部门资本,只到了终篇,这一规定才具体化,在这里,社会总剩余价值量=总利润+总利息+总地租。中外学者在这个问题上的讨论都忽略第十章的对象和第三卷的方法。

第六章 科学的资本理论在终篇的具体化

经营业利润,由此说明对剩余价值的实际剥削和剩余价值的生产相分离。如果我们不是把这里所阐明的规定彼此独立起来,那么我们就应当意识到,只有从总体剩余价值与社会总资本的关系来领会剩余价值的来源,才有利于说明非产业资本家(包括土地所有者)对剩余价值的实际占有是他们与产业资本家共同剥削雇佣工人,将剩余价值的占有与生产紧密联系起来。这样,才便于在阐述剩余价值的各种具体形式时说明后者对前者的掩盖。

还要看到,这里研究的资产阶级财富总体涉及的是它的运动全过程,与此相应,剩余价值作为总体的分配也就不是生产和流通以外的事情了。根据马克思的科学方法,理论过程的终点是整个理论过程的包含和超越,所以,这里的分配,应理解为包含剩余价值的生产、流通诸规定在内的总过程(以下我们就简称为剩余价值总分配),因为剩余价值的分割是以利润率平均化为前提的,而利润率的平均化不但使资本在不同部门之间的分配与之相适应,而且调节生产价格,调节整个资本主义生产过程①,同时它又是在再生产过程中确定和变动的。所以,剩余价值的总分配不是单纯的分割。

我们已经知道,马克思在终篇还使劳动价值理论和资本理论具体化,这些都与阐明剩余价值的总分配有直接关系。因为不了解分配的客体的性质,就无法说明分配。对此,连斯密也意识到了,他"把价值论和分配论联系起来,或者说,从价值论转向分配论"。② 他认为,在资本已经积累,土地已经私有的情况下,商品的价值由工资,利润和地租三个因素构成。基于这种"教条",他建立了第二种分配理论。这种分配论虽然是庸俗的,

---

① 《资本论》第3卷,人民出版社1975年版,第998页。
② 季陶达:《英国古典政治经济学》,三联书店1960年版,第84页。

《资本论》基本理论在终篇的具体化

但在分析价值构成的基础上来说明分配,从方法上①看还是有合理之处的。马克思在终篇也是这样,他从批判萨伊的"三位一体的公式"入手,说明构成社会总收入的,只是工人年劳动创造的新价值,只涉及剩余价值和可变资本转化的部分,不包括不变资本部分,这样,不仅可供分配的实体及其大小被确定了,而且在涉及价值实体的源泉时,应该先联系比较一般的内容。这样利息、地租——剩余价值——价值源泉,经过剩余价值这个比较抽象的范畴,显得比较顺当,如果直接讲利息、地租的源泉是社会劳动,有逻辑跳跃之嫌。

马克思在论述剩余价值的总分配时,还紧紧联系社会总资本的再生产过程。"照最浅薄的理解,分配表现为产品的分配,因此它离开生产很远,似乎对生产是独立的。"②其实,就剩余价值的分配说,情况并非如此,且不说平均利润率的确定离不开再生产过程,就剩余价值本身来看,它也不是纯粹静态的待分割之物。马克思认为,它是"一种支配再生产的关系……"③由是,在终篇,他并没有孤立地说明剩余价值的总分配,而是深入地分析这种总分配与资本主义生产总过程的关系,说明这种"分配关系只是历史规定的生产关系的表现"。④

当然,价值理论和资本理论的具体规定与剩余价值分配的规定的联系,还可以从别的方面来理解,但仅仅上面的分析就可看出,这样研究问题,必然使马克思能够有更坚实的基础、更高的立足点和更广阔的视野来研究总分配问题,使之既深刻又新颖。

---

① 马克思指出,斯密的方法具有二重性:生理学研究和现象学研究,虽然有一定的合理性,但两者没有联系。这里涉及的合理性指的是其描述现象。参看陈俊明:《马克思对斯密双重研究的批判和研究范式的创新》,载《当代经济研究》,2009年第9期。
② 《马克思恩格斯全集》第46卷上册,人民出版社1979年版,第33页。
③ 《资本论》第3卷,人民出版社1975年版,第997页。
④ 《资本论》第3卷,人民出版社1975年版,第997页。

二、用于总分配的剩余价值量的变化

在《资本论》中,马克思一般都以联系可变资本来考察剩余价值,在其他条件不变的情况下,剩余价值量以可变资本所支配的劳动量决定。但在考察利润率平均化的时候又说明,生产价格中包含的无酬劳动并不以特殊部门为转移①,但仍然是由产业部门的雇佣工人创造的。这意味着要从整个社会的角度来说明产业部门总劳动量与剩余价值总量的关系。在终篇,即在考察过地租之后,马克思还特地从剩余价值分割的角度说明两种超额利润的源泉,从而丰富了社会总产值的价值、价值量规定。

其一,关于土地经营权垄断产生的超额利润转化为级差地租,它的量并不完全由农业工人的剩余劳动量所决定。马克思在说到级差地租时说:"土地肥力的差别所造成的结果是,同量劳动和资本,也就是同一价值,体现在不等量的土地产品上;因此,这些产品具有不同的个别价值。这些产品具有不同的个别价值。这些个别价值平均化为市场价值。"由是,较低的个别价值就可以获得一种超额利润,土地所有者依靠对土地所有权的垄断将这种超额利润转化为级差地租。为说明由此产生的级差地租来源,他引用李嘉图的一句话:"肥沃土地同较坏的土地相比所提供的利益……从耕种者或消费者手里转移到土地所有者手里。"② 从上下文的联系看,马克思是持同样观点的。显然,这是告诉我们,在其他条件相同的情况下,级差地租并不是使用肥沃土地的剩余劳动创造的,也不是土地肥力创造的,更与所投资本无关。这样看来,级差地租作为剩余价值的一部分,其价值实体的源泉不能简单地判定,其价值量也不能简单地归结为农业工人的剩余劳动所创造,或者说,不以农业部门的剩余劳动为转移。实际上,

---

① "生产价格,是涉及有酬劳动加上不以特殊生产部门本身为转移的一定量无酬劳动之和。"(《资本论》第3卷,人民出版社1975年版,第185页)

② 《资本论》第3卷,人民出版社1975年版,第921页。

《资本论》基本理论在终篇的具体化

在第六篇马克思已经指出，构成级差地租的这种超额利润是一种"虚假的社会价值"，是"被看作消费者的社会对土地产品支付过多的东西。"① 在终篇，马克思还说得更清楚："级差地租那样，是包含地租的那种商品本身的价格超过商品本身的生产费用的余额。"② 显然，终篇的论述借李嘉图的话将这种"社会支付"具体化了。不过，"从耕种者或消费者手里转移到土地所有者手里"的级差地租归根到底还是由雇佣工人所创造，因为社会上的人无非分为两个部分，一部分是劳动者，他们消费农产品所支付过多的东西当然是他们自己的必要劳动创造的，另一部分是有产阶级，他们作为消费者的消费基金，无论是正常支付的、还是支付过多的东西，全是工人的剩余劳动创造的。

其二，马克思还说明了垄断价格中包含的超额利润的源泉，在地租以垄断价格为基础时，土地产品的相对价值就会提高，"其他商品里包含的剩余价值，将会有一部分转移到这种特殊的商品上来"③。"如果这种具有垄断价格的商品进入工人的必要的消费，那末，在工人照旧得到他的劳动力的价值的情况下，这种商品就会提高工资，并从而减少剩余价值。"也就是说，资本家们在购买这种商品时也要多付出，而他们用以支出的实质是剥削到的剩余价值。所以，这种超额利润仍然间接地是剩余价值的一部分。当然，它也可能把工资压到劳动力的价值以下，"这时，垄断价格就要通过对实际工资……的扣除和对其他资本家的利润的扣除来支付"④。

上面的分析说明，只有在价值理论、资本理论的基础上结合剩余价值总分配并且从社会总产品出发，才能科学地说明各种不同产品中所包含的剩余价值的源泉。否则，对支配同量劳动在不同条件（不同社会技术、自

---

① 《资本论》第 3 卷，人民出版社 1975 年版，第 745 页。
② 《资本论》第 3 卷，人民出版社 1975 年版，第 942 页。
③ 《资本论》第 3 卷，人民出版社 1975 年版，第 967 页。
④ 《资本论》第 3 卷，人民出版社 1975 年版，第 974 页。

第六章 科学的资本理论在终篇的具体化

然条件)下形成不同产品量而多取得的超额利润就可能产生庸俗的解释。

在终篇,马克思对可供分配的剩余价值总量也有进一步的阐明。

首先,是确定可供分配的剩余价值总量的规模。作为剩余产品的价值实现,似乎可以当作收入直接全部用于资本家的消费。但是,"虽然在资本家个人看来,好像他真正能够把全部利润当作收入来消费掉。但他会在这方面碰到限制,这些限制以保险基金和准备金的形式,以竞争规律等形式出现在他面前"①。资本运动绝非简单重复的,它要扩大再生产,在一般情况下必然要有积累,积累的唯一源泉职能是剩余价值。所以,能够被各个有产者(包括资本家和土地所有者)集团分割的要有一定的积累扣除。此外,还要扣除一定的保险基金。就像他在《哥达纲领批判》中说的,是"有折有扣"②的,不可能全部当作收入分解掉。

其次,他又联系工资来说明剩余价值量。因为工资是剩余价值的界限的基础,只要工资的量的界限确定了,"其他一切收入的价值就有了一个界限"③。把工资和剩余价值联系起来,工资就成了相对工资。认识这一点在经济学上非常重要,"事实上这只是对正确的剩余价值理论的另一种表述"④。马克思与此相关的论述,我们在第 4 节再来探讨。

三、结合分配说明剩余价值的生产、再生产

在使剩余价值总体的质、量、社会尺度等规定具体化的同时,马克思还结合分配阐明了它的生产、再生产的具体规定。当然,剩余价值的生产、再生产,实质就是资本的生产、再生产。但是,也要看到,剩余价值的生产,实际上是通过生产商品进行的,它是由生产价格调节的,而后者

---

① 《资本论》第 3 卷,人民出版社 1975 年版,第 997—998 页。
② 《马克思恩格斯选集》第 3 卷,人民出版社 1995 年版,第 303 页。
③ 《资本论》第 3 卷,人民出版社 1975 年版,第 971 页。
④ 《马克思恩格斯全集》第 26 卷第 3 册,人民出版社 1974 年版,第 28 页。

《资本论》基本理论在终篇的具体化

"又是由利润率的平均化和与之相适应的资本在不同的社会生产部门之间的分配来调节的"①。显然，这已超越单纯的生产过程，而包含着剩余价值的分配。如果高构成的部门资本不能根据社会表面上的平均利润率按其资本量的大小从社会总利润中取得相应的一份，这个部门的生产是不会以相同的规模进行下去的。

在第三卷前六篇，马克思还只是个别地研究各种社会集团（工人阶级除外）对剩余价值的分割。在终篇，他就把它们综合起来，理顺这种分配的关系。

首先，他在说明剩余价值的分割有其"正常界限"和"调节规律"②之后，还说明这种调节是借助竞争进行的，特别是利润率的平均化。在第三卷第二篇说到这个问题时，他曾说过："关于这个问题的进一步说明，属于专门研究竞争的范围。"③终篇虽然还没有专门研究竞争，却有一章专门以《竞争的假象》命名。在这里他阐明：一方面"平均利润率是在互相竞争的资本家势均力敌的时候出现的"④，而这种均势是由竞争造成的；另一方面"竞争……使不同生产部门内的生产者按照这样一个价格出售商品，这个价格使他们得到相同的利润"⑤。显然，这样说明比第三篇第十章更具体了。

其次，关于剩余价值中分出地租，表面看是土地所有者的自主行为。但马克思指出，从实质上看，这是由职能资本家分配的。⑥毕竟构成这些地租的剩余价值是所有产业资本家包括农业资本家组织生产的。

再次，马克思在终篇还把剩余价值归结为剥削关系的总和。剩余价值

---

① 《资本论》第3卷，人民出版社1975年版，第998页。
② 《资本论》第3卷，人民出版社1975年版，第927页。
③ 《资本论》第3卷，人民出版社1975年版，第219页。
④ 《资本论》第3卷，人民出版社1975年版，第978页。
⑤ 《资本论》第3卷，人民出版社1975年版，第977页。
⑥ 《资本论》第3卷，人民出版社1975年版，第928页。

第六章 科学的资本理论在终篇的具体化

的生产意味着工人被剥夺了土地;剩余价值在资本家和土地所有者中间分配,又意味着这是资本家和土地所有者联合剥削工人。但是,在社会表面上,这种关系却表现为资本家、土地所有者、工人分别依据其资本、土地、劳动力的所有权取得相应的收入。针对社会意识把分配关系和生产关系截然分开、承认前者的历史性而否认后者的历史性这种错误,马克思又断定,剩余价值的分配关系和资本主义生产关系本质上是同一的,"二者都具有同样的历史的暂时的性质"①。这样,剩余价值总分配的规定就更加全面和具体了。

最后,终篇还说明,剩余价值的总分配是由生产条件的分配关系决定的,"劳动者被剥夺了劳动条件,这些条件集中在少数人手中,另外一些个人独占土地所有权"②。马克思还指出:这种情况不过表示生产关系的一个方面,"分配关系的历史性质就是生产关系的历史性质"③。

从上面的分析可以看出,剩余价值的总分配是个非常复杂的过程。它渗入剩余价值的生产过程,贯穿于剩余价值的流通过程。恩格斯曾说过:《资本论》"第一卷表明,资本家怎样从工人那里榨取剩余价值",第二卷则论述剩余价值的流通,"第三卷所阐述的就是剩余价值的分配规律"。④但是,我们看到,马克思把第一、二卷分别命名为资本的生产过程和流通过程之后,对第三卷却命名为资本主义生产总过程。显然,在他看来,剩余价值的分配实际上涵盖或贯穿于资本主义的总过程。所以,了解终篇包括剩余价值的生产、流通在内的剩余价值总分配,不仅能更加完整地理解马克思的剩余价值理论,而且对他的理论的科学结构能有更深的认识。

在《资本论》终篇,马克思还以大量的篇幅来阐述利润、利息和地租

---

① 《资本论》第3卷,人民出版社1975年版,第993页。
② 《资本论》第3卷,人民出版社1975年版,第994页。
③ 《资本论》第3卷,人民出版社1975年版,第998、999页。
④ 《马克思恩格斯全集》第22卷,人民出版社1965年版,第511页。

这些剩余价值的具体的独立化形式与再生产的关系。马克思认为：本来，"这些完成了的关系和形式"是资本运动的结果，但因为过程的连续性，它们还"在实际生产中表现为前提，因为资本主义生产方式是通过它本身所创造的各种形态运动的，这些形态即它的结果，又同样地在再生产过程中作为完成了的前提同它相对立"①。只有在连续的运动中来考察剩余价值的来龙去脉，在完整地再现这些"完成了的关系和形式"之后再说明它们在连续过程中的作用，剩余价值理论才算是彻底的、完成的。显然，在前几篇已分别研究了商业利润、利息和几种地租之后，这里就有必要把它们综合起来。既然他是从个别到总体地考察剩余价值的一般形态的，对其特殊形态也必然采取这种研究程序。也就是说，这里考察的主要是它们的总体。正因为这样，马克思才把企业利润、商业利润、利息都统一为利润，而把级差地租Ⅰ、Ⅱ和绝对地租都统一为地租（当然，在个别场合，他还在必要的情况下说到这些更为具体的形态）。这样做，既是研究对象的发展所制约，是从解构到重构的方法所使然，还因为在社会上，在资本家和土地所有者的通常意识中，只有简单的利润和地租概念。所以，这样做还体现了理论从抽象到具体的上升。

在第三卷第一至三篇，在说到利润的时候，作为剩余价值的转化形式，马克思总是把它等于全部剩余价值量。在终篇，"当我们在这里说到利润……时……它已经由于从总利润（在数量上和总剩余价值相等）中扣除地租而受到限制；地租的扣除是前提。"② 从理论过程来说，不说明利润、平均利润，就无法说明地租。这样做，理论的合理性是不言而喻的，但却使不谙理论发展逻辑的人产生误解，好像地租是在分割出商业利润和利息之后才分出的。实际上，理论研究只是以逻辑的形式说明地租如何确定，这与实际过程中必须首先扣除是两回事。

---

① 《马克思恩格斯全集》第26卷第3册，人民出版社1974年版，第538页。
② 《资本论》第3卷，人民出版社1975年版，第927页。

第六章　科学的资本理论在终篇的具体化

在社会表面上，工资、地租都是用于个人消费的，利润作为收入好像也是这样。"在资本家个人看来，好像他真正能够把全部利润当作收入来消费掉。"① 于是，利润就被看成是非生产性的了。实际上，情况并非如此。就资本家个人来说，他清醒地知道，他必须从中提取保险基金和准备金，以及用于扩大再生产的追加资本，因此，"利润并不只是个人消费品的分配范畴"。就整个资本主义生产过程来看，利润还"表现为产品生产本身的主要因素，即资本和劳动本身在不同生产部门之间的分配的因素"。就利润再分割为企业主收入和利息来看，这也好像是收入的分配。"但这种分割所以会发生，首先是由于资本作为自行增殖、生产剩余价值的价值的发展"，而且这种分割又"从它本身发展出了信用和信用制度，因而也发展了生产的形式"②。可见利润（包括利息）从其主要方面看属再生产的范畴。它是生产的要素，是生产的动力、激素和调节阀。

关于利润的量的内在界限和外在表现，前面我们已经看到，这里就无需再赘述了。但是，这一总体实际上还分为企业主利润（包括商业）和利息，它们的分割比率的确定，在第五篇中马克思已有详细的论述，在这里，马克思指出，在社会表面上，利息"总是作为一个已定的量，加入这个资本家所生产的商品的成本价格"③。而实际上，则是剩余价值"在这个生产因素的两个所有者之间进行分割"④。在这里，他把职能资本家也当成资本所有者了，这和第五篇的说法又有不同。这个问题虽然在终篇马克思还没有展开说明（因为是手稿），我们却可以在他的《1861—1863年经济学手稿》（现在的《剩余价值理论》）末篇中找到注释："一个是法律上的资本所有者，另一个，当他使用资本的时候，是经济上的资本所有者。"⑤

---

① 《资本论》第3卷，人民出版社1975年版，第997页。
② 《资本论》第3卷，人民出版社1975年版，第998页。
③ 《资本论》第3卷，人民出版社1975年版，第985页。
④ 《资本论》第3卷，人民出版社1975年版，第974页。
⑤ 《马克思恩格斯全集》第26卷第3册，人民出版社1975年版，第565页。

既如此，其分割比例就要由竞争来决定了。

在终篇，他还说明，由于平均利润在再生产过程中表现为"预先存在的量"，利息也不例外。它们"反而表现为剩余价值的形成要素"，"表现为商品价格的一个部分的形成要素"。①

关于地租，马克思在这里特别分析了垄断地租。它和级差地租、绝对地租不同。"如果剩余价值平均化为平均利润的过程在不同生产部门内遇到人为的垄断或自然的垄断的障碍，……以致有可能形成一个高于受垄断影响的商品的生产价格和价值的垄断价格"②，就会产生和绝对地租不同的垄断地租。因为这种地租是"以垄断价格为基础"③ 的。在第六篇说到绝对地租可能消失时，马克思已经谈到这种垄断地租。④ 和那里的论述不同，在这里，马克思还指出了它的来源：即它是"通过对实际工资……的扣除和对其他资本家的利润的扣除来支付"⑤。由是，地租的总量就增加了。

在说到利润时，马克思已指出它有一个部分会转化为新资本。显然，这对资本主义生产的发展是有利的。地租则不然，它不再和生产有关，"不是土地得到了产品中归它所有的那一部分，以便用来恢复和提高自己的生产率，而是土地所有者得到了这个产品的一部分，以便用来高价变卖和挥霍浪费"⑥。

和工资一样，地租也有按一定的规律而形成的量的界限。但在竞争中和社会表面上，它也表现为一种主观的契约规定的量。这也是客观度量的主观化。这种情况不仅表明，内在规律不会自动表现出来，而且还表明，

---

① 《资本论》第3卷，人民出版社1975年版，第985页。
② 《资本论》第3卷，人民出版社1975年版，第973页。
③ 《资本论》第3卷，人民出版社1975年版，第967页。
④ 《资本论》第3卷，人民出版社1975年版，第862、863页。参看陈征：《〈资本论〉解说》第五册，福建人民出版社1982年版，第396—399页。
⑤ 《资本论》第3卷，人民出版社1975年版，第974页。
⑥ 《资本论》第3卷，人民出版社1975年版，第932页。

第六章 科学的资本理论在终篇的具体化

它必然要通过人们的主观活动来表现和实现。

最后，马克思还阐明，土地所有权是剩余价值的一部分转化为土地所有者的收入、转化为地租的原因，但在社会表面上，地租却好像是"土地所有者代表的土地或自然产生的"①。这种转化的结果，不但使自然形态的土地和被私有权垄断的土地变成一个同义词，而且使它和剩余价值的其他部分互相异化，从而使剩余价值的源泉完全被掩盖起来。②

在上面所涉及的规定中，由于都是与剩余价值相联系的，是比较抽象的规定，还不是社会表面的表现，所以没有发生颠倒表现。一旦涉及社会表面，情况当然有所不同。

四、工资与剩余价值的反向互动

诚然，马克思在终篇的确用相当的篇幅论及工资，但这与该篇的中心并不矛盾。在《资本论》第一卷，马克思在考察剩余价值的生产时也研究了工资，他甚至自豪地宣称这是一个"崭新的因素"。③ 这样做并不奇怪，因为剩余价值的"正常形式是以与劳动力的价值相适应的工资为前提的"。④ 即使撇开它们各自的表现形式以及由此造成的种种假象之间的联系，剩余价值也是和劳动力价值互动的。只有研究后者，对剩余价值分配总过程的研究才是全面的，具体的。

当然，在社会表面上，企业主收入似乎也"表现为不以资本为转移的工资"⑤，对此，马克思早已分析批判过了。

与劳动力的价值相比，工资只是一种表象性的范畴，本来不应该与内在的剩余价值直接相提并论，讨论它们的关系。马克思当然也意识到这一

---

① 《资本论》第3卷，人民出版社1975年版，第934页。
② 《资本论》第3卷，人民出版社1975年版，第938页。
③ 《马克思恩格斯〈资本论〉书信集》，人民出版社1976年版，第249页。
④ 《资本论》第3卷，人民出版社1975年版，第941页。
⑤ 《资本论》第3卷，人民出版社1975年版，第919页。

点，但是，在终篇，他特地说："产品中代表已经支出的工资的价值部分，即补偿工资的价值部分，在我们假定再生产按相同的规模并在相同的条件下进行的时候，会再转化为工资的价值部分，首先会作为可变资本，作为必须重新预付在再生产上的资本的组成部分流回。……在工人手里，它转化为工人出卖自己的劳动力所取得的收入，并且作为收入，转化为生活资料并被消费掉。"① 并且提示："在当前的探讨中，说的是每年新加入的总劳动借以体现的价值的分配。"② 据此，我们在这里完全可以不是从工资的社会表象形式、而是从它所代表的价值实体及其量来看其与剩余价值的联系。

在论述剩余价值的生产时，马克思就研究了劳动力作为商品的买卖，并把有关劳动力价值的规定归结为剩余价值理论的组成部分。和剩余价值的其他规定一样，工资理论在终篇也具体化了。当然，这主要是在考察它的总体时而实现的。他写道：这里研究的是总工作日，它"包括社会总资本所推动的劳动总量"③。只有这样从总体上研究和说明问题，才能与研究利润和地租总体相协调。如果不了解这一点，就必然对终篇有关工资的论述产生似曾相识的感觉，甚至以为这是第一卷所揭示规定的同义重复。

在这里，马克思这样写道："工资由自然规律调节；工资的最低限度是由工人维持和再生产自己的劳动力时身体上所必需的生活资料的最低限度规定的。"④ 显然，他已不是就劳动力价值本身，而是就其转化形式工资而作规定的，并且还是总工资的规定。因为在上述规定之后，他又说这是"总工作日中体现工资的部分"⑤。值得注意的是，在这一表述中包含有"最低限度"的限定词，这是很容易引起误解的。但是，我们看到，马克

---

① 《资本论》第 3 卷，人民出版社 1975 年版，第 949 页。
② 《资本论》第 3 卷，人民出版社 1975 年版，第 971 页。
③ 《资本论》第 3 卷，人民出版社 1975 年版，第 971 页。
④ 《资本论》第 3 卷，人民出版社 1975 年版，第 971 页。
⑤ 《资本论》第 3 卷，人民出版社 1975 年版，第 971 页。

第六章 科学的资本理论在终篇的具体化

思在后面说到垄断价格时还说明:"它也可能把工资压到劳动力的价值以下,但只是工资要高于身体最低限度。"① 可见,他并没有把劳动力价值归结为最低限度工资,何况,就在上面引述的规定中,说的也不是实际工资。实际上,在第一卷第四章,马克思也有提到"必不可少的需要的范围"②、"最低限度"③,前后的差别并不在于"限度"、"范围",而在于一为个别劳动力价值,一为总工资;在于前面(即第一卷第四章,那里主要研究资本主义初级阶段的资本运动)用"历史的和道德的因素"④ 来限定这一"范围",后面(即终篇)则说它是"由自然规律调节"的。这里必须看到,在本段开头引述的"工资由自然规定调节"之后,马克思用的不是冒号,而是分号。显然,两句话是并列的关系,"最低限度规定的"工资标准要低于"由自然规律调节"所决定的水准。马克思接着又写道:"劳动力的实际价值和这个身体最低限度是不一致的;气候和社会发展水平不同,劳动力的实际价值也就不同;它不仅取决于身体需要,而且也取决于成为第二天性的历史上发展起来的社会需要。"⑤ 显然,这种发展起来的社会需要所决定的工资标准是高于自然规律决定的水准的。所谓"自然规律"的调节,应该是根据内在需要所确定的,是平均数的调节⑥。既然是平均数,必是各种不同的数值的平均,其中必有较高值和较低值。这样,在历史发展的坐标上,其轨迹必然不是一条直线,而是有较高点和较低点构成的有上下限的区间。就像其他商品的市场价值也有一个在最高或最低值(最不利或最有利条件下生产出来的商品的个别价值)和平均值之间的

---

① 《资本论》第3卷,人民出版社1975年版,第974页。
② 《资本论》第1卷,人民出版社1975年版,第194页。
③ 《资本论》第1卷,人民出版社1975年版,第196页。
④ 《资本论》第1卷,人民出版社1975年版,第194页。
⑤ 《资本论》第3卷,人民出版社1975年版,第971页。
⑥ 《资本论》第3卷,人民出版社1975年版,第973页。

变动区间一样。① 但经济发展过程又非纯粹的自然过程，它有不同的经济主体参与，当资产阶级以主导主体的身份主导这个过程的发展方向和价值时，它必然要将自己的意志和利益作为一种客观的社会需要、当成一种内生变量影响自然规律的运行。马克思认为：所谓的"'社会需要'，也就是说，调节需求原则的东西，本质上是由不同阶级的互相关系和它们各自的经济地位决定的，因而也就是，第一是由全部剩余价值和工资的比率决定的，第二是由剩余价值所分成的不同部分（利润、利息、地租、赋税等等）的比率决定的。"② 显然，这种社会需要并非某个个人的主观需要，在资本主义社会，它是一种客观的需要，所以能够也必然要制约经济过程中的"自然规律"。在表现为工资的劳动力价值确定的这个场合，资本家必定力求根据自己的需要使它趋向最低点和避开最高点，即使在经济周期的亢奋阶段，也不超过其最高点。当然，这种社会需要是"历史上发展起来的"，它的过去、现在和未来是不同的，它是会发展变化的。

这种变化会由于社会、历史、生产以及其他因素的变化而提高或降低，特别是与经济周期的变化有直接的关系。在终篇，马克思这样描绘了工资的变动："工资提高到平均工资以上的现象，和那种与繁荣时期联系在一起的市场价格提高到生产价格以上的现象相适应，随后而来的工资降低到平均工资以下的现象，则和市场价格降低到生产价格以下的现象相适应。"③ 工资的这种升降变动说明，平均工资就是在与工业周期的各个时期相适应的工资升降中形成的。显然，这种规定是由资本主义较为发展阶段经济危机周期性所决定的，也是由利润率的变动决定的。这与第一卷的规定有明显的不同。

工资的变动状况表明，工资的内在的客观规律规定的量，只有在对长期的变动进行大量概括的基础上才能发现。但是，这种客观规定是被现实

---

① 《资本论》第3卷，人民出版社1975年版，第205—206页。
② 《资本论》第3卷，人民出版社1975年版，第203页。
③ 《资本论》第3卷，人民出版社1975年版，第982页。

过程掩盖的,在每个具体场合,"工资在与它相当的价值等价物被生产出来以前,已经由契约规定"①。这种情况就像我们在平均利润率、地租那里看到的一样。这并不奇怪,因为在资本主义社会中,一切都着了魔似的颠倒了。工资本来是劳动力价值的转化形式,但是,"在资本主义生产方式的基础上,劳动力的价格必然会对他表现为劳动的价格"②,于是,工资就变成劳动的价格了。这种转化虽不合理,但却是不可忽视的现实。理解这一点,我们才能理解为什么马克思在科学地区分了劳动力价格和劳动的价格之后,还会再借用(批判地使用)"劳动的价格"这种流行术语。在终篇,马克思还说明,工资的性质本来和利润、地租完全不同,但是它却会再次转化为收入而和企业主的"收入"、土地所有者的"收入"一致起来。由是,雇佣劳动就转化为劳动了。劳动——工资这个最不合理的公式形成了,并且由此还衍生了资本——利息、土地——地租这些荒谬的公式。

马克思在终篇进一步揭示工资运动的规律,主要目的还是说明这种变化与剩余价值的关系。一般说,在每年新追加劳动量即国民收入量确定的情况下,劳动力价值量与剩余价值量是此长彼短的零和关系。

关于工资与剩余价值的量的相对关系,在第一卷马克思已有论述。但那里只是就单个资本所雇佣的劳动力进行研究的。在第三卷第一篇考察剩余价值到利润的转化时,马克思也有研究这个问题,但那里却"假定工资不是降低,而是保持不变"③;而在第二篇研究工资的变动对利润的影响时,又不考虑劳动生产率的变动。在终篇,马克思就综合各种因素说明工资的变动与剩余价值的关系。

为了说明问题,马克思在第五十章举了两个例子。他假定某个资本具有平均构成,它的产品的生产价格和价值是一致的。后来,他又假定这个资本的技术构成不变,所使用的活劳动力和所推动的不变资本的比率相

---

① 《资本论》第3卷,人民出版社1975年版,第984页。
② 《资本论》第3卷,人民出版社1975年版,第929页。
③ 《资本论》第3卷,人民出版社1975年版,第970页。

同，但工资提高了。在这种情况下，"总劳动中的无酬部分改变了，因而剩余价值也改变了"。并且由于预付的可变资本增加了，"已经减少的剩余价值，会表现为一个减少得更多的总利润率"。之所以这样，因为工资的提高并不会引起商品价值的提高。从个别企业来看，工资提高，成本价格随即提高，生产价格也必然提高。但是从整个社会来看，情况就会不同，"工资水平的普遍提高，在市场价格暂时混乱之后，只会引起利润率的普遍下降，不会引起商品价格稍许长期的变动"①。因为工资的普遍提高会引起对日用必需品的需求的提高，从而引起日用必需品市场价格提高，这些生产部门利润率的提高。结果又必然引起资本的大规模转移，各部门利润率重新趋于平衡，即普遍下降。

关于工资局部的变动，马克思区分了两种情况。一种是由于这种投资所使用的劳动的生产率降低而引起工资降低，结果就会影响产品的价值②，剩余价值就不会与工资以相同的幅度反向变化。马克思还指出："一种商品与工资保持不变的其他商品相比相对价值上的这种提高，在这里，只是剩余价值的在不同生产部门的平均分配上遭到局部破坏的反应，只是一个使特殊利润率平均化为一般利润率的手段。"③

另一种情况，当工资的提高是"为工人提供食物的农业中生产力降低的结果，从而是这些食物变贵的结果"时，"产品的价值就保持不变"。④这时，剩余价值量就与工资反向变动。

可见，马克思结合生产率的局部的或全面的变动，工资的局部的或全面的变动、以及"隐蔽地调节着这种变动"⑤的商品价值本身的局部或全面的变动，说明在总收入一定的条件下剩余价值的变动。

---

① 马克思：《工资、价格和利润》，见《马克思恩格斯选集》第2卷，人民出版社1995年版，第53页。

② 《资本论》第3卷，人民出版社1975年版，第997页。

③ 《资本论》第3卷，人民出版社1975年版，第981页。

④ 《资本论》第3卷，人民出版社1975年版，第970页。

⑤ 《资本论》第3卷，人民出版社1975年版，第981页。

第六章 科学的资本理论在终篇的具体化

此外,马克思还注意到某种商品的垄断价格对其他厂家工人工资和资本家利润的影响。直接看,一种商品的垄断价格会增加这种商品生产者的利润,但会相应地增加消费者的支出。"某些商品的垄断价格,不过是把其他商品生产者的一部分利润,转移到具有垄断价格的商品上。"其结果是,"剩余价值在不同生产部门之间的分配,会间接受到局部的干扰,但这种干扰不会改变这个剩余价值本身的界限。"但是,"如果这种具有垄断价格的商品进入工人的必要的消费,那末,在工人照旧得到他的劳动力的价值的情况下,这种商品就会提高工资,并从而减少剩余价值。它也可能把工资压低到劳动力的价值以下,但只是工资要高于身体最低限度。这时,垄断价格就要通过对实际工资(即工人由于同量劳动而得到的使用价值的量)的扣除和对其他资本家的利润的扣除来支付"。① 当工人的劳动力价值没有得到及时的相应的提高的时候,其中的一个部分就会变成垄断利润,从而增加整个社会的剩余价值总量。

恩格斯说过:"第三卷所阐述的就是剩余价值的分配规律,而讲完了剩余价值的生产、流通和分配,也就结束了剩余价值的整个生涯,此外对它就没有更多的东西好谈了。"② 马克思在第三卷终篇,综合考察了包括剩余价值的生产、流通在内的剩余价值总分配,具体地反映了剩余价值总体及其各种完成的表现形式的复杂规定,从而完成了剩余价值理论。——当然,这样"完成"并不意味着它已经终结、不再发展,相反地,根据马克思的方法,在新的条件下它的发展是必然的。——理解这些规定,不仅使我们能具体地认识马克思构筑他称之为"艺术整体"的特殊方法,而且对完整地理解科学的剩余价值理论大有好处,并且能更好地领会马克思对资产阶级政治经济学的批判。

---

① 《资本论》第3卷,人民出版社1975年版,第973—974页。
② 《马克思恩格斯全集》第22卷,人民出版社1965年版,第511页。

第七章 科学的经济行为理论的具体化

在《资本论》中，除了有众所周知的劳动价值论、资本理论等基本理论外，还有一种鲜为人知的基本理论——经济行为理论。它与前几种基本理论有紧密联系，也有明显的区别。所谓的基本理论，与在一些个别场合、针对某种局部过程或现象提出的比较具体的理论最大的不同，是其基础性、根本性、全程性。不言而喻，资本理论就是这样的贯穿全书的基本理论，至于劳动价值论，前面我们已经看到，也是全程性的、根本性的、基础性的。但是，无论是劳动价值论所研究商品生产，还是资本理论研究的资本运动，都需要有一定主体才能实施和推动。尽管资本以资本家为人格化，商品以生产者为人格化，但都只是将这些主体当作客观过程的一个要素来观察，而没有专门研究这些主体的行为。不言而喻，无论是商品，还是资本，都是有所有权的，因而都归属于一定的所有者。而不同的所有者不仅实力不同，而且经验、观念也都不同，因此行为也不同。他们各自对商品生产、剩余价值生产的影响、对其他主体的影响都不同。尽管理论研究可以将这些差别都平均化，但这并不意味着可以将主体的实力、观念、习惯等对客观的商品生产、资本运动的影响都虚无化。所以，《资本论》必然要有专门的理论来研究不同主体的经济行为，这就是与劳动价值论、资本理论既有区别又有内在联系的经济行为理论。由于经济主体的经济行为是与资本运动共始终的，而且是无所不在、无时不有的，所以这种经济行为理论在《资本论》中也是全程的、根本性的理论。这种理论和劳动价值论、资本理论一样，也经历三个逻辑阶段，并在《资本论》终篇臻于具体化。

第一节 经济行为理论也是《资本论》的基本理论

资本运动并非单纯的资本的流动，而要有一定主体的参与、支配，换句话说，就是要有一定主体的经济行为。道理很简单，任何一种商品或以货币表现的资本都不能自动地到市场上去。马克思在第二章论述一般商品运动时说："商品不能自己到市场去，不能自己去交换。因此，我们必须找寻它的监护人，商品所有者。……为了使这些物作为商品彼此发生关系，商品监护人必须作为有自己的意志体现在这些物中的人彼此发生关系，因此，一方只有符合另一方的意志，就是说每一方只有通过双方共同一致的意志行为，才能让渡自己的商品，占有别人的商品。可见，他们必须彼此承认对方是私有者。"[①] 显然，马克思这里将在第一章第1、2节暂时撇开、尔后在第3、4节已经涉及但还没有充分论述的经济活动主体召回了研究过程，并突出了不同主体的交换关系。一旦提出了这种关系，不同主体的行为就成了重要的研究对象了。至于特殊的资本运动，他重视的并非表现为一定数量货币的资本，而是资本的人格化即资本家的行为，包括对工人的行为和对其他资本家的行为。这同样是一种"意志行为"，当然是涉及双方的"意志行为"。

但是，马克思不是仅仅突出主体出场的必要性，还强调了不同主体的"意志行为"。这显然与从古典学派开始的资产阶级经济学只研究个人的行为、并以这种个人当作所有"经济人"的代表根本不同。而且，他还特别强调"双方共同一致的意志行为"。这意味着这两个主体都要对所交换的

---

① 《资本论》第1卷，人民出版社1975年版，第102页。

物有确定的所有权,要有一定的经济实力,才能形成一定的经济关系;其次,要有一定的市场,包括一套确定的交易规则;再次,交换要满足自己的需要,最后,主体有一定的意志,显然,这里的意志包括观念、期望和意愿等意识。所有这些,都包含在一定主体的行为中。离开主体行为,经济活动就无从进行。

一般关于商品生产的研究注重的大都是过程的发展规律、发展趋势,是资源的配置方式,而不是主体及其行为方式、行为关系。尽管价值规律作为一种客观的经济规律不以市场主体的意志为转移,但却离不开市场主体的相互关系。而主体在其抽象形态上虽然是全体市场主体的代表,可是在过程中,各个主体的经济实力、观念包括价值、行为方式等等都各不相同,以至于共同行为的趋势不是倾向于对全体主体都能同步获得同等的经济利益。资产阶级学者出于其阶级的利益,全都否认主体的经济实力、经济利益的差别,而马克思则特别强调这种根本性的差别,特别强调大部分主体的利益及其在经济发展过程中的地位转变。所以,突出经济主体的经济行为,是马克思经济研究的重要特色之一,是他的理论客观性、价值性的重要表现。马克思曾经批评过:"从前的一切唯物主义……的主要缺点是:对事物、现实、感性,只是从客体的或者直观的形式去理解,而不是把它们当作感性的人的活动,当作实践去理解,不是从主体方面去理解。"① 资产阶级学者虽然在整体上坚持历史唯心主义,但在对待物与人的关系问题上也不自觉地因袭这种旧唯物主义的缺点,重视的是直观的物的运动,庸俗经济学甚至"在表面的联系内兜圈子"②。因此,马克思研究资本运动,必定注重考察各种主体的活动,并以各种主体间的关系为考察的主要方面。恩格斯在评论马克思的《政治经济学批判》时说:"经济学所研究的不是物,而是人和人之间的关系,归根到底是阶级和阶级之间的关

---

① 《马克思恩格斯选集》第1卷,人民出版社1995年版,第54页。
② 《资本论》第1卷,人民出版社1975年版,第98页脚注(32)。

第七章 科学的经济行为理论的具体化

系；可是这些关系总是同物结合着，并且作为物出现。……马克思第一次揭示出它对于整个经济学的意义，从而使最难的问题变得如此简单明了。"① 可以说，通过研究物的关系，来研究人的关系，换句话说，是透过"物之间的社会关系"和"人们之间的物的关系"②，来研究人之间的社会关系，是马克思经济研究的一大特点。这一方法在运用到经济研究的时候，一方面突出主体的经济活动，另一方面突出不同主体的关系。

一、《资本论》很重视研究经济主体的经济行为

在经济思想史上，虽然资产阶级学者对经济行为早有所涉及，但是，囿于唯心主义历史观及资产阶级狭隘眼界，他们全都将不同历史阶段、不同社会性质的经济行为混为一谈。他们的研究中所涉及的行为主体是孤立的人，没有历史性的③，没有阶级性的。在他们的研究中，所涉及的大都是显性的行为，充其量只达到内在规定的浅层。从根本上说，他们的研究是见物不见人。因此，他们都是"资本拜物教"的忠实信徒。连西斯蒙第都责难忠实代表资产阶级的李嘉图，说他在考察资本主义生产时不注意"人"，只看到生产力的发展，而不管这种发展牺牲了多少人和资本价值。④由于不了解客观过程与主观主体的关系，他们对经济规律的理解，大体就是"看不见的手"，根本没有意识到"看不见的手"之所以强有力，是因为有无数有形主体的操纵和推动所造成的。

---

① 《马克思恩格斯选集》第2卷，人民出版社1995年版，第44页。
② 《资本论》第1卷，人民出版社1975年版，第90页。
③ 所以他们特别喜欢鲁滨逊的故事。李嘉图"让原始的渔夫和原始的猎人一下子就以商品所有者的身份，按照物化在鱼和野味的交换价值中的劳动时间的比例交换鱼和野味。在这里他犯了时代错误，他竟让原始的渔夫和猎人在计算他们的劳动工具时去查看1817年伦敦交易所通用的年息表。"（《资本论》第1卷，人民出版社1975年版，第93页脚注(29)）
④ 转引自《资本论》第3卷，人民出版社1975年版，第288页。不过，马克思也认为，虽然李嘉图见物不见人，但他重视发展社会劳动生产力，意识到这是资本的历史任务和存在理由，这正是他的学说中出色的地方。但这并不意味着马克思赞成李嘉图忽视主体的作用。

尽管在社会表面上,经济大都表现为客体的运动,或者说表现为资本、财富的运动,但它们不会自己运动,而要有一定主体的操纵。所以,马克思不仅注意研究商品生产、资本运动中"人格的物化",还很重视研究"物的人格化"①,突出主体的经济活动,突出不同主体的关系。如果说,对"人格的物化"的研究是对客观过程的研究,那么,"物的人格化"研究则体现了经济行为理论的重要内容。它表明,主体的活动或行为一方面以"物"为根据,并且占有和运用一定的物权;另一方面主体在占有物的同时也给"物"、"物权"注入人的主体性、灵性和活力,要用它来获得更多的财富,同时给客观对象的发展以许多新的意义。不联系主体的行为,根本不可能正确地阐明客体的运动。

不言而喻,经济运动与自然过程不同,是有无数社会的人参与、推动的。人作为过程的主体,既要服从过程运行的客观规律,又要实现自身的经济目的,为此,必然要发挥他的主观能动性、方法,并且各个主体都会极力将自己对过程运动的主观认识以及由此产生的各种观念输入到客观过程中去,使之带有鲜明的价值性、目的性,并形成不同价值、利益之间的关系体系、矛盾。研究经济主体的经济行为,不仅要就行为过程本身着眼,研究其规律,还要联系行为产生的依据,包括主体的经济实力、观念、习惯,及其对行为规律的影响、结果等。这样看来,经济行为似乎带有相当的主观性,与单纯考察资本运动显然有很大的不同。但是,这种具有主观性的"意志行为"并非完全主观的,马克思说:不同的"意志行为"所形成的"具有契约形式的(不管这种契约是不是用法律固定下来的)法权关系,是一种反映着经济关系的意志关系。这种法权关系或意志关系的内容是由这种经济关系本身决定的"②。可见,它具有客观性。而且,无数相同的"意志行为"在与其他的"意志行为"发生碰撞的时候,

---

① 《资本论》第1卷,人民出版社1975年版,第133页。
② 《资本论》第1卷,人民出版社1975年版,第102页。

第七章 科学的经济行为理论的具体化

必有一方占据优势,并在比较长的时间内经常重复实施,因而显出一定的规律性,直接间接地影响其他的"意志行为"。显然,这种"意志行为"已经具有客观性了。

在《资本论》中,马克思研究经济主体的行为,绝不像后来庸俗化了的西方经济学,只研究单个主体的行为,而是研究多个主体特别是不同阶级的关系行为。但他并不限于论述资本家与雇佣工人之间的关系,还考察各个资本家与其他资本家、整个资产阶级发生的经济关系,而且这种关系的研究在《资本论》中所占的篇幅巨大,特别是第二、三卷。这样结合不同经济主体的行为进行研究,可超越直接的阶级分析,更深刻地揭示两大阶级的关系。即从两大阶级关系的外部,研究同一资产阶级的不同集团、主体的利益竞争关系,来深化、扩大两大阶级关系的深刻内容,从而使整个理论的结构层次化、复杂化,理论叙述更加生动及切近现实。这样做还能使资本与雇佣劳动的关系这条主线的内容更加丰富,而且能展开一般过程中的关系这条基线,使主线与基线的关系相互缠绕和相互作用。这样将典型对象演变成具体对象,必然能深化典型对象研究的内涵。所以展开考察主体经济行为的视阈,可以避免单纯从物的运动方面来考察资本运动所不能克服的简单性。从主体行为的角度,与单纯从客观过程的角度来观察过程的发展是有不同的。

在《资本论》中,资本家作为经济主体的行为并非全是对雇佣工人的剥削,还包括在社会生产过程中的扩张、竞争。马克思公正地指出,作为一个那个经济时代先进生产力的代表,资本家的行为还具有深刻的合理性、文明性。在马克思看来,资本家的行为不仅有现实的意义,还有未来的价值。① 而且非常特殊的是他们的许多个别的利己的行为,因为能推动工业化、商品经济的发展而具有历史意义。例如单个资本家追逐超额剩余价值的行为导致相对剩余价值的形成、资本共同行为趋势的形成,以至于变成"资本的一般的、必然的趋势……的表现形式"②。资本家的经济行为,无论是个别的还是总体的,都不是单纯的、主观的剥削行为,从客观的意义看,这些行为是客观的,并且在社会发展的特定历史阶段是必然的。但是,不同阶级的经济学家对它们的研究却带有明显的主观价值,贯穿着浓烈的情感。或者是对它歌功颂德、文过饰非,或者是相反,对它批判鞭笞。而马克思则说明,尽管资本家剥削工人所采取的手段是多么残酷和高超,借助的机制是多么灵活和高明,给工人阶级带来的灾难是多么的巨大和深远,但他仍然肯定其行为具有一定的文明性。因为这种行为本身是客观的、长期的、有规律性的,所以,他站在过程之外,在历史考察的制高点上来研究,不仅揭露资本家发财致富的秘密,而且还一方面从资本家执行一般过程职能时的合理行为中发掘出一般的经济行为规律,另一方面通过批判资本家行为的非理性、非人性,通过分析和表现他们的无意识的自私自利行为,说明他们往往歪打正着,从反面展示其行为的某种必要性,从而揭示了资本运动的基本规律。

资本家的经济行为当然是全面复杂的,涉及面极广。③ 其中我们特别要重视的,是资本家作为经济主体的行为基础,特别是其观念以及他们在流通中、在竞争中的总体表现。

---

① 马克思说:资本家"狂热地追求价值的增殖,肆无忌惮地迫使人类去为生产而生产,从而去发展社会生产力,去创造生产的物质条件;而只有这样的条件,才能为一个更高级的、以每个人的全面而自由的发展为基本原则的社会形式创造现实基础。……是这个社会机构中的一个主动轮"(《资本论》第1卷,人民出版社1975年版,第649页)。
② 《马克思恩格斯选集》第1卷,人民出版社1995年版,第352页。
③ 参看陈俊明著:《〈资本论〉经济行为理论的具体化》,中央编译出版社2010年版。

第七章　科学的经济行为理论的具体化

二、经济行为理论也是《资本论》的基本理论

在中外《资本论》研究界，人们注意的大都是劳动价值论、资本理论，还没有人专门系统地研究过《资本论》的经济行为理论。之所以如此，大抵是将经济行为的研究归结为资本理论的内容。在马克思看来，"资本家只是作为资本的人格化"①，由是，人们自然将资本家的行为归入资本的范畴。人们误以为"人格的物化"与"物的人格化"是同义反复，而实际上马克思是将两者当成对立统一的两方面。② 既如此，"物的人格化"就不应该被忽略。还要看到，人们忽视《资本论》有这一理论的存在，还与人们对《资本论》的片面理解有关。在很长的时期中，人们都以为《资本论》只是关于资本剥削雇佣劳动的理论，而忽视了它除了有"倾向性的结论"外，还有"正面的叙述"③。这种主观目的性在一定的程度上影响了人们对客观过程的全面观察、对《资本论》的全面发掘研究。马克思说过："由于某种判断的盲目，甚至最杰出的人物也会根本看不到眼前的事物。后来，到了一定的时候，人们就惊奇地发现，从前没有看到的东西现在到处都露出自己的痕迹。"④ 情况的确如此。现在，随着社会主义市场经济的深化发展，《资本论》原先没有被充分注意的方位、要素或条件，现在到处都显示出它们的影响来，实践和时间已经越来越明显地向人们显示经济发展过程中的主体作用。现在回过头来看看以前的研究，重新认

---

① 《资本论》第1卷，人民出版社1975年版，第649页。
② 马克思说："商品内在的使用价值和价值的对立，私人劳动同时必须表现为直接社会劳动的对立，特殊的具体的劳动同时只是当作抽象的一般的劳动的对立，物的人格化和人格的物化的对立，——这种内在的矛盾在商品形态变化的对立中取得了发展的运动形式。"(《资本论》第1卷，人民出版社1975年版，第133页。)他将"物的人格化和人格的物化的对立"与其他的三对矛盾并列，表明了"物的人格化"和"人格的物化"是对立的统一的。
③ 《马克思恩格斯〈资本论〉书信集》，人民出版社1976年版，第244页。
④ 《马克思恩格斯〈资本论〉书信集》，人民出版社1976年版，第258页。

《资本论》基本理论在终篇的具体化

真、全面地研究《资本论》,自然会深切地领会马克思的全面研究,意识到马克思要论证资本主义必然灭亡,主要是建立在对资本主义基本矛盾的科学分析基础上的,因而他很重视生产力发展的研究,以此来证明资本主义生产关系与生产力发展的矛盾如何尖锐化。这样他就要全面地研究资本家的行为,除了剥削以外,还包括其在生产力发展过程中的各种行为。因此,现在不能再忽视主体行为的论述了,而应该结合主体行为的考察,反过来重新审视以前对《资本论》的传统理解是否存在着某些缺漏或不到位。

误解当然还有方法论的原因,囿于篇幅,这里就不再赘言。但是,经济行为理论与劳动价值论、资本理论的关系,还是有必要理顺的。

在《资本论》中,经济行为理论与劳动价值论、资本理论的观察方位当然有所不同,劳动价值论研究的是一般的价值,资本理论研究的是特殊的价值,两者侧重的是价值,而经济行为理论侧重的则是主体的行为,是主体创造、获得一般价值、特殊价值的行为。这种行为一方面凝结于商品价值、资本价值的创造之中,是劳动价值理论、资本理论的组成部分;另一方面作为流动状态的行为,包含着不同主体的经济实力、观念、习惯、价值等因素,以及它们彼此之间的关系,包括敌对阶级之间、有产阶级的不同部分之间的竞争竞赛。这些主体因素特别是观念的发展变化对经济过程的影响,显然是劳动价值论、资本理论所没有包含或不能替代的。

但经济行为理论不是独立存在和发展的,而是与劳动价值论、资本理论紧密联系、相互依存发展的。实际上,这三种理论所研究的,都是同一整体对象的转型发展,只不过侧重的方位有所不同。不仅如此,由于经济主体根据一定经济关系所实施的行为与一般的商品价值、特殊的资本价值的创造、实现、占有(包括分割即分别占有)、支配有直接的关系,而且这些主体的观念(包括经济观、价值观等)既因客观的经济过程而形成,又反过来对经济过程发生深刻的全方位的影响,所以关于经济行为的研究必然全程存在,并影响其他理论。正因为这样,经济行为理论也是一种基

第七章 科学的经济行为理论的具体化

本理论,即是全程性的、根本性的、对其他一般理论影响很大的理论。

作为基本理论,这三者都有相同的发展阶段,使用共同的理论范畴。从一定的意义上,它们是你中有我,我中有你。只是从研究的侧重方位看,它们才有较明显的区别。正因为这样,它在《资本论》中也是阶段性地不断具体化的:从最初研究和反映资本主义起点的资本家幼虫(同时也是小商品生产者)的经济行为,到资本主义初级阶段的单个资本家、资本主义较为发展阶段的总体资本家(以大资本家为代表)的经济行为,并且从揭示行为的内在规定到阐明这些内在规定如何在社会表面被颠倒表现。

在资本主义社会,所谓的经济行为是一般的市场行为(即向市场提供和购买商品)和特殊的剥削行为的统一,所以客观过程(包括商品经济和资本运动)的发展约束着资本家的行为力度、方向和变化幅度。但资本家并非被动地受约束,他作为"这个社会机构中的一个主动轮"[1],还给客观过程中注入"一个新的社会灵魂"[2]和灵性、个性,使客观过程的发展呈现出围绕主要趋势波动的跌宕起伏的态势。除此以外,资本家还能够将客观过程表面泛出的泡沫颠倒地描绘成迷惑人的景象,特别是将两大阶级的对立关系折射成不同资本家集团之间的关系。因此,研究资本家经济行为的理论在《资本论》中有着特别的地位。当然,它也不能取代劳动价值论和资本理论,它作为一种相对独立的基本理论,与前两种理论有不同的分工,前者侧重客观过程,后者侧重主体的观念和行为、关系,两者相映成趣、相得益彰。

从上面的研究可以看出,经济行为理论的确比商品经济、资本运动的研究更为具体和生动,更能体现整个客观过程的个别性和主体特色,也更接近运动的现实。马克思在第三卷开头处说:"我们在本卷中将要阐明的资本的各种形式,同资本在社会表面上,在各种资本的互相作用中,在竞

---

[1] 《资本论》第1卷,人民出版社1975年版,第649页。
[2] 《资本论》第1卷,人民出版社1975年版,第814页。

《资本论》基本理论在终篇的具体化

争中,以及在生产当事人自己的通常意识中所表现出来的形式,是一步一步地接近了。"① 这不仅是在阐明第三卷的理论发展方向,也是在说明,研究资本运动最终应该接近"资本主义生产当事人"即资本家的具体行为和通常意识。显然,这是通过经济行为理论而实现的。

从字面看,经济行为理论研究经济主体的经济行为,与当代在西方流行的行为经济学似乎区别不大。其实不然。

从科学发展的意义看,马克思的理论发展,都是与对资产阶级学者及其理论的批判紧密联系的。但在马克思的时代,这种"行为经济学"还没有形成,因此我们只看到他对当时的资产阶级学者提出的"经济人"的批判。无论从立场、方法、还是内容看,马克思经济行为理论的创立和内容发展,实际上也是对现代才有的西方"行为经济学"的深刻批判。只要了解马克思的经济行为理论,特别是其中的方法,我们就不难发现,他对当时资产阶级学者的批判,仍然适用于对当代西方"行为经济学"。道理很简单,后者仍然没有跳出传统庸俗经济学的窠臼,仍然以虚伪的问题研究来掩盖其肮脏的意识形态,仍然沉溺在表象的世界中。即从后者重视的心理研究来看,实质上不过是19世纪以心理学为分析基础的奥地利心理学派的子遗,只不过披上现代的外衣。它一方面忽视或有意掩盖不同主体的社会性质差别,完全不考虑不同主体的经济实力差别,换句话说,是将这些根本的差别全都抽象掉,另一方面重视的只是个别人特定时点的心理状态,并没有广泛的覆盖性和重复性。这正是马克思严厉批判的。从客观上看,人的心理永远都在变化,而且在更多的场合,各种个体心理并不具有重复性、常规性、周期性、整体性,而且受经济实力、社会文化、经济发展的环境影响极大。所以现代西方行为经济学提出和研究的,大都是一些不具普遍、典型意义的个案,很少有普遍的实践价值。反之,马克思考察的主体,既区分不同的性质,考察的又都是带有普遍意义的、典型的行

---

① 《资本论》第3卷,人民出版社1975年版,第30页。

第七章 科学的经济行为理论的具体化

为、观念。特别是众多资本家特别是大资本家建立在经济利益和经济行为基础上的观念一旦形成，就很难改变，并且还会反过来影响、指导持有这种观念的同类主体行为。在经济行为中，与确定的观念相比，某种个别的心理实在是微不足道的。马克思特地阐明，观念会随着经济行为而转型，并且会反过来对行为产生重大的影响，可现代的行为经济学却只懂得研究某种特定条件下的心理，不能区分不同经济实力的人有不同的心理，例如，月光族和富豪的消费心理根本不同，而且它还没有意识到一定的心理会随着主体条件的变化而转型。两相对照，高低是非立判。所以，如果现代的经济学家在感到有必要借鉴当代西方"行为经济学"的时候，首要的是必须根据马克思的方法，对那些有一些意思的实验结果，找出它的合理性边界和条件，以及应用范围。但是，这样一来，就已经超出借鉴的范围了，已经是批判、改造和超越了。现在国内有些学者在介绍西方学者的"行为经济学"理论的时候，缺乏应有的批判意识，并给予过高的、不实的评价。这从反面警示我们，现在很有必要重新钻研《资本论》，从中探寻、发掘、研究其中还未被人发现的宝贵的经济行为理论。只有它，才是对经济主体行为的经济性的最科学的研究。

第二节 经济行为理论在《资本论》终篇的具体化

在《资本论》中，马克思全面地研究单个资本家的经济行为，但是，在他的理论体系中，单个资本家只是全体资本家的细胞或代表，对其经济行为的研究最终要指向对总体资本家行为的研究，或者说，是导向后者的必要步骤。而总体资本家在长期的运动过程中，又因其职能的不同而分蘖为不同的部分，并且彼此独立，各自按照自己的行为逻辑共同实现社会总资本的总体职能和发展趋势。与此相适应，《资本论》的经济行为理论从简单到复杂、从小到大、从直接性层面到间接性层面，论述了总体资本家行为的发展、分化、转型,形成了一个不断从抽象上升到具体的体系,并在《资本论》终篇臻于具体化。

一、经济行为理论是系统的理论

总体的经济行为是基于商品生产和资本运动而产生的,所以,这种理论是伴随劳动价值论、资本理论而发展的理论,因而也与这些基本理论同样是全程性的发展过程。马克思说:"资产阶级经济体系在我们面前逐步展开"[1],和劳动价值论、资本理论一样,它也是逐步展开的系统的理论。

按照一般的理解,逐步展开指的是从简单到复杂,从抽象到具体。这固然没错,但很笼统。从方法看,大体是对象范围的扩大、条件的增加或原先暂时撇开的条件逐步回归研究过程,与扩大的对象结合、与先前揭示的规定结合,结果导致规定的转型。结合经济行为理论来看,就是经济主体随着发展阶段、发展条件的变化,行为的依据、观念、习惯等方面的变化。

马克思特别重视主体的观念对其经济行为的影响。观念不仅是在实践过程中产生的,而且与主体的实力有紧密联系,还与阶级的立场、眼界有直接的关系。马克思指出,资本家正是基于其全部预付资本的任何一个分子都能够自动增殖、因而是"同股同权"的这种观念,才形成了利润的概念,也因为这样他们才完全否认剩余价值的存在。既然在单个资本的范围内是"同股同权"的,那么在整个社会总资本的范围内也必须是"同股同权"的。显然,正是这样的观念才导致资本家将他的"商品不只是当作商品来交换,而是当作资本的产品来交换"[2]。——所谓的"当作",当然是在观念上当作,是一种观念。——没有这种观念的形成和强势化,资本家就不会将资本从利润率较低的部门流出,而流入利润率较高的部门。

---

[1]《马克思恩格斯全集》第46卷下册,人民出版社1980年版,第226页。
[2]《资本论》第3卷,人民出版社1975年版,第196页。

第七章　科学的经济行为理论的具体化

此外，马克思还就主体和过程不同性质、行为的层次、阶段上升等方面，研究其转换。这种转换在劳动价值论、资本理论中也广泛存在，但在经济行为理论的展开上，还有特别的视阈和处理。

首先，是按照在经济过程中的地位和作用、利益区分不同性质的主体。一般而言，生产过程中的物质资料是生产者使用的手段和被加工的对象，与生产者相对而言是一种客体，反之，相对于生产资料这种客体而言，生产者就是主体。但所谓的生产者并不意味着他一定要进行很具体的劳动，而是指那些进入生产过程的人，包括资本家。"资本直接从工人身上吸取体现为剩余价值和剩余产品的剩余劳动。因此，在这个意义上，资本可以被看作剩余价值的生产者。"[①] 但是，这种说法当然还比较抽象，在《资本论》第三卷以前，资本家的职能还没有分化，他代表全体有产者，包括土地所有者行使职能。所以这种主体相当笼统，有必要进一步区分。在《资本论》终篇，马克思按照对生产资料所有权的关系将这些主体再分为社会性质根本不同的两类：一类是有实力、能力主导整个经济过程的发展方向，使之按照自己的观念和目的运行，能从中获得最大经济利益以实现自己的价值的人，这是主导主体，即资本家和土地所有者；另一类就是工人，他们一进入资本主义生产过程，就并入资本，成为资本的一种存在形式。在生产过程中，他们必须听命于资本家的安排和管理，是隶属于资本家的，所以是从属主体。马克思所要反映或再现的经济行为，当然主要是这种关系中的主导主体的行为。这是整部《资本论》的核心部分，也是被种种表象掩盖最深的，所以马克思着重研究。但是，对资本家这种主导主体马克思也不是一概而论的，他还进一步将它区分为总体资本家与单个资本家、大资本家和中小资本家、"有决定意义的产业部门"[②] 的主持人和其余产业部门的当事人、职能资本家和货币资本家等，说明他们面对着整

[①] 《资本论》第3卷，人民出版社1975年版，第927—928页。
[②] 《资本论》第3卷，人民出版社1975年版，第138页。

个工人阶级"结成真正的共济会团体"①,共同剥削工人,说明他们彼此之间既有广泛的分工、代理、合作,又有尖锐竞争的关系。如果从对资本运行的研究看,后者在第二、三卷中所占的篇幅是相当大的。

其次,他研究的资本运动过程作为具体的过程,并非单纯的典型过程,而是包含有一般过程的行为和特殊过程的行为,以后者为主。前者不以特殊的社会形态为转移,如商品生产、工业化,后者指的是特殊资本主义社会中的资本运动。由于一般过程的行为包含的共同规定是任何生产都不可或缺的②,所以特殊过程的行为也离不开这些规定。反过来看,一般过程的行为也不能单独存在,正所谓一般寓于之中,它是存在于特殊过程的行为之中的。两者相互依存、促进,但彼此的运行规律又有不同。前者制约着后者,同时也必然受后者的反制约,被打上后者的烙印。这样的相互关系自然决定了各类行为(特殊过程的和一般过程的)的关联性,正因为这样,别有用心的资产阶级学者就有意将两类行为混为一谈,而马克思则将它们区分开来,说明两者的联系。在《资本论》中,他总是先从一般的行为开始,再研究特殊过程的行为。但并非截然分开,在研究特殊行为的时候时时结合一般过程的行为。

再次,与资产阶级学者的镜面式反映不同,马克思对经济行为进行深入分析,呈现出不同的层面。在他看来,经济行为绝不是个别主体的行为,而是不同主体关系中的行为,而且有不同阶级的和同一阶级的"意志行为"。因为涉及利益关系,所以,这种"意志"就不是单纯主观的东西,而是基于客观条件的反映。"观念的东西不外是移入人的头脑并在人的头脑中改造过的物质的东西而已。"③ 当然,不同的人对这些物质的东西的信

---

① 《资本论》第3卷,人民出版社1975年版,第221页。
② "现代资产阶级生产——这种生产实际上是我们研究的本题。可是,生产的一切时代有某些共同的标志,共同规定。……一些是几个时代共有的,……没有它们,任何生产都无从设想。"(《马克思恩格斯全集》第46卷上册,人民出版社1979年版,第22页)
③ 《资本论》第1卷,人民出版社1975年版,第24页。

息收集和处理会因为他的阶级立场和眼界的限制而有很大的不同,正因为这样,在那些主导主体之间就会有竞争和欺骗,并且形成占统治地位的社会表象,在此基础上形成特殊的阶级意识、观念等。无论从个别行为看,还是从总体看,经济行为结构都十分复杂:有个别的行为的和总体的行为,有短期的和长期的行为,有生产、销售、分赃、消费等行为,有虚拟的和实际的行为,甚至还有虚假的行为,等等。显然,这些直接性的行为包含过程和表象两个层面。但是,行为都要符合或者体现为一定的规律,这些规律还有更深层的本质规定。无论是规律还是本质,都是看不见的,是间接性的。在这个范围内,本质是最深层的。总而言之,经济行为是包含着不同层面的复杂结构。马克思对它的研究反映也是层层深入、内外联系。

最后,任何经济主体的行为都具有历史性,一方面在同一发展阶段都经历不同的职能运动阶段,另一方面都是随着发展阶段的上升不断变化的。即以雇佣工人这一从属主体来看,在同一阶段,也有职业的流动;在资本主义不同的发展阶段,其发展状况又是各有不同的,在较为发展阶段,它"由资本主义生产过程本身的机构所训练、联合和组织"①,其行为不单单是生产剩余价值,而且从分散走向联合,而且由于经常在不同生产部门之间流动而"全面发展"②。与此同时,他们的阶级意识也逐渐抬头,反抗逐渐有组织,以至于资本家阶级感到有必要以自己的意识和观念、社会表象来对他们洗脑。而资本家也是阶段发展的。这当然决定于资本运动的实际发展,例如产业资本运动供、产、销阶段的并列存在和依次继起。

---

① 《资本论》第1卷,人民出版社1975年版,第831页。
② "大工业还使下面这一点成为生死攸关的问题:用适应于不断变动的劳动需求而可以随意支配的人员,来代替那些适应于资本的不断变动的剥削需要而处于后备状态的、可供支配的、大量的贫穷工人人口;用那种把不同社会职能当作互相交替的活动方式的全面发展的个人,来代替只是承担一种社会局部职能的局部个人。"(《资本论》第1卷,人民出版社1975年版,第535页)

与此相适应，马克思就分别研究"资本的生产过程——资本的流通过程——资本主义生产的总过程"，由于这些过程或阶段是同时进行的，所以这是一种共时态的变化，它必然决定同一个时期的资本家行为内容、职能变化。与这种显形发展变化不同，马克思在三卷中还分别研究了主导主体在不同发展阶段的行为发展，即历时态的变化，如在不同的发展阶段按不同的规律转型。他详细地说明，这种变化与资本家的观念、实力地位变化有深刻的联系。例如，在不同的发展阶段，生产力发展水平、生产资料的规模和效能、生产的社会组织等等都有质的差异，这些都决定了资本家的观念和行为规则随之发生变化。例如，都先按照商品的价值交换，再转型为按生产价格交换。

二、经济行为理论在《资本论》终篇的具体化

从商品生产和资本运动历史发展的逻辑来看，它们都是从小到大（规模）、从简单到复杂（关系）、从较低级上升到较高发展阶段的。这决定了经济主体的行为也具有同样的发展逻辑。因此，反映它的发展历史的理论也应该从对象的细胞开始，逐步扩展到对象总体，在逻辑上，就是要从直接性到间接性，再回过头来达到直接性与间接性统一。具体地说，在《资本论》中，就是从资本主义起点的单个生产者即"资本家幼虫"① 的经济行为开始研究，再到资本主义初级阶段的单个资本家的经济行为，最后到资本主义较为发展阶段的总体资本家的经济行为。这样理解，就把资本运动的发展与社会经济发展阶段的上升紧密联系起来了。随着研究对象范围的扩大和社会经济发展阶段的上升，资本运动的规定以及资本家经济行为的各种规定当然也要随之丰富，并产生新的观察层面或观察方位。并且整个过程，与劳动价值论、资本理论一样，都是从生产过程揭示内在规定到流通过程延展内在规定，再到总过程阐明内在规定的外化、社会表象，简

---

① 《资本论》第1卷，人民出版社1975年版，第189页。

第七章 科学的经济行为理论的具体化

单说,就是从深化到外化、异化。

《资本论》研究总体资本家的经济行为主要集中在各卷的末篇:第一卷末篇主要研究社会总资本的积累行为,揭示剩余价值积累的一般规律和历史趋势;第二卷末篇主要研究社会总资本的内部交换,揭示剩余价值的实现规律;第三卷末篇即终篇主要阐明剩余价值的社会表象,即剩余价值分割的内在规定为何、如何在社会表面上因为各个主体的观念、相互竞争行为而颠倒表现。

(一)剩余价值的总分配行为是新经济行为的出发点

恩格斯说:"剩余价值的分配就像一根红线一样贯串着整个第三卷"①,《资本论》"第三卷所阐述的就是剩余价值的分配规律。而讲完了剩余价值的生产、流通和分配,也就结束了剩余价值的整个生涯,此外对它就没有更多的东西好谈了"。② 的确,第三卷分析的都是剩余价值的分割。不过,必须注意的是,这是就剩余价值的运动的一个循环而言的。从它的周而复始的、无限的运动来看,剩余价值的分配不仅包含剩余价值的生产、流通诸规定在内的总过程,而且本身就是再生产的必要环节,还是新的循环的出发点。在《资本论》终篇,马克思还说明,剩余价值的分割或分赃是连续的,所以也成了制约其再生产行为的重要机制。

在社会表面上,不同的分配当事人在分割剩余价值后所拥有的剩余价值分别表现为利润、利息、地租。而这些形式又进一步表现为收入。由于利息原先是包含在利润中的,所以,马克思就在这些"收入形式上即利润(企业主收入加上利息)和地租形式上"③ 来阐明社会总资本的流通。同样地,在社会表面上,可变资本转化表现为工人的工资收入,所以就将原先的Ⅰ(v+m)具体化为利润+地租+工资,或者说,第Ⅰ部类的资本家用

---

① 《马克思恩格斯全集》第22卷,人民出版社1965年版,第512页。
② 《马克思恩格斯全集》第22卷,人民出版社1965年版,第511页。
③ 《资本论》第3卷,人民出版社1975年版,第945—946页。

获得的利润、土地所有者用地租、工人用他的工资一起来与第Ⅱ部类资本家的表现为生活资料的ⅡC交换。这样，他就在这些比较具体的经济行为的关系上来阐明整个社会总资本的简单再生产。

同时，他又具体地阐明利润、利息、地租等范畴与扩大再生产的关系：利润，虽然是构成资本家生活消费的唯一来源，但不会被资本家全部消费光。资本家除了要从中提取必要的保险基金外，还要提取积累基金。就后者而言，"剩余价值的这种一定的形式，是在资本主义生产形式中新形成生产资料的前提；因而是一种支配再生产的关系，……利润不是表现为产品分配的主要因素，而是表现为产品生产本身的主要因素，即资本和劳动本身在不同生产部门之间分配的因素"①。既然与"新形成生产资料"有关，也就是与扩大再生产有关。而货币资本家获得的利息，是从产业资本家的利润中分割出来的，是资本运动中发展出来的信用和信用制度的产物，"利息等等这些所谓分配形式，是作为决定的生产要素加入价格的"。当然也是再生产的重要因素。至于地租，——马克思研究是资本主义地租，——它只限于超过平均利润的余额。② 它的提取，一方面限制了资本家的再生产规模，但在客观上也构成对资本家行为的约束，使之不能"滥用一定量土地"，这"正好是对投资的一个限制，正好是对资本在土地上任意增殖的一个限制"③。从客观的意义看，在一定的限度内，这对提高资本的生产率、土地的产出率是有益的。显然，分赃行为本身与扩大再生产的行为是融为一体的。

（二）利用"三位一体公式"掩盖分配当事人分赃的性质、颠倒表现工人出卖劳动力的本质规定

不言而喻，参与这种分赃的只是资本家的各个集团以及土地所有者，

---

① 《资本论》第3卷，人民出版社1975年版，第997—998页。
② 《资本论》第3卷，人民出版社1975年版，第998页。
③ 《资本论》第3卷，人民出版社1975年版，第695、696、846页。

第七章 科学的经济行为理论的具体化

为了简便，我们不妨把他们称为"分配当事人"①。显然，分赃或剩余价值的分割也是一种经济行为，一方面，参与各方都要投入一定量的资本或土地，有投入和产出，当然是经济行为；另一方面，它不是自我自然增殖，而是要通过分配当事人的作为和彼此竞争而实现。而且，作为总体的分配，并不是生产和流通以外的事情，就社会总资本而言，它是生产和流通的继续。根据马克思的科学的上升方法，理论过程的终点是整个理论过程的包含和超越，所以，这里的分配，应理解为包含剩余价值的生产、流通诸规定在内的总过程。

如果联系剩余价值的生产和实现，即使是生产当事人和流通当事人，也多少能与他们的某些职能联系起来，给当事人一个可以聊以自慰的理由来分得赃物，比如商业资本家会说他通过"贱买贵卖"而获得商业利润。此外，他们还进一步利用那个"把社会生产过程的一切秘密都包括在内的三位一体的公式"②来掩盖真相。他们将"资本—利润"改换为"资本—利息"，以此表明，只要有资本，即使什么也不做，也能够得到利息。从这种意义看，它与"土地—地租"一样，货币资本家和土地所有者都可以不劳而获。这样看，他们是无所作为的，或者说，似乎没有实施任何经济行为，就可得到收入。但对他们来说，他们与相关的当事人也要发生一定的联系，都要"通过商业途径"③，并且是所拥有的资本和土地所有权在经济上的实现，是一种凭借"作为无所作为的所有权而存在的规定性"④。因此，在资本主义社会，这也是一种地地道道的经济行为。如果借用现代流

---

① 实际上，马克思所说的"资本主义生产当事人"并不仅仅限于生产领域中的资本家，还包括其他领域的资本家，是剩余价值分享者的代表。而这里讲的"分配当事人"，指的是资本家和土地所有者。比前者更为具体。
② 《资本论》第 3 卷，人民出版社 1975 年版，第 919 页。
③ 《马克思恩格斯全集》第 48 卷，人民出版社 1985 年版，第 466 页。
④ 《资本论》第 3 卷，人民出版社 1975 年版，第 426 页。

行的术语说,这种单凭所有权索取剩余价值的行为就是一种"产权行为"。①

在《资本论》终篇,马克思在批判"三位一体公式"混淆收入的根据与收入实体的源泉的时候明确地指出,资本家、土地所有者获得相应的收入,并非他们的资本、土地这些生产要素创造了利息、地租,所依据的只是这些生产条件的所有权。只是"劳动力的、资本的和土地的所有权",才"是商品这些不同的价值组成部分所以会分别属于各自的所有者,并把这些价值组成部分转化为他们的收入的原因"②。这就将资本家、土地所有者的经济行为归结为行使他们所拥有的生产要素的所有权而获得经济利益的行为。这个论断的含义十分深刻,它表明,虽然凭借这些要素的所有权可以获得相关的收入,但资本和土地的所有权与劳动力的所有权有本质的不同,前者即使无所事事,也可以按时获得相应的收入。而劳动力的所有权却只是在形式上属于工人,并且工人不能单纯凭此获得什么东西。马克思在研究生息资本的时候说:在资本主义较为发展的阶段,资本所有权已经离开生产过程而独立化,并不断表现为过程的前提。③ 在研究资本主义地租的时候也说过:"作为劳动条件的土地同土地所有权和土地所有者完全分离,土地对土地所有者来说只代表一定的货币税,这是他凭他的垄断权,从产业资本家即租地农场主那里征收来的;〔它〕使这种联系遭到如此严重的破坏,以致在苏格兰拥有土地所有权的土地所有者,可以在君士

---

① 所谓的"产权行为",指的是所有物的保值增殖行为(参看王国平:《现代企业行为论》,上海财经大学出版社 2004 年版,第 45 页)。不过,这里"产权行为"只是在借用的意义上使用的,严格地说,应该是行使所有权获得经济利益的行为。在《资本论》中的财产权概念与现代西方经济理论的产权概念并不同。在后者的要义看,产权并非单纯表现为对一定财产的权利,而是在交换中体现的权利,并且总是与收益紧密联系,不能等同于所有权。
② 《资本论》第 3 卷,人民出版社 1975 年版,第 981 页。
③ 《资本论》第 3 卷,人民出版社 1975 年版,第 398 页。

第七章 科学的经济行为理论的具体化

坦丁堡度过他的一生。这样，土地所有权就取得了纯粹经济的形式。"① 但是，对工人而言，劳动力的所有权仅仅表明他是自由人，劳动力归他所有，但他绝对不能单凭这种所有权而向资本家领取工资，而必须出卖劳动力给资本家使用后才能获得工资。可见，只有货币资本家和土地所有者才有所谓的"产权行为"，工人实施的却只能是交换行为，即出卖劳动力。但是，他们却以工人也获得收入而将工人也归入收入获得者一族，或者说，他们通过"三位一体公式"硬将工人捆绑在收入获得者一族中。但是，马克思的论述却表明：在劳动者只有劳动力所有权而没有劳动所有权的时候，劳动者充其量只能得到劳动力的价值，即相当于必要劳动时间创造的价值部分；同时也意味着资本家和土地所有者可以占有劳动者的全部劳动所有权包括必要劳动和剩余劳动的所有权，而劳动者则只能在形式上占有自己的必要劳动的所有权，并且实际上要为资本家生产出购买他的劳动力的可变资本。之所以这样，因为分配关系涉及生产资料所有权的归属。

马克思还进一步说明：按照"三位一体公式"的意思，"资本—利息"表示资本有所有权，所以能获得利息；"土地—地租"则表示土地所有权能获得地租，按此逻辑，"劳动—工资"就表示劳动有所有权，所以能据此获得工资。显然，这是社会表面上呈现出来的现象。它要表示的是：工人出卖的是"劳动"，当然拥有"劳动的所有权"。但是，马克思早已论证，工人是在出卖劳动力之后根据形式的劳动力所有权获得劳动力价值（这是内在规定，在社会表面上是看不出来的）。在劳动力出卖后，劳动力的使用即劳动已经属于资本家，也就是说，劳动的所有权已经属于资本家。实际上，在第一卷末篇，马克思已经证明，资本主义的原始积累已经将劳动者与生产资料的所有权分离了，与此同时，也将劳动者与对自己劳动的所有权也随之一起分离了。可见，在社会表面上劳动者拥有"劳动的

---

① 《资本论》第 3 卷，人民出版社 1975 年版，第 697 页。

所有权"只是劳动者只拥有劳动力的所有权的颠倒表现。换句话说，工人拥有劳动力的所有权在社会表面上会颠倒表现为拥有劳动的所有权。

（三）总分配因为市场上的竞争将分赃的内在规定颠倒表现

总体资本家按照它的各种职能、联系、实力以及与最终产品的关系区分为许多不同的部类、集群、个体，这些部类、集群、个体之间各有自己的利益和地盘即市场占有率，为了扩大和维护各自的利益，彼此之间必然产生激烈的竞争。这些竞争是在流通过程中进行的，流通作为生产过程的内在规定的实现，是巨大的蒸馏器和转换器，既能将个别的经济行为转换为社会性经济行为，将行为的性质改变，又能将内在规定外化而颠倒表现。而社会总资本家的各个组成部分又会通过竞争将流通的这些功能放大，使之达到极致。

流通有个巨大的社会功能，就是洗钱。在生产过程中剥削来的剩余价值在流通中变现之后，随即变成一般的货币，而与工人出卖劳动力获得的工资一样。在流通中，货币这种东西非常奇妙，既可以是作为货币的货币，也可以是作为资本的货币，同样地，还能是作为剩余价值具体表现形式的货币、工资表现形式的货币。因此，总体资本家很善于利用流通，来掩盖或转换自己行为的性质。

流通是很多经济主体进行博弈的场所，即使在交易双方一般议价的场合，或者说在"双方共同一致的意志行为"① 中，都会因为商品价值表现为价格而产生与价值的质的、量的偏离。一旦有许多经济主体介入竞争，这种偏离就必然放大，当偏离达到较大程度时，泡沫、烟雾就产生了。所以，流通还有个特殊的功能，就是产生烟雾和泡沫、假象。对此，资本家很清楚，也很善于利用。从这种意义说，资本家之间的竞争，除了是实现各自利益的行为外，还是制造假象的特殊行为。

各个资本家之间竞争的结果，形成了一系列的"游戏规则"，产生了

---

① 《资本论》第1卷，人民出版社1975年版，第102页。

第七章 科学的经济行为理论的具体化

"利润率"、"利息率"、"地租率"、"工资率"等一系列的"率"。这些"率"虽然也是在长期的大量可重复的过程中产生的，但与过程的内在规律不同，不是被科学研究所揭示的，而是资本家凭借其观念对社会表象的经验式的简单复制而确定的，充其量只是一些肤浅的规则。它将工人买卖劳动力获得工资曲解为按"工资率"参与分配，将资本家各自获得的收入，解释为按事先确定的利润率、利息率、地租率所得的"分配"，并且以社会表面所呈现的表象，将过程的内在规定掩盖。

不仅如此，这些所谓的"率"在形成之后，就成了资本家的观念和行为的重要准则。就工资而言，它本质上是工人劳动力的价值或价格的转化形式，但在社会表面上，却表现为工人与资本家之间事先协议的标准，表现为一定的工资率。"工资在与它相当的价值等价物被生产出来以前，已经由契约规定。因此，工资作为一个在商品和商品价值生产出来以前数量已定的价格要素，作为成本价格的一个组成部分，不是表现为一个在独立形式上从商品总价值中分离出来的部分，而是相反，表现为已定的量。"① 同样，利润率一旦形成，就在相当长的时间内相对稳定，并作为一定的量发挥作用。"这个平均利润……会在资本家本人的观念和计算中实际上成为一个起调节作用的要素，……会决定资本由一个投资部门到另一个投资部门的转移，而且……对一切销售和包括长期再生产过程的契约来说，都起着调节的作用。就平均利润起这种作用来说，它是一个预先存在的量。"② 至于利息率和地租率也是这样，在剩余价值还没有生产出来以前，就根据市场交易的情况事先确定了。这些所谓的"率"，实质上就是标准。表面看，它们的确是在工人和资本家之间、在资本家和土地所有者之间的竞争中"事先"通过协商确定的，但是，从长期来看，各种议价主体并非完全主观臆测，而是根据长期经济行为的实际经验而签订合同的。但是，

---

① 《资本论》第3卷，人民出版社1975年版，第984页。
② 《资本论》第3卷，人民出版社1975年版，第984页。

《资本论》基本理论在终篇的具体化

长期的行为过程本身既是阶段性的，又是连续性的，因此，这个阶段的结果与下个阶段的开始就有这样的联系："它的结果会不断表现为它的前提，像它的前提会不断地表现为它的结果一样。"① 这些外在的表象一方面强化了收入决定价值的假象，另一方面也形成了分配当事人进行"分配"的边界。对资本家来说，这是自然而然的。他们受立场和狭隘眼界的约束，根本不可能理解分配的总量界限和分配规则这些内在规定，又迷恋于竞争表象，自然倾向于流通的表象。"实际的生产当事人对资本—利息，土地—地租，劳动—工资这些异化的不合理的形式，感到很自在，这也同样是自然的事情，因为他们就是在这些假象的形式中活动的，他们每天都要和这些形式打交道。"② 对资本家而言，这样的分赃是最理想的方案，不仅对自己是最有利的，而且给工人描述了漫画式的似乎最公平的分配方案，让工人陷入一个永远无法脱离的陷阱。

本来，资本家已经有意识地以成本价格和利润作为自己经济行为的自我调节机制，现在看来，他们还能自发地以工资率、利润率、利息率、地租率等杠杆来调节自己的行为。对总体资本家来说，生产和流通两个领域有太多的不确定性，它的各个组成部分即各个资本家集团、集群虽然为追逐剩余价值规律而各尽所能，但都没有真正掌握或猜透这些不确定性后面隐藏的秘密，他们的自主意识或理性相对于过程发展的需要是迟缓和盲目的。相对而言，在分配领域他们却能表现出一定的理智，毕竟蛋糕已经做成，并且已经实现。在分配领域是在分割蛋糕，是相对可控的，是产业资本家之间、产业资本家主持的与其他资本家集团之间的分赃，所以比较有意识和直接。

以无数单个资本构成的总体资本家还通过御用的学者将自己的观念和经验总结出来，这就是臭名昭彰的"三位一体公式"。

---

① 《资本论》第3卷，人民出版社1975年版，第985页。
② 《资本论》第3卷，人民出版社1975年版，第939页。

第七章 科学的经济行为理论的具体化

上面已经看到,在流通中,由于工人出卖劳动力获得一定的货币收入与资本家、土地所有者获得货币收入在形式上一样,尽管一种是无偿地占有,一种是有偿地回流,但在社会表面上,两种却表现为同一回事。由是,就将两种性质根本不同的行为混为一体了。正是在此基础上,萨伊提出了臭名昭彰的"三位一体公式":资本—利息,土地—地租,劳动—工资。

在《资本论》终篇,马克思进一步指出,在这个"三位一体公式"中,由于"资本—利息"和"土地—地租"这两个公式或环节都将中介过程忽略了,还造成更有迷惑性的假象。具体地说,"资本—利息"的完整过程是"(生息资本家贷出)资本——(职能资本家贷入)资本——生产过程——包含利润的商品资本——(职能资本家)还本付息",但中介过程"资本——生产过程——商品资本"在"资本—利息"中不见了,用式子表示就是:

$G_1—G_1'···P···G_2'—G_3'$(其中 $G_2'>G_1'$,$G_2'>G_3'$)中的 $G_1'···P···G_2'$不见了,变成 $G—G'$。同样的,"土地—地租"的完整过程是"(土地所有者租出)土地——(经营者租入)土地……生产……包含利润资本和地租的商品资本——地租",其中的"(经营者租入)土地……生产……包含利润资本和地租的商品资本"被市场和流通忽悠没了。这样,在"资本—利息"和"土地—地租"的环节中,资本家和土地所有者参与分赃的行为全都转化为单纯的"产权行为",职能资本家在剩余价值创造和实现过程中的职能或作用全都被掩盖了。同时,由于工人出卖劳动力在市场上表现为出卖劳动,而劳动者已经获得"劳动"的全部报酬,取得的工资也表现为货币收入,因而似乎也表现为一种"产权行为"。这样,流通和货币收入将一切阶级差异全都消融了,所有的人都成了货币收入者,所取得的货币收入都是"产权行为"。这种在市场和竞争中产生的表象既把真正的关系歪曲了,而且立即形成了资本家的观念。这样,"社会生产关系倒表现为作为生产过程各特殊要素的上述各种东西和劳动之间的物质关系的结果。在作为关系的资本中——即使撇开资本的流通过程来考察这种关系——实质上具有特征的是,这种关系被神秘化了,被歪曲了,在其中主客体是颠倒过来的,就像在货币上所表现出来的那样。由于这种被歪曲的关系,必然在生产过程中产生出相应的被歪曲的观念,颠倒了的意识,而这些东西由于流通过程本身的变形和变态而完成了。然而资本家作为资本家,无非是资本本身的这种运动。他在现实中是怎样的,他在意识中也是怎样的。因为他体现着关系的肯定的统治的一方,所以这些矛盾并不使他不安,相反,只有处在这些矛盾中间,他才感到很美好,而受这同一种被歪曲了的观念束缚的雇佣工人,则只是处在这种关系的另一极上,是被压迫的一方,实践迫使他反对所有这种关系,从而反对与这种关系相适应的观念、概念和思维方式。"①

(四) 分赃与具体的生产关系

就马克思的本意说,《资本论》第 3 卷研究的是剩余价值在各个资本家以及土地所有者之间的分配。显然,这只是在有产者阶级内部的分赃,是特殊的分配,或者说是狭义的分配。但是,这种狭义的分配不是单纯、单独进行的。以前的奴隶制、封建制社会都只有两大对立阶级,资本主义社会与此不同,有三大阶级。除了有无产阶级与有产者两大阶级之间的利益对立外,还有有产者内部的利益对立。有产者内部的结构很复杂,各个主体因为分工、所处领域不同而形成不同的集团,不仅各个集团、集团内部的各个资本之间,都因为实力不同而有不同的利益关系。显然,有产者内部的分赃并非资本主义社会的主要分配关系。因此,在第三卷前六篇考察有产者内部的分赃之后,在终篇还要回来研究社会的两大主要主体的分配关系,将狭义的分配与广义的分配②联系起来一起考察。为了科学地研究这种联系,马克思先阐述并批判了两种错误看法:

---

① 《马克思恩格斯全集》第 48 卷,人民出版社 1985 年版,第 257—258 页。
② 前面(本书第六章)已经说明,本书的广义分配是与狭义分配相对而言的。

第七章 科学的经济行为理论的具体化

其一，区分狭义的分配和广义的分配，批判将两者混为一谈的错误。所谓狭义的分配，在资本主义社会指的是剩余价值在分配当事人之间的分割，表面看似乎只是有产者之间的行为关系，但本质上却是他们联合起来剥削雇佣工人，所以它直接地反映了资本主义生产关系的本质。而广义的分配则是指一切社会都存在的产品在一切社会成员中的分配，以维持所有社会成员的生计。从这种意义看，在资本主义社会中工人出卖劳动力获得一定的货币工资，虽然本质上发生在流通领域的交换关系，但也是一种分配产品的现象。在资本主义社会，狭义的分配是"里子"，广义的分配则是"面子"，前者是占主导性的，后者则是从属性的。从一般和特殊的关系看，广义的分配寓于狭义的分配之中。马克思指出："在一切社会形式中都有一种一定的生产支配着其它一切生产的地位和影响，因而它的关系也决定其它一切关系的地位和影响。这是一种普照的光，它掩盖了一切其它色彩，改变着它们的特点。这是一种特殊的以太，它决定着它里面显露出来的一切存在的比重。"[①] 所以，狭义的分配不仅与广义的分配性质完全不同，而且支配着后者，两者不可混淆，因此不能在不区分分配性质的时候说工人也参与分配。在《资本论》终篇，这种情况则表现为狭义的分配绑架了广义的分配，或者说，是以广义分配之名行狭义分配之实。

但是，由于在资本主义社会中，工人从资本家手里取回一定的工资，是一种货币收入，与有产者之间分割剩余价值获得收入一样都表现为货币收入，也就是说，货币收入的形式将广义分配与狭义分配的不同性质完全湮灭了，造成了工人参加（狭义）分配的假象，——说它是假象，是从与工人出卖劳动力的本质相对而言的。对不明就里的人来说，就社会表面呈现的情况看，它还是一种客观存在的现象。只要资本主义还存在，商品货币经济还存在，这种情况就还要继续存在。——这也给别有用心的人用以将两种分配完全混为一体、混淆视听造成了某种口实。所以马克思说：

---

① 《马克思恩格斯全集》第46卷上册，人民出版社1979年版，第44页。

《资本论》基本理论在终篇的具体化

"在考察分配关系时,人们首先是从年产品分为工资、利润和地租这种所谓的事实出发。但是,把事实说成这样是错误的。"① 显然,"三位一体公式"反映的正是这种"所谓的事实"。可见,在资本运动当事人的观念、意识中,狭义分配与广义分配是混为一体的。针对这种情况,马克思当然要批判。

其二,区分生产资料所有权与消费品两种不同的分配。他强调了三大阶级主体的对立:"生产出来的劳动条件和劳动产品总的说来作为资本同直接生产者相对立这个事实,从一开始就意味着:物质劳动条件和工人相对立而具有一定的社会性质,因而在生产中,工人同劳动条件的所有者之间,……是处在一定的关系中。这些劳动条件转化为资本这个事实,又意味着直接生产者被剥夺了土地,因而存在着一定的土地所有权形式。"② 可见这种对立是不可调和的,不是像有产者之间的关系那样。这也表明,有两种不同的分配关系:生产资料所有权的分配和产品的分配,——为了表述方便,我们不妨将前者称为"基本的分配",后者称为"派生的分配"——前者决定后者:"资本(包括作为资本的对立物的土地所有权)本身已经以这样一种分配为前提:劳动者被剥夺了劳动条件,这些条件集中在少数个人手中,另外一些个人独占土地所有权,……人们把分配关系和生产关系对立起来,赋予它以一种历史性质时所理解的分配关系。人们用这种分配关系来表示对产品中归个人消费的部分的各种索取权。"③ 从上下文的联系看,其中的"人们"指的是那些"更有学识、更有批判意识的人们",他们"虽然承认分配关系的历史发展性质,但同时却更加固执地认为,生产关系本身具有不变的、从人类本性产生出来的、因而与一切历

---

① 《资本论》第3卷,人民出版社1975年版,第993页。
② 《资本论》第3卷,人民出版社1975年版,第993—994页。
③ 《资本论》第3卷,人民出版社1975年版,第994页。

第七章 科学的经济行为理论的具体化

史发展无关的性质"。① 既然这些人②"把分配关系和生产关系对立起来",那么,他们也就将生产资料所有权分配对消费品分配的决定关系完全撇开了,这当然无法正确地认识狭义分配与广义分配的关系。

显然,马克思在这里批判了两种错误:一种是将广义分配与狭义分配混为一谈,一种是将生产资料所有权的分配("基本的分配")与消费资料的分配("派生的分配")完全脱离,以便否认前者对后者的决定关系。单看社会表象,不看都是些什么样的人参加什么样的分配,通过什么途径获得收入,或者说,不联系不同主体的行为,是很容易将所谓的分配当成一种与主体无关的结果来看待的。可见,这种批判与联系不同性质的主体关系有紧密联系。在批判的基础上,他突出了前者对后者的决定关系。这样做是很有必要的,只有这样,才不会就产品的分配讲分配,忽视这种"产品中归个人消费部分的索取权"的来源,将生产资料所有权的分配与产品所有权的分配混为一谈;同时,也才不会将拥有生产资料所有权的人内部的分配即狭义的分配与没有生产资料所有权的人得到货币收入即广义的分配混为一谈。

当然,在一定的范围内相互区别的东西又是相互联系的,"表"和"里"都属同一对象,两者均不可或缺。毕竟资本运动是具体的,是在社会中进行的,是离不开广大失去生产资料所有权的雇佣工人的,因此,在特殊的、狭义的分配关系与一般的广义的分配关系的性质区分之后,就有

---

① 《资本论》第3卷,人民出版社1975年版,第993页。
② 马克思所说的这些人,主要是指李嘉图。他先说明人们通常把分配解释为产品的分配,而忽视生产资料的分配,"如果在考察生产时把包含在其中的这种分配撇开,生产显然是一个空洞的抽象;相反,有了这种本来构成生产的一个要素的分配,产品的分配自然也就确实了。正因为如此,力求在一定的社会结构中来理解现代生产并且主要是研究生产的经济学家李嘉图,不是把生产而是把分配说成现代经济学的本题。从这里,又一次显出了那些把生产当作永恒真理来论述而把历史限制在分配范围之内的经济学家是多么荒诞无稽。"(《马克思恩格斯全集》第46卷上册,人民出版社1979年版,第34页)

《资本论》基本理论在终篇的具体化

必要从对象具体性的角度将两者统一起来,以导致具体的分配关系的理论再现。说它是具体的,因为这里联系了两类性质不同的主体,包含了两种不同的分配。

但是,即使是具体的分配,也只是总资本运动的一个相对独立的环节,或者说是只对研究者才存在的,而实际上它是融入总的生产关系之中的。所以马克思认为,"分配关系不过表示生产关系的一个方面"①,必须将具体的分配关系与生产关系联系起来。因此,在考察具体分配关系的时候,他还不厌其烦地说明,这是由资本家作为主导主体对整个社会生产的控制决定的:"社会劳动的分配,它的产品的互相补充,它的产品的物质变换,它的从属和加入社会机构,却听任资本主义生产者个人偶然的、互相抵销的冲动去摆布。"② 同时又说明:"在作为资本产品的商品中,已经包含着作为整个资本主义生产方式的特征的生产的社会规定的物化和生产的物质基础的主体化。"③ 不仅社会生产行为、而且连生产的物质基础都以资本家为人格化。这种偶然的冲动往往根据资本家个人短期的利益而发生,虽然会互相抵消,但在被抵消之前,肯定会造成相应关系的紧张,以致破坏工人的日常消费。

这样看来,马克思研究分配关系是沿着这样的逻辑推进的:

狭义的分配关系——广义的分配关系——具体的分配关系——具体的生产关系。

显然,这一过程是在三大基本理论(劳动价值论、资本理论、经济行为理论)的语境中,特别是在与不同主体行为之间关系的紧密联系中研究和揭示的。

---

① 《资本论》第 3 卷,人民出版社 1975 年版,第 999 页。
② 《资本论》第 3 卷,人民出版社 1975 年版,第 995 页。
③ 《资本论》第 3 卷,人民出版社 1975 年版,第 999—996 页。

第七章　科学的经济行为理论的具体化

马克思指出,"分配关系不过表示生产关系的一个方面"①,这样看,"分配关系本质上和生产关系是同一的",但他又指出,分配关系"是生产关系的反面"。② 之所以这样确定,是因为这里的分配关系指的是社会表面上呈现的分配关系,即社会表象。既是"同一"的,又是"反面"的,似乎矛盾,其实不然。"同一"表明生产关系决定分配关系,都是历史性的,"反面"表明分配关系并非直接是生产关系,社会表面的分配关系背后才是隐秘的生产关系。

这样结合不同主体行为来研究一个社会具体的分配关系——是特殊的、狭义的和一般的、广义的分配关系的统一,——向论述具体的生产关系的演进,有着重大的理论意义:

首先,它使资本主义分配关系与生产关系的关系具体化。

长期以来,人们都以为生产关系是一种经济制度,因而分配关系也是一种制度,制度本身具有客观性,这当然没错。但是,无论是根本的经济制度,还是分配制度,都是制约主体关系的规范,都与主体的行为有直接的关系。如果不联系具体主体的行为,就有可能将这种分配关系理解得很抽象,以为只是生产者之间的关系。马克思在《政治经济学批判·序言》中这样阐述生产关系:"人们在自己生活的社会生产中发生一定的、必然的、不以他们的意志为转移的关系,即同他们的物质生产力的一定发展阶段相适合的生产关系。这些生产关系的总和构成社会的经济结构,即有法律和政治的上层建筑竖立其上并有一定的社会意识形式与之相适应的现实基础。"在这一论述中,所说的生产关系涵盖"亚细亚的、古代的、封建的和现代资产阶级的生产方式"③,并且与生产力、上层建筑相对,因而是一般过程的生产关系,是个哲学范畴,具有抽象性。《序言》说得很清楚,

---

① 《资本论》第3卷,人民出版社1975年版,第999页。
② 《资本论》第3卷,人民出版社1975年版,第993页。
③ 《马克思恩格斯选集》第2卷,人民出版社1995年版,第32、33页。

《资本论》基本理论在终篇的具体化

这个原理是"研究政治经济学所得到的结果",这不仅表明这个唯物史观是从比较具体的政治经济学研究中抽象出来的,必须从马克思主义的整体性来理解生产关系,更表明当马克思再根据这种唯物史观来进一步研究政治经济学的时候,必然要还原特殊过程生产关系的具体性。两种意义的生产关系虽然有联系,但不能混为一谈。从方法论的意义看,很有必要在政治经济学研究中还原它的具体性。①

在《资本论》中,尤其是在《资本论》终篇,由于结合不同主体的关系,所揭示的分配关系已经不再是一般的"产品在生产者之间的分配"那样抽象了。它由生产资料所有权的分配决定,有表有里,有广义有狭义。真正的生产者不能获得剩余价值,倒是站在生产过程之外的各种当事人能够分得剩余价值。这样阐述,既从分配的角度丰富了生产关系范畴的内容,又突出了分配关系在生产关系再生产过程中的作用。它使唯物主义历史观在政治经济学领域中贯彻和具体化。是对唯物主义历史观的科学论证和发展。突出主体、主体关系,包括同类的和不同类主体的关系。

其次,它又使生产关系与生产力发展的关系具体化。

在《资本论》中,马克思研究的不再是抽象的生产关系,而是具体的生产关系,它有几个特征:一是结合物质生存条件的再生产,二是资本主义的,三是结合商品生产,四是结合主体行为。因为结合生产资料的所有权,所以就有不同的所有权人,就有围绕生产资料所有权而展开的经济行为。因为研究的是具体的生产关系,当然要突出、着重研究其中的"普照之光",即资本主义生产关系,因此,涉及的主体就有三种:资本家、土地所有者、工人,这样他所研究的生产关系,已经将抽象的"人们在自己

---

① 后来斯大林在《苏联社会主义经济问题》中却将它转换为一般的"生产关系":"政治经济学的对象是人们的生产关系,即经济关系。这里包括:(一)生产资料的所有制形式;(二)由此产生的各种不同社会集团在生产中的地位以及他们的相互关系,……(三)完全以它们为转移的产品分配形式。"(斯大林:《苏联社会主义经济问题》,人民出版社1961年版,第58页)

第七章 科学的经济行为理论的具体化

生活的社会生产中发生……的关系"还原了；资本运动是通过生产商品来生产剩余价值的，所以具体的生产关系的发生和发展既在流通中、又不在流通中。这些特征，在《资本论》中表现得十分突出。在终篇，他从更广更具体的视阈来考察三种主体与生产资料所有权的关系，突出了它的资本主义特质，并且专门研究了流通中各种主体的竞争产生的假象导致主体观念的虚假化。在"分配关系与生产关系"一章中，还特地说，产品作为商品、作为资本产品的性质，"已经包含着一切流通关系，即产品所必须通过并由以取得一定社会性质的一定的社会过程；同样，这种性质也包含着生产当事人之间的一定的关系，这种关系决定着他们的产品的价值增殖和产品到生活资料或生产资料的再转化"①。在这里，还指出，生产关系是多层次的结构，即使所反映的社会表象，也是内在的本质在社会表面上的外化表现。它突出主体、主体关系，包括同类的、不同类主体的关系，使唯物主义历史观在政治经济学领域中贯彻和具体化。是对唯物主义历史观的科学论证和发展。

由于已经实现了生产关系的具体化，马克思在这里就不再一般地讲生产关系与生产力矛盾的发展，而是说："当一方面分配关系，因而与之相适应的生产关系的一定的历史形式，和另一方面生产力，生产能力及其要素的发展，这二者之间的矛盾和对立扩大和加深时，就表明这样的危机时刻已经到来。这时，在生产的物质发展和它的社会形式之间就发生冲突。"② 这就将比较抽象的基本矛盾具体化了，并且也更切近现实关系。在现实过程中，间接性的生产关系既通过直接过程中的生产关系表现出来，还通过一定的分配关系（包括狭义的和广义的）表现出来。后者能够较直接地表现生产关系与生产力发展的关系的紧张程度。

再次，它与第一卷末篇关于"剥夺者被剥夺"和"重新建立个人所有

---

① 《资本论》第3卷，人民出版社1975年版，第995页。
② 《资本论》第3卷，人民出版社1975年版，第999页。

制"遥相呼应。

经济行为理论十分重视主体之间关系的变化。在资本主义社会，资本家和土地所有者是统治者、剥夺者，但这种地位在社会发展的一定阶段、在一定条件下会被否定。在第一卷末篇，马克思所预示的"剥夺剥夺者"历史趋势，未来社会必定要"重建个人所有制"，都与主体的发展有关。"剥夺者"当然是大大小小的资本家，而"剥夺剥夺者"的则是劳动大众。这是两种性质不同的主体。但他们的地位会因为彼此之间的矛盾斗争而改变。这个结果与其说是劳动大众的反抗，不如说是由资本家的经济行为导致的。而"重新建立个人所有制"虽然是一种制度，但这里的"个人"指的仍是一定的主体，即原先的从属主体。他们是第二个否定的执行人，当然不会再去重建被否定的制度。他们作为从属主体的身份主要是因为主导主体的经济行为造成的，他们也是以经济主体的身份来否定后者。马克思是这样说的："资本主义的私有制，是对个人的、以自己劳动为基础的私有制的第一个否定。但资本主义生产由于自然过程的必然性，造成了对自身的否定。这是否定的否定。这种否定不是重新建立私有制，而是在资本主义时代的成就的基础上，也就是说，在协作和对土地及靠劳动本身生产的生产资料的共同占有的基础上，重新建立个人所有制。"① 显然，第一个被否定的不是劳动者本人，而是"以自己劳动为基础的私有制"，即个人经济行为的所有权。换句话说，这种否定之否定是围绕着经济行为的所有权进行的。重新建立个人所有制，就是重新建立个人劳动所有制。

对这个"重建个人所有制"如何体现否定之否定，学术界历来有不同的看法。之所以这样，主要原因乃在没有联系经济行为来理解这种所有制。

实际上，在马克思的论断中，他所说的第一个否定的是"自己劳动为基础的私有制"，而劳动是一种经济行为，以"自己劳动为基础的私有

---

① 《资本论》第1卷，人民出版社1975年版，第832页。

第七章 科学的经济行为理论的具体化

制",应该是"劳动个人私有制",换句话说,即"劳动所有权属于劳动者",或者说"劳动所有权与劳动者是统一的",它被资本主义否定,就变成了"劳动者与劳动所有权的分离",或者说是一种"劳动所有权属于资本家"的私有制。而第二个否定的就是劳动所有权属于资本家的情况,以重新建立"劳动者与劳动所有权的统一"。在前面,我们已经说明,马克思有关于劳动私有权的论证。所以,说重建"劳动的个人所有制"并非杜撰,而劳动就是一种经济行为,所以,只要联系主体的经济行为,问题就迎刃而解了。也就是说,要重建个人行为劳动所有制。它表明,这种冲突的解决结果不是劳动者只能有劳动力的所有权,而是要拥有个人劳动所有权,要重建"个人劳动所有制"。因为劳动所有权的个人所有制早先已经存在过,所以才可以说是"重新建立"。在公有制基础上建立个人劳动所有权(制)之所以重要,因为这种劳动包括必要劳动和剩余劳动。它和资本主义大私有制下劳动者只能在形式上拥有劳动力所有权无论在质上、还是在量上,都有根本的差别。在马克思看来,只有消灭资本主义,才能使劳动者拥有自己的全部劳动。①

关于个人劳动所有权,列宁也有相同的看法,他根据对资本主义发展历史的研究也发现:"资本主义发展过程,按其纯粹状态来说,确实是从分散的小商品生产者的制度和他们的个人劳动所有制开始的(例如在英国)。"② 显然,列宁所说的"个人劳动所有制"指的就是劳动者与劳动所有权的统一,它体现了生产者与生产资料所有权、劳动产品所有权的紧密

---

① 在《哥达纲领批判》中,马克思这样预示:在未来生产资料公有制的社会中,劳动者"除了自己的劳动,谁都不能提供任何其他东西"。"自己的劳动"意味着劳动者拥有自己劳动的所有权。马克思还指出:"他从社会领得一张凭证,证明他提供了多少劳动(扣除他为公共基金而进行的劳动),他根据这张凭证从社会储存中领得一份耗费同等劳动量的消费资料。"(《马克思恩格斯选集》第3卷,人民出版社1995年版,第304页)正是在这种意义上,恩格斯将这种个人所有制的内容解释为生活资料个人所有。所以,这样理解并不与恩格斯的解释相左。

② 《列宁选集》第1卷,人民出版社1995年版,第45页脚注。

结合。

那么,终篇的经济行为理论又是如何体现重建个人劳动所有制的思想呢?只要我们意识到劳动是一种经济行为,就很容易领会马克思的深刻思想了。

《资本论》中,马克思一再强调,工人出卖给资本家的是劳动力,不是劳动(行为)。马克思在《资本论》终篇还特地重申:"劳动力的、资本的和土地的所有权,是商品这些不同的价值组成部分所以会分别属于各自的所有者,并把这些价值组成部分转化为他们的收入的原因。"① 但所有的资本家及其学者都异口同声地说工人出卖的是劳动,并且通过"三位一体公式"表示:与"资本所有权"、"土地所有权"并列的是"劳动所有权"。他们从来认为,工人出卖的是劳动(行为),劳动始终属于工人,工资是全部劳动的报酬,没有任何剩余留给资本家。因此,批判这个公式,有两方面深刻含义:其一,是批判,说明其错误不仅是全方位的(参看本书第八章),而且企图用"劳动——工资"的表象来掩盖工人出卖劳动力的真相。其二,是建树,通过批判"三位一体公式"特别是其中的"劳动——工资"的错误,说明内在的、看不见的工人劳动力的本质会因为各种社会表象以及资产阶级学者的错误观念、言论而颠倒地表现为劳动(行为),教育工人要通过消灭生产资料私有制的"基础的分配"、消灭劳动(工人的经济行为)表面属工人但实际属资本家的"派生的分配",说明"派生的分配"关系与生产力发展的矛盾必定会尖锐化。其结果是资本家分离劳动所有权与劳动者的行为结束,劳动者的行为即劳动与劳动者重建统一的过程开始。

---

① 《资本论》第3卷,人民出版社1975年版,第981页。

第八章 科学的政治经济学批判在终篇的具体化

政治经济学一开始创立的时候就是具有批判性的科学,资产阶级古典学派在创立它的时候就赋予它以一定的批判性,但由于阶级的局限性,这种批判性从一开始就是有局限的、有缺陷的。当它在主要方面丧失了批判性之后,也就走向破产了。特别是在进入资本主义较为发展阶段之后,资产阶级已经完成了从革命者向保守者的转变,与此相适应,它也转向庸俗化。因为法国和英国的资产阶级已经夺得政权,"从那时起,阶级斗争在实践方面和理论方面采取了日益鲜明的和带有威胁性的形式。它敲响了科学的资产阶级经济学的丧钟。现在问题不再是这个或那个原理是否正确,而是它对资本有利还是有害,方便还是不方便,违背警章还是不违背警章。不偏不倚的研究让位于豢养的文丐的争斗,公正无私的科学探讨让位于辩护士的坏心恶意"①。与此同时,原先在古典经济学中已经包含的庸俗因素则被庸俗经济学家急速地过度地放大,并且很快形成气候,在马克思所处时代成了资产阶级经济学的主流。

面对这种情况,马克思主义的政治经济学在批判地继承古典学派理论合理内核的同时,也继承了它的批判性,并在科学研究的基础上彻底改造了它,对它的不彻底性、非辩证性、肤浅性和片面性进行了彻底的批判,

---

① 《资本论》第1卷,人民出版社1975年版,第17页。

《资本论》基本理论在终篇的具体化

在唯物辩证法的基础上重塑这种批判性，从而能建立系统而能动的科学体系。马克思很重视理论的批判性品格，直至1862年底，他的两个《资本论》手稿都以《政治经济学批判》冠名，此后，才将《政治经济学批判》当成副标题。① 这表明，马克思很重视将政治经济学的批判性发扬光大，将这种批判性当成政治经济学研究的根本特征。和其他基本理论一样，贯彻《资本论》始终，并且还因为奠定在发展的基础上而更显出批判的科学性。现在，我们就来研究这种批判在终篇的具体化。之所以和其他基本理论一样也说"具体化"，是因为终篇批判的资产阶级学者的理论，包含着已经破产的古典政治经济学和庸俗经济学，特别是"把社会生产过程的一切秘密都包括在内的三位一体的公式"②，——从这个所谓的"公式"所包含的立场、方法、内容、价值以及它以训导式③的、教条式的表现形式、极力掩盖本质真相、毒害舆论等等方面看，都是资产阶级经济学者的至高标杆，甚至是当今西方经济学都没有超越的标杆，——是他那个时代庸俗经济学的集大成，还因为它将批判的矛头指向整个资本主义经济制度、社会。并且正是通过批判，马克思最终创立了他的科学研究和批判的新范式，导致整个理论体系的批判性的完成。

第一节 《资本论》是彻底的政治经济学批判

马克思在一开始进行科学研究的时候就很重视理论批判的作用："批判的武器当然不能代替武器的批判，……但是理论一经掌握群众，也会变

---

① 马克思在1862年12月26日给路·库格曼的信中表明：《资本论》是《政治经济学批判》"第一册的续篇，将以《资本论》为标题单独出版，而《政治经济学批判》这个名称只作为副标题"（《马克思恩格斯〈资本论〉书信集》人民出版社1976年版，第170页）。
② 《资本论》第3卷，人民出版社1975年版，第919页。
③ 《资本论》第3卷，人民出版社1975年版，第939页。

第八章　科学的政治经济学批判在终篇的具体化

成物质力量。理论只要说服人，就能够掌握群众；而理论只要彻底，就能说服人。所谓的彻底，就是抓住事物的根本。"① 可见，他把理论当成"批判的武器"，是掌握群众以对旧社会进行"武器的批判"的重要前提。

一、批判性是《资本论》的重要品格

从理论的发展看，批判在不同场合具有不同的涵义。大体看来，有狭义的，有广义的。前者与怀疑、异议、斗争、驳斥、抛弃、改造等情节紧密联系，针对的是异己的他者；后者则可带有独特性、超越性，它可直接、间接地指向批判对象。这种对象既有批判异己的他者，即对他批判，也有批判主体自己本身，即自我批判，后者体现了主体的历史发展，即现阶段对以往发展阶段的超越，是规定性的丰富、具体化。虽然前者以破坏性为主，后者以建设性为主，但两种批判并非彼此对立或分开的。实际上，批判就是破与立的统一："不破不立，破字当头、立在其中"，批判性是理论的重要品格，也是其转型发展的重要机制。因此，不能因为它有狭义的含义就忽视它的广义含义。对一种历史发展的理论来说，批判性极为重要。没有批判性，理论就不能发展，就不能显示自身相对于其他相关理论的优越性和战斗力、就不能避免僵化，从而不能避免教条化。要使一种理论具有批判性，它的理论家必定要有丰富而敏锐的发现力、辨别力、判断力，还要有高超的分析力、思辨力等，但最重要的是有新的先进的立场、理论、方法和胆略等。在阶级社会中，这又取决于他所从属的阶级。毛主席说："在阶级社会中，每个人都在一定的社会地位中生活，各种思想无不打上阶级的烙印。"② 这种烙印又决定着各个理论家从事批判活动的方向和力度、持久性、彻底性。

任何理论要有影响，都必然要挑战原有的理论，要标新立异就要或多

---

① 《马克思恩格斯选集》第1卷第9页，人民出版社1972年版。
② 《毛泽东选集》第1卷，人民出版社1965年版，第272页。

或少地进行某种可选择的批判。但是真正科学的批判绝不是根据自己的需要随心所欲地就事论事，或以自己的理论来评判。科学的批判不是通常人们理解的那种具有单纯主观性的批判，作为新生事物的代表对旧事物、旧过程的批判，它具有客观性，这是由对象的性质所决定。任何对象的发展都从其过去发展到现在和将来，都是新陈代谢，其中包含自我批判和对他批判。当然，它也具有主观性，其选择的立场、观点、方法以及批判所体现的洞察力、广度、深度、力度、影响力与别的批判家都有不同。资产阶级学者出于其特殊的阶级利益而论证的理论，包含了许多主观的东西和偏见，所以，马克思对它的批判不能不站在无产阶级的立场上，不过，这种批判虽然带有阶级性，但仍然是有客观依据的。与马克思同时代的俄国资产阶级学者考夫曼对马克思的批判的评价很能说明问题：

"在马克思看来，……作为这种批判的出发点的不能是观念，而只能是外部的现象。批判将不是把事实和观念比较对照，而是把一种事实同另一种事实比较对照。对这种批判唯一重要的是，把两种事实尽量准确地研究清楚，使之真正形成相互不同的发展阶段，但尤其重要的是，同样准确地把各种秩序的序列、把这些发展阶段所表现出来的连贯性和联系研究清楚……根据他的意见，恰恰相反，每个历史时期都有它自己的规律。一旦生活经过了一定的发展时期，由一定阶段进入另一阶段时，它就开始受另外的规律支配。"①

马克思《资本论》的批判性是古典政治经济学批判性的继承和发展。我们既要看到马克思对古典学派理论的批判继承，也不能忽视他对后者批判性的继承。马克思说："我所说的古典政治经济学，是指从威·配第以来的一切这样的经济学，这种经济学与庸俗经济学相反，研究了资产阶级

---

① 《资本论》第1卷，人民出版社1975年版，第20—23页。

第八章 科学的政治经济学批判在终篇的具体化

生产关系的内部联系。"① 他还称古典学派为"批判的政治经济学家"②,"曾以严格的批判态度对待国家机器"。③ 之所以这样,因为资产阶级古典政治经济学家如斯密、李嘉图等人,都处于资本主义上升时期,他们代表的资产阶级在当时具有一定程度的革命性。而他们又都是一身二任的,既代表资产阶级的利益,或者本人就是资本家,又是诚实研究的科学家。他们的"使命只是表明在资本主义生产关系下如何获得财富"④,所以很有必要深入最重要的经济发展过程内部,研究隐藏其中的规律。在这个阶段,经济发展过程的重心已经从流通过程转移到生产过程,因而必然要批判已经过时的重商主义等理论,既要论证商业必须服从工业,也要让重商主义的过时理论退出历史舞台。对此,马克思肯定地说:"现代经济学不断与货币主义和重商主义作斗争,……攻击这种主义是一种纯粹的幻想和完全虚构的理论。"⑤ 人们不难发现,斯密在《国富论》中对重商主义有过较广泛的批判。资产阶级古典经济学在一定发展阶段之所以具有批判性,还因为土地所有者阶级仅仅依据土地所有权从工业资本家手中分割了大量的地租,并且后者还提出一系列鼓吹不劳而获的理论,例如马尔萨斯在19世纪20年代初期"曾维护这样一种分工:让实际从事生产的资本家承担积累的任务,而让另一些参加剩余价值分配的人,如土地贵族、领受国家和教会俸禄的人等等承担挥霍的任务"⑥。因此,他极力鼓吹高额地租。在占统治地位的工业资本家看来,这不仅是对他们利益的侵夺,还是对他们积累能力的严重削弱。因此,工业资产阶级及其理论家当然要加以批判,"认为

---

① 《资本论》第 1 卷,人民出版社 1975 年版,第 98 页脚注(31)。
② 《马克思恩格斯全集》第 26 卷第 3 册,人民出版社 1974 年版,第 559 页。
③ 《马克思恩格斯全集》第 26 卷第 1 册,人民出版社 1972 年版,第 168 页。
④ 《马克思恩格斯选集》第 1 卷,人民出版社 1995 年版,第 154 页。
⑤ 《马克思恩格斯全集》第 13 卷,人民出版社 1962 年版,第 149 页。
⑥ 《资本论》第 1 卷,人民出版社 1975 年版,第 653 页。

大地主是多余的"①。在这些古典学者中，马克思最推崇李嘉图的批判精神。他曾经这样评价李嘉图的《政治经济学和赋税原理》，说它的头"两章包含着他对以往政治经济学的全部批判，他在这里同亚·斯密的贯串其全部著作的内在观察法和外在观察法之间的矛盾断然决裂，而且通过这种批判得出了一些崭新的惊人结果。因此，这头两章给人以高度的理论享受，因为它们简明扼要地批判了那些连篇累牍、把人引入歧途的老观念，从分散的各种各样的现象中吸取并集中了最本质的东西"②。在终篇，马克思还这样说："古典经济学把利息归结为利润的一部分，把地租归结为超过平均利润的余额，使这二者在剩余价值中合在一起；此外，把流通过程当作单纯的形态变化来说明；最后，在直接生产过程中把商品的价值和剩余价值归结为劳动；这样，它就把上面那些虚伪的假象和错觉，把财富的不同社会要素互相间的这种独立化和硬化，把这种物的人格化和生产关系的物化，把日常生活中的这个宗教揭穿了。这是古典经济学的伟大功绩。"③ 不过，即使是这样，这种批判性也是不彻底的，"甚至古典经济学的最优秀的代表，——从资产阶级的观点出发，必然是这样，——也还或多或少地被束缚在他们曾批判地予以揭穿的假象世界里，因而，都或多或少地陷入不彻底性、半途而废和没有解决的矛盾中"④。毕竟他们本质上是有产者的代表，作为理论家，他们能够在可能的限度内探讨过程的发展规律，即进入间接性的较浅层面，作为资本家，自然没有必要、也不敢再深入更深的层面，即研究过程的本质关系如何演变、如何影响过程规律的作用等。这种特性对后来的特别是现代的西方经济学有相当大的影响。

---

① 《资本论》第3卷，人民出版社1975年版，第435页。
② 《马克思恩格斯全集》第26卷第2册，人民出版社1974年版，第186页。
③ 《资本论》第1卷，人民出版社1975年版，第938—939页。
④ 《资本论》第1卷，人民出版社1975年版，第939页。

二、《资本论》科学批判的维度

《资本论》的科学批判至少有四个维度:

首先,是对流行的资产阶级经济学进行总的清算。马克思认为:"把剩余价值理解为剩余劳动,就要对经济范畴的整个体系进行总的批判。"——这个体系就是资产阶级经济学体系——否则,就会"为既有的经济范畴所束缚……而陷入令人不快的矛盾"。① 我们知道,一定的范畴是一定的经济关系的反映,或者说是在一定阶级的经济学中的理论概括,所以,这种束缚,归根到底就是资产阶级立场、眼界的束缚,更是他们造成的各种混乱的束缚。显然,要在政治经济学这块资产阶级经营了二百多年的场所建立起无产阶级政治经济学的大厦,就得炸毁旧的大厦并彻底清理其地基。这种情况,就像黑格尔改造主观逻辑一样。黑氏认为,在这方面"材料固然很够,但其他的障碍却更多",非得费力气改造不可。② 当然,马克思与黑格尔根本不同,黑格尔只是要给予一个新的规划,而马克思则"不得不把一切统统推翻"③。这种批判涉及这些文献的理论观点、方法、历史观等等方面。所以恩格斯说马克思"把对所谓社会问题的科学研究,即对政治经济学的批判作为自己的终生事业"④。

对资产阶级学者的理论,马克思有一系列的批判,如果结合终篇的批判,这几个总的批判必须特别注意;

一是批他们的唯心史观。他一再指出:"经济学家们在论断中采用的方式是非常奇怪的。他们认为只有两种制度:一种是人为的,一种是天然的。封建制度是人为的,资产阶级制度是天然的。……于是,以前是有历

---

① 《马克思恩格斯全集》第26卷第3册,人民出版社1974年版,第278页。
② [德]黑格尔著,杨一之译:《逻辑学》下卷,商务印书馆1981年版,第237页。
③ 《马克思恩格斯〈资本论〉书信集》,人民出版社1976年版,第185页。
④ 《马克思恩格斯全集》第16卷,人民出版社1964年版,第407—408页。

史的,现在再也没有历史了。"① 无论是认为分配关系是历史的还是自然的,全都认为资本主义生产关系是自然的。正因为这样,他们将资产阶级社会的规律当成一切社会都通行适用的规律,因此基本理论可以是一成不变的。在终篇,他指出,有两种分配观:一种认为,"分配关系被认为是自然的关系,是从一切社会生产的性质,从人类生产本身的各种规律产生出来的关系。"一种则:"虽然承认分配关系的历史发展性质,但同时却更加固执地认为,生产关系本身具有不变的、从人类本性产生出来的、因而与一切历史发展无关的性质"②。对此,马克思当然要进行批判。

资产阶级学者根据这种历史观,必然产生各种各样的错误。

二是批其基本理论的前提错误,最典型的是"单个理性经济人"假设。他嘲笑说:"在资产阶级社会中,流行着一种法律上的假定,认为每个人作为商品的买者都具有百科全书般的商品知识。"③ 各个主体没有任何实力和个体的区别,都看得懂伦敦交易所的通用的年息表。④ 与此相联系,他们必然从单个孤立的个人出发,而将各种关系当成已知的前提。

三是批他们的对象错误。他们必然否认特殊过程的规律与一般过程的规律的性质差别,并将前者当成后者⑤。与此相联系,他们必然只重视物的运动,而忽视主体的作用。而在考察物的运动时,既将它的不同历史阶段混为一谈,又将它的不同层面混为一谈。

---

① 《资本论》第1卷,人民出版社1975年版,第98页脚注(33);《马克思恩格斯选集》第1卷,人民出版社1995年版,第151页。

② 《资本论》第3卷,人民出版社1975年版,第992、993页。

③ 《资本论》第1卷,人民出版社1975年版,第48页脚注(5)。

④ "他让原始的渔夫和原始的猎人一下子就以商品所有者的身分,按照物化在鱼和野味的交换价值中的劳动时间的比例交换鱼和野味。在这里他犯了时代错误,他竟让原始的渔夫和猎人在计算他们的劳动工具时去查看1817年伦敦交易所通用的年息表。"(卡尔·马克思《政治经济学批判》,《马克思恩格斯全集》第13卷,人民出版社1962年版,第50页)

⑤ "那些证明现存社会关系永存与和谐的现代经济学家的全部智慧,就在于忘记这种差别。"(《马克思恩格斯全集》第46卷上册,人民出版社1979年版,第22页)

第八章 科学的政治经济学批判在终篇的具体化

四是批其方法的错误。这类错误相当多，比较突出的是"抽象力的运用"。马克思说："已经发育的身体比身体的细胞容易研究些。并且，分析经济形式，既不能用显微镜，也不能用化学试剂。二者都必须用抽象力来代替。"① 显然，无论是研究细胞还是已经发育的身体，都要运用抽象力。但是，即使在李嘉图那里，抽象力的运用也有缺陷。李嘉图的"抽象还不够深刻，不够完全，因而当他……考察商品价值时，一开始就同样受到各种具体关系的限制"②，而且"跳过必要的中介环节，企图直接证明各种经济范畴相互一致"③。马克思称前者是"抽象力不足"，后者是"强制抽象"。

除此之外，马克思还指出："经济学辩护士的方法有两个特征。第一，简单地抽去商品流通和直接的产品交换之间的区别，把二者等同起来。第二，企图把资本主义生产当事人之间的关系，归结为商品流通所产生的简单关系，从而否认资本主义生产过程的矛盾。但商品生产和商品流通是极不相同的生产方式都具有的现象，尽管它们在范围和作用方面各不相同。因此，只知道这些生产方式所共有的抽象的商品流通的范畴，还是根本不能了解这些生产方式的不同特征，也不能对这些生产方式作出判断。"④ 从方法论的角度看，这是他们有意将一般与特殊混为一谈了。

五是批他们的范畴错乱，将抽象性的范畴与具体性的范畴混为一谈："所有经济学家都犯了一个错误：他们不是就剩余价值的纯粹形式，不是就剩余价值本身，而是就利润和地租这些特殊形式来考察剩余价值。由此必然会产生哪些理论谬误，这将在第三章中得到更充分的揭示，那里要分析以利润形式出现的剩余价值所采取的完全转化了的形式。"⑤ 这种错乱，

---

① 《资本论》第1卷，人民出版社1975年版，第8页。
② 《马克思恩格斯全集》第26卷第2册，人民出版社1973年版，第112页。
③ 《马克思恩格斯全集》第26卷第2册，人民出版社1973年版，第181页。
④ 《资本论》第1卷，人民出版社1975年版，第133页脚注（73）。
⑤ 《马克思恩格斯全集》第26卷第1册，人民出版社1972年版，第7页。

《资本论》基本理论在终篇的具体化

更导致他们不能正确地处理抽象的内在规定与比较具体的外在的社会表象之间的关系,甚至将表象当成依据、规律,因而一般的理论缺乏层次、不能表现历史的发展,所以很难由以正确地联系实际。

在对资产阶级经济理论的批判上,马克思虽然涉及面广,但他是有重点的。纵观整部《资本论》,我们可以发现,马克思用很大的篇幅着重批判了"斯密教条"和"萨伊公式"。尤其是对"斯密教条",马克思在各卷的末篇(包括终篇)中都分别从不同的侧面批判过,有的还是多次的(详见后文)。

在一般人看来,批判就是推翻、抛弃,但是马克思的批判并不是简单的抛弃,而是扬弃,不是虚无主义,而是针对那些思想或理论的研究性或辩护性、深刻或肤浅分别对待,既有在深刻分析之后彻底抛弃,如西尼尔的"最后一小时"论,也包含有选择的批判之后通过重建而继承。这就不用赘言了。

其次,马克思还把批判矛头指向资本主义制度。他认为,辩证法"按其本质来说,它是批判的和革命的",它"对现存事物的肯定的理解中同时包含……对现存事物的必然灭亡的理解"。①《资本论》揭示了资本主义发展的规律,实际上也就宣告了资本主义必然灭亡。这是比任何道义上的诅咒厉害万倍的批判。恩格斯在向人们介绍马克思及其《资本论》时说:"这部著作叙述了他的经济观点和社会主义观点的基础,以及他对现存社会、资本主义生产方式及其后果进行的批判的基础。"② 可以说,这才是马克思研究和批判的根本目的。对此,敏感的资产阶级学者也已经意识到了,例如俄国的考夫曼一看到《资本论》,就发现"这部著作对现代经济

---

① 《资本论》第1卷,人民出版社1975年版,第24页。
② 《马克思恩格斯全集》第19卷,人民出版社1963年版,第120页。

第八章 科学的政治经济学批判在终篇的具体化

制度的主要基础提出了系统的批判"①。由于批判的深刻和科学,连考夫曼都感到折服,承认"这种研究的科学价值在于阐明了支配着一定社会机体的产生、生存、发展和死亡以及为另一更高的机体所代替的特殊规律。马克思的这本书确实具有这种价值"②。诚然,在资本主义发展史上,也有很多人从各自阶级的立场上批判过资本主义制度,但却没有人站在无产阶级的立场上来批判,为了与他们相区别,马克思在第二版跋中还明确宣布,"这种批判代表一个阶级","这个阶级的历史使命是推翻资本主义生产方式和最后消灭阶级"。③

再次,这种批判本身就包含着超越和建树。在批判蒲鲁东时,马克思就明确地宣布:"我要破坏,我也要建设。"④ 在马克思那里批判和建树之间并没有彼此隔开的鸿沟,毋宁说,两者相得益彰。恩格斯告诉我们:"马克思打算以批判迄今存在过的全部政治经济学的形式,总结自己多年研究的结果……"⑤ 在马克思看来,科学研究和批判是统一的。他自豪地说:"商品中包含的劳动的这种二重性,是首先由我批判地证明了的。"⑥ 他还说,"这就是批判地理解问题的全部秘密。"⑦ 我们看到,在《资本论》中,有许多问题是通过批判而深化的。例如,马克思在批判分析斯密教条的基础上,科学地阐明了社会总资本的再生产问题。另外,还有些领域,是马克思批判地开辟的。特别值得注意的是,他的方法固然是唯物主义历史观所决定的,但也与批判资产阶级经济学有关。正是在分析批判李嘉图试图

---

① [俄]伊·伊·考夫曼:《卡尔·马克思〈政治经济学批判〉的观点——评马克思:〈资本论〉》,见《〈资本论〉研究资料和动态》第6册,江苏人民出版社1985年版,第188页。

② [俄]伊·伊·考夫曼:《卡尔·马克思〈政治经济学批判〉的观点——评马克思:〈资本论〉》,见《〈资本论〉研究资料和动态》第6册,江苏人民出版社1985年版,第195页。

③ 《资本论》第1卷,人民出版社1975年版,第18页。

④ 《马克思恩格斯〈资本论〉书信集》,人民出版社1976年版,第97页。

⑤ 《马克思恩格斯全集》第16卷,人民出版社1964年版,第242页。

⑥ 《资本论》第1卷,人民出版社1975年版,第55页。

⑦ 《马克思恩格斯〈资本论〉书信集》,人民出版社1976年版,第250页。

以抽象的价值规律来解释一切具体的经济现象的做法的基础上，他创建了一种前所未有的研究范式，即通过"事后思索"的方法，在严格的条件下阐明价值规律之后，再使之与经济发展阶段的上升相结合、并据此逐步与相关的条件结合，阐明它的内容的转型发展，再以发展了的比较具体的价值规律来解释复杂化的经济现象。更新颖、更有特色的是，通过批判庸俗的"三位一体公式"的产生条件，而使他所揭示的过程已经发展了的内在规定与社会表面的竞争和资本家的观念相联系，从而阐明这种内在规定必然颠倒表现而接近社会表象。①

最后，马克思的叙述即逻辑过程本身也是批判的。他自豪地说："我所使用的分析方法至今还没有人在经济问题上运用过。"② 这就是"通过批判使一门科学第一次达到能把它辩证地叙述出来"③。这种批判，首先是对历来的著作家的论述方法的否定。他们是"用含糊不清、枯燥无味的语言写书，以致普通人看了脑袋都要裂开"。而马克思的叙述方法，则"使最枯燥无味的经济问题具有一种独特的魅力"，"叙述的特点是通俗易懂，明确，尽管研究对象的科学水平很高却非常生动"。④ 和马克思敌对的资产阶级学者的这些评价的确反映了马克思叙述的特点。但是，仅仅这样看还是十分肤浅的，因为马克思批判性的叙述，主要表现在它赋予材料以生命力，并且建立在充分占有材料并加以科学分析的基础上。马克思既重视阐明资本主义发展的内在规律，还重视根据内在的抽象规定再现整体，并且还要在逻辑发展过程中科学地反映对象发展的历史。这就和庸俗经济学的表象法、古典经济学把简单规定和复杂问题混为一谈的强制抽象法形成强烈的反差，并使之相形见绌。更重要的是，这种叙述还形成特定的范式，

---

① 参看陈俊明：《马克思对斯密双重观察法的批判及研究范式的创新》，载《当代经济研究》，2009年第9期。

② 《资本论》第1卷，人民出版社1975年版，第26页。

③ 《马克思恩格斯〈资本论〉书信集》，人民出版社1976年版，第123页。

④ 《资本论》第1卷，人民出版社1975年版，第19页脚注（1）。

第八章 科学的政治经济学批判在终篇的具体化

使深化研究与外化表现相统一。

显然，这些批判在终篇更加集中，因为接近终点，基本理论臻于完成或具体化，批判亦随之臻于具体化。在这里，批判"三位一体公式"是显而易见的，批判资本主义基本制度也是集中的，其批判性地创建、批判地叙述更见功夫、功力。特别是通过批判完全描述社会表象的"三位一体公式"，并在分析它产生的客观条件使他所揭示的内在规定顺理成章地接近了社会现实。这种阐述是空前合理的。在李嘉图那里，也曾努力实现内在规定与社会表象的对接，以解释社会表象，但他没有找到由此及彼的路径，只是生硬地将最抽象的理论规定与最具体的经济现象直接对接。

事物的阶段性的历史发展不同于一般的发展，阶段的上升并不是线性的缓慢的量变，而是转型发展的，一方面是事物或对象本身"幼年期"与"成年期"的质的区别，另一方面是其运动条件的较大变化。因此，它往往表现为转型发展。由是，基本理论的范畴也要发生转型。客观过程的转型发展不是割断历史，而是在原有的基础上转型，所以就必须采取理论范畴转型的方法来反映历史的变化。可见，转型绝非转轨。转轨之后，新的概念就与原有的概念脱离关系，就像原苏联转轨为俄罗斯之后，后者的社会性质就与前者没有关系一样。而转型则既没有割断历史，也没有改变发展方向和发展趋势，所以新范畴不过是原有范畴的变形，从而原有范畴与新范畴之间就是一种继承和发展的关系，离开原有范畴的基本规定，新范畴就什么也不是。这样，范畴的转换既是基本理论的发展，又是原有逻辑的展开，起点范畴是包含着后续范畴的萌芽，后续范畴是发展了的原有范畴，直到最后又回到放大了的复杂化了的起点范畴。正如列宁所说的："真理不是在开端，而是在终点，更确切些说，是在继续中。"① 只有这样，理论才能以范畴的递延嬗变合理地再现过程的历史发展和轨迹。

显然，这样的理论体系绝非容易构建的，它包含的深刻内涵也非常人

---

① 列宁：《哲学笔记》，人民出版社 1974 年版，第 182 页。

能够很快领会。诚然，人们也知道，不能割断历史，要具体问题具体分析，要用与时俱进的理论反映发展了的过程。但是，这绝不意味着"公说公有理，婆说婆有理"，更不是"昨天一种理论、今天一种理论"，不管两者有什么关系。当人们离开原有的理论，用一种新的更实用的理论替代它的时候，可能在不知不觉间已经偏离了原来的轨道和发展逻辑了。所以，这种彻底性极其重要，忽视这一规定，科学性就可能变味，降低为肤浅的合理性、实用性、时尚性。显然，那些具有一系列概念、模型但彼此之间并非紧密联系、甚至连起点都没有选择好，从来不考虑起点和过程、终点的逻辑关系的理论，其概念体系的推出和演变没有章法可循、不能反映过程或事物历史发展的理论，根本没有彻底性可言，自然谈不上是科学的理论。西方经济学就是这样的理论。

以上所涉及的四个维度的批判，并非全都一样。第一、二种批判是针对特殊对象包括客观对象和相关的理论、思想，或者说，是站在对象和相关理论思想的外部，更确切地说，是站在其对立面来对它们进行批判。这也是一般人所理解的狭义的批判。这种批判之所以重要，因为除无产阶级外，没有什么人能够敢于进行这种批判。虽然资产阶级学者对资本主义制度、资本运动也能、也曾在一定的范围、限度内进行自我批判，但充其量只是可以忍受的、肤浅的、小骂大帮忙式的纠正。而第三、四种批判则是针对自己理论的，是理论的自我发展和超越。显然，这种批判是要建造一个新的完整的理论体系，以诉诸无产阶级和广大的劳动大众对旧社会、旧制度、旧理论、旧思想的武器批判。相对而言，这种对他者的批判只是马克思科学批判的组成部分之一，因此可以说是狭义的批判，而马克思的政治经济学批判是几方面批判的统一，涉及面广，可以看成广义的批判。根据马克思的科学逻辑，它们必定在理论结构的终点即终篇集成。这里，我们主要研究马克思对资产阶级政治经济学包括古典学派和庸俗学派的错误所进行的批判即狭义的批判，由于这是在终点处，要阐明理论内在规定与其社会表象的关系，涉及理论的创造性发展和科学表述，所以是广义批判

第八章 科学的政治经济学批判在终篇的具体化

的集合、总结。

三、《资本论》科学批判的彻底性

不言而喻,马克思的政治经济学批判在理论批判史上是独树一帜的,而且是空前的、科学的。这既决定于他所代表的无产阶级的立场和眼界,决定于他的深厚无产阶级感情,还决定于他的理论的彻底性、方法的科学性、分析洞察力的深刻性,以及他对相关经济思想史、经济发展史及其相互联系的全面掌握、透彻了解,因此,他的批判性是彻底的。这种彻底性至少表现出三个特点:

一是贯穿始终。从起点开篇到终篇,每个阶段、每个环节,都贯穿着对资产阶级经济学的批判,不管是古典学派还是庸俗学派的理论,都一一筛过。对这些批判,我们不必在这里一一陈列,只要看看他对古典学派的批判就够了。例如他指出:关于最基本的价值本身,"古典政治经济学在任何地方也没有明确地和十分有意识地把体现为价值的劳动同体现为产品使用价值的劳动区分开。当然,古典政治经济学事实上是这样区分的,因为它有时从量的方面,有时从质的方面来考察劳动。但是,它从来没有意识到,劳动的纯粹量的差别是以它们的质的统一或等同为前提的,因而是以它们化为抽象人类劳动为前提的"[①]。可见,古典学派研究的劳动价值论并非完全科学。以这样有缺陷的理论如何能支持整个理论体系的健康发展呢?如何能有效地避免庸俗化呢?如果说,在开头处论证劳动价值论的一般规定时,他主要以古典学派为批判对象,因为庸俗经济学在这个最重要的基本理论上只有谬论,没有提出任何有价值的观点,那么,随着研究的发展,到终点处,研究已经从对象内部延伸到对象的外部,这里要批判的当然主要是庸俗经济学了。道理很简单,流通和社会表面的竞争、过程的

---

① 《资本论》第1卷,人民出版社1975年版,第97页脚注(31)。

社会表象是庸俗经济学最感兴趣并且最着力反映的。①

如果从逻辑阶段的上升看,每当在上升的关键场合,马克思都结合批判而推进研究。之所以这样,主要原因在于对象的发展不是发散的,它的开放式发展要沿着一定的方向、遵循一定的逻辑、规律从比较简单、低级的阶段向比较复杂、高级的阶段上升,是阶段性发展的。显然,阶段的上升本身就是客观对象的一种自我批判,因此,理论的发展也要以理论批判的方式来表现这种客观的批判。从这种意义看,这种批判就可能不是"倾向性"的,而是"正面的叙述"②。例如,在论述价值生产向剩余价值生产转化时,马克思就加进了生产条件这一重要因素,说明在资本主义进入初级阶段的时候,生产条件和规模已经发生变化,因而相对劳动生产率也大幅提高,从而才能将工人的必要劳动时间限定在工作日的一定部分,才有剩余价值的产生。这样的论述过程似乎没有雷鸣电闪式的批判,但与古典经济学家论证利润(他们没有剩余价值的概念)相比完全不同,更显得科学与合理。当然,这个时候也不是没有带"倾向性"的批判,在论证资本总公式的时候,他也一再结合对资产阶级学者的批判。

这种贯穿始终的批判与正面的论述一起展开,尽管篇幅很大、内容丰富,但绝非蜻蜓点水、东一榔头西一棒子,而是彼此之间紧密连贯的。之所以能这样,因为所批判的思想或理论是安排在连贯的逻辑过程之中实施的,是根据研究和论述的进度、深度等需要而安排的。对一些比较有影响、比较阴险或错误较隐秘的理论思想,马克思还不止一次地从不同的层面进行批判。

---

① "庸俗经济学却只是在表面的联系内兜圈子,它为了对可以说是最粗浅的现象作出似是而非的解释,为了适应资产阶级的日常需要,一再反复咀嚼科学的经济学早就提供的材料。在其他方面,庸俗经济学则只限于把资产阶级生产当事人关于他们自己的最美好世界的陈腐而自负的看法加以系统化,赋以学究气味,并且宣布为永恒的真理。"(《资本论》第 1 卷,人民出版社 1975 年版,第 98 页脚注(32)).

② 《马克思恩格斯〈资本论〉书信集》,人民出版社 1976 年版,第 244 页。

第八章 科学的政治经济学批判在终篇的具体化

二是彻里彻外。经济发展过程是极其复杂的，有看得见的过程发展，看得见的现象，更有许多看不见的但又主导过程发展的内在规定。众所周知，任何过程都是遵循着一定的规律运行的，这种规律和本质一样，是看不见的，是事物的内在规定。相对而言，本质规定是决定事物存在和发展的根本性因素，属更深的层面。其规律、本质就是列宁所说的一级本质、二级本质。① 如果借用哲学的语言，看得见的层面是直接性的，看不见的则是间接性的，因为它要透过事物的存在、通过事物之间的关系来揭示包含其中的内在规定。这样看来，经济发展过程有两个大层面、至少四重小层面：能够直接观察的直接性层面有两重：一是过程运动本身，二是过程的某种表现形式；不能直接观察的间接性层面至少有两重：一是过程运动的规律，二是事物的本质规定。要全面彻底地再现具体，就必须完全地涉及这四个层面。这四重层面是紧密结合着的，不能随意将它们分割开来。正因为这样，在实施狭义的批判时，马克思并不满足于对过程的混乱、野蛮实施鞭挞，而是更深入其内层，发掘其规律和本质，鉴于客观对象包含有内外层面，他还着力阐明对象深层规定与外层表现的联系。人们普遍认为，理论能够达到最深层的规定，是其科学性的重要表现。固然，科学研究就是要揭示一般人所看不见的内在规定，但是，这些内在规定是在暂时撇开了许多条件、因素的情况下达到的，是不能直接观察的，甚至是与现实相去甚远的。马克思举例说："物理学家是……在保证过程以其纯粹形态进行的条件下从事实验的"②，经济学研究也是这样。因此，研究所揭示的内在规定必然远离现实过程，于是，进一步的研究有必要从极其抽象的状态下回过头来，结合原先被暂时撇开的条件，阐明抽象规定的具体化。要使之能说服人，还要阐明这种内在规定如何在社会表面上表现出来。这样做不仅是逻辑发展的需要，而且是事物的固有本性所要求的。在天文学

---

① 列宁《哲学笔记》，人民出版社1976年版，第278页。
② 《资本论》第1卷，人民出版社1975年版，第8页。

史上，哥白尼首创的"日心说"虽然揭示了地球运动的规律，在当时却受到人们的怀疑。人们看到的是相反的现象：太阳围绕着地球转。可见，哥白尼的学说还不是彻底科学的。后来，天文学进一步阐明，由于人们是站在地球上观察地球与太阳之间关系的，而地球会自转，所以"地球绕太阳转"这种人们看不见的本质规定就颠倒地表现为"太阳绕地球转"这种现象。只有这样，天文学才真正成为科学，才能说服群众，不受教会的蒙骗。显然，科学研究要再现具体，必须既有深化、揭示内在规定，又能合理地阐明内在规定的外化，使内在规定与外在表现建立起联系并统一。只有这样的理论才是彻底科学的，才能接近、解释现实，才可以掌握群众。如果只有深化没有外化，就意味着它还只是半截子的。就马克思的理论而言，它深入地揭示资本运动的规律、运动，这是不言而喻的。这样，他就不仅在理论的内在规定方面，对古典学派进行深刻的批判，而且在内在规定的外化表现上，对庸俗经济学进行更深刻的批判。尤其在终篇，后者更为集中、全方位，更有穿透力、震撼力。

三是全面的、全方位的。《资本论》不仅自始至终贯穿着批判，对主要过程、理论的批判深入浅出（彻里彻外），而且涉及面非常广。恩格斯曾这样评论马克思的《政治经济学批判》第一分册（1859）："我们面前的这部著作，绝不是对经济学的个别章节作零碎的批判，绝不是对经济学的某些争论问题作孤立的研究。相反，它一开始就以系统地概括经济科学的全部复杂内容，并且在联系中阐述资产阶级生产和资产阶级交换的规律为目的。既然经济学家无非是这些规律的代言人和辩护人，那么，这种阐述同时也就是对全部经济学文献的批判。"考夫曼也发现，马克思"说了很多激烈的批评的话，对几乎所有的人都骂了"①。可见，他的批判不是针对某个、某些人，而是整个资产阶级学者的理论。不仅批判资产阶级学者的

---

① ［俄］伊·伊·考夫曼：《卡尔·马克思〈政治经济学批判〉的观点——评马克思：〈资本论〉》，见《〈资本论〉研究资料和动态》第6册，江苏人民出版社1985年版，第192页。

第八章　科学的政治经济学批判在终篇的具体化

理论，还顺藤摸瓜，直捣资本主义基本经济制度，甚至资产阶级的观念。即以"萨伊公式"而论，马克思的分析批判是多层面的。先是从其形式来批其不合理和偷换概念，再深入揭露其内容的不合理，即用三个所谓的价值"源泉"来替代社会劳动这个唯一源泉。但批判还没有完成，他还进一步分析"萨伊公式"错误的理论根源，还有，更联系竞争和流通来分析它产生的社会经济条件。最后，又再将"萨伊公式"所表现的分配关系与生产关系联系起来，从而将批判延伸到资本主义经济制度。

四是公正的、历史的。马克思虽然自称"代表一个阶级"，即无产阶级①，但并不狭隘，他以无产阶级宽大的胸怀和眼界、站在历史发展的制高点上（当然是他的那个时代的制高点）俯瞰资本运动和资产阶级理论，并把它们放在特定的历史条件下来考察，不仅公正地承认资本运动有"文明面"，而且对资产阶级学者的理论也不是一棍子打死或一棍打翻一船人。例如，在终篇他倾力批判的萨伊，他是持分析态度的："萨伊同例如巴师夏比较起来还算是一个批评家，还算无所偏袒，因为他在斯密的著作里发现的矛盾相对说来还是未发展的。"② 所以，有些比较正直的资产阶级学者对马克思都禁不住赞叹："在经济学的批判方面，他是他的所有前辈都无法比拟的现实主义者。"③

第二节　批判"三位一体公式"

《资本论》终篇研究的是资本主义较为发展阶段总体对象的社会表象。这种表象掩盖着真相、本质关系，因而又构成资本家的观念。庸俗经济学

---

① 《资本论》第1卷，人民出版社1975年版，第18页。
② 《马克思恩格斯全集》第26卷第3册，人民出版社1974年版，第557页。
③ 转引自《资本论》第1卷，人民出版社1975年版，第20页。

《资本论》基本理论在终篇的具体化

家则进一步"对实际的生产当事人的日常观念进行训导式的、或多或少教义式的翻译,把这些观念安排在某种合理的秩序中"①。这就是著名的"三位一体公式"。终篇的研究就是从批判"公式"开始,围绕这个"公式"展开的。之所以这样,是因为这是庸俗经济学的集大成,马克思说:"在这个表示价值和一般财富的各个组成部分同财富的各种源泉的联系的经济三位一体中,资本主义生产方式的神秘化,社会关系的物化,物质生产关系和它的历史社会规定性直接融合在一起的现象已经完成:这是一个着了魔的、颠倒的、倒立着的世界。在这个世界里,资本先生和土地太太,作为社会的人物,同时又直接作为单纯的物,在兴妖作怪。"② 由于这一公式(以下简称公式)具有广泛的代表性,所以整个第四十八章,马克思就把它当作庸俗经济学的典型来批判,而不再提萨伊的名字。这里的批判不仅所占的篇幅极多,而且批判的深度、力度,也是前所未有的。马克思这样安排材料,固然和终篇的总体对象有关,即资产阶级经济学(包括古典的和庸俗的)在与总资本有关的问题上存在着种种错误,还因为这一公式"把社会生产过程的一切秘密都包括在内"③,"消灭了一切内部联系"④,"是资产阶级庸俗经济学的最集中的表现"⑤。所以,马克思必然要对它倾力批判。

一、"萨伊公式"是庸俗经济学的集大成

在前六篇对剩余价值在社会表面上的各种具体形式进行了充分深入研究之后,终篇一开始,就将"三位一体公式"端出来进行批判,从文本看,这是顺理成章的。但是,恩格斯在这一篇的开头处还标示:"以下三

---

① 《资本论》第3卷,人民出版社1975年版,第939页。
② 《资本论》第3卷,人民出版社1975年版,第938页。
③ 《资本论》第3卷,人民出版社1975年版,第919页。
④ 《资本论》第3卷,人民出版社1975年版,第939页。
⑤ 参看王亚南:《〈资本论〉研究》,上海人民出版社1978年版,第186页。

第八章　科学的政治经济学批判在终篇的具体化

个片断,分散在第 6 篇的手稿的不同地方。"① 尽管这样,恩格斯经过深思熟虑,还是将它们移过来,构成这一章的前半部。他还说明,按照马克思的手稿,第四十八章是从第 924 页最后一行开始的。② 那么,怎么理解恩格斯这样处理的合理性呢?怎么理解这样编辑与马克思原稿的关系呢?

根据马克思为这一篇制定的篇名:《各种收入及其源泉》,第四十八章的标题是《三位一体的公式》,而且按照他在第三卷开头处已经说明的安排,要"一步一步地接近""资本在社会表面上,在各种资本的互相作用中,在竞争中,以及在生产当事人自己的通常意识中所表现出来的形式"③,换句话说,就是接近社会总资本的社会表象,那么在社会表面上呈现的"各种收入"并非只有资本家的利润(利息)收入和土地所有者的地租收入,还包括工人的工资收入,因此,马克思当然不能将终篇仅仅当成第三卷的总结或综合,而是要将它作为全三卷的总结或综合。所以有必要统一地考察和批判这三种社会表面上的收入形式如何被庸俗经济学家如萨伊进行"教义式的翻译"④ 的。

不过,恩格斯在第三卷序言中还告诉人们:本卷的每一篇的开端通常都相当细心地撰写过,甚至文字多半也经过推敲。并且说,第七篇的手稿是完整的。⑤ 从 924 页末行到 927 页这一大自然段来看,其行文的确如此。因此,这一章,这一篇似应以此为开端。但是,如果我们意识到马克思留下的只是手稿,还没有经过反复斟酌推敲,如果有足够的时间修改,也不是没有可能将这三个片段移过来;或者再进一步看,从 924 页末行到 927

---

① 《资本论》第 3 卷,人民出版社 1975 年版,第 919 页。
② 《资本论》第 3 卷,人民出版社 1975 年版,第 924 页。
③ 《资本论》第 3 卷,人民出版社 1975 年版,第 30 页。
④ 《马克思恩格斯文集》第 7 卷将《资本论》第 3 卷(人民出版社 1975 年版)第 939 页的"教条式"改译为"教义式"(见《马克思恩格斯文集》第 7 卷,人民出版社 2009 年版,第 941 页)。
⑤ 《资本论》第 3 卷,人民出版社 1975 年版,第 4、11 页。

315

《资本论》基本理论在终篇的具体化

页这一大自然段,主要是说明资本主义生产的实质,即以特殊方式榨取一定量的剩余劳动的历史过程。这一过程,同时生产和再生产历史上经济上独特的生产关系以及这个过程的承担者,他们的物质生存条件和他们的相互关系;进而说明过程的承担者即三个阶级如何分割年价值产品;他们据以取得收入的资本、土地、劳动力,在资本主义社会表面上,在生产当事人看来,都成了产品价值的三个不同的、独立的源泉。由是,就把对公式的批判引向较深的层次。也就是说,后面的论述仍然围绕整个国民收入的三个组成部分即（v+m）而展开。

如果比较一下第924页末行前后的批判,我们不难发现,前面的三段论述,主要是就公式的结构说明其内容的错误,而后面的论述则是分析公式的根本错误,它们显然属不同的层次。所以,恩格斯把这三段从第六篇移过来,一方面可使第六篇的论述更加集中,另一方面也使第七篇的批判更为系统,并且显出层次。因此,这样编辑是符合马克思原意的。可以说,这一大段正面论述与对"三位一体公式"的批判并不矛盾。

第四十八章以"三位一体的公式"为标题,当然是要批判这个公式。突出这个"公式",实际上是重视它所表现的社会表象。但必须注意的是,在第四十八章中,马克思批判的"三位一体公式"有三种不同的表述:

1. 资本—利润（包括企业主收入加上利息）;土地—地租;劳动—工资。

2. 资本—利息;土地—地租;劳动—工资。①

3. 资本—利息;土地所有权（即对土地的私有权,而且是现代的、与资本主义生产方式相适应的土地所有权）——地租;雇佣劳动—工资。②

显然,第2组是庸俗经济学家最为推崇的,也是马克思在终篇对之集中批判的。与"土地—地租"和"劳动—工资"不同,"资本—利息"的

---

① 《资本论》第3卷,人民出版社1975年版,第919页。
② 《资本论》第3卷,人民出版社1975年版,第921页。

第八章 科学的政治经济学批判在终篇的具体化

重复是累进的,是包含复利的,因而像滚雪球一样。在《剩余价值理论史》末篇,马克思还特别指出:"在生息资本上,资本表现为它作为货币或商品所具有的价值或剩余价值的独立源泉。而且它是在本身,在自己的物的形式上成为这样的源泉的。……因此,很明显,为什么庸俗政治经济学宁愿采取'土地—地租,资本—利息,劳动—工资'这样的公式,而不愿采取斯密等人用来说明价格要素(更确切地说,价格分解成的各部分)的公式,在这一公式里出现的是'资本—利润'的关系,所有的古典经济学家一般都用这种关系来说明资本关系本身。"① 而第 2 组的主要代表就是萨伊,他说:一个勤勉的人可以被他的劳动力借给另一个拥有资本和土地的人,资本所有者可被资本借给只拥有土地和劳动力的人。地主可把地产借给只拥有资本和劳动力的人。由于他们的借用是有价值的,而且通常得到报酬。对借用劳动力所付出的代价叫作工资,对借用资本所付出的代价叫作利息,对借用土地所付出的代价叫作地租。② 萨伊在这里是将劳动力等同于劳动者,在后文中,他又明确地说:"三种生产要素即劳动、资本和自然力……协同生产物品以适应人类使用。"③ 正因为这样,我们也将"三位一体公式"称为"萨伊公式"。

那么,怎么来看待这三组"公式"的内在关系呢?

先看第 1 组,马克思认为,这一组公式"把社会生产过程的一切秘密都包括在内"了,只不过因为"利息表现为资本所固有的、独特的产物,与此相反,企业主收入则表现为不以资本为转移的工资"。所以,这一组公式"可以更确切地归结为"④(在新译本中,"更确切地"改译为"进一步"⑤)第 2 组公式。显然,第 2 组比第 1 组更加庸俗,"在这个公式中,

---

① 《马克思恩格斯全集》第 26 卷第 3 册,人民出版社 1974 年版,第 555 页。
② [法]萨伊著,陈福生、陈振骅译:《政治经济学概论》,商务印书馆 1997 年版,第 77 页。
③ [法]萨伊著,陈福生、陈振骅译:《政治经济学概论》,商务印书馆 1997 年版,第 79 页。
④ 《资本论》第 3 卷,人民出版社 1975 年版,第 919 页。
⑤ 《马克思恩格斯文集》第 7 卷,人民出版社 2009 年版,第 921 页。

利润，这个作为资本主义生产方式特征的剩余价值形式，就幸运地被排除了"①。而且，"资本—利润"与"资本—利息"还有不同，在前一环节中，资本获得利润并不必然地表现资本的单纯所有权的功能，而在后一环节中，则更能突出地表示资本的所有权在经济上的实现，所以第2组更突出三种生产资料的所有权。按照马克思的分析，"劳动力的、资本的和土地的所有权，就是商品这些不同的价值组成部分所以会分别属于各自的所有者，并把这些价值组成部分转化为他们的收入的原因"②。在他看来，这些收入不过是要素的所有权在经济上的实现，但其前因后果即从资本所有权到利息、从土地所有权到地租、从劳动力的所有权到工资并非"在自己的物的形式上成为这样的源泉"③的，而是有中介或过程的，而这个中介涉及的是对象、过程的内在规定，是被社会表象所掩盖的，而将它颠倒表现的正是这个第2组公式，它是完全没有中介或过程的，换句话说，它表示只要有要素的所有权，就不需要什么中介而能直接获得收入。"正是在资本—利息这个形式上，一切媒介都已经消失，资本归结为它的最一般的、但因此也就无法从它本身得到说明的、荒谬的公式。正是由于这个缘故，庸俗经济学家宁愿用资本—利息这个公式，而不用资本—利润这个公式"④。显然，它一方面表现一种社会表象：在社会表面上，只要有资本、土地所有权就可直接获得收入，无需经过任何努力、无所事事即可得到相应的收益；另一方面又由此类推出只要有劳动的所有权（本质上是劳动力的所有权），也可以说像有土地所有权、资本所有权一样，无需经过任何努力、无所事事即可得到工资。这显然是荒唐的。但正是这种荒诞不经的公式，在社会表面上"却和现实的资本关系较为接近"⑤。它将马克思所揭

---

① 《资本论》第3卷，人民出版社1975年版，第919—920页。
② 《资本论》第3卷，人民出版社1975年版，第981页。
③ 《马克思恩格斯全集》第26卷第3册，人民出版社1974年版，第555页。
④ 《资本论》第3卷，人民出版社1975年版，第924页。
⑤ 《资本论》第3卷，人民出版社1975年版，第924页。

示的内在规定掩盖得严严实实、颠倒得面目全非。

既然如此,马克思为什么不径直摆出第 2 组公式?他摆出两组内容相近的公式并说明其区别与联系又有什么意义?对这些问题,我们必须特别注意马克思在要说明第一组公式的演变时的指示:"正如以前已经指出的那样"①,并联系他在前面第五篇中关于利润的分割的论述——在那里,他指出:在资本主义社会中,"利息最初表现为、最初是、并且实际上始终不外是利润即剩余价值的一部分……只有资本家分为货币资本家和产业资本家,才使一部分利润转化为利息,一般地说,才创造出利息的范畴"②。但是,除了这种总利润的一部分的硬化和独立化的利息外,在历史上,还有另一种利息。因为在资本主义以前,生息资本就已存在,所以,"在一般人的观念中,货币资本,生息资本,至今仍被看作是资本本身,看作是真正的资本"③。何况在资本主义社会中,由利润转化而来的利息,已经和企业主收入相独立。因此,利息不仅是利润的派生形式,在一般人的意识中,还是更为古老的和更为现实的收入形式。所以,由第 1 组公式到第 2 组公式的演变,一方面是庸俗学者对这种派生形式肤浅反映的结果,是他们对资产阶级日常观念的教义式翻译的结果,另一方面也是经济范畴历史发展的反映。看来马克思这样先后端出两组公式,是有言外之意的。由此,我们不仅可以领会这种变化的过程及其内在联系,而且也应由此而认识到,马克思的批判也是贯彻历史和逻辑统一的原则。当然,从上面的分析可以看出,两组公式并没有根本的区别,所以,在有的地方,马克思这样写:"资本—利润(或者,更好的形式是资本—利息)"④;在另外的地方,又这样写:"资本—利息(利润)"⑤。不过,由于"资本—利息"这个

---

① 《资本论》第 3 卷,人民出版社 1975 年版,第 919 页。
② 《资本论》第 3 卷,人民出版社 1975 年版,第 415 页。
③ 《资本论》第 3 卷,人民出版社 1975 年版,第 422 页。
④ 《资本论》第 3 卷,人民出版社 1975 年版,第 938 页。
⑤ 《资本论》第 3 卷,人民出版社 1975 年版,第 931 页。

公式消灭了一切内部联系，从而"具有一种神秘性质"①，所以马克思就集中注意力批判它。

至于第3组，情况就有所不同了。因为"象资本一样，雇佣劳动和土地所有权也是历史规定的社会形式；……而且二者都是与资本相适应的、属于同一个社会经济形态的形式"②。这样看，这些所谓的收入源泉之间，就有一种相对合理的联系了。显然，马克思这里摆出这一套公式，就是要以这种合理性来反衬前两组公式的荒谬，因为前两组公式在"属于社会生产过程一定历史形态的形式旁边"，也就是在资本旁边，"直接地一方面排上土地、另一方面排上劳动"③，这样两种与生产过程的社会形式无关的物质要素，"就象公证人的手续费、甜菜和音乐之间的关系一样"④，完全是风马牛不相及的。

话再说回来，从上面这种合理性来看，它似乎是古典学派的公式，其实不然，"所有的古典经济学家一般都用"资本—利润的关系"来说明资本关系本身"⑤。尽管第3组公式带有一定的合理性，但它也同样是错误的，要受批判的，因为它把资本、土地所有权、雇佣劳动当成不同收入的源泉，这同样是不科学的。只是对资本家、土地所有者和工人来说，它们才分别是由以取得相应收入的根据。也就是说，它表现的是由物到物的关系，丢掉了主体。而且，它们作为历史规定的社会形式，与它们各自所联系的利息、地租、工资的实体，根本不能构成因果关系。也就是说，它抽掉了至关重要的中间环节。而且，由于它包含着这样的内容，即三个出发点是创造这几种收入实体的源泉，从而是创造出全部价值的源泉⑥，所以

---

① 《资本论》第3卷，人民出版社1975年版，第924页。
② 《资本论》第3卷，人民出版社1975年版，第921页。
③ 《资本论》第3卷，人民出版社1975年版，第922页。
④ 《资本论》第3卷，人民出版社1975年版，第920页。
⑤ 《马克思恩格斯全集》第26卷第3册，人民出版社1974年版，第555页。
⑥ 参看《资本论》第3卷，人民出版社1975年版，第934页。

它也必然与第2组公式殊途同归。在第938页第二段,马克思就指出了这种联系的错误:"同作为剩余价值的独立源泉的资本相并列的,是土地所有权",——可见,这里指的是第3组公式,——由于土地所有权也被看成是剩余价值的源泉,"剩余价值的不同部分相互异化和硬化的形式就完成了,内部联系就最终割断了,剩余价值的源泉就完全被掩盖起来了"①。所以,它和前两组公式一样是庸俗的。

综上所述,这三组公式虽然各有不同,但毕竟都是错误。马克思把它们摆出来,无非说明它们的演变关系,说明没有正确的理论基础,就必然导向庸俗化。也因为这样,在终篇有时他也将"资本—利润"与"资本—利息"一样批判。

马克思在终篇对"公式"的批判,是贯穿整个终篇的,如果单从第48章对"公式"的全面解构看,大体可以分为两个层次:

首先,是分析"公式"结构错误:将不能综合在一起的部分、环节以拙劣的方式拼凑在一起。

先看"公式"三个环节左边的要素,这三个要素"属于完全不同的领域,彼此之间毫无共同之处。它们互相之间的关系,就象公证人的手续费、甜菜和音乐之间的关系一样"②。可以说,这是"公式"第一件引人注目的事情,而第二件同样引人注目:它进一步将这三个要素当成原因,与一定的结果联系起来:资本—利息、土地—地租、劳动—工资,将三个环节当成因果关系。"资本、土地和劳动,分别表现为利息(代替利润)、地租和工资的源泉,而利息、地租和工资则是它们各自的产物,它们的果实。前者是根据,后者是归结;前者是原因,后者是结果;而且每一个源泉都把它的产物当作是从它分离出来的、生产出来的东西。"③ 但很显然,

---

① 《资本论》第3卷,人民出版社1975年版,第938页。
② 《资本论》第3卷,人民出版社1975年版,第920页。
③ 《资本论》第3卷,人民出版社1975年版,第922页。

前三项都是使用价值,而后三项即利息、地租、工资都是"社会规定的劳动量",属价值范畴,"如果一方面摆上一个使用价值,即土地,另一方面摆上一个价值,而且是一个特殊的价值部分,由此形成一种对立,那就是愚蠢的做法"①。这已经够离谱的了,但最离谱的还在第三件,即三个要素虽然彼此没有关系,但都与价值发生关系,因此,也就产生了联系。所以马克思这样总结:"如果说,第一,我们考察的是这三个源泉的不一致,那末,第二,现在我们看到,它们的产物,它们的幼仔,即各种收入,反而全都属于一个范围,即价值的范围。"② 用式子表示就是:

$$A—X$$
$$B—Y$$
$$C—Z$$

虽然这三个环节无论是左右、还是上下,都没有关系,但由于X、Y、Z都同属于价值范畴,在"公式"看来,A、B、C之间也就有关系了。说得更白些,公证人的手续费、甜菜和音乐三者之间没有任何联系,但都与一定数量的金钱联系,于是,三者之间就有某种联系了。但是,这并不意味着"公式"承认有价值的存在,反之,却是通过这种生产资料与价值不能建立关系来否认价值。对此,马克思说明,"这不仅是不能通约的量之间的关系,而且是完全不同的、彼此毫无关系的、不能互相比较的物之间的关系"③。这样分析,就将"三位一体公式"所包含的离谱的结构解构得明明白白,将其拙劣的做法袒露在世人面前。当然,对"公式"的错误,他在分解的同时也进行了必要的深入的批判。

其次,马克思还进一步指出,这种结构的荒唐实际上还包含着内容的更大错误。在分析"三位一体公式"结构错误的时候,他分别论证了这三

---

① 《资本论》第3卷,人民出版社1975年版,第923页。
② 《资本论》第3卷,人民出版社1975年版,第931页。
③ 《资本论》第3卷,人民出版社1975年版,第931页。

第八章 科学的政治经济学批判在终篇的具体化

个环节即所谓的因果关系的不合理。马克思指出:"对庸俗经济学家来说,只要他达到了这种不能通约的关系,一切就都清楚了,他就不感到还有进一步深思的必要了。因为,他正好达到了资产阶级观念上的'合理'了。……正好是这个公式和价值概念的矛盾,使他免除了理解价值的义务。"① 在继续分析的场合,他又进一步说明:"公式"要回避价值概念,只表明它是将"资本也象土地和劳动一样,只是就它的物质实体来看的,因而是单纯作为生产出来的生产资料来看的;这时,它同工人的关系以及它作为价值的性质都被抽象掉了。"②

庸俗经济学家虽然在价值概念已经长期流行之后故意将它抽象掉,但却不能无视利润、利息、地租、工资等范畴的存在,既然这样,他们也感到有必要说明它们作为收入的源泉。而这个"三位一体公式"正好表达了这样的看法,将各种生产要素直接当成这些收入的源泉。

马克思还分析指出,庸俗经济学家之所以这样看,是因为他们被资本主义生产关系束缚,或者说,在他们看来,"一切劳动按它的性质来说都表现为雇佣劳动……"所以"物质劳动条件——生产出来的生产资料和土地——对于雇佣劳动所采取的一定的特有的社会形式(它们反过来又以雇佣劳动为前提),也就直接地和这些劳动条件的物质存在,换句话说,和它们在实际劳动过程中一般具有的、不以这个过程的每一种历史规定的社会形式为转移的、甚至不以任何社会形式为转移的形态合而为一了"。③ 在将一般劳动和雇佣劳动等同的基础上,作为生产关系的资本和土地所有制也就与作为生产资料的资本和土地混同了。"如果从作为雇佣劳动的劳动出发,以致一般劳动和雇佣劳动合而为一好象是不言而喻的事情,那末资本和被垄断的土地,也就必然会表现为劳动条件的自然形式,而与一般劳

---

① 《资本论》第3卷,人民出版社1975年版,第924页。
② 《资本论》第3卷,人民出版社1975年版,第931页。
③ 《资本论》第3卷,人民出版社1975年版,第931页。

动相对立。现在，资本表现为劳动资料的自然形式，从而表现为纯粹物的、由劳动资料在一般劳动过程中的职能所产生的性质。因此，资本和生产出来的生产资料就变成了一个同义词。同样，土地和被私有权垄断的土地也变成了一个同义词。因此，天然就是资本的劳动资料本身也就成了利润的源泉，土地本身则成了地租的源泉。"① 可见，资产阶级的狭隘眼界使庸俗学者只是在表面的联系内兜圈子，只忠实于最粗浅的社会表象，因而必然将特殊过程的规定与一般过程的规定混为一谈。

马克思还指出，公式既然把那种使劳动条件和劳动对立的一定的社会形式和劳动条件的物质存在合而为一，那么，在它看来，劳动条件"在资本主义生产过程中获得的、为一定的历史时代所决定的社会性质，也就成了它们自然的、可以说是永恒的、作为生产过程的要素天生就有的物质性质了"②，从而资本和土地作为价值的源泉就是永久的、自然的了，所以，这个公式是符合统治阶级的利益的，"因为它宣布统治阶级的收入源泉具有自然的必然性和永恒的合理性，并把这个观点推崇为教条"③。可见，这个公式还具有非历史观的错误。顺便说一下，公式的这些错误还可以按其逻辑发展为新的谬论，例如，巴师夏的"阶级利益调和论"就是它的错误的扩大再生产。④ 如此等等。

虽然到此为止，在马克思笔下，"公式"还只涉及这些收入的所谓源泉，还不是"公式"所要达到的目标。——它不仅要说明这些收入的源泉是生产要素，推销其"生产要素决定论"，还要进一步，说明全部社会总产品的价值都由收入决定，所以马克思还会进一步揭示其错误。——但在这个范围内，马克思也不吝花费篇幅，来论证它的错误。这种情况就像在

---

① 《资本论》第3卷，人民出版社1975年版，第932页。
② 《资本论》第3卷，人民出版社1975年版，第933页。
③ 《资本论》第3卷，人民出版社1975年版，第939页。
④ 参看季陶达：《萨伊·政治经济学概论》序言，三联书店1960年版，第15页。

第八章　科学的政治经济学批判在终篇的具体化

分析剩余价值转化为利润的时候，他先对商品生产的实际耗费转化为成本价格的耗费进行深入分析，再进一步说明除所用资本外，全部预付资本都会带来利润一样。

马克思指出，在收入源泉问题上，"三位一体公式"实施的是偷换概念的把戏。所谓的"源泉"，既可以指能够源源不断地提供某种东西的依据，也可以指它本身的使用可以源源不断地创造某种东西。显然，两者并非同一概念。从前一种意义看，马克思说：资本、土地、劳动力"从下述意义上讲确实是收入的源泉：对资本家来说，资本是一台永久的吸取剩余劳动的抽水机；对土地所有者来说，土地是一块永久的磁石，它会把资本所吸取的剩余价值的一部分吸引过来；最后，劳动则是一个不断更新的条件和不断更新的手段，使工人在工资的名义下取得他所创造的一部分价值，从而取得由这部分价值来计量的一部分社会产品，即必要生活资料。其次，它们从下述意义上讲是收入的源泉：资本会把价值的一部分，从而把年劳动产品的一部分固定在利润的形式上，土地所有权会把另一部分固定在地租的形式上，雇佣劳动会把第三部分固定在工资的形式上，并且正是由于这种转化，使它们变成了资本家的收入、土地所有者的收入和工人的收入，但是并没有创造转化为这几个不同范畴的实体本身"。马克思接着说："但是并没有创造转化为这几个不同范畴的实体本身。相反，这种分配是以这种实体已经存在为前提的。"① 所以，说它们可以凭此源源不断地获得收入，是正确的，说它们能源源不断地创造这些收入就是错误的。庸俗经济学正是将源源不断地获得收入偷换为源源不断地创造收入实体。这种做法，只能骗骗那些不明就里、不愿深思的人，但在科学上却没有丝毫的意义，反而只是落下笑柄，只能表明庸俗经济学家为了自己的褊狭目的，已经堕落到如此低级下流的地步。

从这种分析可以看出，"三位一体公式"把三个不能综合在一起的环

---

① 《资本论》第3卷，人民出版社1975年版，第929页。

节硬是拼凑在一起,将抽象的跨社会形态的"劳动"① 与雇佣劳动混为一谈,将作为生产资料的资本、土地与作为生产关系的资本、土地所有制混为一谈,在此基础上,又将工资与利息、地租当成同样的收入混为一谈,并在此基础上偷换概念,将劳动力与资本、土地可以获得收入偷换为劳动(不是劳动力)、资本、土地是可以创造收入实体的源泉。在这些最根本的问题上,这个"公式"的确"把社会生产过程的一切秘密都包括在内"②,是庸俗经济学的集大成。

马克思抓住这样的典型标本进行分解批判,足见充分表现了他的洞察力是多么深邃,分析是多么细致。经过这样的揭露解剖,他的批判当然就入木三分。

二、"萨伊公式"是资本神秘性质的极端表现

马克思告诉恩格斯:在第三册里,"将指出庸人和庸俗经济学家的这种看问题的方法是怎样产生的:由于反映在他们头脑里的始终只是各种关系的直接的表现形式,而不是他们的内在联系。情况如果真象后面说的这样,那还要科学做什么呢?"③ 果然,他选中了最为庸俗的"萨伊公式",在这个公式中,"资本—利润"和"土地—地租"都表示,资本和土地是

---

① "劳动,这只是一个抽象,就它本身来说,是根本不存在的;或者,如果我们就它在这里所表示的意思来说,只是指人用来实现人和自然之间的物质变换的一般人类生产活动,它不仅已经摆脱一切社会形式和性质规定,而且甚至在它的单纯的自然存在上,不以社会为转移,超乎一切社会之上,并且作为生命的表现和证实,是还没有社会化的人和已经有某种社会规定的人所共同具有的。"(《资本论》第3卷,人民出版社1975年版,第921页)

② 《资本论》第3卷,人民出版社1975年版,第919页。

③ 《马克思恩格斯〈资本论〉书信集》,人民出版社1976年版,第219页。虽然马克思这里所说的第三册是作为《资本论》第2卷的一个部分,但后来实际上被恩格斯整理为《资本论》第3卷出版。

可以自动产生利息和地租的东西，是"自动的物神"①，是"最完善的物神。"② 因此，它是资本和土地神秘性质的最极端表现，是表现社会表象的典型标本。

从字面看，"三位一体公式"似乎很简单，三个因果关系一览无余，但马克思的分析表明，在其某种似乎有条理的结构形式下包含着复杂的而错误的内容。但是，马克思并没有满足于这些解剖和批判，而是将这种批判与他对总体对象社会表象的再现紧密联系起来。因此，他还接着分析"公式"如何将社会总资本的内在本质掩盖起来，而以其社会表象来表现其神秘性质。

首先，马克思指出，公式显示的是一种假象和错觉。在社会表面上，似乎"劳动—工资"可以说得过去，但在《资本论》第一卷马克思已经分析过，劳动不能被工人出卖，也没有价值，怎么能获得工资？所以工资是劳动力价值的颠倒表现，是一种社会表象。在终篇，马克思说："整个说来，我们以前已经指出，工资或劳动的价格只是劳动力的价值或价格的不合理的说法；并且，这种劳动力出售时的一定的社会条件同作为一般生产要素的劳动无关。……而且整个说来，当我们把劳动确定为形成价值的要素时，我们不是从它作为生产条件的具体形式上来考察它，而是从一种和雇佣劳动的社会规定性不同的社会规定性上来考察它。"③ 而"土地—地租"和"资本—利润"也都是社会表象，并且还把三个"显然不可能综合在一起的部分"④，即所谓的源泉堆在一起。这种混乱之所以发生，是因为庸俗经济学者在表面的联系内兜圈子，他们"就是在这些假象的形式中活动的，他们每天都要和这些形式打交道"。⑤ 终篇细致而深入的分析显示，

---

① 《马克思恩格斯全集》第26卷第3册，人民出版社1974年版，第503页。
② 《马克思恩格斯全集》第26卷第3册，人民出版社1974年版，第500页。
③ 《资本论》第3卷，人民出版社1975年版，第930页。
④ 《资本论》第3卷，人民出版社1975年版，第923页。
⑤ 《资本论》第3卷，人民出版社1975年版，第939页。

这个公式在忠实于假象、浅薄和妄自尊大方面，完全无愧庸俗经济学的代表。

其次，公式表现了"财富的不同社会要素互相间的……独立化和硬化"①。就公式来看，三个所谓的源泉互不相干，彼此独立。并且这三个要素"和它们在实际劳动过程中一般具有的、不以这个过程的每一种历史规定的社会形式为转移的、甚至不以任何社会形式为转移的形态合而为一了"②。也就是说，变成非历史性的东西，生产资料就其本身来说天然是资本，土地就其本身来说也天然是若干土地所有者所垄断的土地。"很清楚，如果从作为雇佣劳动的劳动出发，以致一般劳动和雇佣劳动合而为一好像是不言而喻的事情，那末资本和被垄断的土地，也就必然会表现为劳动条件的自然形式，而与一般劳动相对立。"③ 由是，三种不一致的东西就必然在自然状态上一致起来，并与自然形态合而为一，结果就彼此独立化和硬化了。

再次，公式又表现了"物的人格化和生产关系的物化"。在"公式"中，没有一般劳动与雇佣劳动的区别，资本、土地也没有物与社会关系的区别。马克思说：在"公式"中："劳动资料本身就是资本，土地本身也就是土地所有权了。……土地作为劳动的原始活动场所，……和生产出来的生产资料（工具、原料等等）在一般生产过程中所起的作用，似乎必然表现在它们作为资本和土地所有权各自应得的份额上，也就是表现在它们的社会代表在利润（利息）和地租的形式上应得的份额上"④，可见，这些物已经人格化了。同样地，"公式"也表现了生产关系的物化。在"公式"中，既然"劳动和雇佣劳动合而为一"，那么"那种使劳动条件和劳动对

---

① 《资本论》第3卷，人民出版社1975年版，第938—939页。
② 《资本论》第3卷，人民出版社1975年版，第931页。
③ 《资本论》第3卷，人民出版社1975年版，第932页。
④ 《资本论》第3卷，人民出版社1975年版，第933页。

第八章 科学的政治经济学批判在终篇的具体化

立的一定的社会形式"也"和劳动条件的物质存在合而为一"①了。换言之，这是社会生产关系的物化。

第四，"公式"表现了"日常生活的宗教"。马克思在批判商品拜物教性质的时候说：在宗教世界的幻境中，"人脑的产物表现为赋有生命的、彼此发生关系并同人发生关系的独立存在的东西"②。这是人与神关系的颠倒，用哲学语言来说，就是一种异化。可以说，日常生活的宗教就是一种主体行为（人）与结果（物）关系的异化。生产关系物化的发展，必然导致"生产关系对生产当事人的独立化"③。生产关系本来是人的关系，但它作为物对生产当事人独立，并统治着人，这就是一种颠倒，就是异化。在第四十八章中，马克思逐层分析了公式所表现的"经济上的神秘化"。④这种神秘性质，实际上是第一卷第一章所揭示的那种神秘性质的极端发展，他写道："在论述商品和货币时，我们已经指出了一种神秘性质，它把在生产中以财富的各种物质要素作为承担者的社会关系，变成这些物本身的属性（商品），……一切已经有商品生产和货币流通的社会形态，都有这种颠倒。但是，在资本主义生产方式下和在资本这个……起决定作用的生产关系下，这种着了魔的颠倒的世界就会更厉害得多地发展起来。"⑤他进一步说明，即使在生产过程中，劳动的社会生产力以及劳动在直接劳动过程中的社会联系，都好像由劳动转移到资本身上了。因此，资本已经变成了一种非常神秘的东西，因为劳动的一切社会生产力，都好像不为劳动本身所有，都好像是从资本自身生长出来的力量。而一旦进入流通过程，假象就变得更加具有迷惑性，"生产上预付的价值的收回，特别是商品中包含的剩余价值，似乎不是单纯在流通中实现，而是从流通中产生出来的；

---

① 《资本论》第3卷，人民出版社1975年版，第933页。
② 《资本论》第1卷，人民出版社1975年版，第89页。
③ 《资本论》第3卷，人民出版社1975年版，第939页。
④ 《资本论》第3卷，人民出版社1975年版，第939页。
⑤ 《资本论》第3卷，人民出版社1975年版，第934、935页。

这个假象特别由于以下两个情况而更加令人迷惑：首先是让渡时的利润，这种利润取决于欺诈、狡猾、熟知内情、随机应变和千万种市场状况；其次是……出现了第二个决定的要素，即流通时间。流通时间虽然只是对价值和剩余价值的形成起消极限制的作用，但是它具有一种假象，好像它和劳动本身一样是一个积极的原因，好像它会带来一个从资本的本性中产生的、不以劳动为转移的规定"①。而在总分配过程中，"又产生出种种新的形式，在这些形式中，内部联系的线索越来越消失，各种生产关系越来越互相独立，各种价值组成部分越来越硬化为互相独立的形式"②。显然，在这个"经济的三位一体"中，"资本主义生产方式的神秘化，社会关系的物化，物质生产关系和它的历史社会规定性直接融合在一起的现象已经完成：这是一个着了魔的、颠倒的、倒立着的世界"③。这种颠倒在整个资本主义世界中占据统治地位，不仅统治着资本运动的当事人，而且统治着雇佣工人，形成"日常生活的宗教"。

总之，这个公式反映了"虚伪的假象和错觉，""财富的不同社会要素互相间的独立化和硬化"、"物的人格化和生产关系的物化"、"日常生活的宗教"。④ 显然，这些假象化、独立化、人格化和物化、异化，彼此是有区别的，但同时又是由此及彼一脉相承的，并显出不同的层次、包含着不同的内容。由此，我们可以深切地理解马克思为什么会把公式当成庸俗经济学的典型和标本加以批判。

那么，马克思在这里是否也像在第一卷第一章那里那样，也揭示这种"完成的"、"厉害得多地发展"的神秘性质的来源呢？如果有，又是什么呢？对这个问题，马克思并不像在前一场合那样直接提出并有明确的集中

---

① 《资本论》第 3 卷，人民出版社 1975 年版，第 935—936 页。
② 《资本论》第 3 卷，人民出版社 1975 年版，第 936 页。
③ 《资本论》第 3 卷，人民出版社 1975 年版，第 938 页。
④ 《资本论》第 3 卷，人民出版社 1975 年版，第 938—939 页。

第八章 科学的政治经济学批判在终篇的具体化

的说明。因此，我们只能根据前后的逻辑联系从他的论述中寻找答案。

就像商品拜物教性质一样，公式体现的神秘性质也有层次深浅不同的原因。我们知道，商品拜物教性质来源于生产商品的劳动所特有的社会性质，即私人劳动通过物的交换才实现为、转化为社会劳动，这又是私人劳动与社会劳动的矛盾所造成的。这是商品神秘性质的深层原因，同样地，公式的神秘性质也有深层原因，这就是内在的经济关系在经济过程中（尤其在流通中）的外化和异化，而由此产生的资本运动当事人的日常观念又反过来强化了这种颠倒。当然，它又决定于更根本的原因，即社会资本与社会劳动的矛盾，或如马克思在终篇最后所说的社会劳动过程和它的一定的社会历史形式之间的矛盾。① 但是，根本原因并不等于直接原因，就像商品的神秘性质直接来自商品形式一样，公式的神秘性质也必定直接来自某种"形式"，这便是公式的形式本身。在这种形式中，所有的三个环节都表现了前后两端的关系：前者为"源泉"，后者为"果实"，"前者是根据，后者是归结；前者是原因，后者是结果。"在这种形式中，"每一个源泉都把它的产物当作是从它分离出来的、生产出来的东西"②。而且，这样的环节还不止一个，而是三位一体，这样，不仅三个"原因"都彼此独立化、硬化，而且三个"结果"都属于同一的价值范围，从而三个"原因"都成了三个"结果"实体乃至全部价值实体的源泉了；由于它们把中介过程都省略了，也就把内部联系统统割断了。如果说，三位一体公式所完成的资本主义生产方式的神秘化是一般商品身上体现的那种神秘性质的极端发展，那么，"A—X，B—Y，C—Z"的组合构成的异化形式，就是商品形式的必然的最后的发展。

当然，从表面看，产生拜物教性质的劳动产品的商品形式和上述三位一体的形式根本不同，所以人们很难发现前后两种形式之间的逻辑的和历

---

① 《资本论》第3卷，人民出版社1975年版，第999页。
② 《资本论》第3卷，人民出版社1975年版，第922页。

史的关系,因而没能发现和提出后者的极端的神秘性质的来源这样的问题。所谓的商品形式,就是一种劳动产品和其他劳动产品的交换关系,用马克思的著名的例子,就是20码麻布=1件上衣。假定麻布是A,上衣是B,在一定的比例关系下,上述式子就是A=B,即A的价值用B来表示。没有交换,劳动产品就不具有商品形式,也就没有神秘性了。而"A—X,B—Y,C—Z"则表现了这样一种社会表象和社会意识,即A、B、C的价格分别是X、Y、Z。所以"三位一体公式"不过是"A=B"这种等式的发展形式。当然,A=B,和"A—X,B—Y,C—Z"是不同的,不仅目的不同,内容不同,运动的限度、主体也都不同,等等,正因为这样,后者所表现的神秘性才是极端的、完成的、着了魔似的。

在了解了"三位一体公式"结构形式错误、内容错误再了解它所表现的神秘性质之后,我们不难发现,正是这种结构形式的错误才产生其表现的神秘性质。而这些错误通通都是为了包裹错误内容的。

"三位一体公式"不仅以直观地表现这种社会表象的方式来掩盖真相和本质,而且这种表象还包含有更阴险的用意。换言之,上面批判的是"公式"的"生产要素决定论",但马克思还要说明,"公式"还包含有更深的用意,宣扬"收入决定论"。

不言而喻,在"三位一体公式"中,利息、地租、工资都转换为收入。而这恰好与社会表面相一致,因此,一般人很难发现其中包含着什么秘密。但正是"公式"的奥妙之处,也是它的软肋,即最荒唐、又最难以自圆其说的地方。

所谓的收入①,在社会表面上就是经过流通收获的一定量货币。就其本质而言,它应该是一定价值的货币表现。但在第一卷,马克思已经说

---

① 马克思指出:在资产阶级学者那里,收入"按原来的用词,就是形成《Revenue》(《revenu》是动词《revenir》的分词,意思是'回来')"(《资本论》第2卷,人民出版社1975年版,第403页)。

第八章 科学的政治经济学批判在终篇的具体化

明，用货币来表现的价值即价格可能与价值产生量的偏离和质的偏离，连不是价值的东西也可以有价格。① 在流通中，货币这种东西非常奇妙，既可以是作为货币的货币收入，也可以是作为资本的货币收入，还可以表现为价格。在分配中，它还能作为剩余价值具体表现形式的货币、工资表现形式的货币。② 这样，货币收入消灭了许许多多的本质区别。具体说，在商品经济体制下，在市场竞争中，剩余价值的具体形式在各种资本家、土地所有者那里不仅表现为企业利润、商业利润、利息、地租，同时还进一步表现为收入，而工人出卖劳动力获得的货币也表现为收入。

马克思在考察社会总资本简单再生产的场合已经说过：是工人不断再生产出与自己劳动力价值相等的产品，实现后再不断地以工资形式流回到工人手里，是工人自己用上星期的劳动或上半年的劳动来支付自己的劳动力价值，但"产品的商品形式和商品的货币形式掩饰了这种交易"③。这样，工人领回的工资虽然与资本家、土地所有者攫取的"收入"性质根本不同，但却有同样的货币形式，并且还是不断地"回流"，因而也表现为收入。一种是无偿地扩大地占有，一种是有偿地回流，但在社会表面上，却没有什么差别。由是，工人似乎也和剩余价值的分配当事人一起都参与"收入分配"了。可见，流通将两种不同性质的"收入"混为一体了，也将劳动力出卖者与剩余价值分配当事人混为一体了。换句话说，流通掩盖了工人出卖劳动力获得货币收入与分配当事人攫取剩余价值并表现为货币收入的本质区别，在将两种本质规定都颠倒表现的同时，也将两种性质根

---

① "有些东西本身并不是商品，例如良心、名誉等等，但是也可以被它们的所有者出卖以换取金钱，并通过它们的价格，取得商品形式。因此，没有价值的东西在形式上可以具有价格。"（《资本论》第1卷，人民出版社1975年版，第120—121页）

② "工资实际是用货币支付的，也就是说，是用纯粹的价值表现支付的；利息和地租也是这样。对资本家来说，他的产品转化为纯粹的价值表现，的确非常重要；在分配上，这种转化已经成为前提。"（《资本论》第3卷，人民出版社1975年版，第965页脚注（55））

③ 《资本论》第1卷，人民出版社1975年版，第623页。

本不同的行为混为一体了，而这种颠倒或混淆又恰恰是这两种主体在流通中的行为在不知不觉中造成、并被分配当事人有意夸大的。这样一来，工人和资本家、土地所有者一样，在市场上都表现为收入获得者而没有阶级和经济实力的差别了。这样，过程的本质规定就被完全颠倒了。

一般说，收入与资本不同，是专指用于个人消费的部分，它的使用不与剩余价值的生产联系。但是，由于剩余价值的分配采取货币收入形式，而产业资本家还要将一部分收入用于扩大再生产，用于生产消费，这又导致分配当事人将收入与资本混为一谈。对他们来说，作为资本的货币和作为收入的货币是没有区别的，从而对一个人来说是资本，对另一个人来说就是收入。在终篇，马克思的分析表明，从相互关系来看，这种转换对资本家来说是很有意义的：或者是将资本家特殊经济行为转化为一般经济行为，或者反之，将一般的经济行为转化为特殊的经济行为，以此来欺世盗名，或者是将"一般的收入"与"资本的收入"混为一谈，或者是将工人的收入与有产者的收入混为一谈。

正因为收入概念有多歧义，"三位一体公式"的收入也扩展到"资本收入"上。其目的是要论证所有的价值都是收入决定的。

在上面，我们已经看到，"公式"先是确定生产要素是三种收入的源泉，但这三种收入的总和只构成国民收入部分，在当年生产的社会总价值中，还有一个很大的部分是不变资本的价值。要将它也说是生产要素创造的，非有特殊的本领或厚脸皮不可。但正在这一点上，萨伊表现了很大的勇气。他竟然草率地认定：全部收益，全部总产品，对一个国家来说都可以分解为纯收益，或者同纯收益没有区别，因而这种区别从整个国民的观点来看就不存在了。① 如果说这种说法还比较隐晦，那么萨伊的另一段话就很直接了："产品的全部价值分解为各种人的收入，因为任何产品的总价值，都是由促成它的生产的土地所有者、资本家和勤劳者的利润相加而

---

① 转引自《资本论》第3卷，人民出版社1975年版，第951页。

第八章 科学的政治经济学批判在终篇的具体化

成的。"① 显然,公式就是这些说法的概括。之所以这样,因为"就每个单个资本家来说,他的一部分产品必须再转化为资本(这里也撇开再生产的扩大或积累不说),不仅要转化为可变资本(这种资本本身又要再转化为工人的收入,因而要转化为一种收入形式),而且要转化为不变资本(这种资本决不能转化为收入),要认识到这一点自然是非常容易的"②。因而"困难只有当从总体上来考察生产过程的时候才会出现。"③ 萨伊提出这样的观点,有一个很重要的目的,就是要说明一年全部社会总价值,包括不变资本部分都是收入决定的。也就是说,"要绕过这个困难,最容易的办法就是断言:商品价值只是在表面上,从单个资本家来看,才包含另外一个和以收入的形式存在的部分不同的价值部分。对一个人表现为收入的东西会对另一个人形成资本……结果是,表现为不变资本的东西,可以分解为工资、利润和地租,而表现工资、利润和地租的商品价值,又是由工资、利润和地租决定的,依此类推,以至无穷"④。显然,为了达到目的,他只好祭出"斯密教条"这个法宝。

马克思指出,无论是理论上,还是实际上,社会总价值中的不变资本部分都是不能分割的,要将它也归结为收入分解为工资、利息、地租,都是不可能的,不合理的。在《资本论》终篇,他总结前面的研究,阐明分配当事人分配剩余价值的总量界限。他在这里强调这个问题,不仅是批判"斯密教条"和萨伊"公式"的需要,而且是创建科学的再生产理论和分配理论的需要,它关系到可供分配的剩余价值总量规定、不变资本的补偿。关于可供分配当事人分赃的收入总量界限,马克思已经是十分清楚的:"剩余价值的大小,是剩余价值可以分割成的各个部分的总和的界

---

① 转引自《资本论》第2卷,人民出版社1975年版,第433页。
② 《资本论》第3卷,人民出版社1975年版,第951页。
③ 《资本论》第3卷,人民出版社1975年版,第951—952页。
④ 《资本论》第3卷,人民出版社1975年版,第952页。

限。"① 而且,因为分配是以职能资本家为主进行的,为了扩大再生产和提取保险基金,他们必然要对剩余价值做些必要的扣除。关于不变资本部分,分赃是绝不能挤占的。道理很简单,"如果全部产品的价值都可以以收入的形式消费,旧资本又怎么能够得到补偿;每一个资本的产品价值怎么能够等于三种收入加上 C(不变资本)的价值总和,而所有资本的产品价值加起来的总和却等于三种收入加上零的价值总和"②。马克思指出,对萨伊的错误,有的资产阶级学者也已经有所批评,例如施托尔希在他的《论国民收入的性质》(1824年巴黎版)一书中反驳萨伊时已经正确地指出了这些结论的荒诞无稽,并且不是从单个资本家的立场,而是从一个国家的立场,说它把商品价值仅仅分解为各种收入的错误分析,会得出荒谬的结论。③

如果说,公式把三个不能综合在一起的部分和同属价值范围的各种收入硬凑在一起,暴露了"这个公式和价值概念的矛盾"④,那么公式把特定意义的收入源泉演变为收入实体、乃至整个价值实体的源泉,就"把价值了解为什么也不是"了,"这样,就可以随便把任何东西都包括到这个范畴(指价值——引者)中去"了。⑤ 不仅如此,它还包含这样的意思,既然收入决定价值,那么,价值源泉就是三种收入,换句话说,它的目的就是要用三位一体的收入源泉来取代早已被经济科学证明了的社会劳动这个唯一源泉。可见,与此相比,什么假象化、独立化等等都微不足道了,因为这是根本性的错误。也正是这种错误才会衍生出这样的公式。

由此可见,马克思对这个貌似简单的"三位一体公式"进行抽丝剥茧式的全方位的分解批判,层层深入,步步扩展,从揭批其结构错误到内容

---

① 《资本论》第3卷,人民出版社1975年版,第941页。
② 《资本论》第3卷,人民出版社1975年版,第952页。
③ 转引自《资本论》第3卷,人民出版社1975年版,第957页脚注(54)。
④ 《资本论》第3卷,人民出版社1975年版,第924页。
⑤ 《资本论》第1卷,人民出版社1975年版,第588页脚注(26)。

第八章 科学的政治经济学批判在终篇的具体化

错误、到揭批其中的"生产要素决定收入的价值",再到揭批其"收入决定全部价值"的错误,在世人面前将它的错误和目的揭露得一览无余,既充分显示了他的批判精湛、科学、彻底,也充分显示庸俗经济学家的狡猾和无奈。

在终篇,马克思不仅分析了公式的错误、实质,为了彻底摧毁它,还揭露了它所包含的根本错误及其产生的原因、理论渊源以及客观条件。而这些要件又是与"斯密教条"紧密联系的,所以他又结合分析批判"斯密教条"来论述。只有了解这些,才能更好地理解这种批判的科学性和彻底性。

第三节 批判"斯密教条"

马克思对"三位一体公式"批判的彻底性,还表现在他发掘了"公式"的错误的理论根源。在指出萨伊关于"总收益和纯收益从整个国民的观点来看时没有区别"之后,马克思说:"这种幻想不过是亚当·斯密以来贯穿整个政治经济学的荒谬教条,即认为商品价值最终会全部分解为收入即工资、利润和地租这样一种教条的必然的和最后的表现。"① 在这里,马克思还在脚注中引用斯密的一段话:"在任何一个社会内,任何一个商品的价格最终都要分解为这三个部分(即工资、利润、地租)或其中的某一部分……也许有人以为必须有第四个部分,用来补偿租地农场主的资本,或者说,补偿他的役畜和其他农具的损耗。但是必须考虑到,任何一种农具的价格,例如一匹役马的价格,本身又是由上述三个部分构成:养马用的土地的地租,养马的劳动,预付这块土地的地租和这种劳动的工资的租地农场主的利润。因此,谷物的价格虽然要补偿马的价格和给养费

---

① 《资本论》第3卷,人民出版社1975年版,第951页。

用，但全部价格仍然直接地或最终地分解为这三个部分：地租、劳动〈应当说工资〉和利润。"① 所以马克思说"萨伊公式"是"斯密教条""必然的"表现。因为这是斯密理论中的庸俗因素，庸俗学者在为资本主义辩护时，必然会抓住这种因素不放。之所以说是"最后的"表现，因为已无以复加。斯密在坚持这种教条时还反对由此推论：全部年产品都可以被消费掉。但萨伊却"轻而易举地"作出荒谬的结论："一切产品的总价值，是作为收入在社会上进行分配的。"② 所以，马克思在批判了"三位一体公式"的主要错误之后，又转而将批判的矛头指向"斯密教条"。这实际上是在分析"三位一体公式"错误的理论根源，这不但是在挖它的祖坟，也是在清算古典政治经济学的庸俗性。

一、"斯密教条"的主观原因批判

斯密教条（以下简称为"教条"）的内容似乎很简单，但错误非常明显，并且可以放大：它把总商品中包含的不变资本部分分解掉，而且用工资、利润和地租来决定价值，"使收入由'组成部分'变为'一切交换价值的原始源泉'，——而这在他那里是占主导地位的见解"③。这样，斯密就完全背离了自己的正确理论，并必然陷入循环论证④，同时还不可避免地产生许多错误，例如不能科学地说明社会总资本的积累和再生产等等。更糟糕的是谬种流传，贻害学术界。因此必然受到马克思的严厉批判。

马克思对"斯密教条"的批判并非仅在终篇，在一、二卷的末篇研究社会总资本的积累、再生产的时候，都有涉及。之所以不集中在一处，是因为这与再现对象的程序有关。如果我们仔细比较这三个地方的批判，就

---

① 《资本论》第3卷，人民出版社1975年版，第952—953页脚注（52）。
② 《资本论》第2卷，人民出版社1975年版，第433页。
③ 《资本论》第2卷，人民出版社1975年版，第413页。
④ 《资本论》第3卷，人民出版社1975年版，第957页。

第八章　科学的政治经济学批判在终篇的具体化

会发现，它们各自的侧重点是不同的。

在第一卷第七篇，马克思主要说明："古典经济学强调指出，积累过程的特点是，剩余产品由生产工人消费，而不由非生产工人消费，这一点是对的。但它的错误也正是从这里开始。亚·斯密使人们形成一种流行的看法，把积累仅仅看成剩余产品由生产工人消费，或者说，把剩余价值的资本化仅仅看成剩余价值转变为劳动力。"① 显然，他是将积累的资本全部要由工人使用——追加的生产资料要由工人使用，追加的工资也由工人使用——偷偷地转换为全部用来追加劳动力上。照斯密解释，虽然每一单个资本分成不变组成部分和可变组成部分，但社会资本只分解为可变资本，或者说，只用来支付工资。——实际上，斯密根本没有不变资本、可变资本的概念，这里马克思只是用自己的术语来表达斯密的意见。——显然，这种说法是非常荒谬的，并且具有巨大的欺骗作用。所以马克思在批判这一错误时就预见："政治经济学不会不利用亚当·斯密的所谓纯产品中转化为资本的部分完全由工人阶级消费这一论点，来为资本家阶级的利益服务。"② 他还指出："这种错误分析即使以资产阶级的眼光，从纯粹科学的观点来看，也急需加以纠正。"③

马克思还指出，这一似是而非的教条在不同的场合还有不同表述。例如：斯密根据这个教条认为"实业家"和"实业家"之间的贸易规模同"实业家"和消费者（……不是指生产消费者……）之间的贸易规模相等④，即将资本和收入的交换等同于全部商品交换。

在第二卷第三篇，马克思用了整整31页的篇幅来分析教条的错误，说斯密采用一种更通俗的表述：消费者"最终地"必须把全部产品价值支付

---

① 《资本论》第1卷，人民出版社1975年版，第646页。
② 《资本论》第1卷，人民出版社1975年版，第648页。
③ 《资本论》第1卷，人民出版社1975年版，第647页脚注（31）。
④ 《马克思恩格斯全集》第26卷第1册，人民出版社1972年版，第256页。

给生产者。① 这一教条既然引发把收入和资本混为一谈的错误，就又必然把个人消费与生产消费混为一谈……所以马克思认为，教条"把各式各样的混乱堆积在一起"② 了。商品的价值或货币既可执行资本的职能，又可执行这个人或那个人的收入的职能，但无论哪种情况都不改变商品价值的性质，而斯密"在考察商品价值的时候，就研究商品价值的不同部分在再生产过程中的作用"③，并且把商品价值所执行的两种职能混淆起来，进而再把这两种职能同商品价值性质混为一谈。

结果，斯密不但堵塞了探索社会资本再生产奥秘的通路，陷入重重困难不能自拔，而且"这样一来，他就为庸俗经济学大开了方便之门。"④ 的确如此，马克思接着说，萨伊实际上轻而易举地处理了这个问题。一个人的资本预付就是或曾经是另一个人的收入和纯产品；总产品和纯产品的区别纯粹是主观上的，因此，一切产品的总价值，是作为收入在社会上进行分配的。"任何产品的总价值，都是由促成它的生产的土地所有者、资本家和勤劳者的利润〔工资在这里充当"勤劳者"的利润〕相加而成的。因此，社会的收入和生产的总价值相等，而不像某派经济学家〔重农学派〕所认为的那样，只和土地的纯产品相等。"⑤

如果说，在第一卷第七篇，马克思说明了斯密教条的错误在积累问题上的表现，在第二卷第三篇，马克思在说明这一教条对研究社会资本再生产的障碍的同时，还分析了教条本身的错误及教条产生的主观原因，那么，在终篇，马克思就以更大的篇幅、更广的视阈全面分析了产生"教条"的理论条件和社会经济背景。

在终篇，马克思说明，"三位一体公式"的理论渊源是"斯密教条"

---

① 《资本论》第2卷，人民出版社1975年版，第484页。
② 《资本论》第2卷，人民出版社1975年版，第412页。
③ 《资本论》第2卷，人民出版社1975年版，第431页。
④ 《资本论》第2卷，人民出版社1975年版，第413页。
⑤ 转引自《资本论》第2卷，人民出版社1975年版，第433页。

之后，就又在终篇对它进行总的清算，并以此为典型来批判资产阶级古典经济学，就像在研究资本主义生产方式时以英国为典型一样。在终篇第四十九章，他首先在收入的形式上阐明社会总资本的再生产问题，说明社会总资本各部分的互相交换并没有导致价值性质的改变，而后就着手分析这个贯穿整个政治经济学的令人难以置信的错误①，在批判萨伊将总收入与纯收入混为一谈的时候，马克思还指出导致"三位一体公式"错误的五种认识上的困难：

1. 不理解不变资本和可变资本的基本关系，因而不理解剩余价值的性质，并且也不理解资本主义生产方式的整个基础。

2. 不理解劳动在追加新价值时，如何和为什么会在新形式上把旧价值保存下来，而不是把这个旧价值重新生产出来。

3. 不理解再生产过程从总资本而不是从单个资本来看时所表现出来的联系。主要的困难正在于对再生产以及再生产的各个组成部分之间的关系从物质性质和价值关系两方面来进行分析。

4. 此外，还有一个困难，这个困难在剩余价值的各个组成部分表现为互相独立的各种收入的形式时更会加剧。这个困难就是：收入和资本这两个固定的规定会互相交换、互换位置，以致从单个资本家来看，它们好像只是相对的规定，而从整个生产过程来看，它们就消失了。

5. 除了价值转化为生产价格所造成的混乱以外，由于剩余价值转化为各个特殊的、互相独立的并且同各个生产要素有关的收入形式，即转化为利润和地租，还会出现进一步的混乱。②

显然，这些困难涉及许多最基本的理论规定，这实际上也是指出斯密以及全部资产阶级经济学理论上的先天不足。其中1、2点属于基本理论，无论是古典政治经济学、还是庸俗经济学，都不可能理解的。它们从来也

---

① 《资本论》第3卷，人民出版社1975年版，第946页。
② 《资本论》第3卷，人民出版社1975年版，第953—956页。

没有不变资本的概念，只有固定资本的概念，从来不懂得劳动保存价值和创造新价值同时进行，而第3、4、5点都与"斯密教条"有直接间接的关系，是它不能正确解决的。因此，面对最基本的和最复杂的理论问题而斯密又不能回避的时候，他只好借助玩弄"收入"概念来试图解决，而这又与他的资产阶级狭隘眼界有直接的关系。如果说，斯密教条的推出还借助"以此类推"这种特定的论证手段把人们推来推去，因而多少还有点玄妙，以至连李嘉图也逐字地重复他的错误，"陷于纯粹幼稚的妄谈"①，那么它"使收入由'组成部分'变为'一切交换价值的原始源泉'，——而这在他那里是占主导地位的见解"②，则只是假象的简单描写，因此大受资产阶级的欢迎，庸俗经济学家不仅毫无保留地重复这种错误，而且各尽所能地扩展这一错误。在《资本论》中，马克思在逐一批判诸如约·穆勒、阿伦德、洛贝尔图斯、图克、萨伊等资产阶级学者的有关谬论时，都指出了它们与"斯密教条"的师承关系。

总之，在终篇，马克思结合社会总资本的积累、再生产和总分配来分析教条产生的原因，在科学的劳动价值理论、资本理论和经济行为理论臻于完成的同时，全面、深入地批判教条的错误。在这里，我们无须更为详细地重述马克思的批判性论述，但却必须注意到，在分析教条本身的错误、导致错误的各种因素、条件、困难时，马克思还站在更高的视位上指出，这种主观错误并不是偶然或由于个人的素质而发生的，相反地，它有一定的理论前提和"更为深刻而真实的基础"③。

首先，是其身份的二重性。斯密既是科学家，又是资本家，他有双重眼光。马克思说："斯密天真地一方面用资本主义生产当事人的眼光来看待事物，完全按照这种当事人所看到和所设想的样子，按照事物决定这种

---

① 《马克思恩格斯〈资本论〉书信集》，人民出版社1976年版，第129页。
② 《资本论》第2卷，人民出版社1975年版，第413页。
③ 《资本论》第2卷，人民出版社1975年版，第427页。

第八章 科学的政治经济学批判在终篇的具体化

当事人的实践活动的情况,按照事物实际上呈现出来的样子,来描绘事物,另一方面,在有些地方也揭示了现象的更为深刻的联系,——斯密的这种天真使他的著作具有巨大的吸引力。"① 显然,他关注市场上的现象,是出于资本家的天性。

其次,是研究对象的混乱。斯密研究的是国民财富的原因和性质,但他却不了解年价值产品和年产品价值的区别,当他把年总产品当成收入时,虽然意在摆脱困境,但却进一步造成收入和资本的混同。因此,就产生了这样的困难:一方面只同工资+利润+地租相等的一年内生产的价值,怎么能够买到一个价值等于(工资+利润+地租)+C 的产品呢? 另一方面,谁来完成补偿消费掉的 C 的劳动呢? 显然,正是这种对象的混乱才产生错误的教条。

这种混乱还表现在对竞争假象的直接反映。所谓直接反映,即不是根据事物的内在规定来说明事物的外在表现。当事物的本质的外化不受干扰时,外化的就可能是真像,(当然这种真像并不与本质直接合二而一)这时对它的直接反映可能还有正确性可言。但在各个主体为自己的利益而进行的竞争中,一切都是颠倒的,这时,直接反映就必然形成错误的结论。"由于斯密置身于竞争的中心",所以他必然"按照受这个领域局限的资本家所特有的逻辑发议论",即"按照这种当事人所看到和所设想的样子","按照事物实际上呈现出来的样子,来描绘事物"。②

再次,是二重方法的混杂。在终篇,马克思还分析了古典学派面临的两种矛盾。其一,两种不可否认的事实的矛盾:即作为收入消费(不管是个人消费还是生产消费都一样)的全部产品部分的价值,一方面在分析时可以归结为三种收入的总价值,即不包含 C,另一方面又和不加入收入的产品部分的价值一样,包含着一个价值部分=C,因此,一看就知道,它

---

① 《马克思恩格斯全集》第 26 卷第 2 册,人民出版社 1973 年版,第 243 页。
② 《马克思恩格斯全集》第 26 卷第 2 册,人民出版社 1973 年版,第 243 页。

不可能只包含收入的价值。这种不可否认的矛盾在古典学派的理论中又变成了"不可否认的矛盾"了：斯密对前一方面比较表面的事实和后一方面比较内在的事实都感兴趣，都想研究和再现，但又没有发现两者的联系，因而就使两种研究方法即马克思所说的外在观察法和内在观察法互不相干地并存，从而形成两种互不相干甚至相左的理论。要使它们统一，最容易的办法就是断言：对一个人表现为收入的东西会对另一个人形成资本。① 这样，教条就出现了。换言之，杜撰教条就是想以此解决理论的困难。显然，斯密理论的二重化，与其方法的二重化有直接的关系，当用内在观察法或多或少地表达了内在联系时，就产生多少有些正确的理论，当用外在观察法同样合理地并且缺乏任何内在关系地表达了外部表现出来的联系时，庸俗理论就产生了。斯密混淆价值（简单的）和生产价格（复杂的，但他只有费用价格的概念），混淆剩余价值（内在的）和利润（外在的），都与这种彼此缺乏联系的二重方法有关。② 所以，马克思说：对古典经济学，"批判和理解必须从这一方法开始"③。终篇第952页关于两种理论的矛盾的论述包含的揭示斯密两种方法并存的错误，的确相当深刻，一旦理解之后，人们就会感到这里对教条的批判，即其产生原因的分析，远比一、二卷更为深刻。

最后，是理论范畴的二重性规定的混杂。在斯密的理论体系中，"收入"概念是个奇怪的概念，它包含有二重规定。马克思这样写道：斯密承认，"单个资本家，和整个资本家阶级或所谓的国民一样，得到商品产品来代替生产中消费掉的资本。这个商品产品的价值，——它可以表现为这个产品本身的各个比例部分，——一方面补偿用掉的资本价值，因此形成收入"，马克思还特别指出， "按原来的用词，就是形成《Revenue》

---

① 《资本论》第3卷，人民出版社1975年版，第952页。
② 《马克思恩格斯全集》第26卷第2册，人民出版社1973年版，第182页。
③ 《马克思恩格斯全集》第26卷第3册，人民出版社1974年版，第556页。

第八章 科学的政治经济学批判在终篇的具体化

(《revenu》是动词《revenir》的分词,意思是"回来"),但要注意,这是资本收入";可见,斯密的这个"收入"概念表示的是流回的资本价值。至于"另一方面,形成几个价值组成部分,它们'在国内不同居民之间进行分配,或是作为他们的劳动的工资,或是作为他们的资本的利润,或是作为他们占有的土地的地租'",马克思又特别说明,"就是我们日常生活中所说的收入。"① 他发现,斯密这样借助"收入"这个名词的双重含义,即既可表示资本收入,也可表示一般的生活收入,这样,他"在把商品价值分解为它的组成部分时除掉的东西,就又从后门……引了进来"②。所以马克思说斯密背弃了自己的理论,即那个令他头疼又让他不得不加以描述的社会表象的教条。可见,斯密多少还保留着作为一个科学的政治经济学家的良心,并不像后来的庸俗经济学家那样完全在社会表象内兜圈圈。尽管这是他的现象学研究必然要出现的结果,但却与他的生理学研究并存。但也因为这样,用同一个"收入"概念表述两个有重大区别的资本收入与其他的收入,必会将自己也搞糊涂了。所以马克思说:"斯密在这里遭遇的全部不幸,都是'收入'这个范畴造成的。"③

在终篇,马克思又进一步指出,斯密的理论包含着"只是由流通幻影引起的思想混乱"④ 表现得更为具体。如上所述,斯密的研究对象、方法的二重性都让他将流通过程中的现象作为独立的对象来考察,结果是将资本和收入混为一谈。"收入和资本这两个固定的规定会互相交换、互换位置,以致从单个资本家来看,它们好像只是相对的规定,而从整个生产过程来看,它们就消失了。……对一个人来说是收入的东西,对另一个人来说则是资本。"⑤ 资本家怎样看,斯密也必然怎样看。

---

① 《资本论》第 2 卷,人民出版社 1975 年版,第 403 页。
② 《资本论》第 2 卷,人民出版社 1975 年版,第 403 页。
③ 《资本论》第 2 卷,人民出版社 1975 年版,第 424 页。
④ 《资本论》第 2 卷,人民出版社 1975 年版,第 399 页。
⑤ 《资本论》第 3 卷,人民出版社 1975 年版,第 955 页。

但是，在斯密教条作为被批判的重点和典型时，马克思也没有把它和庸俗经济学及其"公式"完全等量齐观。这从上面的分析以及从《资本论》各卷终篇的批判中就可以清楚地看出来。实际上，两者虽然有一定的师承关系，但萨伊继承的并非斯密理论中合理的成分。何况它们产生的时代背景不同，因而目的也完全不同。斯密处于工场手工业时代，那时工场主要使用活劳动，所使用的生产工具效能还比较简单，规模也较小，例如他举简单农具为例①，因而通过"依此类推"来分解不变资本似乎还可以想象。而在萨伊的时代，资本主义至少已经进入机器大工业的时代，生产资料在生产过程中的作用日益巨大，因而从总体上忽视生产资料价值的存在根本是睁着眼睛说瞎话。更重要的是，在斯密的时代，资本主义还处于上升时期，劳资两大阶级的矛盾还不尖锐，经济学还是一门多少有些科学性的理论。所以他的错误中还包含着某种天才的成分。②而萨伊的时代，情况已经发生根本的变化，经济学已经庸俗化，他的"收入决定论"纯粹是辩护性的。

即使不说这一点，仅就错误的性质来看，也大相径庭。"斯密教条"尽管错误极其严重，登峰造极，但多少还包含一些有意思的思想片断，不能把它一笔抹煞。即使是把 C 分解为三种收入这种谬误，和斯密理论中正确的东西还有一定的联系。大家知道，斯密的价值理论中始终有几种对立的见解并存着，这就意味着他在提出这一教条时没有放弃正确的看法，即每个商品的价值都是劳动的产物。在这种理论基础上，斯密自然否认价值中有物质的东西存在。由于他没有不变资本而只有固定资本的概念，并且把固定资本理解为生产过程中的工具，所以，在确定它不能构成价值并且不懂得劳动二重性原理的情况下，它的维持费就只能由别的产品中的地

---

① 参看《资本论》第3卷，人民出版社1975年版，第952、953页脚注（52）。
② "亚·斯密著作中的天才的东西"（《马克思恩格斯全集》第26卷第1册，人民出版社1972年版，第67页）。

第八章　科学的政治经济学批判在终篇的具体化

租、利润和工资来说明了。也就是说，在他看来，既然生产资料本身是劳动的产物，这部分价值本身最终地也只能由可变资本的等价物和剩余价值构成，由必要劳动的产物和剩余劳动的产物构成。因此，可以说，这种错误中包含着一种合理的观点，这也表现了斯密的某种本能，就像马克所说的："关于商品价值，他的'内在的'见解不断和他的在广度上占优势的外在的见解纠缠在一起，但他的科学本能还不时让内在的观点一再表露出来。"① 从这种意义看，甚至他的那种"以此类推"的说明方法也不是不可借鉴的。例如，在说明商品中包含的转移的不变资本的价值时，就必须用去年的甚至前年的别的部门的活劳动来说明，因为前者毕竟是后者的凝结，只有这样"推"，才能把自然物质的原子从价值中排除出去。当然，这只有在一定的限度内才是合理的，而且方法的借鉴不能归结为理论的认可。

这样看来，也不能说斯密完全将生产资料的生产撇开。了解了"斯密教条"中收入概念的两重规定之后我们还应该意识到，在他的教条中包含的并非完全负面的意思。至少他知道，他所谓的"工资＋利润＋地租"中有两个部分，一部分是当年形成的，另一部分是通过"依此类推"将不变资本部分分解为往年的"工资＋利润＋地租"。这样看来，斯密借助"资本收入"的"双重含义"，偷偷地将两种不同性质的"收入"混为一谈。因此，他所说的出卖全部商品获得的"收入"，并不是可以在当年全部消费掉的。所以马克思也说："亚·斯密把商品的价值，从而把社会年产品的价值，分解为工资和剩余价值，从而分解为单纯的收入，但是他反对从这种论断中必然得出的结论：全部年产品都可以被消费掉。具有独创精神的思想家从来不会作出荒谬的结论。他们把这件事留给萨伊和麦克库洛赫之流去做。"② 可见，在错误的道路上萨伊和麦克库洛赫比他走得更远。

---

① 《资本论》第 2 卷，人民出版社 1975 年版，第 419 页。
② 《资本论》第 2 卷，人民出版社 1975 年版，第 433 页。

《资本论》基本理论在终篇的具体化

在终篇,马克思还公正地指出,斯密作为古典经济学的杰出代表,对庸俗经济学及其公式的"四种化"即"假象化、硬化和独立化、人格化和物化、异化"是持批判态度的。至少是能够把"利息归结为利润的一部分,把地租归结为超过平均利润的余额,使这二者在剩余价值中合在一起;此外,把流通过程当作单纯的形态变化来说明;最后,在直接生产过程中把商品的价值和剩余价值归结为劳动"①;尽管这种批判不完全科学,不直接,并且还陷于"劳动—工资"这种表面现象的陷阱内不能自拔,因而批判不彻底、半途而废,但"教条"毕竟是资产阶级学者还能够进行公正无私的研究中因种种原因而产生的庸俗因素,不能与以辩护为己任的庸俗经济学同日而语。当然,也应看到,这毕竟是古典经济学庸俗性错误的典型,深入批判分析这一教条,不仅能给庸俗经济学以彻底的致命的打击,还可以划清古典经济学中科学成分与庸俗成分的界限,并发现两者之间的联系。

还必须看到,马克思把教条作为典型来批判,更因为它关系到政治经济学的基础,因而影响到几乎一切研究领域,特别是资本的积累、再生产、总分配,都与此有直接关系。所以,马克思的批判就不是就事论事,而是放在更广的研究领域中,结合自己的科学研究进行批判。了解这一点,对《资本论》各卷的末篇,都有这种批判,就不会感到奇怪了。在《剩余价值理论》中,马克思曾风趣地把对教条的批判戏称为"幕间曲",并说要"一直演奏到结束"。②我们看到,这段幕间曲在《资本论》全三卷中也是一直演奏到结束的,并且总是把它和古典经济学的积累、再生产和分配理论联系起来的。在全面评价教条时,我们不能不充分认识到,教条的错误是根本性的,它的作用极其恶劣。

---

① 《资本论》第3卷,人民出版社1975年版,第938页。
② 《马克思恩格斯全集》第26卷第1册,人民出版社1972年版,第258页。

二、"斯密教条"的客观原因批判分析

在20世纪的很长时期中,各个阶级各种各样的批判不绝如缕,但大部分情况都是以某种理论为依据,对照另一种理论。例如,西方资产阶级学者用自己的观点为参照,说马克思的理论如何错误,同样地,也有无数的马克思主义学者也照此批判资产阶级理论。因此,相互批判了好几十年,都不能真正地摧毁对方。这表明,批判任何一种有复杂内容有影响的理论,都不能简单化。不能简单地说:你们的见解与我的理论不符合,所以是错误的,更不能自以为已经将它驳倒就行了。在批判上,马克思在终篇为我们做了很好的榜样。

"三位一体公式"和"斯密教条"都包含有复杂的内容,要批判它们,可有两种途径,或者以公认的原理为据,或者是以事实为据。显然,不变资本和可变资本的区分、剩余价值的性质、二重形式的劳动的不同作用、社会总资本的再生产等理论等,是马克思经济理论的重要组成部分,尽管它们是理解过程发展真正秘密唯一科学的基本理论,但对已经破产、式微的古典政治经济学家来说,这些都是未知的,也不能接受的。对那些只在表面的联系内兜圈子的庸俗经济学家来说,更是不可理解和不能接受的。因此,要批判"萨伊公式"和"斯密教条",要向世人说明它们在理论上的根本缺陷和不能自圆其说、分析其错误的理论根源,必须以事实为依据。就像前面引证的考夫曼的评论所说的,"以文化本身为对象的批判,比任何事情更不能以意识的某种形式或某种结果为依据。这就是说,作为这种批判的出发点的不能是观念,而只能是外部的现象"①。

但是,过程的发展产生了无数的事实,有简单、表面、片面、个别的等等,当然,也有相反的情况。可见,要从中选择能够说明问题且有批判性的事实并非易事,而就事论事不见得能够说明问题,所以,无论是选择

---

① 转引自《资本论》第1卷,人民出版社1975年版,第20—23页。

《资本论》基本理论在终篇的具体化

还是议论,都要一定的理论指导。但一定的理论都有深浅不同的规定、历史阶段不同的规定。因此,要实施事实的批判,首先要进行的是对已有理论的批判。以子之矛,攻子之盾固然很惬意,但绝非深刻,很可能是小骂大帮忙,更大的可能是不知道要害在那哪里,或者只能蜻蜓点水、隔靴搔痒,毕竟都是同根所生,相煎不可能太急的。这种情况看看斯密以后的经济学家对斯密的态度就可知道了。所以,必须有对立的理论体系的批判才能打中要害和彻底,只有马克思主义的经济理论,才能真正地彻底对资产阶级学者的理论实施最科学的最彻底的批判。"打铁先要自身硬",要硬,不仅要保留、而且要不断地超越原先的状态。同样的道理,马克思也要对自己的理论进行自我批判,不能将理论过程最初提出的原理当成一成不变的、僵化的东西到处套用,而要使之随着理论过程的转型发展而不断转型。能不能在一个理论体系中进行自我批判而实现发展,是判定这个理论体系是否真正科学的一个重要标准。我们发现,在资产阶级学者方面,充其量只能通过不同时代的理论发展进行自我批判,无论哪一个经济学家,都不可能自觉地真正做到这一点。斯密倒是有自我批判的情况,但那是在提出了正确的理论之后又以庸俗的理论与之并存、因而产生二重性理论而自相矛盾。因而他的自我批判不是前进,而是倒退。李嘉图吸取斯密的教训,坚持劳动价值论,并用以检验、评价其他的理论,可是,他坚持的劳动价值论只是基础性的规定,只是适用于简单商品经济的理论规定。而他对它却缺乏历史的批判,换句话说,不加批判地把它当成一成不变的东西,并且跳过必要方中介,直接地用以说明已经比较发展了的商品经济的情况。① 结果只是以"强制抽象"断送了可能的发展机会。鉴于斯密和李嘉图的教训,马克思对自己的理论敢于实施自我批判,使之随着逻辑阶

---

① "李嘉图从商品的价值量决定于劳动时间这个规定出发,然后研究其他经济关系(其他经济范畴)是否同这个价值规定相矛盾,或者说,它们在多大的程度上改变着这个价值规定。"(《马克思恩格斯全集》第26卷第2册,人民出版社1973年版,第181页)

第八章 科学的政治经济学批判在终篇的具体化

段的上升而不断地变化。这种变化既是内在规定不断结合新的条件而丰富，又是不断地逼近社会表象。他一方面阐明要以二重形式的劳动、不变资本、可变资本、剩余价值、经济行为等基本理论为基础，并在适当的地方以此进行论证；另一方面又在适当的场合结合新的研究条件使之发生转型，不断地接近现实，例如对不变资本与可变资本这种内在结构，联系资本的周转，说明它因为价值周转而转型为固定资本和流动资本这种形式结构，说明剩余价值的各种形式在社会表面上转型表现为各种收入形式，如此等等。这种情况，就像一旦结合地球人的视角、地球的自转等条件后"日心说"就会颠倒表现为"地心说"一样。

在此基础上，马克思还结合流通、主导主体的观念及相互之间的竞争，分析了"斯密教条"产生的经济条件。

在第三卷的开头处，马克思已经说明，本卷将要阐明的资本的各种形式，同资本在社会表面上，在各种资本的互相作用中，在竞争中，以及在生产当事人自己的通常意识中所表现出来的形式，是一步一步地接近了。显然，终篇是最合适体现这一计划的地方。所以除了其他方面的需要外，在政治经济学批判这个方位上，马克思必定有相应的安排。

终篇具体批判的情况是这样的，因为"萨伊公式"和"斯密教条"只是简单地描述社会表象，而马克思也已经注意到要反映这种社会表象，但他不是简单地反映它，而是要阐明内在规定与它的关系，也就是说，要用内在规定对它进行分析，要阐明原有的内在规定如何在具体条件下发生转型，以解释真相。由是，他就先说明内在规定，即全部社会总价值的量的界限，但三种形式的收入全部总和却不可能等于社会总产值量，可见"萨伊公式"和"斯密教条"是错误的。但是，他在批判它们错误的同时，还分析其产生的原因。在他所指出的关于导致"萨伊公式"和"斯密教条"荒谬分析的五种困难中，实际上已包含了这两方面情况。由于第1、2、3种困难涉及的是最基本的内在规定，在第一、二卷已经阐明，马克思在这里没再细说，但也不是简单地套用，而是结合剩余价值的具体形式来说明。① 对第4、5种困难，主要指简单地反映社会表象，对此他就论述得比较详细。现在我们就来看看他在第四十九章后半部和第五十章的详细说明。

第4、5种困难实际上指出两个情况所引起的混乱。一是在流通中资本与收入的换位。二是剩余价值既表现为利润、利息、地租等各种不同的具体形式，又表现为同一的收入。对此，马克思接着说："这就是我们将要在下一章考察的混乱；这种混乱必然同价值来源于它本身的各个组成部分的假象结合在一起。这就是说，商品的不同价值组成部分，首先会在各种收入上取得独立的形式，并且作为这样的收入，它们不是把商品的价值作为自己的源泉，而是把各个特别的物质生产要素作为自己的源泉。"②

对此，马克思当然要进行全面的分析批判。但这里我们更关注和感兴趣的，是他也指出：在发生积累的场合，"一切新资本都来自利润、地租或收入的其他形式，即来自剩余劳动这一事实，会使人产生一种错误的观念，好像商品的全部价值都来自收入。……全部困难来自这样一个事实：一切新追加的劳动，只要它所创造的价值不归结为工资，就表现为利润，——利润在这里被理解为剩余价值的一般形式，——也就是说，表现为不要资本家花费任何东西，因而也无须用来为资本家补偿任何预付的东西、补偿任何资本的那种价值。因此，这个价值存在于可供支配的追加财

---

① 例如关于导致"萨伊公式"和"斯密教条"荒谬分析的第一种困难，即不理解不变资本和可变资本的基本关系，不理解剩余价值的性质、不理解资本主义生产方式的整个基础，马克思还从剩余价值的具体形式利润和地租的角度来说明，它们加上工资"这三个收入源泉加在一起形成的价值总和，怎么能够购买进入这各种收入的获得者的总消费中去的那样一些商品，它们除了包含这三个价值组成部分以外，还包含一个价值组成部分，即不变资本部分？他们怎么能够用一个由三部分构成的价值购买一个由四部分构成的价值？"（《资本论》第3卷，人民出版社1975年版，第953—954页）

② 《资本论》第3卷，人民出版社1975年版，第956页。

富的形式上,总之,从单个资本家来看,存在于他的收入的形式上。"① 资本家当然不会说用于积累的货币是资本化的剩余价值,在资本家看来,这些转化为积累的剩余价值不是他预付的资本,而是他的收入,是他"舍不得"花费的收入,是"节欲"攒下来的,所以是收入形成积累的资本。显然,马克思在这里突出的是"事实",这个事实不是偶然的、个别的,而是大量、长期、普遍存在的,但同一个"事实"既会产生正解,也会产生误解,特别会因为剩余价值转化为收入与资本家的原预付是否有关而有不同的看法。由于立场和有无掏腰包的关系,另外的事实就有可能被忽视。正因为这样,事实往往被任意感受、解释,从而客观的存在就转变为主观的关系:"对一个人来说代表收入的东西,对另一个人来说则代表资本,因此,这只是主观的关系。"② 不过,在资本家占统治地位的资本主义社会,资本家认为是"主观的关系"这种观念,也会变成社会的普遍的占统治地位的观念。因此,不能以它是资本家的观念而将它一笑置之。

如果说第四十九章是关于生产过程的分析,在那里还没有涉及资本家之间的竞争,那么在第五十章,马克思就专门研究竞争如何产生假象。在这里,他先说明总产品的总价值量、总收入量及其各个部分的量都有确定的界限,总收入量的界限不能包括C部分,竞争也不能改变这些界限,接着再说明竞争造成这些界限的模糊,客观的界限变成人为造成的各种"率",使真实关系的颠倒,从而导致理论混乱的产生。囿于篇幅,这里无意再介绍马克思如何说明那些客观的界限,而是更注重竞争产生的假象如何导致理论的颠倒。

马克思详细地分析了这种混乱之所以必然产生的五种原因或条件:

第一,对象的内在规定在外化时不会直接表现,反之,在竞争中必然颠倒表现。也就是说,尽管价值在能够转化为收入,能够取得这种形式以

---

① 《资本论》第3卷,人民出版社1975年版,第959页。
② 《资本论》第3卷,人民出版社1975年版,第961页。

前，必须已经存在，而且这三个收入的相对量是由不同的规律决定的，但"它们和商品价值本身的联系以及它们受商品价值本身的限制的事实，决不会在表面上显现出来，所以，颠倒的假象必然更具有迷惑作用"①。

第二，表面看，工资一般的提高或下降，会使商品的价格上升或下降，看起来好像是工资决定价值。但这一方面只是商品价格在名义上提高，另一方面是在其他条件不变的情况下才发生的。而这种"经验"并不能说明，那种不以工资为转移的商品价值隐蔽地调节着这种变动，而且实际情况却是其他条件都发生变化，"在工资由于生活资料价格提高而提高时，利润率也能因劳动强度加大或工作日延长而保持不变，甚至提高。所有这些经验，都肯定了由于各个价值组成部分具有独立的颠倒的形式而引起的假象，好像决定商品价值的，只是工资，或工资加上利润"②。

第三，价值是生产过程创造的，生产过程没有完结之前，劳动生产率的变化会使凝结在商品中的价值量发生变化。而生产出来的剩余价值在分配当事人之间的分配，更应该在流通中通过竞争而进行，它不是事先确定的。但在社会表面上，在资本家的行为和经验中，他们只是按照社会表面上表现出来的一些肤浅的原则，并且以社会表面所呈现的表象，认为是按在流通中事先确定的工资率、利润率、利息率、地租率来"分配"的。就工资而言，它本质上是工人劳动力的价值或价格的转化形式，但在社会表面上，却表现为工人与资本家之间事先协议的标准，表现为一定的工资率。同样地，利润率一旦形成，就在相当长的时间内相对稳定，并作为一定的量发挥作用。"就平均利润起这种作用来说，它是一个预先存在的量。"③ 至于利息率和地租率也不例外，在生产过程开始之前，就根据市场交易的情况事先确定了。而且一旦"事实"不断重复，成了经验，一方面

---

① 《资本论》第3卷，人民出版社1975年版，第981页。
② 《资本论》第3卷，人民出版社1975年版，第982页。
③ 《资本论》第3卷，人民出版社1975年版，第984页。

会强化收入决定价值的假象，另一方面也形成了分配当事人进行"分配"的边界。

第四，在资本家的观念中，根本没有价值的概念，只有价格概念，而价格不外乎是一种社会表象。客观上价值决定是社会过程，资本家不感兴趣；主观上，他只关心出售价格，以及"价格要素"①。而这是由竞争决定的。无论在资本家之间竞争，还是在世界市场上竞争，都一样。

第五，在资本主义基础上出现的收入形式，并非一朝一夕的事情，一旦成了固定的现象，对其他生产方式甚至可能形成类比。例如在一个私人生产者那里，他会把自己当作雇佣工人支付给自己工资，把自己当作资本家支付给自己利润，把自己当作土地所有者支付给自己地租。这样资本主义的这种收入获得方式好像就是一种自然的关系了。

简单说，在竞争中，在各种现实运动中，在资本家的经验和意识中，都好像是工资、利润和地租决定价值。②

最后，在第五十一章，马克思又指出，分配关系本来是生产关系决定的，但在社会表面上，劳动所创造的社会总产值分别归劳动力的所有者、资本的所有者和土地所有权的占有者这种情况，却会转变为价值实体是由劳动力的、资本的和土地的所有权决定的。教条正好表现了这种颠倒。显然，这些社会经济现象，就是教条由以产生的"深刻而真实的基础"。

其实，并非仅仅竞争才能产生假象，在直接生产过程中也照样产生种种假象，只不过不像竞争的假象那样离奇和众多。"甚至在这个没有中介的领域内，在劳动和资本之间的直接过程的领域内，事情也不会如此简单。随着相对剩余价值在真正的独特的资本主义生产方式下的发展，——与此同时劳动的社会生产力也发展了，——这些生产力以及劳动在直接劳

---

① 《资本论》第3卷，人民出版社1975年版，第989页。
② 《资本论》第3卷，人民出版社1975年版，第987—989页。

动过程中的社会联系,都好像由劳动转移到资本身上了。"① 这种假象对资本家的观念当然会产生影响。流通过程产生的假象就不必赘言了,在竞争中,一切都是颠倒的,而一部分剩余价值转化为地租,更使各种内部联系最终割断,剩余价值的源泉完全被掩盖。

第四节 科学批判与研究范式创新

对科学研究来说,批判是事物发展的固有属性,也是理论或思想发展的必要路径。所以马克思的政治经济学批判所体现的并非仅是斗争哲学,更重要的是创建;他的宣言是:"我要破坏,我也要建设。"② 正所谓"不破不立,破字当头,立在其中"。特别是终篇所进行的批判,的确是全方位的,深刻的、新颖的。

一、批判促进研究内容的创新、建树

众所周知,马克思批判地继承和发展了古典政治经济学的合理内核,但这种合理内核并非花生壳包裹的花生仁,它往往是良莠混杂,往往是歪打正着,并且是与在"广度上占优势的外在的见解纠缠在一起"③。因此非有耐心、细心和精心分析,内在规定就有可能失之交臂,也有可能被污染而失去科学性。不仅如此,他对资产阶级庸俗经济学也是采取辩证分析的态度,客观地对待某些学者,例如他说:"萨伊同例如巴师夏比较起来还算是一个批评家,还算无所偏袒,因为他在斯密的著作里发现的矛盾相对

---

① 《资本论》第3卷,人民出版社1975年版,第935页。
② 《马克思恩格斯〈资本论〉书信集》,人民出版社1976年版,第97页。
③ 《资本论》第2卷,人民出版社1975年版,第419页。

第八章 科学的政治经济学批判在终篇的具体化

说来还是未发展的"①,并没有因为痛批他的"公式"而将他一棍子打死,而且能够通过批判他的"三位一体公式"导致新的发现。在这里我们要特别注意的是批判促进了他的创新和创建。

马克思的批判与创新结合当然是贯穿全过程的,从这种意义看,终篇作为全书的总结,也应该包含有这些批判和创新的统一。仔细地分析不难发现这种情况。例如他公正地评价古典经济学揭穿庸俗经济学的"假象化、硬化和独立化、物化和人格化、异化"等四种"经济上的神秘化",但又深入地指出:"甚至古典经济学的最优秀的代表,——从资产阶级的观点出发,必然是这样,——也还或多或少地被束缚在他们曾批判地予以揭穿的假象世界里,因而,都或多或少地陷入不彻底性、半途而废和没有解决的矛盾中。"②

指出古典政治经济学将一般商品生产和资本主义商品生产等同起来,以至于将资本主义关系看成是"每一种生产方式的自然关系"③,那么自然也就乐于确信,到处都是根据生产资料占有一定的产品,并因为相信"斯密教条"而不能坚持他们最先提出的一些理论规定。马克思在批判这种将一般过程与特殊过程混为一谈的同时,也重视对一般过程的研究,并与特殊的资本运动过程紧密联系起来考察。类似的情况还有很多,因此我们不再就此一一列举,而将注意力集中在终篇中表现比较突出的地方。

我们已经知道,终篇研究的是社会总资本运动的内在规定如何在总分配过程中因为各个主体的竞争而产生的社会表象,以及因竞争所造成的假

---

① 《马克思恩格斯全集》第26卷第3册,人民出版社1974年版,第557页。
② 《资本论》第3卷,人民出版社1975年版,第939页。
③ 《资本论》第3卷,人民出版社1975年版,第990页。

象①（虽然并不研究竞争）。在这里我们又看到，他从批判"萨伊公式"开始，转而批判"斯密教条"，实际上都紧扣他们的"收入"范畴。无论是"公式"还是"教条"，都是对资本家的观念以及社会表象的高度概括而形成的，它的影响很广，在资本家世界中达成共识，所以是资本运动的题中应有之义。因此马克思必然要科学地再现它，并形成特定的范畴：收入。

纵观终篇的研究，大体是沿着这样的路径推进的：批判萨伊的收入理论——批判斯密的收入理论——建立马克思的收入理论。从他的分析看，萨伊的"收入"概念尽管是对斯密的继承，但主要是社会表象的直接反映，而斯密则还包含有一定的内涵，有一定的合理性。在第二卷第三篇，马克思先说明，斯密在研究社会总资本的再生产时不自觉地抛弃自己的教条而接近问题的实质。在那里，马克思着重分析斯密的两个错误：即把不变资本部分抛弃，把个人的生活消费和社会的生产消费混为一谈。正是"纠正了斯密的上述两点错误……才使马克思有可能建立起他的关于资本主义社会中社会产品实现的卓越理论。"② 在终篇，他的研究更进一步。既然资产阶级学者那么喜欢在收入形式上来说明总分配，而且形成了"在资本主义生产的基础上，整个社会持有资本主义的观点"③，那么马克思也认为到有必要结合收入的具体形式来细化社会总资本的再生产，这既是对资产阶级学者的批判，又是再现具体的总体对象。于是，在批判的基础上，马克思发表意见了："他的意见是和所有他的前人直接对立的。在前人认为已有答案的地方，他却认为只是问题所在。"④ 他指出萨伊收入理论与斯

---

① 诚然，马克思说："竞争的实际运动不在我们的研究计划之内，我们只需要把资本主义生产方式的内部组织，在它的可说是理想的平均形式中表现出来。"（《资本论》第3卷，人民出版社1975年版，第939页）但是，他还是研究了竞争所产生的假象。假象是竞争的结果，不是实际的竞争。

② 《列宁选集》第1卷，人民出版社1995年版，第177页。

③ 《资本论》第3卷，人民出版社1975年版，第951页。

④ 恩格斯：《资本论·第二卷序言》，见《资本论》第2卷，人民出版社1975年版，第21页。

第八章 科学的政治经济学批判在终篇的具体化

密收入理论只是对社会表象的一种粗浅的(指萨伊)和不完全表面的(指斯密)的反映,根本没有区分不同的收入,不知道或不愿知道各种收入的不同性质。如果说,在收入问题上,斯密陷入的是困境和"不幸"。① 那么萨伊更惨,跌入的是不能自拔的陷阱。通过批判,马克思提出并论证了自己的"收入"范畴,论证它是劳动力价值和不同形式的剩余价值在社会表面上统一的货币表现,这是对那些粗俗的表象、观念加以科学的改造,将它们从"平凡生活的范畴"转变为科学的范畴②,并将它摆在科学的政治经济学范畴体系中的合理位置上,表明内在规定会因为竞争和人为的因素而颠倒地表现为这些表象、观念。当然,也只有这样处理思想材料,才能"同英法两国经济学家的用语相一致"③,以便说明资产阶级学者的错误,澄清由此产生的各种混乱,说明产生这种错误、混乱的主、客观条件及理论渊源。

必须看到,马克思的收入范畴与资产阶级学者的收入有根本的区别。它指的是"总收益或总产品"或是再生产出来的全部产品的价值即资产阶级财富的社会表象,而后者则主要是强调社会表象的作用。在马克思看来,这种收入主要是从其价值实体的颠倒表现而言的,当它们要当作分配以形成各个阶级的收入时,则不包括全部财富,而要作必要的扣除,以保证扩大再生产的正常进行,以有保险基金和社会福利的抽取等,不是不折不扣地全部分掉,而是有折有扣的。这样看,他的收入范畴具有双重含义:一重是指全部社会财富的价值实体在社会表面的颠倒表现形式,另一重是指可用于实际分配的部分;后者又有特别的规定:并不包涵全部 $v+m$,其中的 m 部分还要扣除保险和福利部分,剩下的部分又表现为利润、

---

① 《资本论》第 2 卷,人民出版社 1975 年版,第 424 页。
② [苏]卢森贝著,赵本斋、翟松年译:《〈资本论〉注释》第 2 卷,三联书店 1963 年版,第 118 页。
③ 《资本论》第 1 卷,人民出版社 1975 年版,第 649 页脚注 (33)。

利息、地租的形式——这些形式本质上是剩余价值,但又有与剩余价值完全不同的名称,从而掩盖了剩余价值的本质。——而 v 部分作为工人的工资本质上是劳动力价值的转化形式,但在社会表面上会因其采取货币收入形式而被颠倒地表现为与利润、利息、地租一样的货币收入。收入作为《资本论》最具体范畴的提出和论证,不仅具有科学性,还具有现实性。因为它反映的是内在关系的外化,所以它切近现实,很容易检验。

二、批判促进研究范式的创新

马克思的科学批判所涉及的是资产阶级经济学的全部,包括对象、方法、内容、价值等维度。正是通过批判、扬弃,才形成他特有的研究范式。这里所说的范式,指的是在一定世界观指导下,在对研究对象结构形成及历史发展基本判断的基础上决定的研究目的、研究思路、研究的维度和叙述等模式,它通过多种方法(包括批判)的集成,来表现理论内容的形成和转化发展,以及研究者包含价值在内的各种观念。在《资本论》及其手稿中,马克思通过批判资产阶级经济学的研究对象混乱,确立了科学的客观对象。同时批判了他们的研究方法,根据其复杂结构及其转型发展,根据对象的发展维度,运用从抽象上升到具体的方法,从深化到外化的方法,从一般到特殊的方法等多种研究方法,形成和处理各种思想材料,建造了一个庞大复杂而有序、有逻辑张力的理论体系。

创建的科学理论,是由许多思想材料构成的。不仅它们的获得,要经过批判,而且它们要生动地体现客观对象的历史发展以及各个层面规定的关系,反映对象发展的生命,这些思想材料也要有生命。① 而包括研究和再现在内的研究范式,对资产阶级经济学来说,留下的却大多是错误和尴

---

① "材料的生命一旦观念地反映出来,呈现在我们面前的就好象是一个先验的结构了。"(《资本论》第 1 卷,人民出版社 1975 年版,第 23—24 页)

尬。之所以这样，是因为他们根本不懂得事物发展的辩证法，所以将不同历史阶段的对象、对象结构的不同层面等混为一体。因而产生了斯密"外在观察法"与"内在观察法"的混杂，但即使是他的"内在观察法"，也只是或多或少正确地表达了内在联系，并非全面深刻；而"外在观察法"只是一种必要但肤浅的描述，并且"这两种理解方法在斯密的著作中不仅安然并存，而且相互交错，不断自相矛盾"①。而李嘉图虽然吸取斯密的教训，却不知道实现从内在规定到外在表现的合理方式。他要科学讲清楚三个问题：其一，它所提出的其余范畴与价值规定是否适合或矛盾；其二，只是反映、再现过程的表现形式的科学与价值规定的现实基础的适合程度；其三，这个制度的表面运动与它的实际运动之间的矛盾。② 可见，他已经发现了经济科学有价值规定这种最基本的研究和以此为基础的实际运动的研究——这实际上是内在观察的扩大，——还有更浅层的只再现过程表现形式、表面运动的研究。对此，马克思给予极高的评价："人们一眼就可以看出这种方法的历史合理性，它在政治经济学史上的科学必然性。"③ 但是，李嘉图的"生理学"研究存在着问题，"……他的抽象还不够深刻，不够完全"④。因此，他在企图克服斯密双重研究之间的断裂缺陷时，也企图打通他那个一成不变的价值规律与其他范畴、过程的表现形式、制度的表面运动的直接联系，将只是表现资本主义经济发展最初阶段的价值规律与已经进入较为发展阶段的具体经济现象联系起来，但却没有获得成功，反而暴露出其理论的破绽，导致理论的破产。可见，无论结果如何，这都表明这些经济学家并非单纯地注意看不见的经济规律的揭示，还重视研究看得见的经济现象，借用现代流行的语言说，就是希望"理论

---

① 《马克思恩格斯全集》第 26 卷第 2 册，人民出版社 1973 年版，第 182 页。
② 《马克思恩格斯全集》第 26 卷第 2 册，人民出版社 1973 年版，第 183 页。
③ 《马克思恩格斯全集》第 26 卷第 2 册，人民出版社 1973 年版，第 181 页。
④ 《马克思恩格斯全集》第 26 卷第 2 册，人民出版社 1973 年版，第 112 页。

联系实际"。毋庸置疑，任何有实用性的理论都以服务实际为归宿，资产阶级经济学也是这样。但是关键在于是要用什么样的理论、通过什么样的途径来联系什么样的实际。对这个问题的不同思考和应答必然形成不同的研究范式。由此观之，庸俗经济学也有这样的研究初衷，他们在表象的范围兜圈圈，为的也是解释现象，只不过是肤浅地就现象论现象。可见，围绕着如何实现理论联系实际，不同的经济学家都形成不同的研究范式。因此，马克思对他们的批判，不能单纯地以为是表示对他们理论的厌恶，从客观的意义看，这也是他在探讨如何建立新型的研究范式，以为无产阶级的利益服务。所以，对他们的批判，是马克思建立科学研究范式的重要步骤。实际上，马克思在一开始进行理论研究就已经充分意识到："哲学家们只是用不同的方式解释世界，问题在于改变世界。"① 以这种哲学来指导研究经济理论，必然不满足于探究事物内在规定，还要阐明它与外部现象的联系。可见，无论是对古典政治经济学、还是对庸俗经济学的批判，都对他科学研究范式的形成和科学化起到重要作用。

当然，马克思还十分重视对黑格尔辩证逻辑的批判和继承发展。他坦诚地说："有些地方我甚至卖弄起黑格尔特有的表达方式。辩证法在黑格尔手中神秘化了，但这决不妨碍他第一个全面地有意识地叙述了辩证法的一般运动形式。在他那里，辩证法是倒立着的。必须把它倒过来，以便发现神秘外壳中的合理内核。"② 这种批判，不仅仅表现在推翻黑格尔的唯心主义和筛选出其理论中的合理内核，还在唯物主义的基础上加以彻底改造，并且有许多创新。

正是在系统地、全方位地批判了资产阶级经济学、资产阶级哲学以及空想社会主义的基础上，马克思建立了自己特有的多方位统一反映和再现复杂对象的科学的逻辑方法。恩格斯认为："这个方法的制定，在我们看

---

① 《马克思恩格斯选集》第1卷，人民出版社1995年版，第57页。
② 《资本论》第1卷，人民出版社1975年版，第24页。

第八章 科学的政治经济学批判在终篇的具体化

来是一个其意义不亚于唯物主义基本观点的成果。"① 它既是马克思主义整体性的重要组成部分，又是联结、贯穿各个部分的重要机制。

马克思的科学研究范式是贯穿全书的，对此，这里无需赘言。但是，在终篇他如何在批判的基础上将这种研究范式贯穿到底，为科学再现做出杰出贡献并形成特色，则是需要认真探究的。

我们已经知道，终篇研究和再现的是总体资产阶级财富的社会表象，与前面的研究不同，它的主要任务已经从主要揭示看不见的内在规定，转变为阐明这些规定的社会表象。

由此，我们应该意识到，马克思的各种基本理论都包含着深化研究和外化表现两个紧密关联的部分，这是马克思科学研究的一种独特的研究范式。②

马克思的研究范式当然要与一定的叙述方式相结合，在他看来，批判地叙述是"通过批判使一门科学第一次达到能把它辩证地叙述出来的那种水平"③。只要认真地看过《资本论》的人都会为其中富有文采和精确的表述所折服，即使是马克思主义的敌人，对此也不乏赞美之词。一篇俄国的评论也认为：马克思"叙述的特点是通俗易懂，明确，尽管研究对象的科学水平很高却非常生动"④。不仅这样，更有意义的是他用科学的方法来组织思想材料，使各种思想材料能动、互动，不断具体化，并表现为通过一系列范畴组成的一个有许多"纽结"⑤的、巨大的不断扩张的立体结构，各个纽结之间的联系紧密而有机。也就是说，他赋予材料以生命力、扩张力、辐射力。特别要注意的是，他运用从抽象上升到具体的方法，从深化

---

① 《马克思恩格斯选集》第 2 卷，人民出版社 1995 年版，第 43 页。
② 参看陈俊明：《马克思对斯密双重研究的批判和研究范式的创新》，载《当代经济研究》，2009 年第 9 期。
③ 《马克思恩格斯〈资本论〉书信集》，人民出版社 1976 年版，第 123 页。
④ 转引自《资本论》第 1 卷，人民出版社 1975 年版，第 19 页脚注 (1)。
⑤ 列宁：《哲学笔记》，人民出版社 1974 年版，第 90 页。

到外化的方法，从一般到特殊的方法等，建造了一个庞大复杂而有序、有逻辑张力的理论体系。

显然，这样了解《资本论》的研究范式，比起将它简单地归结为唯物辩证法、对立统一规律，更能准确理解《资本论》的科学方法，更能生动、深刻地把握《资本论》各种理论的精神实质。

如果综合来看，《资本论》涉及的马克思的研究范式有几个方面的特点：

首先，区分一般和特殊的研究对象，但并不将它们彼此分开，而是阐明两者"你中有我，我中有你"，相互促进的关系。

其次，区分不同的研究阶段，并分别在各个阶段都实现深化与外化统一。通过阐明内在规定的外化，将深化研究和外化研究紧密结合起来。

再次，随着阶段的推进，深化研究通过中介发生转型，外化表现也通过中介发生转型，所以是双重的转型升级。由于有竞争和流通的作用，各个阶段的内在规定的外化表现都颠倒地表现，后面的阶段比前面的阶段颠倒得更厉害。

最后，这些推进都与批判紧密联系，不仅通过批判古典学派，而且以通过批判庸俗经济学的错误为契机，将资本家的日常意识也归入再现的重要内容，将它与颠倒的表象联系起来，体现了主体与客体的统一。

以上涉及的并非马克思新研究范式的全部，但却是人们在理解马克思科学方法时所忽略或没有理解的。显然，它们可以归结为、但不等同于唯物辩证法，它们是辩证法的具体化。在《资本论》中，马克思在阐明自己的方法就是唯物辩证法之后，还特别突出经济学研究的批判和否定的方法："辩证法在对现存事物的肯定的理解中同时包含对现存事物的否定的理解……辩证法对每一种既成的形式都是从不断的运动中，因而也是从它的暂时性方面去理解；辩证法……按其本质来说，它是批判的和革命

第八章 科学的政治经济学批判在终篇的具体化

的。"① 这就告诉人们，在经济研究中，必须将对立统一规律具体化。实际上，马克思已经说明，他还运用从抽象上升到具体、历史与逻辑统一的方法。但是，这样理解他的研究范式仍然比较抽象，所以，有必要将它细化、进一步具体化。上述几个方面以及这些方面的协调应用，都是这种研究范式的重要内容。

马克思的研究范式在终篇表现得最有特色，因为这里研究的是对象的总体社会表象，但绝非就事论事，而是认定对象的内在规定必定要表现出来、要外化。必须注意的是，这些内在规定都是在一定的条件下形成的，都要将一系列暂时无关宏旨的条件先行撇开，由此都具有抽象性。在马克思研究的整体安排中，"凡在过程开始时不是作为过程的前提和条件出现的东西，在过程结束时也不可能出现。但是另一方面，一切作为前提和条件的东西，在过程结束时则必然出现"②。既然他是在暂时撇开流通和竞争的条件下研究内在规定的，那么，在研究已经深入、达到深层的时候，研究就要回过头来结合原先暂时撇开的前提、条件来阐明它们的变化，以再现社会表象。

但是，《资本论》是一部科学研究的巨著，不宜像一般的教科书那样，将理论的进展的程序交代得一清二楚，否则就会失去宏论巨著让人品味、深思、感悟的魅力。而且，他在第三卷开头处已经交代了要"接近"什么了，所以，在终篇他就通过批判浸淫在市场竞争中的"萨伊公式"而"接近"社会表象，并将它们与内在规定联系起来。在这里，他一方面直接批判"萨伊公式"表现的只是社会表象，不是真正的科学；另一方面又在分析其产生的客观条件时说明，它并非全是萨伊的杜撰或臆想妄语，还有一定的表象依据。马克思发现，在社会表面上，不仅存在着"对一个人来说是收入的东西，对另一个人来说则是资本"这种现象，而且还存在着包括

---
① 《资本论》第1卷，人民出版社1975年版，第24页。
② 《马克思恩格斯全集》第46卷下册，人民出版社1980年版，第262页。

《资本论》基本理论在终篇的具体化

工资在内的各种收入决定价值的一系列假象：工资、平均利润、利息、地租的变动都导致价格的变动（虽则是短期的局部的）①；而成本价格、工资、平均利润、利息、地租，在现实运动中又都表现为预先确定的量；由于再生产过程是连续进行的，不仅前提不断地表现为结果，而且结果也好像不断表现为前提②，因此，受流通假象制约的资本家自然很容易、也很乐意产生颠倒的认识。在他们看来，为使再生产能够进行而必须作为商品出售依据的那种价格，是由工资、地租和利润调节的，对资本家来说，并不存在什么客观的、内在的价值决定。简单说，在竞争中，在各种现实运动中，在资本家的经验和意识中，都好像是工资、利润和地租决定价值。③正是这种基于流通假象造成的错觉，他们都坚持这样的观念：全部价值都是收入决定的，是生产要素决定的。至于另一部分剩余价值转化为地租，它似乎与自然状态的土地有直接的联系，这更掩盖了剩余价值的源泉。显然，资本家的日常观念、庸俗经济学对这些观念的教条式翻译，并非完全是空穴来风、无中生有，而是有一定的社会表象为依据。正因为这样，"斯密教条"和"萨伊公式"的推出就是必然的了，其中包含着巨大的错误也是必然的了。

不过，马克思这样分析并不意味着"萨伊公式"和"斯密教条"都是客观的、合理的，这只是说明，它们的产生所依据的充其量只是社会表象，并且其反映是肤浅的。"他们是从［社会的］统治部分即资本家的立场出发的，因此他们的论述不是素朴的和客观的，而是辩护论的。对必然在这种生产方式的承担者那里产生的庸俗观念的褊狭的和学理主义的表述，同诸如重农学派、亚·斯密、李嘉图这样的政治经济学家渴求理解现

---

① 《资本论》第 3 卷，人民出版社 1975 年版，第 981—982 页。
② 《资本论》第 3 卷，人民出版社 1975 年版，第 983—985 页。
③ 《资本论》第 3 卷，人民出版社 1975 年版，第 987—989 页。

第八章 科学的政治经济学批判在终篇的具体化

象的内部联系的愿望,是极不相同的。"①

不过,理解和领悟还不能到此为止。毕竟这还只是"破",但马克思还要借此而"立"。马克思发现,对象的内在规定必然要在社会表面上表现出来,由于有主体的竞争和其他作用力的影响,其表现必定不会与内在规定合二为一。他多次强调:"在竞争中一切都颠倒地表现出来。经济关系的完成形态,那种在表面上,在这种关系的现实存在中,从而在这种关系的承担者和代理人试图说明这种关系所持有的观念中出现的完成形态,是和这种关系的内在的、本质的、但是隐藏着的基本内容以及与之相适应的概念大不相同的,并且事实上是颠倒的和相反的。"② 显然,"萨伊公式"和"斯密教条"所表现的,就是马克思所揭示的内在规定的颠倒表现。换句话说,马克思要论证的是:就事物或过程的本质而言,只有社会劳动才是社会总价值实体的唯一源泉,但这种内在规定是在抽去了一系列条件的情况下形成的,在加进了这一系列条件之后,它在社会表面上必然颠倒地表现三个要素共同创造价值、三种收入决定价值。同样地,剩余价值就其本质而言,是工人的剩余劳动创造而被资本运动当事人无偿占有的,但在社会表面上,它却颠倒地表现为资本和土地自动带来的,与工人无关。之所以要这样阐明内在规定的颠倒表现,因为在"资本主义生产的基础上,整个社会持有资本主义的观点"③,你要科学地具体地再现资本运动,就必须用内在规定还原社会表象——"混沌的关于整体的表象"④。就如科学的天文学在揭示了"地球绕太阳转"这种本质规定之后,还要说明因为这是在跳出地球人的视角、站在宇宙的角度上提出的,一旦回到地球上,从地球人的角度看,就会颠倒地表现"太阳绕地球转"。只有这样,这个理论

---

① 《马克思恩格斯全集》第26卷第3册,人民出版社1974年版,第499—500页。
② 《资本论》第3卷,人民出版社1975年版,第232—233页。
③ 《资本论》第3卷,人民出版社1975年版,第951页。
④ 《马克思恩格斯全集》第46卷上册,人民出版社1979年版,第37页。

才会说服地球人，也就是说，"日心说"要与"地心说"统一才是真正科学的，否则就是半截子的、未完成的。

但是，类比只能到此为止。"地心说"的产生是因为人在地球上观察日地关系，因为人生活在地球上，所以还有一定的合理性可言。而资产阶级的观念却是资产阶级的狭隘利益产生的，只对资本主义生产关系才是合理的。但是，由于"统治阶级的思想在每一时代都是占统治地位的思想。这就是说，一个阶级是社会上占统治地位的物质力量，同时也是社会上占统治地位的精神力量。支配着物质生产资料的阶级，同时也支配着精神生产资料，因此，那些没有精神生产资料的人的思想，一般的是隶属于这个阶级的。占统治地位的思想不过是占统治地位的物质关系在观念上的表现，不过是以思想的形式表现出来的占统治地位的物质关系"[①]。所以，对它的理论批判是非常必需的。但是，"意识的一切形式和产物不是可以通过精神的批判来消灭的，……而只有通过实际地推翻这一切唯心主义谬论所由产生的现实的社会关系，才能把它们消灭"[②]。所以，单有理论的批判还是不够的，还要诉诸无产阶级，诉诸劳动大众对这种物质生产关系的武器的批判。

总之，新研究范式在深入揭示对象的内在规定及其变化之后，还要刻意阐明这些内在规定必然会在外化中颠倒、并且表现在特定主体的观念中。只有这样，科学研究和理论再现才是完整的、彻底的。

---

① 马克思、恩格斯：《德意志意识形态》，见《马克思恩格斯选集》第1卷，人民出版社1995年版，第98页。

② 马克思、恩格斯：《德意志意识形态》，见《马克思恩格斯选集》第1卷，人民出版社1995年版，第92页。

第九章 《资本论》终篇的若干重要关节探赜

关于《资本论》终篇,人们虽然至今还少有全面深入的研究,但其中的有些理论问题似乎不好理解,有的已引起学术界的重视和研究,甚至几度成为热点。这些问题都比较重要,并且不可回避,也不可就马克思在某个地方提出的论断孤立地理解发挥,应该紧密联系整个终篇的语境来理解。

第一节 关于共产主义社会的剩余劳动

在终篇第四十八章,马克思说过:"一般剩余劳动,作为超过一定的需要量的劳动,必须始终存在。"① 这样看来,剩余劳动是个一般范畴,不以社会形态为转移的,共产主义社会也仍然始终存在。但是,在《资本论》中我们也看到,"一般剩余劳动"是个特殊的历史范畴,它与私有制剥削关系共存亡。

对马克思的这句话,认为是特殊的历史范畴的人又有区别,有的认为是泛指各个阶级社会的共同点。② 有的则根据这是"超过一定的需要量的

---

① 《资本论》第3卷,人民出版社1975年版,第925页。
② 蒋家俊:《谈谈必要劳动和剩余劳动》,载《经济研究》,1961年第4期。

劳动"而把一般剩余劳动解释为"劳动剩余"①。显然，这两种理解与马克思的原意相去甚远。就在这一句话的后面，马克思还这样写道："在一个更高级的社会形态内"，"这种剩余劳动能够同一般物质劳动所占用的时间的较显著的缩短结合在一起"。②显然，这个"更高级的社会"指的是比资本主义更高级的社会，无论如何也不能解释为阶级社会的。至于后一种解释，如果是想说一般剩余劳动这一范畴中包含有劳动剩余的内容，那也不能由此断定一般剩余劳动只与剥削关系有关，何况把一般剩余劳动直接等同于劳动剩余是难避篡改或附会之嫌的。

至于认为是一般范畴的看法，也不是没有问题。因为"政治经济学本质上是一门历史的科学"③。作为它的一个重要的经济范畴，剩余劳动的历史性既在于它是历史地产生的，又因为它在不同的社会条件下有不同的性质、内容。因此，不能把这个范畴的一般性和历史性对立起来。

要正确理解剩余劳动作为范畴的性质，不能简单地持这样的态度："是就是，不是就不是；除此以外，都是鬼话。"④

必须看到，在《资本论》中，有些范畴是反映一般过程的，有些则是反映特殊过程的，也有的是兼而有之。例如商品，既可以指一般的商品，也可以指资本的产品，关键是要了解马克思的研究方法及联系研究条件或上下文来理解。剩余劳动这个范畴也和其他范畴一样，在不同研究条件下具有不同的规定，并随研究条件的变化而不断丰富规定的内容。

在第一卷第七章中，马克思这样说，工人超出必要劳动的界限做工的时间形成剩余价值，"剩余价值以从无生有的全部魅力引诱着资本家。我把工作日的这部分称为剩余劳动时间，把这段时间内耗费的劳动称为剩余

---

① 郑兴昕：《社会主义存在剩余劳动和剩余价值吗？》，载《学术研究》，1981年第2期。
② 《资本论》第3卷，人民出版社1975年版，第926页。
③ 《马克思恩格斯全集》第20卷，人民出版社1971年版，第160—161页。
④ 《新约全书·马太福音》第5章第37节，转引自《马克思恩格斯选集》第3卷，人民出版社1995年版，第360页。

第九章 《资本论》终篇的若干重要关节探赜

劳动"①。这里,他是把剩余劳动与资本主义生产关系联系在一起的,不言而喻,这种剩余劳动是特殊的、专指的。

但是必须看到,虽然在第三篇中,马克思为了研究绝对剩余价值的生产,把劳动生产率的变化对一个工作日中劳动的影响暂时撇开,只指出劳动资料的重要作用②,但在论述价值规律与剩余价值产生的关系时,仍然以相对劳动生产率为前提。他阐明:"包含在劳动力中的过去劳动和劳动力所能提供的活劳动,劳动力一天的维持费和劳动力一天的耗费,是两个完全不同的量。……维持一个工人24小时的生活只需要半个工作日,这种情况并不妨碍工人劳动一整天。"③ 之所以能够这样,因为这种劳动是建立在一定的劳动生产率基础上的。虽然马克思这里没说,但在后面则有专门的论证。他在这里将一定的劳动生产率暂时撇开,在第十四章就又将它召进来或加进来。他指出:"如果工人需要用他的全部时间来生产维持他自己和他的家庭所必需的生活资料,那末他就没有时间来无偿地为第三者劳动。没有一定程度的劳动生产率,工人就没有这种可供支配的时间,而没有这种剩余时间,就不可能有剩余劳动。"④ 可见,只要有一定的劳动生产率,即"相对的劳动生产率"⑤,就有剩余劳动的产生,而相对的劳动生产率在原始社会末期就已经产生了,"作为资本关系的基础和起点的已有的

---

① 《资本论》第1卷,人民出版社1975年版,第243页。

② "各种经济时代的区别,不在于生产什么,而在于怎样生产,用什么劳动资料生产。劳动资料不仅是人类劳动力发展的测量器,而且是劳动借以进行的社会关系的指示器。"(《资本论》第1卷,人民出版社1975年版,第204页)

③ 《资本论》第1卷,人民出版社1975年版,第219页。

④ 《资本论》第1卷,人民出版社1975年版,第559页。

⑤ "资本家阶级的存在,从而资本的存在本身,是以劳动生产率为基础的,但不是以绝对的劳动生产率为基础,而是以相对的劳动生产率为基础。……工人不仅补偿原有价值,而且创造新价值;他在自己的产品中物化的劳动时间,比维持他作为一个工人生存所需的产品中物化的劳动时间要多。"(《马克思恩格斯全集》第26卷第1册,人民出版社1972年版,第143页)

劳动生产率，不是自然的恩惠，而是几十万年历史的恩惠"①。这样看，剩余劳动应该具有一般性。尽管这样，它仍然具有历史性，因为它不是人类社会一开始就自然具有的。

可见，根据马克思处理材料的科学方法，了解它的发展的条件和必然性，就不会把剩余价值的特殊性规定和它的一般性规定对立起来了。长期以来，第二种意见之所以不被持第一种意见的人接受，除了上述缺陷外，不能从这种逻辑联系来说明是一个重要原因。实际上，学术界中早已有人发现了剩余劳动有多种规定，但不能把它们放在一定的逻辑联系和条件中来说明它们的联系，这同样是把它们"僵硬"化了。

诚然，马克思在第一卷谈到未来社会的剩余劳动时，有的话也的确令人颇费思索："只有消灭资本主义生产形式，才允许把工作日限制在必要劳动上。"② 乍一看来，这段话好像说共产主义没有剩余劳动了。

其实，只要联系上下文，我们就可以发现，这只是说明未来社会"工作日的绝对最低界限"，因为这一节讲的是工作日和劳动生产力、劳动强度同时变化的问题。必须看到，这里的"才允许"，并不是规定必然性，而是提出一种可能性，并且，在下文中还说到"剩余劳动的一部分将会列入必要劳动"③。显然，还有其余部分的存在。所以，这句话并不意味着共产主义只有必要劳动，而是说明剩余劳动将相对缩小范围的必然性。这层意思，在终篇是一再表述过的。④

当然，和一般性的东西不能单独存在一样，一般的剩余劳动也要寓于特殊的生产关系中，换句话说，剩余劳动作为范畴具有一般性和特殊性，其一般性寓于特殊性之中。在漫长的剥削阶级占统治地位的社会中，剩余

---

① 《资本论》第1卷，人民出版社1975年版，第560页。
② 《资本论》第1卷，人民出版社1975年版，第578页。
③ 《资本论》第1卷，人民出版社1975年版，第578页。
④ 《资本论》第3卷，人民出版社1975年版，第926、958、990页。

第九章 《资本论》终篇的若干重要关节探赜

劳动都被剥削者无偿占有,所以人们很自然地将它与剥削关系联系在一起。特别是在资本主义社会中,商品生产占统治地位,剩余劳动的凝结表现为剩余价值,并且全被资本运动的当事人占有,这种情况比起以往剥削阶级占统治地位的社会更有特色,更加典型,在这里,"资本发展成为一种强制关系,迫使工人阶级超出自身生活需要的狭隘范围而从事更多的劳动。作为别人辛勤劳动的制造者,作为剩余劳动的榨取者和劳动力的剥削者,资本在精力、贪婪和效率方面,远远超过了以往一切以直接强制劳动为基础的生产制度"①。所以剩余价值便成了表现这个社会剥削关系的特有范畴。所以马克思还说:"一般剩余劳动,作为超过一定的需要量的劳动,必须始终存在。只不过它在资本主义制度下,象在奴隶制度等等下一样,具有对抗的形式,并且是以社会上的一部分人完全游手好闲作为补充。"② 但这种情况并不排斥剩余劳动在其他社会形态中的存在和发展,不排斥它在生产资料公有制的社会中归社会所有,并在公有制关系的普照之下发生内容和表现形式的转型。

由于对共产主义社会剩余劳动是否仍然存在还有争议,人们当然不会去注意终篇关于未来社会剩余劳动的发展与转型。与《资本论》其他地方的研究不同,终篇肯定要根据社会化大生产的内在要求,预示未来社会剩余劳动的特性。

在终篇,马克思预见:未来社会在工作日缩短的基础上剩余劳动时间也能够随之缩短:"剩余劳动能够同一般物质劳动所占用的时间的较显著的缩短结合在一起。"③ 在他看来,没有工作日的缩短,就根本不可能进入自由王国,实现自由。"这个自由王国只有建立在必然王国的基础上,才

---

① 《资本论》第 1 卷,人民出版社 1975 年版,第 344 页。
② 《资本论》第 3 卷,人民出版社 1975 年版,第 925 页。
③ 《资本论》第 3 卷,人民出版社 1975 年版,第 926 页。

能繁荣起来。工作日的缩短是根本条件。"① 只有工作日缩短,劳动者才能有比较充裕的时间在享受发展文明的同时,能有时间学习、探索,不断地实现自身的全面而高度的发展。剩余劳动时间的缩短之所以有可能,还因为在那个时候,"除了为那些由于年龄关系还不能参加生产或者已不能参加生产的人而从事的剩余劳动外,一切为养活不劳动的人而从事的劳动都会消失"②。在资本主义社会,不劳而获的人数以及他们的奢侈消费是日复一日地以几何级数惊人增加的。在共产主义社会,这些人已经被消灭或被改造了,社会的剩余劳动时间当然可以随之缩短。

在他看来,工作日的缩短,其中包含的两个部分即必要劳动时间和剩余劳动时间都可相应缩短。这比单纯必要劳动时间缩短更有意义。"因为,按照劳动生产力发展的不同情况,剩余劳动可以在一个小的总工作日中显得大,也可以在一个大的总工作日中相对地显得小。"在总工作日已经变"小"即缩短的条件下,不仅必要劳动时间缩短了,剩余劳动时间也应当相应地缩短,这才更有意义。如果必要劳动时间=3,剩余劳动=3,总工作日就=6,剩余劳动率就=100%。如果总工作日从6小时减为5小时,必要劳动时间=2,剩余劳动时间不变,则剩余劳动率就是150%。尽管剩余劳动时间生产的财富归社会所有,但超过必要劳动时间,对劳动者来说并不合理。所以剩余劳动要"能够同一般物质劳动所占用的时间的较显著的缩短结合在一起",才是合理的。这对受资产阶级狭隘眼界束缚的人来说,简直是不可思议的。

在其他条件不变的情况下,剩余劳动时间的缩短意味着创造的使用价值减少,这对社会进步和劳动者需要的增长是不利的。要使剩余劳动时间的相对减少与财富总量不相应减少,就要提高劳动生产率。"由此可见,在一定时间内,从而在一定的剩余劳动时间内,究竟能生产多少使用价

---

① 《资本论》第3卷,人民出版社1975年版,第927页。
② 《资本论》第3卷,人民出版社1975年版,第958页。

值，取决于劳动生产率"，而且是剩余劳动的生产率。他说的很明确："社会的现实财富和社会再生产过程不断扩大的可能性，……取决于剩余劳动的生产率和这种剩余劳动借以完成的优劣程度不等的生产条件。"① 因为剩余劳动的生产率提高，剩余劳动的内涵量（不是指强度，而是指复杂程度）也随之提高。当然，剩余劳动生产率的提高也意味着必要劳动生产率的提高。但强调剩余劳动生产率更有意义，它关系到积累能力的提高、社会的进步。

但是，在未来社会，社会及其成员的全面发展又都需要剩余劳动的时间延长。人的"需要会扩大"，不仅要维持生命，还要求得全面发展，要更充分地享受社会发展的"物质方面和精神方面的利益"②。此外，经济的发展也提出这方面的要求："一方面为了形成保险基金和准备金，另一方面为了按社会需求所决定的程度来不断扩大再生产所必要的限度"，并且还要"为社会上还不能劳动或已经不能劳动的成员而不断进行的劳动"。总之，要"扩大到一方面为社会现有生产力……所许可，另一方面为个性的充分发展的必要的消费的范围"③。这就要求剩余劳动和剩余产品总量不断增加的同时，结构还要不断地优化。人们在谈到生产力发展的时候，往往归结为产品总量的增加，而忽视生产过程的结构及结构的优化。这是不符合客观情况的，也不符合马克思原意的。难道可以设想，劳动生产率提高一倍，产品量增加一倍，人们对这些传统产品的需要也随之增长一倍。实际情况应当是，劳动生产率的提高，意味着产业结构的产品结构的优化，在那些必需品的数量增加的同时，还要有提高生活质量、提高劳动者劳动能力的产品——它不同于奢侈品，按照传统的理解，奢侈品历来指在一定时期内只由少数人享用的、价格奇高、对健康生活可有可无的物品，

---

① 《资本论》第3卷，人民出版社1975年版，第926页。
② 《资本论》第3卷，人民出版社1975年版，第926页。
③ 《资本论》第3卷，人民出版社1975年版，第990页。

《资本论》基本理论在终篇的具体化

例如，像钻石首饰那样的物品，它的品种、数量增加与改善人民大众的生活水平根本没有关系，——的多样化和数量增加。所以剩余劳动生产率的提高不仅体现在量上，更应该体现在结构上。

这样看，剩余劳动时间既要缩短，又要延长，不是很矛盾吗？对此，马克思认为，这些需要增加的劳动已被"包括到1. 必要劳动和2. 剩余劳动中去"了①。这实际上意味着原来意义的一般剩余劳动已转变为社会的必要劳动了，从而必要劳动的范围就扩大了，但这同时也意味着原来意义的一般必要劳动不仅是为劳动者自身的必要，在那时，为社会创造性地劳动已经转变为必要劳动了。

总之，在终篇马克思不但阐明了未来社会剩余劳动质的存在、范畴的存在，说明了它的量的规定，并且还反映了它的本质关系——这说明这种剩余劳动不再"为养活不劳动的人而从事"。这样就丰富了剩余劳动这一范畴的历史内容。②

第二节　关于必然王国和自由王国

在终篇，马克思有句名言："自由王国只是在由必需和外在目的规定要做的劳动终止的地方才开始；因而按照事物的本性来说，它存在于真正物质生产领域的彼岸。……这个自然必然性的王国会随着人的发展而扩大，因为需要会扩大；但是，满足这种需要的生产力同时也会扩大。这个领域内的自由只能是：社会化的人，联合起来的生产者，将合理地调节他们和自然之间的物质变换，把它置于他们的共同控制之下，而不让它作为

---

① 《资本论》第3卷，人民出版社1975年版，第990页。
② 《资本论》第3卷，人民出版社1975年版，第958页。

盲目的力量来统治自己；靠消耗最小的力量，在最无愧于和最适合于他们的人类本性的条件下来进行这种物质变换。但是不管怎样，这个领域始终是一个必然王国。在这个必然王国的彼岸，作为目的本身的人类能力的发展，真正的自由王国，就开始了。但是，这个自由王国只有建立在必然王国的基础上，才能繁荣起来。工作日的缩短是根本条件。"①

对其中马克思谈到的"必然王国"和"自由王国"，人们也有不同的理解。

一种意见是把它们看成社会发展的不同形态："在社会主义社会里……这些规定要做的劳动……对于每一个生产者来说，都是一种必然性。至于他们在同自然进行物质变换时所遇到的自然规律，更加是不可忽视的必然性。"② 这样就把社会主义社会及其中的必然性看成是必然王国。关于自由王国，有人是这样看的："随着阶级和国家的消亡，为其服务的意识形态也随着消亡了，由这些领域相互作用而形成的奴役人们的客观必然性也随之消亡了，人类就进入自由王国了。"③ 显然，这是把没有阶级剥削、国家统治当成是否进入自由王国门槛的标准。又有人认为，到共产主义高级阶段，"人类的真正的自由王国开始了，它是在认识和掌握了客观必然性的基础上开始的，这样，人类与自然就达到了和谐的统一"④。

另一种意见则认为："马克思在这里所说的'自由王国'是指人类本身能力的发展。'必然王国'是指为生活而进行的物质生产。"认为这一论述，"实际上是对共产主义社会人与物之间关系的一个重要科学预见"。即共产主义社会是人控制物，而不再是物统治人；共产主义社会废除剥削，

---

① 《资本论》第3卷，人民出版社1975年版，第926—927页。
② 许涤新：《论社会主义的生产、流通、分配》，人民出版社1979年版，第569页。
③ 孙慕：《马克思恩格斯论社会从必然王国向自由王国的飞跃》，载《武汉交通政治管理干部学院学报》，1991年1期。
④ 俞明仁：《〈资本论〉讲解》第3卷（下），浙江人民出版社1983年版，第281—282页。

工作日缩短，是人类能力获得全面发展的条件。①

应当说，这两种看法都有一定的道理，都把共产主义当成自由王国的实现。但是，和马克思的论述相比照，却都显得有距离。马克思写得很明白："按照事物的本性来说"，自由王国"存在于真正物质生产领域的彼岸"。可见物质生产领域，就是以自由王国为彼岸的必然王国。"像野蛮人为了满足自己的需要，……必须与自然进行斗争一样，文明人也必须这样做；而且在一切社会形态中，在一切可能的生产方式中，他都必须这样做。这个自然必然性的王国会随着人的发展而扩大。"② 显然，这个自然必然性的王国指的就是"物质生产领域"，而不是什么一般的"客观必然性"。它并非专指生产资料公有制的社会，而是指"与自然进行斗争的"领域，只不过剥削阶级社会的物质生产不可能实现真正的"自由"。在这一点上，第二种意见是符合马克思原意的。但是，它的进一步解释却走了样，它认为在共产主义社会即自由王国里是人控制物，而不是物控制人。按此说法，在此之前的必然王国是物控制人了。实际上，在马克思论述中，并没有人控制物的意思，而是指人控制生产，即控制人与自然之间的物质变换，并且还不是在自由王国才实现的。他指出，在物质生产"这个领域内的自由只能是：社会化的人，……将合理地调节他们和自然之间的物质变换，把它置于他们的控制之下……""但是不管怎样，这个领域始终是一个必然王国。"所以，不能笼统地以人控制物或物控制人作为判断是否进入共产主义的标准。

另外，第二种意见认为自由王国的实现以废除剥削为前提也欠科学。因为废除剥削固然很重要，但却不是发生在人类向共产主义这个自由王国过渡的前夕，它和过渡的实现是有相当长的时间差的。换句话说，废除剥削只是为进入自由王国创造了必要条件，真正进入自由王国还需要有足够

---

① 洪远朋主编：《新编〈资本论〉教程》（第三卷），复旦大学出版社1989年版，第434—435页。
② 《资本论》第3卷，人民出版社1975年版，第926页。

第九章 《资本论》终篇的若干重要关节探赜

的充分条件。除了过渡期外,必须有一系列的条件:"在共产主义社会高级阶段,在迫使个人奴隶般地服从分工的情形已经消失,从而脑力劳动和体力劳动的对立也随之消失之后;在劳动已经不仅仅是谋生的手段,而且本身成了生活的第一需要之后;在随着个人的全面发展,他们的生产力也增长起来,而集体财富的一切源泉都充分涌流之后,——只有在那个时候,才能完全超出资产阶级权利的狭隘眼界,社会才能在自己的旗帜上写上:各尽所能,按需分配!"①虽然《哥达纲领批判》是 1875 年写的,但在 1867 年发表的德文版《资本论》第一卷中,马克思已经论述了劳动时间计划分配和按劳分配的思想,从而区分了共产主义社会不同发展阶段。它表明,在实行按需分配之前,应该有一个只能实行按劳分配的阶段。②可见马克思早已形成关于共产主义社会的一系列必要和充分的条件的认识。

马克思这一论述虽然着墨不多,但言简意赅,寓意深刻,为了避免不必要的误解,了解以下几个问题是很重要的。

首先,这里说的必然王国和自由王国,是在一方面与物质生产相联系,另一方面又与不同的目的相联系而区分的。马克思说:"自由王国只是在由必需和外在目的规定要做的劳动终止的地方才开始";所谓"由必需和外在目的规定要做的劳动",显然是指"劳动还仅仅是谋生手段,还不是生活的第一需要"的情况,即还是"共产主义社会第一阶段"③;而"作为目的本身的人类能力的发展"手段的劳动,显然是指"劳动已经不仅仅是谋生的手段,而且本身成了生活的第一需要"的情况,劳动成了人自身发展的目的本身。联系劳动的内外目的来说明必然王国与自由王国的区别,这是非常彻底的,并且意味十分深刻。将劳动当作人类能力发展的

---

① 《马克思恩格斯选集》第 3 卷,人民出版社 1995 年版,第 305—306 页。编者注:1891 年发表时这里没有"他们的"。

② 《资本论》德文版第一卷,经济科学出版社 1987 年版,第 45 页。

③ 《马克思恩格斯选集》第 3 卷,人民出版社 1995 年版,第 305 页。

《资本论》基本理论在终篇的具体化

目的,既突出了人类能力发展的重要性,又强调了人类能力发展与劳动的目的与手段的关系。同时,也表明未来共产主义社会的实现是要以劳动的发展与人类能力的发展之间关系为标准。这表明,在《资本论》中,马克思已经不再抽象地提"人的解放",而是以"劳动的解放"来代替它。所以它们有着不同于哲学概念的特定含义。也就是说,不能从哲学的意义来理解,而应该联系生产劳动即从经济学层面上来理解未来社会劳动性质的发展。

其次,马克思区分了两种意义的必然王国。其一,即是一般的以自由王国为彼岸的必然王国,这是一切社会形态中都存在的物质生产,共产主义社会高级阶段也不例外,属于一般过程。马克思说:自由王国"按照事物的本性来说,它存在于真正物质生产领域的彼岸"。其二是特殊的作为自由王国基础的特殊的必然王国。"自由王国只有建立在必然王国的基础上,才能繁荣起来。"① 和以前的社会相比,那时的必然王国物质生产力水平高度发展,而且主体已经臻于完全充分的自由,与此前社会一般过程的必然王国显然不同。对自由王国来说,第一种意义的必然王国是外在的,而第二种意义的则是内在于其中的。

再次,区分两种不同意义的自由,一种是必然王国的自由,"这个领域内的自由只能是"在人与自然之间物质变换上的自由。另一种是自由王国里的自由,——已有学者对此种区分作了分析。② ——它以人类能力的自由发展为目的,而以物质生产的发展为必要条件,以工作日的缩短为根本条件。显然,这两种自由都只有在共产主义社会才可能实现,但不是同时实现,而是分阶段的。马克思之所以会这样区分,是他认为资本主义社会之后的未来社会存在着不同发展阶段。在论述必然王国和自由王国之前(同一段落),马克思已经说明:"资本一方面会导致这样一个阶段"即消

---

① 《资本论》第3卷,人民出版社1975年版,第927页。
② 吴晓明:《马克思的生产——劳动概念》,《复旦学报》,1990年第6期。

灭剥削的阶段,"另一方面,这个阶段又会为这样一些关系创造出物质手段和萌芽,这些关系在一个更高级的社会形态内……"① 显然,他已预示有一个已经消灭剥削阶级但仍未达到更高级的社会形态的阶段,即后来在《哥达纲领批判》中说的"共产主义社会第一阶段"。所以,马克思所说的第一种意义的必然王国中的自由,并非泛指共产主义以前的一切社会中的生产,而是指资本被消灭后共产主义自由王国达到前的那个阶段的物质生产的自由。资本主义社会虽然也有物质生产,而且还达到空前发展的程度,但并不自由,社会、资本家对社会化大生产的内在要求并不真正了解。可见,这种自由的实现是要有条件的。

在此基础上,关于未来社会第一阶段的必然王国的自由,马克思还有更为全面的说明:"社会化的人,联合起来的生产者,将合理地调节他们和自然之间的物质变换,把它置于他们的共同控制之下,而不让它作为盲目的力量来统治自己,靠消耗最小的力量,在最无愧于和最适合于他们的人类本性的条件下来进行这种物质变换。"② 在这段话中,他确定实现自由的主体,自由的行为,自由的意识和控制能力,自由的发展。同时,马克思还指出了几种自由。如果以逗号来区分一个小句,那么第1、2小句就表明,生产者作为"社会化的人",是与生产力高度发展紧密联系的人,已经充分了解经济发展的必然,因而有自由。而"联合起来的生产者",则已挣脱资本的强制和垄断而获得自由。这是自由的首要条件。第3、4、5小句则表明,社会化的联合的自由人调节物质生产的自由。第6小句又表明了第3种自由:靠消耗最小的力量来进行生产,这是自由地调节自己;第7小句表示的是第4种自由,目的的自由。用现在流行的话来说,就是劳动生产率高,经济结构和产品结构高级化,因而经济效益高。所谓"在最无愧于和最适合于他们的人类本性的条件下来进行这种物质变换",讲

---

① 《资本论》第3卷,人民出版社1975年版,第926页。
② 《资本论》第3卷,人民出版社1975年版,第926—927页。

的是自由地实现人类本性。在讲到人类本性时,有的人总是把它和人道主义联系起来,这其实是一种误解。人类本性的内涵极广,它包含一般的人道主义,但并不归结为人道主义,人道主义只是人类本性中的一个很狭小的局部因素。在马克思的经济学著作中,他总是联系经济而不是联系抽象的人来说明这种本性的。那么,这种生产中的人类本性如何理解呢?在《资本论》第1卷中,马克思曾深刻地分析了人在生产中的这种本性,即有意识、目的、按特定的方式、有意志、是否将劳动当成一种享受等等。①如果说,这还只是就人本身来看,那么,在与动物相比较时(实际上在上一场合中也曾与蜜蜂相比较),这种人类本性就明显了。他指出:动物的生产是片面的,受肉体需要支配的,而人的生产是全面的,不受肉体需要支配也生产;动物只生产自身,而人再生产整个世界;动物的产品直接同它的肉体相联系,而人则自由地对待自己的产品。动物只是按照它所属的那个种的尺度和需要来建造,而人却懂得按照任何一个种的尺度来进行生产,并且懂得怎样处处都把内在的尺度运用到对象上去,因此是按照美的规律来建造。②虽然这种人类本性是不以社会形态为转移的,但在资本主义条件下,对劳动者来说,它却变成与他们相异化的东西而没有得到充分的发展。所以,马克思认为,只有消灭资本主义,人们的生产才能无愧于和最适合于他们的人类本性。不过,光有这样的认识还不够。"他们的人类本性",并非一般的、原始人也具有的,而是社会化的人、自由的人的本性。所谓生产中的人的本性,是人类在生产斗争中逐渐形成和成熟的,并且还因生产条件,人本身的发展而不断丰富,所以,随着社会化和自由人的联合体这些客观条件的出现,这种本性不仅包含了上述一般规定,还有讲究结构、比例、效益、速度、节约、趣味、能力发展、满足需要、生产率、享受等等特别规定。总的说来,马克思的这一论断,预示了这种必

---

① 《资本论》第1卷,人民出版社1975年版,第202页。
② 《马克思恩格斯全集》第42卷,人民出版社1979年版,第96—97页。

第九章 《资本论》终篇的若干重要关节探赜

然王国的种种自由,即关于主体、过程、手段、目的和内在本性等生产中的自由。显然,它们并不是彼此无关的,相反,它们是互相统一的。

第三节 关于价值决定

在终篇第四十九章,马克思在分析"萨伊公式"和"斯密教条"的错误及由此产生的各种误解之后,接着引用了施托尔希的一段话,说也表达了许多其他人的意见:"形成国民收入的各种可出售的产品,在政治经济学上必须用两种不同的方法来考察:在对个人的关系上应看作价值;在对国民的关系上应看作财富;因为国民的收入,不是像个人的收入那样,按照它的价值来估计,而是按照它的效用,或者说按照它所能满足的需要来估计。"① 其中涉及对价值和使用价值的看法,所以与它们有直接的联系。对这一段话,马克思有这样的评论:

"第一,把一个在价值上建立起自己的生产方式,进而按照资本主义方式组织起来的国家,看成是一个单纯为了满足国民需要而工作的总体,这是错误的抽象。

第二,在资本主义生产方式消灭以后,但社会生产依然存在的情况下,价值决定仍会在下述意义上起支配作用:劳动时间的调节和社会劳动在各类不同生产之间的分配,最后,与此有关的簿记,将比以前任何时候都更重要。"②

显然,这是在批判"萨伊公式"和"斯密教条"之后引出的,但如何把握它们之间的联系,以及对这段话的批判与对萨伊、斯密的批判之间的联系,学术界似乎没有研究过,所以值得探讨;同时,对其中说的共产主

---

① 《资本论》第3卷,人民出版社1975年版,第962—963页。
② 《资本论》第3卷,人民出版社1975年版,第963页。

义的价值规定也难免产生争议。对此,我们分别探讨。

(一) 关于对施托尔希的批判与对"萨伊公式"、"斯密教条"批判的联系

《资本论》终篇,为了彻底地批判影响很深很广的"斯密教条",马克思还不厌其烦地从不同的方面进行分析,其中,有直接的批判,有引用资产阶级学者的质疑,还有正面的动态分析,不了解马克思的苦心孤诣,不但不能理解其中的奥妙,而且可能产生一些疑问。

在第四十九章中,从第951页第二段指出"萨伊公式"是"斯密教条"的最后的和必然的表现,到第953页第一段说明由此派生的其他看法与"公式"和"教条"所依据的根本论点一样是错误的。从第961页第二段,到第963页批判斯托尔希,都说明关于对收入与资本关系的误解。显然,这两个地方都批判了"斯密教条"及其不同的表现形式(在第956页第3段也有指出这种混乱,但它显然是从第951页开始的批判的总结)。对此,人们必然产生疑问:这是同义反复吗?恩格斯在第三卷序言中告诉我们,个别重复的地方,"像马克思通常所做的那样,都是从不同的角度论述同一问题,或至少是用不同的说法阐明同一问题"①。那么,上述这种"重复"是分别从什么样的角度论述而产生的呢?对从第951页到第953页所分析的错误,马克思分析了导致这种错误的五种主观上的混乱;从第957页第二段起,马克思则从另一个侧面进行批判。这以后所说的资本,实际上是指不变资本部分,显然,第961页的批判是与此有关的,而第951页到第953页的分析则不然。这可以从马克思指出的不可否认的事实矛盾和不可否认的理论矛盾看出来。马克思说,一方面,作为收入消费的(不管是个人消费还是生产消费都一样)全部产品部分的价值在分析时会完全归结为三种收入的总价值,显然,这指的是Ⅰ(v+m)和Ⅱ(v+m);另一方面,"这个产品部分的价值和不加入收入的产品部分的价值完全一样,

---

① 《资本论》第3卷,人民出版社1975年版,第7页。

第九章 《资本论》终篇的若干重要关节探赜

也包含一个价值部分＝C，即这些产品部分中包含的不变资本的价值，因此，一看就知道，它不可能只包含收入的价值"①。但是，无论斯密还是萨伊，都不能解决这样的矛盾，于是便产生错误的教条和公式。显然，这里论述的对象，并未超出两个部类的 v+m 部分，也就是说，暂时把Ⅰc 和Ⅱc 存而不论了。可以说，直到第 957 页第一段，都是在这样的范围内进行分析批判的，可见，前后两处的批判侧重点和立足点是不同的。

了解这一章的这种批判和论述的逻辑结构，还有助于解决以下另一个疑难问题。

在第四十九章中，马克思在批判斯密教条时，曾在第 957 页的脚注中引用斯托尔希的话，并说斯托尔希已经看出萨伊的错误。但是，在本章末尾，马克思却又引出斯托尔希的一段话来分析批判，并且是作为斯密教条的再版来批判的。马克思为什么对斯托尔希既肯定又否定呢？

在第 957 页的脚注（54）中，马克思引用了斯托尔希的一段话："很明显，年产品的价值分成资本和利润两部分，年产品价值的这两部分中，每一部分都要有规则地用来购买国民所需要的产品，以便维持该国的资本和更新它的消费基金。"对此，马克思是持肯定态度的，指出他"已经看出，把商品价值仅仅分解为各种收入的错误分析，会得出荒谬的结论，并且不是从单个资本家的立场，而是从一个国家的立场，正确地指出了这些结论的荒诞无稽"。马克思在前面已经指出："困难只有当从总体上来考察生产过程的时候才会出现。"② 照理说，斯托尔希能够从一个国家的立场，也就是从总体上看问题有这样的见解是不应再接受斯密教条的。但是，就在同一条脚注内，马克思同时还指出了斯托尔希的错误的观点："在考察一个国家商品的总体时，把这部分流动资本算在必要价格的要素内，就是把同一个东西计算两次。"这里他所谓的流动资本，实际上就是流动不变资本。

---

① 《资本论》第 3 卷，人民出版社 1975 年版，第 952 页。
② 《资本论》第 3 卷，人民出版社 1975 年版，第 951—952 页。

《资本论》基本理论在终篇的具体化

对这种看法，马克思在《资本论》第二卷的第二稿（大约完成于 1870 年，比现行的第三卷完稿时间迟）的第三章中说："施托尔希说，不能把流动的不变资本计算两次，这句话只不过是斯密原理的另一种说法而已，这种说法是为把商品价格分解为工资＋剩余价值并摆脱从社会观点计算不变资本（在这里是流动的不变资本）的必要性所需要的。"① 根据马克思的这一说明，再联系这一脚注在这一章中所处的逻辑阶段，我们就可以发现，原来施托尔希反驳萨伊、从而与斯密教条不那么合拍，是在特定的范围内的，即不从社会观点计算不变资本的情况下，或者说，是在上面我们看到的 $\mathrm{I}(v+m)$ 和 $\mathrm{II}(v+m)$ 部分范围内，也就是说，对把这一部分按照斯密教条完全分解为收入消费从而否认其中有维持资本部分存在的错误，施托尔希是意识到并能反驳的。但是，一旦超出这一范围，而涉及 $\mathrm{I}c$ 和 $\mathrm{II}c$ 时，情况就不同了。所以，在马克思就后一范围分析批判教条的错误时，施托尔希就逃不掉了。马克思这样写道："施托尔希下面这段话，也表达了许多其他人的意见。他说：'形成国民收入的各种可出售的产品，在政治经济学上必须用两种不同的方法来考察：在对个人的关系上应看作价值；在对国民的关系上应看作财富；因为国民的收入，不是象个人的收入那样，按照它的价值来估计，而是按照它的效用，或者说按照它所能满足的需要来估计。'"②

对这段话，首先必须看到，与此并列的，是这样的两种误解，即"有人认为，构成不变资本的商品同样包含工资、利润和地租这几个要素。又如有人认为，对一个人来说代表收入的东西，对另一个人来说则代表资本，因此，这只是主观的关系"③。显然，这两种误解都发生在对不变资本的理解，所以，在批判这两种误解之后再举出施托尔希的这种误解，必定

---

① 《马克思恩格斯全集》第 50 卷，人民出版社 1985 年版，第 116 页。
② 《资本论》第 3 卷，人民出版社 1975 年版，第 962 页。
③ 《资本论》第 3 卷，人民出版社 1975 年版，第 961 页。

第九章 《资本论》终篇的若干重要关节探赜

与不变资本有关。

其次,斯托尔希的这一段话中所说的国民收入,从他对萨伊荒谬见解的反驳中可以看出,是不包含不变资本的。在这段话中,他一方面否认国民收入在对国民的关系上存在着价值决定,另一方面又像马克思指出的那样,尽量"摆脱从社会观点计算不变资本……的必要性"[①]。既然连国民收入从社会的角度看都没有价值,何况不变资本部分呢。因此,相对于前两种误解,斯托尔希干脆多了,根本否认不变资本部分价值的存在。在他看来,从这个角度看,在对国民的关系上,各种产品不必计较它们的价值,只要按照它的效用,或者说按照它所能满足的需要来估计。显然,他所说的效用,并非使用价值这种属性,而是指使用价值的量。换句话说,只计算使用价值总量,不必计算价值总量。这实际上是用另一种错误来挤兑萨伊和斯密的错误。

从马克思对斯托尔希的观点不同部分的处理中我们可以看到,了解这一章的逻辑结构及马克思的批判程序是多么重要,没有分两段批判教条,就不仅不能批判斯托尔希的错误,不了解他的矛盾,而且对公式的错误的批判也将不彻底。

再看第五十章,篇名是"竞争的假象"。通观全章,马克思的用意是十分明显的,即阐明竞争中产生的各种假象如何影响资产阶级及其学者(包括古典学派和庸俗学派),以至产生了错误的"教条"和"公式",从而揭示斯密教条的客观原因。但是,为什么在马克思自己划出的第一部分(即第964页到第970页第二段),以及到第974页第二段都没有看到对这种假象的分析?并且好像也没有对"公式"或"教条"进行批判?

的确,在这两部分中,马克思主要是从正面阐述社会总产品和总价值产品的价值量界限,说明除了不变资本部分的价值变动外,工资、利润的量的相对变动,从较长时期来看,都是不会改变社会总产品的价值,而在

[①] 《马克思恩格斯全集》第50卷,人民出版社1985年版,第116页。

《资本论》基本理论在终篇的具体化

一定时期内工资和利润的变动也不会影响到 C 的价值，当然，如果因劳动生产率降低从而工资提高，并且其产品又构成其他部门的生产资料，在这种情况下，这些部门的生产资料就会变贵。但是，这也不是因为工资提高的结果，"相反，工资提高是商品变贵的结果，是同量劳动的生产率降低的结果"①。这些分析说明，总产品中的 C 部分不仅是不可分解的，而且也是不能被工资、利润等所替代的。并且也说明新加入的劳动部分，尽管它后来表现为不同形式的收入，但其总和的绝对界限总量是已定的，并不能包括 C 部分。如果说，在前两章，马克思也有类似的论述，但和这里相比，前者主要侧重于结构的分析，而后者则更侧重于量的说明，并且是动态的研究。从对"公式"和"教条"的批判来看，这样做不仅和前者有异曲同工之妙，而且唯有如此，才使批判更为全面。

再进一步说，无论是 c，抑或是 v、m，它们的变动都会在社会表面上表现出来。但在竞争中，一切都是颠倒表现的。例如，在这一章第一部分中所说的那种不变资本的变贵，在社会表面上会"产生一种假象，似乎工资提高使得产品变贵"②。而实际上就连工资的提高，也不是商品价值变化的原因，而是这种变化的结果。至于工资、利润、地租，马克思在这一章的第二部分中一方面说明它们的变化都有客观界限，但它们作为一种内在的量，是在较长时期内确定的；另一方面又说明在竞争中，在每一个时点上，都会表现为一种与之偏离的量，并且又都好像是独立变动的。这当然会使那些只看重短期现象、不懂得长期观察的人产生错觉。

总之，这两部分的论述是先从正面论述，作为一种正面的动态的分析，它构成分析假象的必不可少的基础。恩格斯说过："我们面前的这部著作，绝不是对经济学的个别章节作零碎的批判，绝不是对经济学的某些

---

① 《资本论》第 3 卷，人民出版社 1975 年版，第 969 页。
② 《资本论》第 3 卷，人民出版社 1975 年版，第 969 页。

第九章 《资本论》终篇的若干重要关节探赜

争论问题作孤立的研究。"① 它既是广义批判的集成,又是狭义批判的集成,并且都以空前深刻严谨的科学研究为依据,为题中应有之义。在《资本论》中,尤其是在终篇,科学研究和科学批判交相辉映,相得益彰。马克思这种研究与批判统一,以及处理材料的方法,他的批判精神,和他的科学理论一样,都是我们永远的宝贵财富。今天,面对历史赋予我们的批判资产阶级及其经济学的重大任务,认真学习领会《资本论》终篇的批判,具有特别重大的理论现实意义。

(二)关于共产主义社会的价值决定及其作用

如果说,对斯托尔希论点的分析与批判"斯密教条"的关系涉及的问题比较复杂,人们还没有花费时间和精力去仔细研究,那么,对马克思的评论中谈到的在资本主义生产方式消灭以后价值决定的作用问题,学术界却已讨论很久。在讨论中,虽涉及价值、价值决定、价值规律之间的关系,但主要焦点乃是在共产主义社会是否存在价值范畴的问题,并大体形成两种彼此相左的见解。

第一种意见首先把"价值决定"直接等同于"价值",并根据马克思在这里的预言,断言共产主义社会还存在价值范畴。鉴于马克思在许多地方都谈到价值在共产主义将消亡的话,这种意见只好把马克思在那些地方所说的价值解释为交换价值。② 但是,马克思是历来反对把价值和交换价值混为一谈的。所以,很难想象他在其他地方不加任何解释地用价值消亡这种表述来说明交换价值消亡,而唯有在这个地方用价值决定起作用来说明交换价值永存。

当然,这种意见还有恩格斯的两段话作依据:"价值是生产费用对效用的关系。价值首先是用来解决某种物品是否应该生产的问题……只有在

---

① 《马克思恩格斯选集》第 2 卷,人民出版社 1995 年版,第 40 页。
② 孙冶方:《价值规律的内因论和外因论——兼论政治经济学的方法》,载《中国社会科学》,1980 年第 4 期。

这个问题解决之后才谈得上运用价值来进行交换的问题,……在私有制消灭之后,……价值这个概念实际上就会愈来愈只用于解决生产的问题,而这也是它真正的活动范围。"① 另一段是:"在决定生产问题时,上述的效用和劳动支出的衡量,正是政治经济学的价值概念在共产主义社会中所能余留的全部东西"②。

乍一看来,这两段话似乎也说共产主义社会还有价值概念。但是,有人已指出,恩格斯第一句话所谈的内容都是以商品关系存在作为前提。从这句话得出价值永存的结论,是不符合恩格斯原意的。③ 还有人认为,尽管恩格斯1844年的《国民经济学批判大纲》闪耀着天才光辉,但决不能由此推论这篇文章中对价值问题的整个论述是全部正确的。④ 至于上引恩格斯的第二句话,有人参照它的前文——恩格斯在写这个脚注以前已断定共产主义社会不存在价值,——认为所谓的价值概念所能余留的东西,就是按比例分配社会劳动的必要性这样内容。因此,不能由此断定共产主义社会存在价值,从而认为,马克思在终篇所说的这句名言也不是说共产主义有价值,"只是以'价值'来比拟'社会必要劳动'这一概念而说的,比拟社会主义社会以及共产主义社会的生产,也需要计算社会必要劳动量而谈的"⑤。这样,就形成了第二种意见。这种意见固然与马克思的一贯思想相符合,但毕竟还没有完全弄清这里的"价值决定"与价值、价值规律的区别。

---

① 《马克思恩格斯全集》第1卷,人民出版社1956年版,第605页。
② 《马克思恩格斯选集》第3卷,人民出版社1995年版,第661页。
③ 参看蒋绍进、李绪蔼主编:《〈资本论〉研究综述》,福建人民出版社1984年版,第134页。
④ 沈志求:《恩格斯关于价值概念的一段名言的析疑》,载《中国人民大学学报》,1991年第5期。
⑤ 朱剑农文:《试论社会主义商品经济存在的原因及其命运问题》,见《湖北财经学院学报》,1980年第1期。

第九章 《资本论》终篇的若干重要关节探赜

笔者以为准确地理解马克思的这一名言,既要联系马克思的一贯思想,又不能离开它的特定的理论环境。在帙卷浩繁的马克思的著作中,唯有在《资本论》终篇才一处提到资本主义生产方式消灭以后价值决定的作用,而且是在特定的意义上起作用,反之,在其他地方,包括在《资本论》的其他地方,凡是提到未来社会,都从未有过这种意思流露。而在终篇,也不是在有了一系列严整的理论分析之后才得出上述结论,反之,是作为一种比较,在特定的意义下提出的。

再来看看马克思提出评议的语境,很显然,这是在批判"萨伊公式"和"斯密教条"的时候说的,也就是说,不能离开这一语境。

在这里,他先说明,误解在各种形式上表现出来,接着再引出斯托尔希这句话。要准确理解马克思对这句话的评论,必须注意他在这一语境中的两个提法:

其一,为了说明社会总资本的部分利润必须充当保险基金,"这种基金是收入中既不作为收入来消费也不一定用作积累基金的唯一部分。……这也是在剩余价值、剩余产品、从而剩余劳动中,除了用来积累,即用来扩大再生产过程的部分以外,甚至在资本主义生产方式消灭之后,也必须继续存在的唯一部分"①。

其二,一切商品价值都只是商品中包含的社会必要劳动的尺度这个事实在资本主义社会表面,会颠倒表现为构成不变资本的各个商品组成部分,对生产者和生产资料的所有者来说会分解为工资、利润和地租。显然,在这里他是将"价值"归结为"社会必要劳动的尺度"。

对此,我们必须看到,马克思是从社会的角度看问题的,并且从一般过程的角度,举未来社会为例,来说明不能将全部收入都分光,要留有积累基金和保险基金,说明也有内在的社会必要劳动的尺度。

再来看斯托尔希的错误,其症结就是如马克思所指出的"摆脱从社会

---

① 《资本论》第3卷,人民出版社1975年版,第958页。

观点计算不变资本"① 乃至全部国民收入。对此，马克思指出两点。如果联系对斯托尔希的批判我们就可以理解到，其第一点主要是说资本主义国家是建立在价值上的，因而不应认为它不重视产品的价值，而只重视产品的效用。这一点意义很明确，没有争议。其第二点则是作一极端的比较，即使在资本主义生产方式消灭以后，价值决定也会在特定的意义上起支配作用，何况那以价值为基础的资本主义国家，社会产品怎么会不按照它的价值来估计，而按照它的效用来估计呢？对马克思在这里所说的"价值决定"，我们千万不能望文生义地把它解释为价值概念，而必须注意到以下几点：

第一，价值作为一个范畴，是多样性规定的统一，即有质、量、度、本质、现象、规律、实体、形式、结构等等规定，而且这些规定还有抽象和比较具体的区分。而价值决定只涉及其中的某些方面。在终篇，价值决定有的是指价值由劳动决定②，有的是关于量的规定③，有的则是关于价值的性质规定④等等。而在这个地方，即在批判斯托尔希时提出的价值决定，显然是指价值量的规定，这和另一处说法是一样的，即"在价值的决定上所涉及的，只是社会一般劳动时间，只是社会一般可以支配的劳动量"⑤。

第二，这里的价值决定，还是关于产品"总量的规定"，因为这是在批判斯托尔希摆脱计算总产品的价值总量时提出的。这样，就不能把它和在各个单个商品互相交换时起作用的那个价值规律的"个量规定"画上等号。

第三，这是一种包含着质的规定的量，但未必是实在的量，而可以是想象的量，是簿记上的量。马克思指出，在未来社会价值决定仍会在下述

---

① 《马克思恩格斯全集》第50卷，人民出版社1985年版，第116页。
② 《资本论》第3卷，人民出版社1975年版，第956页。
③ 《资本论》第3卷，人民出版社1975年版，第962页。
④ 《资本论》第3卷，人民出版社1975年版，第986，987，997页。
⑤ 《资本论》第3卷，人民出版社1975年版，第997页。

第九章 《资本论》终篇的若干重要关节探赜

意义上起支配作用,下述意义除了劳动时间的调节和社会劳动在各类不同的生产之间的分配,还包括"最后,与此有关的簿记,将比以前任何时候都更重要"。——并且,这种簿记,是和资本主义下任何单个资本家都有的簿记不同的社会簿记。未来共产主义社会价值决定在簿记空前重要的时候对劳动时间的调节和分配起支配作用,这种情况就是恩格斯在《反杜林论》中所说的那种情况:社会"必须按照生产资料,其中特别是劳动力,来安排生产计划。各种消费的效用(它们被相互衡量并和制造它们所必需的劳动量相比较)最后决定这一计划"。值得注意的是,紧接着恩格斯又写道:"人们可以非常简单地处理这一切,而不需要著名的'价值'插手其间。"① 如果我们用恩格斯的话来作马克思这一名言的注释,就必然会强烈地感到,这个"价值决定"指的是"在共产主义社会中所能余留的全部东西"②,不是在资本主义商品经济中所拥有的全部东西,因而已不是那个"著名的价值"了,更确切地说,是指"社会必要劳动时间"。顺便说一下,人们通常在引用恩格斯的这一段话时,往往把其中的"效用"理解为使用价值,其实,就像马克思有时用价值一词表示价值量③一样,这里的"效用"应当是指使用价值量,即产品量。因为效用是无法相互衡量的,——只有效用价值论者才有比较效用的奇想,——能够和劳动量相比较而决定计划的,只是不同的效用量,或产品量。显然,这种无需经过流通而可以直接计量的东西,只能是社会必要劳动时间,已经不是价值了,而能够由社会直接通过簿记计算总量并调节的,就更与早先的那种价值不同了。

第四,在理解这里的"价值决定"时,联系马克思在论述未来社会时的有关提法是必要的。在说到孤岛上的鲁滨逊时,马克思指出,鲁滨逊和

---

① 《马克思恩格斯选集》第3卷,人民出版社1995年版,第660—661页。
② 《马克思恩格斯选集》第3卷,人民出版社1995年版,第661页脚注。
③ 《资本论》第1卷,人民出版社1975年版,第68页脚注(19)。

他自己创造的财富之间的关系是简单明了的,根本没有不同生产者之间的交换,从而不用价值插手其间。"但是,价值的一切本质上的规定都包含在这里了。"① 显然,这里的"价值的本质上的规定"是不能理解为价值的,因为价值是一种社会关系,而孤岛上的鲁滨逊却只是一个人,无法形成这种关系。由此可见,在特定的理论环境或条件下,使用"价值的本质上的规定"、"价值决定"之类字眼,并非必定具有它们在商品经济条件下所必须具有的那些含义,或者说,它们已不是原来意义的东西了,就像社会主义条件下按劳分配中体现的资产阶级权利,已不复是原来意义的资产阶级权利一样。② ——原来意义的资产阶级权利是在资本主义私有制关系下,资本对剩余劳动的无偿占有,但在社会表面上却颠倒表现为平等交易。是实际的不平等表现为表面的、形式的平等。——值得注意的是,马克思在说到自由人的联合体时,还这样说:"仅仅为了同商品生产进行对比,我们假定,每个生产者在生活资料中得到的份额是由他的劳动时间决定的。"③ 显然,这里谈到劳动时间的作用,仅仅是为了进行对比而提出的。同样的道理,我们也可以这样说,所谓的共产主义条件下价值决定的特定意义中的作用,其中的价值决定也仅仅是为了同资本主义社会中计量国民收入的总产品中的不变资本进行对比而假定的。

第四节 关于价值的生产与分配的关系

《资本论》终篇五十一章以"分配关系与生产关系"为标题,表明马克思对这个问题十分重视。马克思在批判了"萨伊公式"和"斯密教条"

---

① 《资本论》第1卷,人民出版社1975年版,第94页。
② 参看《马克思恩格斯选集》第3卷,人民出版社1995年版,第304页。
③ 《资本论》第1卷,人民出版社1975年版,第95—96页。

第九章 《资本论》终篇的若干重要关节探赜

以及分析了它们产生的主客观条件之后,又在这一章提出总结性的研究,既有理论意义,也有现实意义。从现实意义看,在马克思之前和他的那个时代,许多资产阶级学者已经就此讨论得沸沸扬扬。有人将分配关系和生产关系都看成自然的关系,有人则承认分配关系有历史性,却坚持认定生产关系是一种自然的关系。但是,这都是资产阶级学者的看法。所以,马克思要终结这种一边倒的局面,代表无产阶级提出批判和表明自己的看法。从此,人类社会对此就有两种对立的声音。这也意味着所有的理论家都要在这个问题上选择立场,表达自己的情感。不过,根据马克思对"萨伊公式"和"斯密教条"的批判,他对资产阶级学者关于这个问题的这两种看法并非全是一棍子打死。对不同的阶级来说,思想或理论的正确性是有不同判断标准的。马克思在谈到"经济正义"问题时说:"只要与生产方式相适应,相一致,就是正义的;只要与生产方式相矛盾,就是非正义的。"① 因此,对资本主义社会的资本运动而言,这两种看法无非表达了资产阶级处于不同发展阶段的看法,或者不同的资产阶级阶层的看法,都只符合资产阶级的利益,是资本运动的必然产物,根本不可能符合无产阶级和劳动大众的根本利益。可见,对这个问题除了要有基本的看法即两者是什么样的关系、它们是否都具有历史性、是否准确再现资本运动的内在要求外,还要有另外的角度,即检验或评判的标准。换句话说,还要以特殊阶级在特殊发展阶段的利益来评价,不能笼统地看待两者的关系。实际上,这也是唯物主义历史观的重要原则之一。马克思和恩格斯在《共产党宣言》1972年序言中说评价理论的正确及其实际运用"随时随地都要以当时的历史条件为转移"②,这也是唯物主义历史观的一个基本原理。

由于人们对终篇普遍是陌生的,对马克思唯物主义历史观的理解只停留在基本观点上,并且也习惯于以似乎是约定俗成并且一成不变的观点,

---

① 《资本论》第3卷,人民出版社1975年版,第379页。
② 《马克思恩格斯选集》第1卷,人民出版社1995年版,第248页。

《资本论》基本理论在终篇的具体化

不能领悟出《资本论》特别是终篇的这种比较具体的唯物主义历史观,所以在看待这些不同的看法时,往往回到马克思主义分配关系与生产关系最一般的规定的立场上,而忽视了马克思的更为具体的分析,更忽视了结合具体的社会发展阶段的阶级利益来评判。因而对终篇关于两者关系的论述理解不准确。

在新中国,长期以来公有制占据统治地位,马克思主义在思想理论领域也占据统治地位,因此这个问题似乎已有定论,所以没有人提及。但改革开放之初,因为我国社会所有制结构开始发生变化,有些学者开始涉及这一重要的关系,提出一些与传统观点不同的看法。此后,随着改革的深入以及对改革的不同理解,又出现了许多始料不及的现象,以至于所有制结构及不同所有制成分在整个所有制结构中的占比都发生很大的变化。不再是生产资料公有制的一统天下,其他所有制成分特别是私有制成分不断迅速成长,不同的利益集团已经形成,有的私人利益集团还十分强大,在社会经济生活中的地位已经日益显赫。和改革开放之初相比,利益分配格局已经发生巨大的变化。正是在这种情况下,分配关系与生产关系两者之间的关系问题越来越突出。因此,即使在没有涉及终篇研究的时候,在涉及生产关系与分配关系两者之间关系的时候,也有越来越多的人对此表示意见。

一类意见认为:研究价值的分配要联系价值的生产。对此,不要以为它会顺理成章地承认,只有创造价值的人才可以分配到价值。相反地,持这种观点的人却是要"承认这样的事实,即说明产品价值和社会财富取决于劳动、资本和土地三要素及它们协同作用的结果"。既然"产品价值和财富是劳动、资本和土地共同作用的结果,那么,产品的分配就必然形成三个对应关系:劳动—工资,资金—利息,土地—地租。"① 这样,就把使

---

① 马源平:《重新认识和评价经济学的"三位一体公式"》,载《当代经济科学》,1988年第6期。

第九章 《资本论》终篇的若干重要关节探赜

用价值的生产与价值的广义分配混搭在一起的同时，对"三位一体公式"提出重新评价。这种看法并非个别，而是有人呼应："既然在生产中有'价值共创'（活劳动和物化劳动）的根据，那么在分配中就应有'利润分享'（三者和社会）必要。"所谓三者即劳动力（劳动者），"经营力"（经营者），"资本力"（所有者）①。类似的看法，还可以找出一些。

实际上这种看法人们并不生疏，它不过是马克思早就批判过的庸俗经济学家所常弹的老谱的袭用，不同的是它不像前者那样公开标榜代表资产阶级的利益，而是先表示师承马克思的观点，再从经济学的生产力角度说资本和土地劳动一起共创财富，尔后再把产品价值偷运进去，变成从经济学的生产关系角度断定资本和土地共创价值，对此，我们这里就不再多说了。但是，对提出这种观点的方法还是有必要多说几句。

让我们引用某个学者的一大段话来看看他是如何实现概念偷渡的：他提出了三个说明，"第一，任何价值只有通过劳动，而不可能超越劳动而形成。第二，……价值创造过程就是劳动过程，……在价值形成中决不能忽视资本、土地等物质的非人力因素。第三，价值共创说一定会导致利润分享说，其关键因素就在于生产要素的不同所有权，所有权决定了分配权，而分配比例只能以各种生产要素在经济增长中的贡献率大小为前提条件。这样，也就自然而然地得出了，商品的价值就是由资本、土地、劳动、经营等多要素组成的价值共创说这一基本结论了"②。表面看，他似乎已经接受劳动价值论，其实不然。他所说的"劳动"并非马克思所说的"抽象劳动"，而是"有用劳动"，所以很自然地与生产要素决定论价值衔接起来。说什么"价值创造过程就是劳动过程"，更表现他有意将这两个过程的根本区别掩盖，从而将价值与使用价值的创造混为一谈。说什么由此如何导出所谓的利润共创，更是笑话，难道资本家会自愿地将利润与劳

---

① 苏东斌：《普照之光》，载《学习与探索》，1990年第1期。
② 苏东斌：《选择经济考察述要》，北京大学出版社1999年版，第177页。

动者一起共享？这不仅是偷换概念，更是没有任何论证的信口胡言。其手法是西方资产阶级学者早已用滥的，并不高明。

要判断一种理论是否正确，一方面要看它与所要表现的对象是否一致，但对象有多样性规定，因此还要看其能否全部反映，不能只反映其中的表象；另一方面还要看它本身是否符合逻辑，特别是不能违背矛盾律，不能自相矛盾，不能在这里一个标准，一转身又换个标准。在这个问题上，关键是要先弄清楚，价值与使用价值是不能混为一谈的，换句话说，是要就"价值"的创造来谈"价值"的分割，不是讲"使用价值"的创造来谈"价值"的分割，如果有人认为可以这样没有任何限制地把不同的东西彼此联系，将"使用价值"的创造等同于"价值"的创造，那就要请他再学学形式逻辑了，等学懂之后再学习辩证逻辑。一个连逻辑都不讲的人还有什么资格说话。他连起码的逻辑都不遵守，所提出的"理论突破"怎么可能有说服力和生命力？其实，这种将价值的生产与分配混为一谈的做法，马克思早已批判过了："庸俗经济学家把分配形式实际上只当作从另一角度看的生产形式，而批判的经济学家却把它们彼此分开，并且否认它们的同一性，这一点表明，正如我们以后将看到的，和批判的政治经济学比较起来，庸俗经济学家真是愚蠢透顶。"① 他还指出："事实上，在危机时刻，当价格的下跌使产业利润消失或显著减少，因而生产缩减或停顿的时候，利润也会作为生产条件同他本人相对立。从这里可以看出那些把剩余价值的不同形式单纯看作分配形式的人的愚钝。"②

如果不追究这一点，按照正常人的思维，只围绕价值的创造与价值的分割来研究，那么在这里，我们还是有感兴趣的问题，即在这种看法中包含的三方面问题：其一，如何理解价值的生产和价值分配之间的关系？其二，把两者联系起来能否导致发现"三位一体公式"的"科学内核"？其

---

① 《马克思恩格斯全集》第26卷第3册，人民出版社1974年版，第555页。
② 《马克思恩格斯全集》第26卷第3册，人民出版社1974年版，第532—533页。

三，如何历史地评价"三位一体公式"的作用？

另一类意见认为，价值的生产和分配是两回事。不过，在两者之间是否有联系的问题上，又有不同的意见。第一种意见只是要说明，在社会主义初级阶段，不要因为价值是劳动创造的，在分配时就完全排斥另外的分配方式。在上世纪末我党提出实行"按要素分配"政策的时候，特别是在本世纪初我国再次讨论劳动价值论的时候，针对人们普遍意识到这一政策与"三位一体公式"之间似乎存在着某种联系，有些学者再次论证：价值的生产与价值的分配分别遵循不同的规律，所以两者之间没有联系，所以现行政策与"三位一体公式"没有关系。关于第二种意见，我们将在后面的结语中分析，这里暂且不涉及。

这一类的第二种意见是："不要把价值的创造和价值的分配混为一谈。作为价值都是劳动创造的，但作为价值的分配，则必须考虑土地和生产资料的社会形态的要求。""现在看来，三位一体公式，对于增加资本主义积累和发展社会生产力是有巨大作用的，资本主义生产力之所以能得到飞速发展，同这种价值的分配方式是有密切联系的。"① 资本、土地虽没有创造价值，却可以因其须维持、增殖（指资本）、有限性和差别性（指土地）而要求占有剩余价值。且不说萨伊19世纪初整理提出的"三位一体公式"对此前的资本主义积累、社会生产力发展根本不可能有什么作用，仅根据拥有的土地的有限性、差别性就可以要求占有剩余价值的提法，连早期的资产阶级学者都不会接受。否则，古典学派最初就不会起劲地反对土地所有者瓜分去大量的地租了。可见这种意见连资产阶级古典经济学都不如。实际上，这种情况的存在和发展并不是它对增加资本积累和发展社会生产力有什么作用，而是在资本主义社会，资本主义私有制占据全社会的统治地位，只能有这种表现为三位一体的广义分配模式，不可能出现其他的模

---

① 卓炯：《〈资本论〉体系与社会主义经济》，中国财政经济出版社1990年版，第482页。

式。对资本主义社会来说,资本家单凭资本所有权获得利息、土地所有者单凭土地所有权获得地租,都是"正义"的。尽管对雇佣工人来说,是非正义的。但资本主义社会的"普照之光"是资本,由不得工人说话。不过,也因为这样对最广大的劳动大众的无耻剥削,这种分配根据才不会永久存在下去。如果撇开这些不说,还应看到,这种看法在强调不能把价值的生产和价值的分配混为一谈的同时又把两者割裂开了。如果说这是为了论证我国现阶段的分配政策而作的解释,那也不对。怎么能够用一种错误的理论去论证相关政策的正确呢?对当代中国来说,在实行按劳分配的同时实行"按要素分配"的政策,并非后者可从根本上促进社会生产力的发展,而是对实行社会主义市场经济必然出现的情况的一种承认。换句话说,现在我国还处于社会主义初级阶段,只能实行以公有制为主体、多种所有制经济共同发展的基本经济制度。在这种情况下,存在着资本所有权,当然只能实行与本阶段相适应的分配政策。

对这些错误,这里就不再分析了。这里,应当引起我们注意的,是这种看法也包含着三个问题,其第一和第三和上面提出的第一、第三一样,第二则是把价值的生产和分配分开能否导致对"三位一体公式"的肯定。下面,我们就把它们合并起来按次序分别研究。

关于第一个问题:如何理解价值的生产和价值分配之间的关系。以上所分析的两类几种看法所依据的或者是社会表象,或者是两者关系的最一般规定,所以对这种关系的理解都或者错误、或者不够正确。都不知道——也有不愿意知道——在《资本论》终篇,马克思很具体地分析了两者之间的关系。在这里,马克思在一定条件下把价值的生产和价值的分配联系起来,又在一定的范围内把它们区分开来,既有"联系"又有"区分",两者并不矛盾。

就"联系"看,首先,他指出,不能从社会表象出发,而要深入地看其内在规定,"资本(包括作为资本的对立物的土地所有权)本身已经以这样一种分配为前提:劳动者被剥夺了劳动条件,这些条件集中在少数个

第九章 《资本论》终篇的若干重要关节探赜

人手中,另外一些个人独占土地所有权"①。可见有两种分配：一种是生产资料所有权的分配,价值的生产是分配的前提,显然,前者就是生产关系,决定生产资料所有权的归属,从而决定产品的分配。

其次,从再生产的角度看,两者甚至是统一的。例如,利润这种形式,既"是一种支配再生产的关系",又是"个人消费品分配范畴"②。这种联系,还是一种社会历史联系,它表现为一种制约关系：它一方面表明,没有参加价值生产（因年龄不能劳动的除外）而参与分配乃至决定分配的人,就是剥削者；不过,这是就资本主义发展的起点才有意义的。在资本主义较为发展的阶段,资本所有权独立于生产过程之外,资本家又会相应地产生其他的看法。马克思在论述生息资本家可以无所事事而轻易获得利息的情况时说,这是一种真正的不劳而获,但是,他又提醒说："决不要忘记,在这里,资本作为资本是商品,或者说,我们这里所说的商品是资本。因此,这里出现的一切关系,从简单商品的观点来看,或者从那种在再生产过程中作为商品资本执行职能的资本的观点来看,都是不合理的。"③ 也就是说,不能用资本主义较早时期的观点来评判是否合理或正义。所以,这种统一在不同的发展阶段有不同的意义。在社会主义社会的初级阶段,——不是对社会主义生产关系而言,社会主义社会与社会主义是两个有区别的概念,后者指的是公有制,前者指的是以公有制为主体、为基础、为主导的社会,它还包含着许多其他性质的所有者关系。——情况也有相同之处,在私有制的企业中,剥削是客观存在的事实,但在一定的关系内、在一定的限度内,只要不违法,它就有一定的合理性。因为一定的关系决定一定限度的增值,例如在银行存款获得一定的利息,恐怕不能说是剥削,尽管存款客户并没有付出任何劳动。在公有制关系"普照之

---

① 《资本论》第3卷,人民出版社1975年版,第994页。
② 《资本论》第3卷,人民出版社1975年版,第997、998页。
③ 《资本论》第3卷,人民出版社1975年版,第396页。

"光"的笼罩下，私有制关系是公有制能够控制和限制、主导的，即使存在着一定程度的剥削，也是合理的，只要它符合现阶段社会主义生产关系的要求，就有"正义性"。但是，只要超出一定的限度，性质就可能发生转变。对这个问题，不能用社会主义社会较高发展阶段的要求和观点来看待。因此，对这种制约关系的结果要结合一定的历史条件、经济政治条件来分析。另一方面，这种统一又表明，分配必须保证社会生产正常地扩大地进行，不能分光吃光。对这些联系、庸俗经济学者（还有像杜林那样的人），是不能理解或不愿意看到的。

就"区分"而言，价值的生产和价值的分配，作为再生产的不同环节，它们都遵循不同的规律运行，因而不能把它们混为一谈。这种区分，同时还是资本关系决定的，资本关系不仅使价值生产普遍化，而且在导致劳动的异化时，使分配和生产相异化。即是说，资本关系决定了资本家和土地所有者不参加价值的生产，而控制并参与了价值的分配。对这种区别，庸俗经济学也是不愿意理解的。

第二个问题：把两者联系起来能否导致发现"三位一体公式"的"科学内核"？显然，说价值的生产与分配有联系，并不意味资本和土地可以参加价值的分配，这和我们上面看到那种联系所体现的逻辑完全不同。所谓从生产力经济学的角度说资本、土地参与产品的生产因而它们的所有者就可以从产品价值中取得相应的报酬，不但是偷换概念，而且把价值的生产与价值的分配这种社会历史联系转换成自然关系，将产品价值的生产关系转换成产品的生产关系。从实际情况看，资本攫取剩余价值，并非全部投入积累，而是有越来越多的部分投入奢侈性消费。虽然它可促进奢侈性产品生产的发展，但过多的奢侈品只被少数人随意消费，对总体的社会发展而言，是一种不折不扣的浪费。当资本家将大把大把的金钱用于豪赌，用于穷奢极欲地挥霍，能够说这是参加产品的生产吗？同样地，把价值的生产和分配区分开，也不意味着可以"把分配看成并解释成一种不依赖于

第九章 《资本论》终篇的若干重要关节探赜

生产方式的东西"①。相反,这种区分意味着,生产者尽管参与了价值的生产,但劳动和生产的价值却不属于他们,而属于资本家,即"生产出来的劳动条件和劳动产品总的说来作为资本同直接生产者相对立"②。因此,把价值的生产和分配区别开来,只是表明劳动者与资本、土地所有者的对立关系,而不是表明一种"三位一体"的关系,这种区分与所谓的"价值的分配必须考虑土地和生产资料的社会形态的要求"根本没有内在的逻辑联系。进而言之,即使三位一体公式在资本主义生产关系的范围内表达了特殊的"正义性"、合理性,但这种特殊的正义性、合理性并不能归结为"科学性"。所谓的科学性,既要能全面、彻底、深刻地揭示对象的内在规定,还要能合理地阐明这些内在规定如何结合一定的条件而外化表现。但"三位一体公式"表达的却只是社会表象,而且表现的是"着了魔的、颠倒的、倒立着的世界"③,因此,很难说有什么"科学的内核"。当然,任何科学理论都是有边界的,如果持这种意见的人能够按照科学研究的规范证明这个"三位一体公式"在什么边界内、什么限度内有科学性,那也许是一件值得期待的事情。但是,迄今为止,却还看不到有这样的研究文献。

最后,第三个问题:关于如何认识、科学地、历史地评价"公式"的作用。这两类看法虽然出发点不同,但对它都有极高的评价。前者认为,"三位一体论及其基础的要素共同创造财富的学说,在一定程度上反映了商品经济的一般,堪称揭示了商品经济的一般法则",由此断定,萨伊的理论有其进步意义,是对经济学的历史贡献。④ 后者则认为,它"对于增加资本主义的积累和发展社会生产力是有巨大作用的"⑤。在了解了它们的

---

① 《马克思恩格斯选集》第3卷,人民出版社1995年版,第306页。
② 《资本论》第3卷,人民出版社1975年版,第993页。
③ 《资本论》第3卷,人民出版社1975年版,第938页。
④ 马源平:《重新认识评价经济学的"三位一体论"》,载《当代经济科学》,1988年第6期。
⑤ 卓炯:《〈资本论〉体系与社会主义经济》,中国财政经济出版社1990年版,第483页。

根本错误之后,要说明这两种嗜痴之癖的这种混乱是很容易的。就前者看,所谓的共创财富的学说和商品经济的一般法则是不能通约的,就像使用价值和价值不能通约一样。而且,这样说,实际上是摆出了和马克思早已科学地揭示的商品经济的一般法则相对立的法则,把公式等同于商品经济的一般法则,并说它有"科学内核",不就是在贬低马克思揭示的一般法则吗?而后者则把资本主义的积累与资本家和土地所有者无偿占有剩余价值混为一谈了。即使不说这一点,设想土地所有者会把地租用来使生产资料"得到不断的补偿和增殖"① 也是完全错误的。它忘了,就是资产阶级本身,都曾有人想"把土地所有权弄成荒谬的东西"②,因为地租的提取无论对资产阶级还是对社会都没有什么积极作用,只是让土地所有者"挥霍浪费"③ 掉了。可以说,无论从哪一方面看,公式都不包含任何一点科学成分,像这样的东西,充其量只是对资产阶级才有历史价值,至少它可以聊以自慰,更可以欺骗世人。所以公式作为社会表象假象的教条式反映,简单地看好像是"素朴的和客观的",其实不然,它是"辩护论的"④。为剥削辩护才是其真正的作用。

在终篇,马克思在分析批判了"萨伊公式"的分配模型之后,又在终点处即第五十一章专门论述"分配关系与生产关系",将资本主义分配关系与资本主义生产关系联系起来。并且在批判两种错误观点之后,又论证"一定的分配关系只是历史规定的生产关系的表现"⑤,也就是说,两者都是历史性的,并且"分配关系不过表示生产关系的一个方面"⑥,"分配关

---

① 卓炯:《〈资本论〉体系与社会主义经济》,中国财政经济出版社1990年版,第482页。
② 《资本论》第3卷,人民出版社1975年版,第697页。
③ 《资本论》第3卷,人民出版社1975年版,第932页。
④ 《马克思恩格斯全集》第26卷第3册,人民出版社1974年版,第499页。
⑤ 《资本论》第3卷,人民出版社1975年版,第997页。
⑥ 《资本论》第3卷,人民出版社1975年版,第999页。

第九章 《资本论》终篇的若干重要关节探赜

系本质上和生产关系是同一的,是生产关系的反面"①。可见,研究分配关系是以生产关系的存在为前提的,无论是狭义的还是广义的分配,都是在占统治地位的生产关系的"普照"之下实施的。离开了生产关系来研究分配关系,无异于盲人摸象,必定陷于肤浅和片面、简单。在此基础上,马克思又很具体地从政治经济学的角度研究了两者之间的关系。只有全面深入地了解终篇的研究,才不会被社会上流行的代表各种利益集团的议论所迷惑,也才能正确地掌握评判的客观标准、时代标准和理论基础。

关于生产与分配的关系,马克思早在《政治经济学批判·导言》中就有说明,强调了生产资料的分配对产品广义分配的根本作用,并且批判了当时最流行的错误观点:"照最浅薄的理解,分配表现为产品的分配,因此它离开生产很远,似乎对生产是独立的。"②马克思进一步说:"如果在考察生产时把包含在其中的这种分配撇开,生产显然只是一个空洞的抽象;相反,有了这种本来构成生产的一个要素的分配,产品的分配自然也就确定了。正因为如此,力求在一定的社会结构中来理解现代生产并且主要是研究生产的经济学家李嘉图,不是把生产而是把分配说成现代经济学的本题。从这里,又一次显出了那些把生产当作永恒真理来论述而把历史限制在分配范围之内的经济学家是多么荒诞无稽。"③显然,他很早就已经注意批判李嘉图的产品"分配决定论",可以说,终篇的批判是《导言》中批判的发展。

---

① 《资本论》第3卷,人民出版社1975年版,第993页。
② 《马克思恩格斯全集》第46卷上册,人民出版社1979年版,第33页。
③ 《马克思恩格斯全集》第46卷上册,人民出版社1979年版,第34页。

第十章　从理论史的末篇到理论的终篇

众所周知，马克思有三个《资本论》手稿，与《资本论》文本较近的是后两个，即《经济学手稿（1861—1863年）》和《经济学手稿（1863——1865年）》。而《资本论》文本第三卷主要是由后一个手稿构成。认真读过《资本论》一至四卷之后，人们必定会强烈地感到，作为理论史的第四卷①的最末一篇和理论部分的终篇有许多相似之处。因此，在研究终篇的时候，我们不仅要联系理论的全三卷，而且有必要超出理论部分，探索它与理论史末篇的关系。

第一节　末篇与终篇都研究"收入及其源泉"

《资本论》终篇的篇名是"各种收入及其源泉"，其内容除了有我们在前面的研究中所看到的各个方面外，还有更为切题的方面，即说明资产阶级财富总体的各个部分（包括转移和未转移进产品中的不变资本部分）在社会表面上和生产当事人的通常意识中如何表现为收入，并全面批判庸俗经济学将表象等同于本质及与此有关的错误。而作为"理论史"的《剩余价值理论》，其第三册最末一篇（以下简称"理论史末篇"）的题目是"收

---

① 参看《马克思恩格斯〈资本论〉书信集》，人民出版社1976年版，第204页。

第十章 从理论史的末篇到理论的终篇

入及其源泉。庸俗政治经济学",虽与《资本论》理论部分的终篇(以下简称"终篇")稍有不同,但内容却有很多相同之处。当然,两者对同一些问题的论述也有所不同,但这只是终篇在扩大视野和研究范围(见后文)的情况下增加研究的侧面和深度导致的,完全可以看成是对理论史末篇的发展。由此观之,末篇和终篇也可以说是同一研究内容的初稿和二稿。

在《资本论》的几部手稿中,《剩余价值理论》是比较特殊的。从创作时间看,它属1861—1863手稿。起初,马克思是计划在正面论述剩余价值理论的基本形式之后,把它作为理论史部分对应历史上的有关学说进行批判的。但是,就在1862年底,他作出一项重要决定:以《资本论》为标题单独出版自己的著作,而原先的《政治经济学批判》只作为副标题。①从实际情况来看,写到后来,《剩余价值理论》也已按照新的计划写作了。如果按照最初的计划,在完成对斯密的批判之后就应停住,因为下面的内容已不再属于剩余价值理论的基本形式,但马克思却放开地写下去。显然,此时马克思已不再准备像《政治经济学批判》第一分册那样在相关理论部分的正面论述之后分别安排相应的批判,而是作了改变,让批判部分形成与正面理论阐述相统一的总体的历史部分。②由于马克思没有来得及对它进行修改,所以,它作为理论史的唯一文稿,实际上已构成《资本论》的第四卷。由是《剩余价值理论》和现行《资本论》就不仅是两部手稿之间的关系,还是同一体系的理论史和理论之间的关系了。同样的道理,理论史的末篇和理论的终篇之间,也包含着同一体系的不同组成部分的关系。

一般说,同一部著作的不同组成部分之间存在有逻辑的关系,似乎不必要就同样的问题重复研究。但是,只要联系理论史末篇和理论终篇的研

---

① 参看《马克思恩格斯〈资本论〉书信集》,人民出版社1976年版,第170页。
② 参看刘永佶:《马克思经济学手稿的方法论》,河南人民出版社1990年版,第363页。

究对象及处理材料的方法,我们就会理解这样从不同角度研究同一问题的价值。我们知道,马克思是先写理论史的,对各种经济理论的历史发展及缺陷、错误等等已一清二楚,而且,为了对它们进行科学的批判,他还必须有深入的研究。因此,批判部分必然成为理论部分相关研究的基础。

根据逻辑与历史统一的方法,在研究、批判了资产阶级学者较早时期的相关理论后,在理论史的末篇当然要研究批判较后时期的即靠近马克思时代的(而不是先前的)资产阶级经济理论。越是靠近马克思的时代,资产阶级经济学的庸俗化、辩护性倾向越是明显,"公正无私的科学探讨让位于辩护士的坏心恶意"①。这个时候,在社会表面、生产当事人意识中,资本剩余价值已转型表现,并进一步转化为货币收入,而各种收入形式又似乎来源于生产要素,庸俗经济学则是这种表象的肤浅反映。所以,我们看到的理论史末篇,就以"收入及其源泉。庸俗经济学"为标题。在理论史末篇,马克思既要正面说明这种转化及其原因,又要批判庸俗经济学。而在《资本论》终篇,根据从抽象上升到具体的方法,要再现资产阶级财富总体,是要根据先前已揭示的内在规定来说明这一总体在社会表面上、生产当事人意识中的表现。所以在终篇他集中研究了内在规定的社会表象即收入。这样看来,虽然理论史和理论部分的逻辑发展的轨迹不一致,但却不影响两者殊途同归地都在最后研究同一问题。一旦深入地研究它们,人们不仅会惊异其中有许多论述是极其相近的,而且还会惊喜地发现,从末篇到终篇的演变,表现了马克思对同一问题研究的深刻化、科学化的过程。

作为研究"收入及其源泉"的第一稿,理论史末篇的研究对象虽然侧重于生息资本及其结果——利息,但实际上已是在收入形式上研究剩余价值(虽则只是其中一部分)在社会表面上的表现。马克思在这里一开始就如是说:"收入的形式……是资本主义生产关系从外表上表现出来的存在,

---

① 《资本论》第1卷,人民出版社1975年版,第17页。

第十章 从理论史的末篇到理论的终篇

它同潜在的联系以及中介环节是分离的。"① 显然，这样的研究是不同于对生息资本和利息的内在规定的研究（如第三卷第五篇）的，因为利息和收入作为范畴分属不同层次。在后面，马克思又指出，这种外表形式还"明显地作为本质的东西出现、存在和表现。这种形式作为某种同剩余价值的实际性质相对立的东西独立化并固定化了"②。所以，马克思是把它当成对象本质关系的外化、异化形式来研究的。显然，理论的终篇就是在这个基础上发展起来的。终篇不仅也如末篇那样研究了资本主义社会中的主要收入形式，而且有些说明，例如剩余价值的各种转化形式的硬化、独立化过程，和末篇的相应论述几乎如出一辙。

在理论史末篇，马克思也把上述研究同批判庸俗经济学结合起来。他一开头就指出：收入的形式这种"现实的颠倒借以表现的歪曲形式，自然会在这种生产方式的当事人的观念中再现出来。……庸俗经济学家……实际上只是用[政治经济学语言]翻译了受资本主义生产束缚的资本主义生产承担者的观念、动机等等"，"把这些观念、动机翻译成学理主义的语言"。③ 因此，马克思在这里既要批判资产阶级经济学把剩余价值和它的特殊形式混为一谈的错误，而且要批判庸俗学派用假象冒充本质的错误，并把它和古典学派严格区别开来。末篇在批判庸俗学者的时候，虽然是以"资本—利息"这一错误公式为主要靶子，但已把它和"劳动—工资"、"土地—地租"这两个公式联系起来。④ 也就是说，已把庸俗学派的错误准确地归结为"三位一体的公式"。所有这些都为理论终篇将科学地再现对象总体与科学地批判资产阶级经济学两大任务统一起来打下了基础。

终篇的方法也与末篇的方法有直接联系。作为马克思批判地创立的基

---

① 《马克思恩格斯全集》第 26 卷第 3 册，人民出版社 1974 年版，第 499 页。
② 《马克思恩格斯全集》第 26 卷第 3 册，人民出版社 1974 年版，第 543 页。
③ 《马克思恩格斯全集》第 26 卷第 3 册，人民出版社 1974 年版，第 499 页。
④ 《马克思恩格斯全集》第 26 卷第 3 册，人民出版社 1974 年版，第 533 页。

本方法——唯物辩证法，贯彻于他的《资本论》几部手稿的始终，这里无需赘言。具体地说，在末篇中运用的方法主要有两种：

其一，区分对象的纯粹形式和特殊形式。马克思在《剩余价值理论》（《资本论》第四卷）手稿的开头就指出了所有的资产阶级经济学家都犯了把剩余价值的纯粹形式与它的特殊形式混为一谈的错误。① 所以，他不仅始终把两者区分开研究，并架起一座座由此及彼的桥梁，而且在批判资产阶级学者时，也以这种区分为基础。末篇自然也不例外。正因为这样，他才能阐明剩余价值的内在规定和外在表现之间的区别和联系，才能透过乍一看来极其简单的"三位一体公式"揭示其内部包含的层层错误。

其二，内在分析和外化表现的统一。所谓的内在分析，即是透过现象和过程了解对象的本质和运动规律；所谓的外化表现即是结合必要的中介或条件说明本质规定如何在外部表现。实际上，这不过是掌握具体并再现具体的方法的先后实施步骤。内在分析和外化表现的统一就是科学再现。所以，在末篇，虽然也不乏内在分析，但主要是外化表现，关于剩余价值外化、硬化、独立化、异化过程的说明即是杰出的一例。

表面看，这两种方法似乎是同一回事，其实不然。没有第一种区分，内在分析就会是杂乱的，外化表现也分不出层次。

以上方法，在理论的终篇中也是始终贯彻的。在前面的研究中，我们已经知道马克思在终篇首先在总体上再现剩余价值，在这基础上，再阐明总利润、总地租的规定，这样，剩余价值的纯粹形态和具体形态区分得清清楚楚。关于资产阶级财富的外在表现，同样是根据其内在的本质规定并联系各种条件来说明的。当然，末篇和终篇的理论目的不同，方法的运用程序也有不同。正因为这样，人们才不容易发现前后两篇方法的一致性。

---

① 《马克思恩格斯全集》第26卷第1册，人民出版社1972年版，第7页。

第十章　从理论史的末篇到理论的终篇

第二节　末篇对终篇的奠基和扩充

理论史末篇的研究虽然早于终篇，但它所涉及的"收入及其源泉"以及批判庸俗经济学等内容却相当丰富深刻，为终篇研究直接奠定了丰厚的基础。如果联系末篇来研究终篇，还会发现末篇在一些问题上丰富了终篇的内容。

一、末篇实际上为终篇奠定基础

理论史末篇的内容相当丰富，为了分析批判"三位一体公式"，涉及的一系列基本理论直接为终篇奠定了基础。大体上看，主要有这几种：

其一，关于生息资本和利息的理论。① 在1857—1858年经济学手稿中，马克思虽然已研究过这方面问题②，只不过还是初创，但在1861—1863年手稿中则更为成熟和系统，而这又主要集中在末篇。虽然这里关于生息资本运动及其特点并没有像第三卷那样的完整论述，但有些研究却比第三卷更详细。显然，它既为理论第三卷第五篇奠定基础，也为终篇提供了理论前提和基础。例如，他说明，他认为考察生息资本必须与资本的实际运动紧密联系，当货币贷给"挥霍者"用于消费的，贷出者得到的利息就不表示实际的剩余价值；如果借入的货币只是为了偿还债务，并不加速生产过程，这样，对贷款人来说，这笔借入的货币就只是支付手段，而不是在实际上依赖资本过程的资本。③ 还有一种是资本主义生产还不存在时

---

① 《马克思恩格斯全集》第26卷第3册，人民出版社1974年版，第512、523、540、543页。

② 《马克思恩格斯全集》第46卷下册，人民出版社1980年版，第383、381页。

③ 《马克思恩格斯全集》第26卷第3册，人民出版社1974年版，第540页。

期的高利贷。所有这些，都属于更早生产方式的，不是马克思所要研究的资本主义的生息资本。

他还将利率与利润率相比较：一般利润率远远不像利息率，或者说利率那样表现为可以捉摸的、明确的事实。在市场上，任何一个100镑货币额的利息率都一样，但同一个实际执行资本职能的价值额，在不同的生产领域所提供的实际利润却很不相同，这些实际利润对利润的观念上的平均水平的偏离，使利润的这个平均水平始终只有通过某种过程，通过某种反作用才能确立下来，而这一点又始终只有在较长的资本流通期间才能做到。在若干年间，一定领域的利润率较高，而在以后若干年间则较低。把这若干年或一系列这样的演变综合在一起，平均起来就得出平均利润。但这样一来，平均利润就不表现为直接既定的东西，而只表现为各种相互矛盾的波动的平均结果。——在这里，他实际上阐明了利润率在一定领域内部平均化的具体机制。——对资本家来说，在这若干年中，这是不好把握的。"利率却不是这样，它普遍地是每天确定的事实，这个事实对产业资本家来说，甚至是他们从事活动时计算上的前提和项目。"①

关于利润与利息的量的分割转化为质的分割的论述。他说明，本来，利息是从利润中分出的，但它却"表现为离开资本主义过程本身的、独立于过程的、处于过程之外的资本的果实"②。它一旦独立化，利润就成了"资本只是靠生产过程得到的、只是作为执行职能的资本生产出来的那个剩余价值量，就获得一种不同于利息（即资本自身、资本本身、作为资本的资本所固有的价值创造）的产业利润这样一种特殊形式……也分离为并被理解为不仅是异化的形式，而且是直接同剩余价值本身相对立的形式"③，这样，利息从利润中分出就必然导致产业利润也分离出并被曲解为

---

① 《马克思恩格斯全集》第26卷第3册，人民出版社1974年版，第512页。
② 《马克思恩格斯全集》第26卷第3册，人民出版社1974年版，第543页。
③ 《马克思恩格斯全集》第26卷第3册，人民出版社1974年版，第543、544页。

第十章 从理论史的末篇到理论的终篇

与剩余价值相对立的形式。

其二,关于收入形式神秘性的论述。在理论史末篇开头,马克思就说:"收入的形式和收入的源泉以最富有拜物教性质的形式表现了资本主义生产关系。这是资本主义生产关系从外表上表现出来的存在,它同潜在的联系以及中介环节是分离的。"① 他认为:"在生息资本上物神达到了完善的程度。"②

其三,关于资本的完成形式的论述。资本本来主要是在生产过程中发挥职能的,但在社会表面上,在资本运动当事人的观念中,生产资本却还是未完成的,因为它的自动增殖还不够神秘。在资本和利润中还存在着过去的记忆,虽然利润经过平均化的漂洗,已经变得神秘莫测,但仍不彻底。只是"在资本和利息上,资本作为利息的神秘的、自行创造的源泉,即作为资本自行增长的源泉已达到了完善的程度。正因为如此,照〔通常的〕观念看来,资本主要存在于这种形式中。这就是真正意义上的资本"③。当然,这种只是资本家的观念。

其四,关于资本的经济职能与社会形式的区别、资本的法律上所有者和经济上的所有者的区别的论述。马克思指出:"与利润的一部分相适应的是资本的社会形式,即资本是所有权;与利润的另一部分相适应的是资本的经济职能,即资本在劳动过程中的职能,不过这种职能已摆脱并抽掉了使资本得以执行这种职能的社会形式,即对立形式。"④ 他在这里将利润分为两个部分,一部分是利息,与之相适应的当然是资本的所有权。在他看来,这是资本的法律上的所有权。而另一部分则是产业利润,与之对应的是资本的经营权,即其职能。这是资本的经济上的所有权。⑤

---

① 《马克思恩格斯全集》第26卷第3册,人民出版社1974年版,第499页。
② 《马克思恩格斯全集》第26卷第3册,人民出版社1974年版,第503页。
③ 《马克思恩格斯全集》第26卷第3册,人民出版社1974年版,第503页。
④ 《马克思恩格斯全集》第26卷第3册,人民出版社1974年版,第550页。
⑤ 《马克思恩格斯全集》第26卷第3册,人民出版社1974年版,第511页。

《资本论》基本理论在终篇的具体化

其五，关于劳动的异化的论述。① 马克思早已论证，劳动者创造了物质的财富，创造了价值，但是，一旦物质财富、价值独立化，表现在一定的物或物品中，它就与劳动分离、对立。在末篇，他又进一步分析说："过去劳动同活劳动相对立，产品同活动相对立，物同人相对立，劳动本身的物的条件作为别人的、独立的、自我孤立的主体或人格化，一句话，作为别人的所有物，而且在这个形式上作为劳动本身的'使用者'和'支配者'（它们占有劳动而不是被劳动占有）同劳动相对立。"②

很明显，这些理论（当然还有其他方面），不仅影响着第三卷的深入研究、结构定型，有些甚至成了理论终篇可以直接利用的思想材料。终篇的许多论述，有些是从理论史末篇的相关论述中演化来的，有的是与之一脉相承的。

除了这些基本理论规定外，理论史末篇的有些论述也为终篇的研究提供思想史和经济史的证明。例如马克思指出："十七世纪资产阶级经济学家（柴尔德、卡耳佩珀等人）反对把利息看作剩余价值的独立形式。"③ 还有，他还分析了生息资本从古老的形式发展到成为产业资本的从属形式，来说明利息无非是利润的一个部分，而以特殊的名称与总利润相分离。它们虽没有直接构成终篇的思想材料，却是终篇的立论不可或缺的根据。

二、末篇对终篇的扩充

说理论史末篇为理论终篇奠基，这并不意味着它仅仅是后者可以利用的手稿，反之，即使不说它在理论史中的独特地位和价值，它的许多论述还成为对理论终篇的扩展和充实。如果撇开别的方面，仅从它与终篇有关

---

① 《马克思恩格斯全集》第26卷第3册，人民出版社1974年版，第507、511、527—528页。
② 《马克思恩格斯全集》第26卷第3册，人民出版社1974年版，第527页。
③ 《马克思恩格斯全集》第26卷第3册，人民出版社1974年版，第517页。

第十章 从理论史的末篇到理论的终篇

的内容看,以下几方面是值得注意的:

其一,关于利息理论。

在这里马克思除了正面分析外,还把利息和地租相比,说明它的真正的神秘性质。本来,地租和"土地—地租"比利息和"资本—利息"更为神秘,因为前者使自然也具有创造收入的神力。但马克思从另一方面将地租和利息作比较:"因为土地本身是生产的(就使用价值来说),本身是活的生产力(具有使用价值或用来生产使用价值)"①,所以,"通常的观念就还有可能求助于自然本身的生产力[来解释地租]"②。而利息则不同,它涉及的是资本主义关系本身,是反映资本实质本身的关系,是资本借以表现为资本的那种资本形态,所以,利息就表现为"由资本本能地创造出来的收入。……在这种形式上,一切中介过程都消失了,资本的物神的形态也像资本物神的观念一样已经完成"③。

马克思还通过和地租比较,说明利息对资本关系的重要性。他分析道,对土地所有权,资本是想废除而不可能废除,"但是,通过把土地所有权转化为[交给国家的]地租,资本作为阶级占有了地租,……就是说,资本通过迂回的办法占有了它不能直接拿到手的东西。可是,废除了利息和生息资本,就是废除了资本主义生产本身"④。与此不同,利息是资本家不能也从未想取消的。利息的生成,意味着资本家为提高效率、效益而想方设法地利用别人的或自己暂时闲置的资本。对资本运动来说,地租是外在的,支付地租是无奈的,但获取利息却是自身固有的属性,显然,了解了这些规定,将会使我们加对终篇原理的理解。

马克思还将利息与利润作比较,说明在资本家看来,利息能更好地表

---

① 《马克思恩格斯全集》第26卷第3册,人民出版社1974年版,第542页。
② 《马克思恩格斯全集》第26卷第3册,人民出版社1974年版,第500页。
③ 《马克思恩格斯全集》第26卷第3册,人民出版社1974年版,第511页。
④ 《马克思恩格斯全集》第26卷第3册,人民出版社1974年版,第523页。

现资本的"本质"。"生息资本的情况与利润不同,在利润上,剩余价值的形态成了某种异化的、离奇的东西,使人不能直接认清剩余价值的简单形态,从而不能认清它的实体和产生的原因;相反,在利息上,这种异化形式却明显地作为本质的东西出现、存在和表现。这种形式作为某种同剩余价值的实际性质相对立的东西独立化并固定化了。"① 之所以这样,因为它与生产过程之外独立存在的资本所有权紧密联系。也就是说,"产业利润,与利息相对立,代表着过程中的资本而与过程外的资本相对立,代表着作为过程的资本而与作为所有权的资本相对立,——因而代表着作为执行职能的资本家、作为劳动资本的代表者的资本家而与只是作为资本的人格化、只是作为资本的所有者的资本家相对立。这样,它就作为劳动资本家而与作为资本家的自身相对立;进而作为劳动者而与只是作为所有者的自己相对立"②。这样,这种表面的分离又必然产生更离奇的混乱,那些"劳动的资本家"似乎也并入劳动者的范围。

利息与利润都不仅是收入分配的形式,还是调节再生产过程的有效杠杆。在理论史末篇,马克思对它们的调节作用也有深刻的分析。他说明,借贷资本的利息率具有较大的固定性和等同性,它和一般利润率的较难捉摸的形式不同。同一个利息率,对所有的贷款人都一样,但同一个实际执行资本职能的价值额,在不同的生产领域所提供的实际利润却很不相同。这意味着,利息率对资本运动的调节方向和力度都是比较一致的。但利润率就不同了,它的调节取决于波动的幅度力度、时间的长短、不同领域和同一领域中资本实力的不同:"每个领域内的利润率的波动,——同一个生产领域内的单个资本家享有的特殊利益完全撇开不谈,——都取决于当时市场价格的状况和市场价格围绕费用价格的波动。……某个特殊领域的利润率下降到观念上的平均水平之下,如果时间拖得很久,就足以使资本

---

① 《马克思恩格斯全集》第26卷第3册,人民出版社1974年版,第543页。
② 《马克思恩格斯全集》第26卷第3册,人民出版社1974年版,第544页。

离开这个领域,或者使新资本不可能按平均规模流入这个领域。……而特殊领域的超额利润只有通过市场价格和费用价格的比较才能知道。只要差别以某种方式表现出来,资本就开始从一些生产领域流出而流入另一些生产领域。……每个特殊领域的平均利润本身,也只有根据资本的性质,通过例如在7年等等的周期内所实现的利润率的平均数表现出来。因此,单是上下波动,如果不超过平均程度,不采取异常的形式,就不足以引起资本的转移,何况固定资本还会给资本的转移带来困难。一时的行情只能在有限的程度上产生影响,而且它对追加资本的流入或流出的影响,要大于对已经投入不同领域的资本的再分配的影响。"① 显然,这是对《资本论》相关论述的重要扩充,让人们对所谓价格调节的灵活性、强制性作用产生怀疑,或者说要有进一步的规定、限制。这就是说,价值规律对生产的调节作用不是一时一事的,不是微小的价格波动即可奏效,不仅要在长期中才能较充分体现,而且要在价格波动达到一定幅度的时候才有效果。

在理论史末篇,马克思还指出,利息不是一次性的,而是具有连续性和累加性,"在生息资本上,资本主义生产的内在本性,它的疯狂性,只是以最明显的形式表现出来,——就是生'复利'的资本,在这里,资本好象一个摩洛赫,他要求整个世界成为献给他的祭品,然而由于某种神秘的命运,他永远满足不了自己理所当然的、从他的本性产生的要求"②。马克思还进一步指出:"价值为1000镑的商品作为资本具有1050镑的价值。就是说,资本不是简单的数字:它不是简单的商品,而是自乘的商品;不是简单的量,而是量的比例。资本是它作为本金、作为既定的价值同作为[生产了]剩余价值[的本金]的它自己的比例。资本C的价值(按一年计算)等于 $C(1+\frac{1}{x})'$ 或 $C+\frac{C}{x}$。正象用简单的计算方法不可能理解或推

---

① 《马克思恩格斯全集》第 26 卷第 3 册,人民出版社 1974 年版,第 513—514 页。
② 《马克思恩格斯全集》第 26 卷第 3 册,人民出版社 1974 年版,第 505 页。

《资本论》基本理论在终篇的具体化

算出等式 $a^x=n$ 中的 x 一样,从基本的概念中也无法理解或推算出自乘的商品,自乘的货币,资本。"① 这就是说,对这种生息资本不能按照处于资本主义初级阶段通常人的思维来理解。② 这样的论述,对《资本论》的生息资本理论、对终篇也是一个重要的扩充。

他又指出,这种异化或神秘化还因被庸俗学者有意煊染而加剧。本来,这种颠倒本身也显出一些矛盾,但对庸俗学者来说,却成了不言而喻的必然性。为了使不合理变得合理,他们还绞尽脑汁地加以证明或曲解。在理论史末篇,马克思还指出他们惯用的一种方法:"通过试图把资本即货币或商品(就它们具有特殊的、不同于它们作为货币或商品的规定性来说)转化为简单的商品的办法来逃避困难。"③ 这些论述不仅是终篇所没有的,而且是对终篇的相关论述的补充或完善。例如,在终篇,马克思说,资本在生息资本的形式上,"取得了它最异化最特别的形式"④。对此,就必须结合末篇上述的说明才好理解。

其二,关于利润分割的因果和相应范畴的建立。

首先,马克思说明,单纯的利润的偶然的量的分割因为经常的重复,导致资本分裂为生产过程外的和生产过程内的资本。"在这里,有一个现实的因素作为基础。货币(作为商品一般的价值表现)在生产过程中所以能占有剩余价值(不管它叫什么,不管它分解成哪些部分),只是因为在生产过程之前货币就已经被假定为资本。"⑤ 他举例说,铸币无非是一块金属,它只在流通中才起货币的职能,但是,商品的流通一旦作为前提,它

---

① 《马克思恩格斯全集》第 26 卷第 3 册,人民出版社 1974 年版,第 531 页。
② "这里出现的一切关系,从简单商品的观点来看,或者从那种在再生产过程中作为商品资本执行职能的资本的观点来看,都是不合理的。"(《资本论》第 3 卷,人民出版社 1975 年版,第 396 页)
③ 《马克思恩格斯全集》第 26 卷第 3 册,人民出版社 1974 年版,第 579 页。
④ 《资本论》第 3 卷,人民出版社 1975 年版,第 937 页。
⑤ 《马克思恩格斯全集》第 26 卷第 3 册,人民出版社 1974 年版,第 526 页。

就不再是自然的金属,在它进入流通过程之前,就作为货币在每个单独的场合充当这个过程的前提了。同样的道理,货币虽然只是在生产过程中才成为现实性的资本,但是,由于"资本主义生产方式已经存在",现实中货币早已作为资本存在,所以,"早在生产过程之前,货币按其性质来说已经作为资本自身存在了"①。所以,资本主义生产方式已经存在,就是这种分割的现实基础。但是,又是什么使货币在进入过程之前就成为资本呢?是它借以存在的社会规定性:即它作为别人的所有物同劳动相对立②。于是,利息,作为单纯资本所有权的产物,就同产业利润——执行职能的资本的产物不同了。

其次,马克思详细地分析了由这种分割产生的一系列颠倒:

1. 本末的颠倒:在社会表面上,利息表现为专门属于资本的产物,是特定的,它表现为由单纯的资本所有权产生的剩余价值,不以生产过程为转移,因此,这个剩余价值是资本作为资本就已经潜在地包含着的。反之,产业利润则表现为不是属于作为资本所有者的资本家,而是属于作为执行职能的所有者的资本家,即属于执行职能的资本的那一部分剩余价值。这样,就像在这种生产方式中一切看来都是颠倒的那样,在利息和利润的关系上的这种最后的颠倒也终于出现了,以致利润中划为特殊项目〔利息〕的部分反而表现为专门属于资本的产物,而产业利润却不过是在这个部分上增长起来的追加额。③ 换句话说,利息本是利润的一部分的独立化形式,从实体看,只有在利润被创造出以后,才有利息实体,但在社会表面上,却是利息先确定的。这显然是本末的颠倒。

2. 价值实体来源的颠倒:从本质看,无论利息还是利润,都是工人无酬劳动创造而被资本家占有的,但是在资本家观念中,由于货币资本与

---

① 《马克思恩格斯全集》第26卷第3册,人民出版社1974年版,第526页。
② 《马克思恩格斯全集》第26卷第3册,人民出版社1974年版,第527页。
③ 《马克思恩格斯全集》第26卷第3册,人民出版社1974年版,第528页。

生产资本的区分，货币资本家与职能资本家的区分，利息好像由资本产生，相反，产业利润则是资本家"劳动"所产生。"在资本家看来，不管他们是不是处于过程中的资本的所有者，利息自然是由资本本身，由资本所有权，由资本所有者（不管资本所有者是他们自己还是第三者）产生的；相反，产业利润在他们看来则是他们的劳动的产物。"① 可见，利息将其实体来源完全颠倒了。

3. 阶级关系的颠倒：在社会表面上，利息是职能资本家向货币资本家支付的，它表现的只是一个资本家同另一个资本家的关系，而与雇佣劳动、生产过程的职能无关。与此相联系，职能资本家获得支付利息后所剩余的剩余价值，也不表现为与雇佣工人的剥削关系，而是表现为"自己作为劳动者同作为资本的单纯存在、单纯所有者的他自己或另一个资本家相对立。"② 这样，对工人的剥削关系变成了自我关系。

4. 职能的颠倒：在一般情况下，只要货币资本贷出，货币资本家就可以无所事事而又旱涝保收地收取利息，所以："如果产业资本家除利息外得不到其他利润，他就会用他的资本去生息而过食利者的生活。"③ 这样，职能资本家的职能就不再是关键性的决定性的职能了。这样资本主义生产关系的真实关系就颠倒了，也就将职能资本家对分配的主导作用掩盖了。

5. 因果关系的颠倒：本来，利息不过是对生产出来的剩余价值的分割，虽然都是在借贷时间到期后才支付利息，但在借贷场合，利息已经确定，因此，"对于借钱的产业资本家来说，利息加入费用，在这里费用是指预付的价值。"在这种场合，货币资本的"价值额（以及体现它的商品）不是在生产过程中才成为资本，而是作为资本形成生产过程的前提，从而

---

① 《马克思恩格斯全集》第 26 卷第 3 册，人民出版社 1974 年版，第 529 页。
② 《马克思恩格斯全集》第 26 卷第 3 册，人民出版社 1974 年版，第 529—530 页。
③ 《马克思恩格斯全集》第 26 卷第 3 册，人民出版社 1974 年版，第 530 页。

第十章 从理论史的末篇到理论的终篇

它自身已经包含了属于它（单纯的资本）的剩余价值"①。可见，实质的事后分割在职能资本家观念中倒过来变成事先计提，成为生产的前提。这是倒果为因。

6. 资本外在表现形式的颠倒：1000 镑货币资本在贷出的时候，借入方在借贷合同中一定表明借得 1000 镑货币，同时也会表明按年支付一定的利息，假定为 50 镑。从本质看，这 50 镑是资本作为本金创造出的剩余价值的一部分以利息的形式表现，但在市场上作为利息却变成是资本的年价格。或者说，1000 镑的货币资本具有 50 镑的价格。本来，在一般情况下、在合同中，1000 镑的资本应该具有 1000 镑的价格，但在借贷资本的场合却只有 50 镑的价格。这显然是一种无厘头的颠倒，但却广为借贷双方接受。"因此，就外在的形式来说，我们在这里也和在任何其他商品那里一样，看到了双重表现：表现为使用价值和交换价值，交换价值观念地表现为价格，表现为某种绝对不同于商品使用价值的东西。而在'1000 镑 = 1050 镑'或'50 镑是 1000 镑的年价格'这种说法中，却是相同的东西即交换价值和交换价值发生关系，而且交换价值要作为和自身不同的东西成为它自身的价格，即表现在货币上的交换价值本身。"②

7. 条件的颠倒：从实质看，对单个资本家来说，"剩余价值的生产属于资本主义生产的生产费用，而占有别人的劳动和占有超过在过程中消费掉的商品（不论这些商品是加入不变资本还是加入可变资本）价值的余额，是这种生产方式的必要条件"③。但是，当他将借入的货币资本作为预付加入生产，这种预付也变成是剩余价值生产的必要条件了。换句话说，利息本来是从剩余价值中提取的，它以剩余价值的生产为前提，但在确定利息的时候，却转而变成剩余价值生产的必要条件。也可以说，它被借贷

---

① 《马克思恩格斯全集》第 26 卷第 3 册，人民出版社 1974 年版，第 530 页。
② 《马克思恩格斯全集》第 26 卷第 3 册，人民出版社 1974 年版，第 532 页。
③ 《马克思恩格斯全集》第 26 卷第 3 册，人民出版社 1974 年版，第 532 页。

资本家占有反而是剩余价值生产的必要条件。

既然资本运动是不断扩大再生产的,那么这一系列颠倒必然也会扩大再生产,在社会表面和资本家观念中形成定式、定势。

以上几种颠倒的论证,不仅对《资本论》第三卷第六篇,而且对终篇关于"资本—利息"的论述,都是比较详细的扩展和补足。

再次,关于利息和企业利润的量的分割转化成质的分裂,在理论史末篇还有一些极有价值的思想。例如,这里指出,由于利息的独立化,利润中超过利息的余额,就获得一种不同于利息的产业利润这样一种特殊形式。这样一来,它也"分离为并被理解为不仅是异化的形式,而且直接同剩余价值本身相对立的形式"①。

又如,他还指出,由于这种量的分割产生了质的分裂,资本本身也被分裂,并使资本主义生产过程"表现为脱离自己的特殊资本主义性质,脱离自己的特殊社会规定性的过程——表现为一般的劳动过程"②。

再如,关于"监督工资","资本家在生产过程中是作为劳动的管理者和指挥者出现的,在这个意义上说,资本家在劳动过程本身中起着积极作用。……与剥削相结合的劳动(这种劳动也可以转给经理)当然就与雇佣工人的劳动一样,是一种加入产品价值的劳动,……也必须和劳动者本人的劳动一样给予报酬"。对此,马克思指出:"英国社会主义者曾以充分的理由回答说:很好,以后你们就只应拿普通经理的工资;你们的产业利润不仅在口头上而且在实际上都应归结为监督或管理劳动的工资。"③ 马克思还揭示,所谓的"监督工资"与产业资本的量成反比:"资本小的时候,它就大(因为在这里资本家是介于别人劳动的剥削者和靠自己劳动生活的劳动者之间的中间人物),资本大的时候,它就很微小,或者像在有经理

---

① 《马克思恩格斯全集》第26卷第3册,人民出版社1974年版,第544页。
② 《马克思恩格斯全集》第26卷第3册,人民出版社1974年版,第548页。
③ 《马克思恩格斯全集》第26卷第3册,人民出版社1974年版,第550、551页。

第十章　从理论史的末篇到理论的终篇

的情况下，它就完全和利润分离。一部分管理劳动只是由资本和劳动之间的敌对性、由资本主义生产的对抗性引起的，它完全和流通过程引起的 9/10 的'劳动'一样，属于资本主义生产上的非生产费用。"① 在这里，他还没有忘记揶揄一下那个西尼尔，说如果有"监督工资"，与他的那个著名的"最后一小时"是自相矛盾的。

这些论述，也是终篇所没有的，虽然第三卷第五篇也有相似的说明，但与之相比，仍不失新颖和深刻，因为表述的角度毕竟不同。

其三，关于古典政治经济学。首先，在终篇马克思指出，他们把分配形式和生产形式彼此分开，并且否认它们的同一性。他公正地指出：正是在此基础上，"古典政治经济学力求通过分析，把各种固定的和彼此异化的财富形式还原为它们的内在的统一性，并从它们身上剥去那种使它们漠不相关地相互并存的形式；它想了解与表现形式的多样性不同的统一物的内在联系。因此，它把地租还原为超额利润，这样，地租就不再作为特殊的、独立的形式而存在，就和它的虚假的源泉即土地分离开来。它同样剥去了利息的独立形式，证明它是利润的一部分。于是，它把非劳动者借以从商品价值中获取份额的一切收入形式，一切独立的形式或名义都还原为利润这一种形式。但是利润归结为剩余价值，因为全部商品的价值都归结为劳动；商品中包含的有酬劳动量归结为工资；因此，超过这一数量的余额归结为无酬劳动，归结为在各种名义下被无偿地占有的、然而是由资本引起的剩余劳动"②。这里的表述，比终篇更加详细和具体。古典学派这样做，就不至于把土地和资本看作是地租和利息的价值源泉，因而具有一定的合理性。值得注意的是，马克思认为，古典政治经济学的这些正面的研究实际上具有批判性。"按产业资本来计算地租，是政治经济学的又一个批判性的公式，这个公式保持了地租同作为产生地租的基础的利润之间的

---

① 《马克思恩格斯全集》第 26 卷第 3 册，人民出版社 1974 年版，第 561 页。
② 《马克思恩格斯全集》第 26 卷第 3 册，人民出版社 1974 年版，第 555 页。

内在联系。"①

其次,在肯定古典政治经济学功绩的同时还指出它的缺陷,他认为,古典学派力求把各种固定的和彼此异化的财富形式还原为它们的内在的统一性,它想了解与表现形式的多样性不同的内在联系。这是他们的功绩,但是,在进行这种分析时,"它往往试图不揭示中介环节就直接进行这种还原和证明不同形式的源泉的同一性"②。除了这种方法的错误外,马克思还指出了它的历史的局限:"把资本的基本形式……解释为社会生产的自然形式"③。由是,也就深刻地揭示了古典学派伟大功绩的基础及因其"不彻底性"而"陷入矛盾"④的原因。但这还不是最主要的原因,随着资本主义社会进入较为发展的阶段,古典政治经济学也逐步丧失了它的科学性:"政治经济学越是接近它的完成,也就是说它越是走向深入和发展成为对立的体系,它自身的庸俗因素,由于用它按照自己的方法准备的材料把自己充实起来,就越是独立地和它相对立,直到最后在学术上的混合主义和无原则的折衷主义的编纂中找到了自己至上的表现。⑤"

其四,关于庸俗经济学,马克思在理论史末篇一开头就确定其性质:虽然它反映出资本主义生产的外观,但这是从"资本家的立场出发的,因此他们的论述不是素朴的和客观的,而是辩护论的"⑥。在批判它的分配论时,还指出其错误的重要原因:它"把分配形式实际上只当作从另一角度看的生产形式",并把它和古典经济学相比,说它"真是愚蠢透顶"⑦。此外,末篇还相当全面地批判了它把企业主收入归结为工资的奇谈怪论,并

---

① 《马克思恩格斯全集》第26卷第3册,人民出版社1974年版,第537页。
② 《马克思恩格斯全集》第26卷第3册,人民出版社1974年版,第556页。
③ 《马克思恩格斯全集》第26卷第3册,人民出版社1974年版,第556页。
④ 《资本论》第3卷,人民出版社1975年版,第939页。
⑤ 《马克思恩格斯全集》第26卷第3册,人民出版社1974年版,第557页。
⑥ 《马克思恩格斯全集》第26卷第3册,人民出版社1974年版,第499页。
⑦ 《马克思恩格斯全集》第26卷第3册,人民出版社1974年版,第555页。

第十章　从理论史的末篇到理论的终篇

指出这甚至是与西尼耳的庸俗的"最后一小时"互相矛盾的。① 关于庸俗经济学另一错误，即收入决定价值的说法，这里还特别指出，在生产率不变、生产条件不变的情况下，说价值的不同部分决定整体的价值或价格，虽然在理论上是不确切的，"但是，如果把构成理解为由各个部分相加而形成整体，那么说价值的不同部分构成价值在实际上就是正确的"。但是，这种情况"实际上是不存在的"，因为"生产率会变化并改变生产条件"。② 退一步说，假定生产条件保持不变，但时间也不会很久，"生产过程所不断分解成的并不断再生产出来的各种不同要素的这种表面上的独立性，在危机到来时就会结束"③。这样的说明，就使任何善意的误解或恶意的辩解都无立足之地了。

最后，理论史末篇还涉及庸俗社会主义者在收入问题上的错误，也分析了某些工人的特殊收入、"特殊津贴"、"分享利润"等。

以上这些，有的是终篇简略提到的，有的是从不同的角度、层次说明的，有的则是终篇还未顾及的。它们对终篇原理的形成和发展，都是极其必要的。对我们深入理解终篇的原理，更是有益的、不可缺少的启迪和注释。

第三节　终篇对末篇的深化和拓展

马克思说过他有个特点："要是隔一个月重看自己所写的一些东西，就会感到不满意。于是又得全部改写。"④ 从理论史末篇到理论的终篇，相

---

① 《马克思恩格斯全集》第 26 卷第 3 册，人民出版社 1974 年版，第 562 页。
② 《马克思恩格斯全集》第 26 卷第 3 册，人民出版社 1974 年版，第 575 页。
③ 《马克思恩格斯全集》第 26 卷第 3 册，人民出版社 1974 年版，第 575—576 页。
④ 《马克思恩格斯〈资本论〉书信集》，人民出版社 1976 年版，第 158 页。

《资本论》基本理论在终篇的具体化

隔近三年之久,何况前后两篇所研究的问题的侧重点不同,所以,即使是同一侧面的问题或规定,终篇必然要在末篇奠定的基础上大大地拓展和深化了。

一、终篇对末篇的深化

首先,研究对象本身扩大了。末篇虽以"收入及其源泉"为题,但研究的主要是"资本—利息",至于产业资本、土地所有制及与之相关的利润、地租则是在与之比较的场合涉及的。这样的研究,是有许多前提条件的。在那里,研究的是作为理论史最晚近的思想材料,而不是将它当作整个理论的终点范畴来研究。而终篇,与第一、二卷的末篇紧密联系,研究的是资产阶级财富运动总过程在社会表面上的表象。这种对象范围的扩大,并不是对象的各个局部研究的简单综合,而是整个资本运动,所以这种总体,是一种系统的质,有其特定的结构、集成属性。① 作为总体对象内在规定的社会表象,在再现整部《资本论》的总体时,也形成了科学的终点范畴。所以,无论是与理论史末篇相比,还是与终篇前面的研究相比,研究的高度、广度和深度都加大了,原先暂时被抽象的条件都要综合进来研究,这样,才有可能使对象的各种规定具体化,以科学地再现对象总体。而且,在终篇,马克思还将分配关系与生产关系联系起来,导致资本主义基本矛盾研究的具体化。

其次,是研究方法的发展。由于马克思并没有将理论史末篇当成对前面篇章总结的意思,而只是作为一个"附录",所以,末篇的研究方法与整个第3册的方法的内在联系就不那么强。而终篇则不然,它是全三卷、第三卷的有机组成部分,因此所运用的方法必然是全三卷、第三卷方法的有机组成部分。

即以从抽象上升到具体的方法为例,虽然理论和理论史都运用它,但

---

① [苏]库兹明:《马克思理论和方法论中的系统性原则》,三联书店1980年版,第91页。

第十章 从理论史的末篇到理论的终篇

因为思想材料的区别,运用也就显出差异。对理论来说,在终篇再现对象总体,既要经过必要的中介,又要向起点复归。显然,将这一方法运用于理论史是不能有这样的程序的。

诚然,理论史末篇是在研究生息资本和利息的基础上评价庸俗经济学的,也有必要全面地阐明对象的各种规定,但由于这是为了说明庸俗经济学只是对对象表象的肤浅反映,所以没有向哪个起点复归的要求。

还有,《资本论》运用的直接性与间接性统一的方法,在终篇要达到直接性与间接性的统一,这种统一不是简单地综合,而是要将深化研究所形成的内在规定与为形成这些规定而暂时抽象的各种条件、阶段等结合,导致外化再现。显然,这是全程性的。而理论史末篇则主要不是再现对象总体的表象,而是立足于批判,虽然也详细地论述利息内在规定的颠倒表现,但还不像终篇那样全面、全方位地再现。

再次,研究对象、条件及方法的变化,必然导致理论内容的发展,这与理论史末篇也很不同。这必然大大拓展和深化理论史末篇的理论研究。

在前几章中,我们已经知道,对总体对象在具体条件下的研究和诸多具体规定的揭示,导致了劳动价值理论、资本理论、经济行为理论等基本理论的具体化,这是理论史末篇涉及不多的。而关于政治经济学批判,终篇的分析力度、广度、深度和系统性等方面也都大大超过理论史末篇,更为全面、深刻、彻底,更能体现科学批判的价值。资产阶级经济学的各种错误不是孤立的,而理论史末篇在在开头处说:"收入的形式……是资本主义生产关系从外表上表现出来的存在,它同潜在的联系以及中介环节是分离的。于是,土地成了地租的源泉,资本成了利润的源泉,劳动成了工资的源泉。"[1] 可见,他已经指出"三位一体公式"的表象和异化性质了。正是在此基础上,他集中火力批判"资本—利息"这一环节,虽然也指出它和其他错误的联系,而且相当深刻,毕竟还未涉及其他方面。终篇的情

---

[1] 《马克思恩格斯全集》第26卷第3册,人民出版社1974年版,第499页。

《资本论》基本理论在终篇的具体化

况就不同了,由于它俯瞰和再现的是整个资产阶级财富总体,立足点高,视阈宽广,必然涉及各种基本理论。对此,我们在前面已经有所论述。即从这些研究来看,不仅已经导致它们在《资本论》中臻于具体化,而且也比理论史末篇的相关研究更为全面、具体。

在终篇,伴随着各种基本理论的具体化,马克思对资产阶级经济学尤其是庸俗经济学进行的批判也臻于具体化。他根据唯物史观、各种基本理论、辩证逻辑,在终篇不仅一开始就把"三位一体公式"端出来批判,指出它"把社会生产过程的一切秘密都包括在内"①,而且从其外在的结构到隐含的内容、理论依据和表象依据等等,都一一详尽地分析,所实施的批判全面系统和深刻,特别是从剖析"公式"的错误过渡到批判收入决定论的错误,比起在理论史末篇从说明"资本—利息"的错误,更为深刻、自然和合理。在彻底批判以上错误以后,终篇还以更大的篇幅来批判这些错误的理论来源,即斯密教条。对"教条",终篇不但从生产、流通到分配过程等多方位解剖其错误,说明其恶劣影响,而且还全面分析其产生的主、客观的原因。诚然,在理论史各册中,也都曾批判过这一教条,但并未明确指出它与"公式"错误之间的联系,批判也大抵限于其错误本身,而未涉及其本身产生原因。简单说,是把对"教条"的批判当成"幕间曲"来演奏。所以,终篇的批判,更加全面深入、彻底,从而更加令人信服。最后,特别值得重视的是通过批判,马克思巧妙地将已经发展到第三逻辑阶段的内在规定与各种具体条件联系起来,以至于能够顺理成章地接近社会表象,最终以内在规定的外化再现社会表象,这也是在理论史末篇没有安排的。

二、终篇对末篇的拓展:收入理论

在理论史末篇,马克思一开头就说:"收入的形式和收入的源泉以最

---

① 《资本论》第3卷,人民出版社1975年版,第919页。

第十章 从理论史的末篇到理论的终篇

富有拜物教性质的形式表现了资本主义生产关系。这是资本主义生产关系从外表上表现出来的存在，它同潜在的联系以及中介环节是分离的。"① 他强调了"收入"这一范畴，但还没有将它提升为终点范畴。在《资本论》终篇，马克思不仅将它提升为终点范畴，而且以此为契机，多方位地研究了收入理论。由于人们对终篇研究甚少，因此，很少有人深入研究这一理论，所以有必要用一些篇幅来介绍它。

我们知道，终篇的题目是"各种收入及其源泉"，但是，终篇研究的，不仅有包含剩余价值的各种具体形式和工资在内的总收入，而且扩大至资产阶级财富总体，即还包括不变资本部分。从马克思主义的观点看，不变资本部分并不是收入。这样，似乎总体之名不符总体之实了。但是，这是从范畴的内在属性来看的，只要转换视角，在资本主义社会的主流意识即"生产当事人自己通常的意识中所表现出来的形式"中，——它是资本运动的题中应有之义，再现客观的资本运动，就必须如实地反映这种表象形式——，在"社会表面上"，"在竞争中"，社会总资本，包括不变资本部分，都是收入。马克思在第三卷开头就告诉我们，他在本书所要阐明的是资本的各种形式，它们将"一步一步地接近"② 上述的那种形式，这种表现形式虽然明显带有虚假性、阶级偏见性，但却是资本的"现实存在的形式"。③ 只有在终篇说明基本形式如何和为何转化为社会表面上的表现形式，才算实现再现具体总体的目的。并且也只有这样，所使用的范畴才能"同英法两国经济学家的用语相一致"④，一方面便于由此说明资产阶级学者的错误，澄清由此产生的各种混乱，说明产生这种错误、混乱的主客观条件及理论渊源，另一方面也得以在收入形式上说明一些重大的理论问

---

① 《马克思恩格斯全集》第26卷第3册，人民出版社1974年版，第499页。
② 《资本论》第3卷，人民出版社1975年版，第30页。
③ 《马克思恩格斯全集》第26卷第3册，人民出版社1974年版，第536页。
④ 《资本论》第1卷，人民出版社1975年版，第649页脚注(33)。

题，从而完成自己的科学的收入理论。显然，它与剩余价值的分配是有不同的，因为它所涉及的实体不仅有总工资，还有总不变资本部分。

纵观终篇的收入理论，主要包含有以下几方面内容：

其一，关于收入的实体，阐明收入的源泉、实质的本质，即说明不仅年价值产品即国民收入都只是劳动创造的，而且"年产品的总价值"——包括转移来的不变资本部分——"不外就是物化的社会劳动"①。显然，这一论点是贯穿于《资本论》始终的，但作为收入理论，也有新颖之处：一是从马克思自己理论的角度来说明，以便于同资产阶级的收入理论相区别，相比较；二是从社会的角度，而不是从个别资本的角度来说明，因为"困难只有当从总体上来考察生产过程的时候才会出现"②，尤其从收入的角度考察时更是这样。

其二，关于分配收入的主角，说明"这些收入，是由职能资本家作为剩余劳动的直接吸取者和一般劳动的使用者来进行分配的"③。这样揭示的意义重大，因为在社会表面上，土地所有者都是认为他们的地租收入来自土地的自然生成，货币资本家认为他们的利息收入是来自货币资本本身。这些人都不约而同地否认有统一的剩余价值。换句话说，马克思这样阐述还具有这样的意思，本来是职能资本家直接吸取剩余价值并主导它的分割，但在社会表面上却颠倒地表现为货币资本家与土地所有者按照他们提供的要素获得相关的收入。这些要素所有者都认为，没有他们，职能资本家就无能为力。

其三，关于收入形式的神秘性，说明了收入是利息、地租和工资的神秘化形式。首先，马克思指出，在资本主义社会中，雇佣劳动被看成是自然形态的东西，随之，资本、土地也和它们的自然的物质合而为一，因

---

① 《资本论》第3卷，人民出版社1975年版，第929页。
② 《资本论》第3卷，人民出版社1975年版，第951、952页。
③ 《资本论》第3卷，人民出版社1975年版，第928页。

而，它们所带来的果实，就好像是自然产生的；其次，他又指出，虽然各种收入之间有本质的区别，利润、利息和地租体现着无酬劳动，工资则体现着有酬劳动，但它们却全属于一个范围，即价值的范围，并且都归结为收入而一致起来，"利润和地租同工资的共同之处在于，三者都是收入的形式"①。在第一卷，马克思已指出，劳动力的价值在社会表面上表现为劳动的价值，并转化工资、计时工资、计件工资，这多次转化就将工资的实质掩盖了。在终篇马克思又进一步指出，工资在工人手里，它实质上是工人出卖自己的劳动力所得的收入，但在社会表面上，却与利润、地租都归入收入范畴，由是，就将劳动力的价值彻底掩盖了。至于利息、利润和地租，作为收入与工资并存，更把三大阶级的差别掩盖了。再次，终篇还深刻地说明，这些不同的收入，它们的实体本来都是劳动创造的，但却不归劳动者所有和支配，并反过来支配、榨取劳动者的无酬劳动，这就是异化。同时，资本主义财富不同社会要素互相间独立化、硬化，并进而使生产关系物化、宗教化——即造成日常生活的宗教——所有这些，都是"经济上的神秘化"②。最后，这种既神秘化又表象化的收入在化成了资本家的日常意识之后，还通过庸俗经济学的精心改造制作，变成了价值的决定因素。

其四，关于收入形式与再生产的关系。在终篇，马克思还特地在收入形式上来分析社会资本的再生产，首先是简单再生产。乍一看来，这里的分析似乎只是第二卷第 20 章研究的具体化，只是把两部类可变资本具体化为工资、把剩余价值具体化为利润和地租。其实不止，这里还说明 Ⅰ(V+M)＝ⅡC 的关系在社会上表现为收入＝资本的关系，由于在社会表面上生活资料是由收入消费的，所以Ⅱc 也表现为收入，所以 Ⅰ(v+m)＝Ⅱc 也就变成了收入＝收入了。由此观之，马克思这种分析是大有

---

① 《资本论》第 3 卷，人民出版社 1975 年版，第 949 页。
② 《资本论》第 3 卷，人民出版社 1975 年版，第 939 页。

《资本论》基本理论在终篇的具体化

深意的。我们知道，资产阶级学者，包括古典学派在内，都把资本和收入混为一谈，都无法科学地说明社会资本的再生产。可见，马克思在这里结合收入形式来说明这一问题，就是一种重要的创见。何况这里一开始就把资本特别是社会总资本的不变部分和收入区别开来，这对资产阶级学者来说，是不能理解更做不到的。其次，关于收入和扩大再生产的关系，马克思指出，在社会表面上和资本家意识中，再生产的扩大来自资本家的收入，追加劳动"不断地以收入形式表现出来"[①]。马克思认为，这种情况无非说明剩余价值要转化为新资本，"必须首先经过一个表现为收入……的阶段"[②]。再次，马克思更指出，收入作为分配关系是既是由生产决定的，但同时又是一种支配再生产的关系，因为利润这种收入的平均化，还表现为生产本身的主要因素，即资本和劳动在不同生产部门之间分配的因素；而利润分割为企业主收入和利息，表现为同一个收入的分配，这又发展了信用制度，因而也发展了生产的形式。[③]

其五，区分两种性质不同的收入理论。一方面，他科学地区分了"总收益和纯收益同总收入和纯收入"，阐明了社会总产品或总收益、总收入和纯收入固有的质、构成等规定；另一方面，马克思又拿出另一种错误却又在社会上通行的纯收入或纯收益理论："在资本主义生产的基础上，整个社会持有资本主义的观点，认为只有分解为利润和地租的收入才是纯收入。"萨伊更认为："全部收益，全部总产品，对一个国家来说都可以分解为纯收益，或者同纯收益没有区别。"[④] 这样突出两种收入观的区别和对立是很有必要的，一方面可以说明资产阶级经济学家如何和为何陷入混乱，即从资本家、土地所有者、工人分别据资本、土地、劳动取得收入，一步

---

① 《资本论》第 3 卷，人民出版社 1975 年版，第 959 页。
② 《资本论》第 3 卷，人民出版社 1975 年版，第 961 页。
③ 《资本论》第 3 卷，人民出版社 1975 年版，第 998 页。
④ 《资本论》第 3 卷，人民出版社 1975 年版，第 951 页。

第十章 从理论史的末篇到理论的终篇

一步地滑向庸俗的理论渊源——斯密教条,另一方面,也为了在第四十九章全面分析收入和资本的关系时"避免不必要的困难"①。

其六,科学地分析了收入与资本的关系。对此,马克思又从不同的层次来说明。首先,说明两者作为范畴的性质是不能混淆的,但是,它们在社会表面上作为价值的职能在流通中却是可以互换位置的。以产品中代表已经支出的工资的价值部分为例,"它首先是以资本的形式存在,并且作为资本和劳动力相交换",而到工人手里就转化为收入并被消费掉,但由于工人是向资本家购买生活资料的,所以工人的收入在因消费购买的同时又"流回"资本家的手中,从而"作为必须重新预付在再生产上的资本的组成部分流回"②。可见,资产阶级学者是把范畴的性质和表象的职能混为一谈了。其次,就是在上面看到的,总产品的价值($c+v+m$)作为总资本包含了归结为总收入即($v+m$)部分,同时还包含了不归结为总收入的不变资本部分,所以必须将总收益、总收入和纯收入区别清楚。再次,就总收入即两部类的($v+m$)部分具体说明,其物质构成中包含有不变资本的部分,虽然从整个总资本的再生产过程看收入和资本会互相交换、互换位置,虽然最终要形成收入借以花费的消费资料的那些商品在一年内要通过不同的阶段,在一个阶段上它们形成不变资本的一部分,在另一阶段上,它们供人们消费,完全加入收入等等,但其中的收入和资本却是"两个固定的规定"③,不可混同。更次,就两部类的不变资本部分,说明它的扩大,即积累或资本化的不是资本家收入的节省,实质是工人提供的剩余劳动的一部分。最后,说明资本范畴决定收入范畴,"如果产品的一部分不转化为资本,它的另一部分就不会采取工资、利润和地租的形式"④。经

---

① 《资本论》第3卷,人民出版社1975年版,第950页。
② 《资本论》第3卷,人民出版社1975年版,第949页。
③ 《资本论》第3卷,人民出版社1975年版,第952—955页。
④ 《资本论》第3卷,人民出版社1975年版,第994页。

过这些论述，收入和资本的区别与联系也就清楚了。资产阶级学者根据社会表面的现象，用他们流行的思维方式来研究和说明收入问题，当然不可避免地要陷入混乱。即使像斯密这样的伟大学者，也在所难免。在第一、二卷末篇，马克思在批评斯密教条时就已经涉及收入问题，但由于收入是资本主义社会资本运动的最表层呈现出来的东西，所以，只有在终篇才能对它进行全面深入的研究，也才能全面地阐明它和资本的区别和联系。

其七，关于收入与所有权的关系，马克思指出所有权与收入的产生有关，与收入的价值实体无关。"劳动力的、资本的和土地的所有权，就是商品这些不同的价值组成部分所以会分别属于各自的所有者，并把这些价值组成部分转化为他们的收入的原因。但价值并不是因它转化为收入而产生的。"① 收入本质上是一定的主体所拥有的生产要素的所有权在经济上的实现，但构成收入的价值实体不是自然而然地从天而降，而是要经过一系列的中介环节、特别是生产过程的环节，才能表现为各个主体的收入。

其八，关于收入的量的规定。首先，马克思排除竞争造成的假象，阐明了总收入量的界限、各种收入各自的量的界限。这样，实际上也就排除了不变资本部分分解为收入的可能。其次，他又联系生产力的局部的、全面的变动来说明工资的局部、全面的变动以及它们与"隐蔽地调节着这种变动"的商品价值本身局部的、全面的变动关系②，以及在总收入一定的情况下，这些变动对剩余价值量即工资以外的其他收入量的影响。再次，阐明各种收入的量的内在规定在社会表面上的表现，即转化为主观的由契约规定的预先存在的量。

其九，说明各种收入彼此区别的客观基础是必要劳动和剩余劳动的区分，是分割剩余劳动的不同根据。③ 并说明由于这种区分在其他社会生产

---

① 《资本论》第3卷，人民出版社1975年版，第981页。
② 《资本论》第3卷，人民出版社1975年版，第981页。
③ 《资本论》第3卷，人民出版社1975年版，第989—990页。

第十章 从理论史的末篇到理论的终篇

方式中存在，因此这几种收入形式、从而资本主义生产方式似乎是超社会的，具有自然关系的假象。

其十，阐明收入形式只是一种分配关系的表现，归根到底决定于生产关系。同时，还表明收入作为一种分配关系即"是生产关系的反面"①，是生产关系的实现，是一定的所有权的实现；对它的追求，甚至"成了提高劳动社会生产力的最有力的杠杆"②。成了生产关系再生产的杠杆。③

总之，终篇对收入的研究，既深入浅出，又全面具体。但是，这并不意味着收入理论只是在终篇才开始出现。在第一卷的一些篇章，在第一、二卷的末篇，马克思已有涉及。在第三卷的前六篇，马克思则已研究了利润、利息、地租等范畴，虽然不是在收入或更为具体的范畴意义上研究，虽然其所处的研究条件和终篇相比还比较抽象，所形成的规定还不够具体，但它们却是收入理论发展过程中的必经阶段或组成部分。如果没有看到这些，没有注意到终篇对收入的研究，就不能发现这一理论在《资本论》中的存在和发展，而把它发出的光辉、它的理论、方法的价值，归结为别的理论。实际上，资产阶级财富即社会总资本在资本主义社会表面上的表现就是总收入，所以，从范畴发展的意义上看，总收入也就是《资本论》范畴体系中最具体的范畴。当然，由于在资本主义社会，社会总资本不是总体表现的，同样地，收入也是分散于各个主体手中，所以终点范畴不是总收入，而应该是收入。

所有这些，除了个别的方面，如第一、二方面外，都是理论史末篇所未深入论述的，至于第一、二方面，末篇的论述尽管也十分深刻，但毕竟受到研究对象研究目的的影响。

---

① 《资本论》第3卷，人民出版社1975年版，第993页。
② 《资本论》第3卷，人民出版社1975年版，第996页。
③ 参看林水源：《论新型社会主义所有制的建构》，中国社会科学基金出版社1991年版。该书提出从剩余产品的占有来理解所有制或生产关系的重要性。

《资本论》基本理论在终篇的具体化

　　从理论史末篇到理论的终篇，既是马克思研究和批判的深入和发展的过程，又是其理论体系形成和科学化的过程。它再次表明，对马克思的各种基本理论，都必须根据全四卷的统一即整个体系的发展来理解。在比较末篇和终篇理论的过程中，我们很自然地会意识到，终篇实际上又是《资本论》中科学的收入理论的完成。因为它不仅提出了全书最具体和有最丰富规定的范畴，而且科学地运用价值、资本、经济行为等等理论来说明、再现资本主义社会的最表面的现象。

结　语

马克思在《政治经济学批判·导言》中说："从抽象上升到具体的方法，只是思维用来掌握具体并把它当作一个精神上的具体再现出来的方式。"① 所谓"当作精神上的具体再现"，并非简单地镜面式地反映，必须是已经在精神上、理论上揭示了对象的内在规定基础上的再现，它使内在规定结合原先暂时撇开的各种条件或因素而还原整体的表象。在终篇，马克思通过分析"公式"和"教条"的形成与流通、竞争产生的假象紧密联系，从而将研究转向对象内在规定的外化表现，接近社会表象。显然，《资本论》终篇是最能体现这种科学再现的地方，在这里，我们的确可以感悟到这种极具特色和优越性的研究再现范式。

从科学再现本身看，它属于认识论范畴，② 但是，《资本论》及其终篇的科学不仅有认识论的意义，还有批判的意义、价值论的意义。再现客观对象不是要美化、维护它，而是要批判它，并通过再现和批判体现一定的价值。不言而喻，马克思的科学再现同时还进行着一定的特殊的批判。这是一种联系着武器批判的理论批判，它包含"对他批判"和"自我批判"，前者有特定的外部对象，即马克思对资本主义制度、观念、理论的批判，

---

① 《马克思恩格斯全集》第46卷上册，人民出版社1979年版，第38页。
② 从这种意义看，它就是列宁说的：逻辑、辩证法、唯物主义认识论的统一（列宁：《哲学笔记》，人民出版社1974年版，第357页）。

《资本论》基本理论在终篇的具体化

后者是指理论自身的阶段性发展。为了彻头彻尾实行对他批判,后者还必须转化为武器的批判。批判以再现为前提,又联系着、包含着、体现着一定的价值。与资产阶级学者根本不同,马克思再现总体对象的历史发展,是揭示其发展的历史趋势,这当然要通过科学的批判才能实现,而批判必定与一定的价值紧密联系。《资本论》及其终篇就是在再现和批判的过程中体现了研究的价值,是再现、批判、与价值"三位一体"。

《资本论》及终篇的价值是多方面的。如果单从理论发展来看,它提供的基本理论中包含进一步发展的逻辑方法与路径。马克思说,他希望人们在他"已经打好的基础上"①进一步研究。恩格斯也说:"马克思的世界观不是教义,而是方法。……是进一步研究的出发点和供这种研究的方法。"②但是,如果简单地将《资本论》的价值归结为一定的方法就错了。从本来的意义看,方法与对象是同一的,离开了对象谈方法,就会将它看成是纯粹主观的东西,将理论进展看成是真正"先验的结构"。离开再现、批判与价值来理解方法,方法就不再存在。但是,结合再现、批判、价值这个"三位一体",方法的运用就有了基础和出发点,就能为新的逻辑圆圈确定边界,有利于其逻辑的展开。

一、终篇包含着进一步发展的根本和逻辑

如果说,到第三卷第51章为止,《资本论》形成了一个完整的逻辑圆圈,而第52章又显示了这个圆圈的开放性。也就是说,可以由此开始一个新一轮的逻辑发展。

在第52章,马克思先提出:"什么事情形成阶级?……什么事情使雇佣工人、资本家、土地所有者成为社会三大阶级?"紧接着又说,在社会

---

① 《马克思恩格斯〈资本论〉书信集》,人民出版社1974年版,第170页。
② 《马克思恩格斯〈资本论〉书信集》,人民出版社1974年版,第575页。

表面上，"乍一看来，好像就是收入和收入源泉的同一性"① 形成的，换句话说，阶级的差别、区分似乎是由收入形式的差别、区分引起的。马克思这样设问设答，固然是要对这种错误观念进行批判，同时也是要由此引出"阶级"这个范畴，开始新一轮的逻辑圆圈。这样处理思想材料，不仅显示了整部《资本论》特别是终篇是进一步研究阶级的基础和出发点，也显示了理论进一步发展的逻辑。

马克思在《政治经济学批判·导言》中已经说过："如果我不知道这些阶级所依据的因素，如雇佣劳动，资本等等，阶级又是一句空话。而这些因素是以交换，分工，价格等等为前提的。比如资本，如果没有雇佣劳动，价值，货币，价格等等，它就什么也不是。"② 可见，《资本论》提供的一系列基本理论，包括劳动价值论、狭义资本理论、经济行为理论等等，就是研究阶级的不可或缺的理论基础，更严格地说，是理论根本。如前所述，根本不是一成不变的，而是有机的，既支撑有机体的发展，又与它一起发展。

在《资本论》中，各个研究阶段的研究对象的规模或范围、条件都有不同，因而所揭示的规定也有不同。马克思并不是直接地用上个阶段揭示的规定来套用到已经变化了的对象上、现象上，而是先阐明上个阶段的规定会因为对象规模扩大、条件变化而发生转型，再用已经转型了的更为复杂的规定来解释复杂的现象和过程。因此，能成为研究"阶级"的依据的，不是最初阶段揭示的规定，而是第三阶段、特别是终篇已经复杂化、具体化的各种规定。

但是，作为进一步发展依据的，主要是其中的一般性、总体性的规定，当然也是资本主义较为发展阶段上的已经转型并复杂化的规定。其中既有直接性的、也有间接性的规定。

---

① 《资本论》第3卷，人民出版社1975年版，第1000页。
② 《马克思恩格斯全集》第46卷上册，人民出版社1979年版，第37页。

作为进一步发展基础或依据的，还有《资本论》特别是终篇的政治经济学批判。马克思以政治经济学批判为《资本论》的副标题，并不仅仅表现出一种理论品格，而是实实在在地在破中立。在终篇，对"三位一体公式"的批判有很丰富的内涵，既有直接的批判，又包含有深刻的含义，指出它实质上表达了一种经济关系、一种利益格局，而又没有表明三种收入的比例关系，因而是一种具有"共享"表象的关系。它作为"公式"来表现，又表明它影响社会观念的形成，并使之固化、强势化。这种定型于资本主义较为发展阶段的观念不止对当时的分配关系、社会意识有影响，而且对后来的资本主义分配关系、社会意识都有强大的影响。这也是后来的资本运动的题中应有之义，从而是新一轮逻辑圆圈中必须揭示的。

不言而喻，马克思客观地再现社会总资本的运动，绝不是被动的还原其面目，而是有明确指向的。在他看来，资本离不开一定的主体，而这个主体又是划分为阶级的，所以接下来当然必须将《资本论》中已经突出但还没有专门系统研究的"阶级"提出来研究。正如我们已经看到的，《资本论》第三卷结合流通、竞争、收入等社会表象来研究三大阶级，比起第一卷研究的阶级已经更加具体，由此完全可以设想，第二个逻辑圆圈的进一步研究必定更加具体。如果说，在《资本论》起点，"最简单的商品形式……就包含着货币形式的全部秘密，因此也就包含萌芽状态中的劳动产品的一切资产阶级形式的全部秘密"①。那么，终篇的广义资本理论作为进一步研究的出发点，也包含着资本更为发达状态中的各种复杂规定的萌芽。

马克思在撰写《政治经济学批判》的序言、正文之前，已经起草好一篇《导言》，在其中有一个计划："（1）一般的抽象的规定，因此它们或多或少属于一切社会形式，不过是在上面所分析过的意义上。（2）形成资产阶级社会内部结构并且成为基本阶级的依据的范畴。资本、雇佣劳动、土

---

① 《马克思恩格斯〈资本论〉书信集》，人民出版社1976年版，第216页。

地所有制。它们的相互关系。城市和乡村。三大社会阶级。……"① 显然，在第（2）部分论述"资本、雇佣劳动、土地所有制"之后接着就研究"三大社会阶级"。在《政治经济学批判（1857——1958年草稿）》中提出的几个计划，也是这样。② 显然，按照马克思的计划，在"阶级"之后要上升到"资产阶级社会在国家形式上的概括"。这样的逻辑发展是沿着《资本论》逻辑的继续上升和转型。尽管马克思没有来得及完成这项工作，新的逻辑圆圈实际上并没有完成，但这种圆圈的衔接，却充分体现了《资本论》逻辑发展的活力。

马克思理论的逻辑发展从总体看是从抽象上升到具体，因而终点范畴是该理论过程最具体的。但相对于客观对象在新的历史阶段、新的发展条件下的进一步发展而言，这个终点具体包含的规定还是一般的、普遍的，因为它们不以资本主义国别和发展阶段为转移，凡是资本，皆有这种一般性规定。一旦结合变化了的阶段、对象范围、条件而变化，它就从一般性上升为特殊性了。所谓的特殊性，是指这些一般性规定受特殊的发展阶段或经济时代影响而转型。如果再进一步结合典型对象所处的国家、民族文化等条件，对象的特殊性还会继续转型为个别性。这样看来，理论研究的逻辑发展还表现为"普遍性——特殊性——个别性"的上升和统一。而且，在最基本的逻辑圆圈中的上升有典型对象范围内的"普遍性——特殊性——个别性"的上升和统一，还会因为对象的发展表现为具体对象（特殊过程与一般过程的统一）范围内的"普遍性——特殊性——个别性"的上升和统一，并且还会表现为对象体系（同类对象）范围内"普遍性——特殊性——个别性"的上升和统一。从马克思提出的几个研究计划来看，

---

① 《马克思恩格斯全集》第46卷上册，人民出版社1979年版，第46页。
② 如果说，《政治经济学批判》中提出的第一个计划的第二篇是"生产的内部结构"，第三篇是"[生产的]国际关系构成"，说的比较抽象，那么在第二个计划中，就说的比较清楚，在论述了资本的六个方面规定之后，接着就是"三大阶级……"（《马克思恩格斯全集》第46卷上册，人民出版社1979年版，第178、218页）。

他是准备按这样的程序来推进逻辑过程。虽然后来马克思的写作计划有所改变，但在再现总体对象这种从一般到特殊再到个别的程序依然不变。

马克思在《资本论》第三卷中说："世界市场是资本主义生产方式的基础和生活条件。但资本主义生产的这些比较具体的形式，只有在理解了资本的一般性质以后，才能得到全面的说明；不过这样的说明不在本书计划之内，而属于本书一个可能的续篇的内容。"① 所谓的"续篇"，所"续"的当然是《资本论》，是终篇。在终篇他又说："在描述生产关系的物化和生产关系对生产当事人的独立化时，我们没有谈到，这些联系由于世界市场，世界市场行情，市场价格的变动，信用的期限，工商业的周期，繁荣和危机的交替，会按怎样的方式对生产当事人表现为不可抗拒的、自发地统治着他们的自然规律，并且作为盲目的必然性对他们发生作用。我们没有谈到这些问题，是因为竞争的实际运动不在我们的研究计划之内，我们只需要把资本主义生产方式的内部组织，在它的可说是理想的平均形式中表现出来。"② 这也就是说，在进一步的研究中，还必须让竞争以及由此产生的各种变动回归研究过程。所以，相对于《资本论》对象的一般性，续篇对象必定是特殊性的。一旦这样续下去，原来的理论也就特殊化了。

虽然马克思来不及撰写这个续篇，但他早有计划。③ 但是，由于他研究的是自由竞争时代的资本运动，并且是在完全竞争的条件下进行研究的，尽管这是自由资本主义典型形态的资本运动，因而具有一般性，但相对于垄断资本主义，那还是比较低级的。不过，他已经敏锐地捕捉到垄断资本运动的某些最重要的规定，并在《资本论》中反映出来。他指出，资本"在一定部门中造成垄断，因而要求国家的干涉。它再生产出了一种新

---

① 《资本论》第3卷，人民出版社1975年版，人民出版社1975年版，第126—127页。
② 《资本论》第3卷，人民出版社1975年版，人民出版社1975年版，第939页。
③ 马克思说过："科学和其他建筑师不同，它不仅画出空中楼阁，而且在打下地基之前就造起大厦的各层住室。"（《马克思恩格斯全集》第13卷，人民出版社1962年版，第46页）

结语

的金融的贵族,一种新的寄生虫"①。只是由于当时的垄断资本尚处于萌芽状态,因而不能深入全面的研究。这也意味着他的研究已经显性地包含着进一步发展的逻辑和萌芽,也意味着研究进入垄断阶段的资本主义的重要性。既然他在"最简单的商品形式"的分析中已经内在地"包含萌芽状态中的劳动产品的一切资产阶级形式的全部秘密",那么在指出这种"新的金融贵族"的垄断的时候,也已经预示科学的资本理论研究有必要从对自由竞争下的资本运动上升到以大资本垄断下的资本运动为对象。因此,马克思主义理论的逻辑发展已经内在地包含着"平滑式"上升和"跳跃式"上升两种范式。换句话说,在垄断借新时代生产力迅速发展之势成了整个社会经济基础的时候,社会对经济理论发展的要求就不再是按部就班地沿着原有的逻辑上升,而要迅速跃上一个新的逻辑平台。

众所周知,马克思的研究既是逻辑的,又是历史的。这是由客观对象在一定的条件下从低级到高级、从简单到成熟地发展所决定的。这种客观性决定了、提示了《资本论》进一步发展的逻辑。它的科学性要保持和发挥,就得继续充实和发展。由于客观对象的发展变化并非脱胎换骨,并没有脱离原有的运行轨道,所以,在理论的发展上,《资本论》研究所形成和具体化的理论及其包含的逻辑,就是进一步研究的基础和出发点。

由此观之,《资本论》的上升或具体化有两种模式:其一,是紧接着原有逻辑圆圈向更上一层圆圈的上升,尽管好像没有马克思计划的"续篇",因为马克思来不及做,或准备让与他同时代的别人去接着推进,但是在他的各个手稿中、在其他著作中,也有一些十分重要的论述或提示。其二,是随着大的历史阶段的上升而上升,这主要是由列宁完成的,列宁研究的垄断资本主义虽然不是从"阶级"而是从"生产集中"开始的,似乎与《资本论》这个逻辑圆圈没有衔接,但它研究的历史阶段却紧挨着《资本论》的第三个逻辑阶段。无论是哪一种模式,都是从《资本论》论

---

① 《资本论》第3卷,人民出版社1975年版,第496页。

述证明的资本运动的一般规定为基础和出发点的，因而都是循着"一般——特殊——个别"的逻辑而上升的。

了解了《资本论》尤其是终篇理论的这种特点之后，我们就应清楚地看到，了解这一理论发展上升的逻辑，了解它的"一般性——特殊性——个别性"的发展逻辑，是进一步研究的重要前提。唯有如此，才不会脱离马克思主义发展的固有轨道和逻辑而离经叛道，才能对客观对象在新的发展阶段即垄断取代自由竞争之后的变化"有一个连贯的理论见解"①，也才能正确了解这一理论的现实价值，既不割断历史、又正视现实，才能科学地研究已经发展了的现实和预见未来。

二、社会主义政治经济学的滥觞和枢纽

《资本论》终篇的研究不仅对马克思以后的资本运动研究有指导意义，对资本主义社会的工人运动有教育和指导意义，而且作为马克思主义的成熟、巅峰之作，也"预示着生产关系的现代形式被扬弃之点，从而预示着未来的先兆，变易的运动。"② 具体地说，就是预示资本主义被社会主义社会取代，预示社会主义社会经济发展的先兆和变易。这种预示，当然在理论的终点处更为明显、明确。由此可见，终篇在为资本主义唱挽歌的时候，已经在预示未来社会某些重要先兆，从而是社会主义社会政治经济学的滥觞好枢纽。所谓的滥觞，就是发源地，是不断涌流的源头；所谓的枢纽，不仅拥有庞大的库容，而且是调节下游发展的关键。对社会主义理论经济学的形成和发展来说，《资本论》尤其是其终篇，就是这样的滥觞与枢纽。

诚然，在《共产党宣言》中，马克思和恩格斯提出的夺取资产阶级的

---

① 《马克思恩格斯全集》第26卷第1册，人民出版社1972年版，第67页。
② 《马克思恩格斯全集》第46卷上册，人民出版社1979年版，第458页。

全部资本建立生产资料公有制以及 10 条必要措施,① 似乎也可以看成是他们最早提出的未来社会的最基本规定,但真正有经过详尽研究和论证的还属《资本论》。在《资本论》中,马克思都在分析资本关系如何违背不断高级化的社会化大生产的客观要求的场合,预示未来社会应该如何适应这些要求,但比较集中地论证的地方还属终篇。在这里,既有马克思"自认为提供的东西",也有他"实际提供的东西"。

在《资本论》中,马克思研究的是典型的资本运动。在终篇第 52 章,马克思又说:"在英国,现代社会的经济结构无疑已经有了最高度的、最典型的发展。但甚至在这里,这种阶级结构也还没有以纯粹的形式表现出来。在这里,也还有若干中间的和过渡的阶段到处使界限规定模糊起来(虽然这种情况在农村比在城市少得多)。"这一方面表明,他研究的典型对象是不包括那些"非纯粹形式的"成分,也就是说,他是将资本主义与资本主义社会区分开来的。后者比前者更复杂。另一方面也表明,进一步的研究就要结合之前暂时撇开的东西。实际上,在终篇我们已经看到,马克思已经超出典型对象的范围,在一定的意义上将它扩大到整个资本主义社会,因而已经涉及生产要素的所有权以及以资本主义生产关系为基础的社会制度,研究的是具体对象。这种情况告诉我们,既不能忽视典型对象运动的社会条件,又要抓住典型对象。在具体的社会条件下,具体对象的运动就不那么纯粹。既包含一般过程的、也有特殊过程的,后者又有两种,一种是资本主义社会的,一种是未来社会的。由于一般过程都寓于特殊过程之中,所以我们将它们统一起来说明。

先看未来社会的一些必要规定。

---

① 《马克思恩格斯选集》第 1 卷,人民出版社 1995 年版,第 293—294 页。但在 1872 年序言中,马克思和恩格斯又说:"这些原理的实际运用,正如《宣言》中所说的,随时随地都要以当时的历史条件为转移,所以第二章末尾提出的那些革命措施根本没有特别的意义。"(同书第 248—249 页)

我们已经知道,在《资本论》中,马克思研究一般的经济发展过程包括作为过程的工业化和商品经济,以及不同主体的经济行为。这些一般过程和要素在未来社会中仍然存在和发展,所以《资本论》的相关论述对未来社会很有指导意义。特别是终篇,研究的是当时人类社会最为发达的社会生产过程,揭示的一系列规定是最为具体复杂的,更能体现过程进一步发展、正常发展的客观要求。如果说将第一卷研究工场手工业的一些规定套用到现在的发达市场经济体肯定不合适,那么,只有终篇的相关研究才能对社会主义社会的经济发展真正起指导作用的。

在终篇,马克思将区分了未来社会的不同发展阶段:"社会上的一部分人靠牺牲另一部分人来强制和垄断社会发展(包括这种发展的物质方面和精神方面的利益)的现象将会消失;……这个阶段又会为这样一些关系创造出物质手段和萌芽,这些关系在一个更高级的社会形态内,使这种剩余劳动能够同一般物质劳动所占用的时间的较显著的缩短结合在一起。"①显然,后面的"更高级的社会形态"比最初阶段的发展水平更高。马克思这种区分过程发展阶段的思想包含很丰富的内容,有划分的依据和条件,有发展的利益,有发展的主体,发展的转型、发展水平高低的评价等,其中特别重要的是突出劳动的状态,联系消灭对劳动的剥削压迫以及生产条件的优化、工作日的"显著的缩短",实质上都是突出"劳动的解放"。

终篇研究的对象与物质生产条件紧密联系,但不是一般的,而是高起点、高水平的。在资本主义较为发展的阶段,不仅和以前的剥削形式相比,而且与其初级阶段相比,资本榨取剩余劳动的方式、条件和结果,"都更有利于生产力的发展,有利于社会关系的发展,有利于更高级的新形态的各种要素的创造"②。可见,未来社会的生产社会化是在资本主义长期为之准备的基础上开始的。

---

① 《资本论》第3卷,人民出版社1975年版,第926页。
② 《资本论》第3卷,人民出版社1975年版,第926页。

在此基础上，未来社会的"社会现实财富和社会再生产不断扩大的可能性，"不再取决于投入的增加，而"取决于剩余劳动的生产率和这种劳动借以完成的优劣程度不等的生产条件"①。剩余劳动生产率提高，同时必要劳动生产率也提高，这样，既能在使必要劳动时间显著缩短的同时，必要劳动的产品率提高，使劳动者的需要有效增加，还能提高剩余产品率增加真正的社会财富。在那个时候，剩余劳动只是为社会提供积累，为"社会上还不能劳动或已经不能劳动的成员"②而提供。

这个时候的生产者应是"社会化的人"，是"联合起来的生产者"。所谓"社会化的人"，是拥有生产资料所有权的人，而且是在"最无愧于和最适合于他们的人类本性的条件下来进行"生产，是自觉地，富有创造性的，是充分理性的。而且，"社会化的人"还是"共同控制"生产的人，是管理社会化生产的人；是"能力发展"③、"个性充分发展"④的人。

在未来社会中，社会化的人应"合理地调节他们和自然之间的物质变换"⑤。所谓的"合理"，应是合乎目的而充分地有效地利用人力物力，既不竭泽而渔、浪费和破坏自然资源，又"靠消耗最小的力量"进行生产。在终篇，马克思不仅强调两大部类的"c、v、m"都应能实现，还指出社会调控时要注意不变资本要素的替代性："即使不是同样数量和形式的新物品，至少也是同样效率的新物品"，注意劳动生产力的提高对再生产的影响。⑥ 所以，这种调控还伴有最好的宏观效益：最符合生产者的需要，最无愧于和最适合他们的人类本性。

在未来社会，社会化大生产的规模，比例，结构等，都应由社会需要

---

① 《资本论》第 3 卷，人民出版社 1975 年版，第 926 页。
② 《资本论》第 3 卷，人民出版社 1975 年版，第 990 页。
③ 《资本论》第 3 卷，人民出版社 1975 年版，第 927 页。
④ 《资本论》第 3 卷，人民出版社 1975 年版，第 990 页。
⑤ 《资本论》第 3 卷，人民出版社 1975 年版，第 926 页。
⑥ 《资本论》第 3 卷，人民出版社 1975 年版，第 960 页。

决定的。社会需要则归结为人的发展需要。马克思说得很清楚：物质生产"这个必然王国会随着人的发展而扩大，因为需要会扩大，但是，满足这种需要的生产力同时也会扩大"①。所以，只能"按社会需求所决定的程度来不断扩大再生产"②。

最后，马克思的研究还表明，未来社会的分配不再有广义狭义之分，不再表现为全部分为三个部分的假象，必须对社会总财富作必要的扣除，以弥补原来的损耗。剩余的社会财富只分为两个部分，一个部分为社会成员共享，一个部分用于扩大再生产，并将"必须为社会上还不能劳动或已经不能劳动的成员"③ 包括在必要劳动和剩余劳动中。这样，分配结构简化了。

以上是从发展的内容看，但发展还要一定的经济形式。在资本主义社会，这就是商品生产。虽然马克思在其特有的研究条件下设想的未来社会不存在商品生产，但后来的社会经济发展却存在着另外的、马克思始料未及的条件，例如发生社会主义革命的国家都是生产力发展水平较低、商品经济不发达的国家，因而在一定的阶段还要发展商品经济。因此，马克思劳动价值论揭示的一些基本规定不仅要发挥作用，还要随着这种特殊性质的商品经济、市场经济的发展而发展。因此，在终篇，马克思对劳动价值论的研究和揭示对社会主义社会的商品生产来说，还很有意义，是他"实际上提供的东西"。

在这里，他指出："1. 产品作为商品和 2. 商品作为资本产品的性质，已经包含着一切流通关系，即产品所必须通过并由以取得一定社会性质的一定的社会过程；同样，这种性质也包含着生产当事人之间的一定的关系，这种关系决定着他们的产品的价值增殖和产品到生活资料或生产资料

---

① 《资本论》第 3 卷，人民出版社 1975 年版，第 960 页。
② 《资本论》第 3 卷，人民出版社 1975 年版，第 990 页。
③ 《资本论》第 3 卷，人民出版社 1975 年版，第 990 页。

的再转化。"① 其中主要强调：一是强调生产当事人之间的关系；二是这种关系是通过流通而建立，并取得一定的社会性质；三是主体要求有产品的价值增殖；四是连续扩大的再生产过程，需要产品到生活资料或生产资料的再转化。显然，这些都是商品经济比较发展阶段的规定，与简单商品生产有很大的不同。不再是抽象条件下的那种即简单的平等交换的关系、利益共享的关系。因为它是关于一般的商品经济的规定，所以对当代中国的社会主义市场经济仍然具有指导意义。

但是，既然有不同的主体，他们的关系具有一定的社会性质，必须满足一定的社会需要。但是，他们又都在追求自己产品的价值增殖，所以，在这个时候，社会仍然必须处理好个别主体追逐价值增殖与满足社会需要之间的矛盾，因而还必须"问谁执行这种社会需要的代表的职能"②。不言而喻，这是要由"自由人的联合体"来决定的。

再看特殊过程的规定对未来社会的理论价值。

关于对特殊过程研究的现实意义，普遍有一种看法，只要将资本主义生产关系抽去，剩下的就可以使用于社会主义的经济发展。其实不然，对资本运动来说，如果抽去了资本主义生产关系，它就什么也不是了。当然，这也不是说，对特殊的资本运动的研究对社会主义社会的经济发展没有任何理论价值，有些还很有现实意义。

在《资本论》终篇，马克思在论述资本主义生产关系的时候说："社会生产过程……是一个在历史上经济上独特的生产关系中进行的过程，是生产和再生产着这些生产关系本身，因而生产和再生产着这个过程的承担者、他们的物质生存条件和他们的互相关系即他们的一定的社会经济形式的过程。……资本主义生产过程像它以前的所有生产过程一样，也是在一定的物质条件下进行的，但是，这些物质条件同时也是个人在他们的生命

---

① 《资本论》第3卷，人民出版社1975年版，第995页。
② 《资本论》第3卷，人民出版社1975年版，第993页。

的再生产过程中所处的一定的社会关系的承担者。"① 其中提及"一定的社会经济形式",实际上就是一定形式的经济体制。在产品表现为商品的时候,就是商品经济体制。换句话说,马克思发现了资本主义经济制度与经济体制之间的区别与联系,这是很值得重视的。之前我们都将两者混为一谈,因而曾经有的改革只是追求公有制的"一大二公三纯",后来才意识到两者之间的区别和联系,因此在确定现在所处的社会主义社会初级阶段的前提下,有不同的经济主体及其需要的存在,因而经济制度不是纯粹的,应该在经济制度基本不变的条件下可以实行经济体制的改革,实行"以公有制为主体,多种所有制并存"的"基本"经济制度。通过体制的改革,即从原有的计划经济体制改革为社会主义市场经济体制。现在回过头来重温、体味马克思的这类指示,不由倍觉《资本论》理论和思想的宝贵和价值。

对特殊的资本运动,特别是其中的野蛮面,马克思也从另外的意义上给我们现在的社会主义市场经济建设以启迪。既然存在着市场经济,那么就必然存在着不同主体之间的竞争,存在着对他们行为的调节,利益的调节。从这种意义看,原来认为没有针对性的一系列论述都有了警示的意义了。

例如,他指出,资本主义的生产中,"占统治地位的却是极端无政府状态",但生产的社会联系仍然"表现为一种不顾个人自由意志而压倒一切的自然规律"。②"内在规律只有通过他们之间的竞争,他们互相施加的压力来实现,正是通过这种竞争和压力,各种偏离得以互相抵销。"③ 也就是说,资本家的极端行为是歪打正着,无心插柳柳成行。这也提示未来社会必须注意不要以这种成本极高的方式来实现这种"自然规律"。

---

① 《资本论》第3卷,人民出版社1975年版,第995页。
② 《资本论》第3卷,人民出版社1975年版,第996—997页。
③ 《资本论》第3卷,人民出版社1975年版,第995页。

又如，他指出，表面看，是市场价格在调节经济活动，但归根到底是利润率在调节，利益的调节。"整个资本主义生产过程，都是由产品的价格来调节的，而起调节作用的生产价格，又是由利润率的平均化和与之相适应的资本在不同社会生产部门之间的分配来调节的。"① 这就告诉人们，必须透过价格的调节看到利益的调节。

再如，他指出，资本家和土地所有者是根据他们拥有的资本和土地所有权获得利息和地租的，这种所有权在经济上的实现同时还可以成为这些要素的使用调节器，"资本对于剩余价值或剩余产品的这种占有和分配，受到了土地所有权方面的限制"②。从一定的意义看，土地所有权成了防止对土地"滥用"的利器。③ 在《剩余价值理论史》末篇，他还发现，资产阶级的国家对土地所有者获得地租另有高招控制："通过把土地所有权转化为〔交给国家的〕地租，资本作为阶级占有了地租，……就是说，资本通过迂回的办法占有了它不能直接拿到手的东西。"④ 这也提示未来社会的"自由人联合体"，如何合理地调控土地等资源利用。

还有，马克思发现，资本深化发展有一定的模式，他发现："如果一个国家的工资和土地价格低廉，资本的利息却很高，因为那里资本主义生产方式总的说来不发展，而另一个国家的工资和土地价格名义上很高，资本的利息却很低，那么，资本家在一个国家就会使用较多的劳动和土地，在另一个国家就会相对地使用较多的资本。"⑤ 显然，这对当代中国的经济发展是很有启示意义的。毕竟我们的地域广大，各地的发展程度不一，而且有对外的经济联系，要利用发展水平不同的外国的各种资源。

根据终篇的研究，我们对当代中国的一些新问题也可以有更清晰的

---

① 《资本论》第3卷，人民出版社1975年版，第998页。
② 《资本论》第3卷，人民出版社1975年版，第927页。
③ 《资本论》第3卷，人民出版社1975年版，第695、846页。
④ 《马克思恩格斯全集》第26卷第3册，人民出版社1974年版，第523页。
⑤ 《资本论》第3卷，人民出版社1975年版，第988页。

认识。

在本书前面，我们已经论证，终篇研究因为使内在规定接近现实而导致许多基本理论的具体化，许多规定都因联系必要的中介而转型，比较具体，因而距离现实比较近。尽管从资本运动的逻辑发展看，它与社会主义经济发展之间联系不上，但与社会主义社会的市场经济却有一定的联系。毕竟在这个社会的初级阶段，还存在着非公有制经济成分，并且它们还会通过"反作用"影响公有制经济，所以理论有新的条件实现转型而能联系实际。从它对一般过程的研究来看，在一定的意义上也可以有效联系我国现在市场经济发展的。如果说，作为劳动价值论在重要规定的劳动二重性是理解政治经济学的枢纽，那么同样也可以说，终篇关于劳动价值论的内外规定的关系，也是理解政治经济学、包括社会主义政治经济学的枢纽。

自从上世纪90年代中后期我党提出"把按劳分配和按要素分配结合起来"的政策（以下简称"新分配政策"）以后，人们对劳动价值论与新分配政策的关系展开了热烈的讨论。因为它涉及这一政策与劳动价值论之间的关系，还因为"按要素分配"与"三位一体公式"有相同之处。

就前一问题看，主要集中在价值的创造与价值的分配之间的联系。许多人从坚持劳动价值论的立场出发，认为两者分属不同领域，有不同的规律，所以没有联系。其用意很明显，就是为现行的新分配政策辩护，说它没有违背劳动价值论这一理论基础。这种说法用心不错但显然有缺陷，如果没有联系，那么科学的劳动价值论对分配理论的研究就是可有可无的，不能彻底地发挥作用了。① 这就陷入捉襟见肘的境地了。必须看到，资产阶级古典学派创立劳动价值论，一个很重要的目的乃在于说明一切价值都是劳动（包括资本家的生产经营活动）创造的，土地所有者不劳动者不得食。马克思批判地继承了这一理论，一方面要说明，资本家与土地所有者

---

① 参看陈俊明：《〈资本论〉劳动价值论的具体化》，中国青年出版社2000年版，第303—307页。

一样，没有创造价值，更重要的是要为科学的理论奠定科学的方法论及理论基础，或培植有机的根本。正因为这样，古典学派之后的一切资产阶级都极力诋毁这一理论。如果价值的创造和分配没有关系，那么，又如何使这一理论彻底地发挥基础或"根本"的作用呢？所以，没有道理把劳动价值论与价值的分配分割开来。可以说，以上的那种证明是不科学的、似是而非的。

那么，能否说价值的生产和分配是有联系的呢？如果是这样，就意味着各种生产要素都参加价值的创造，都是价值的源泉。这正是"三位一体的公式"所要表达的真正意思。马克思说："庸俗经济学家把分配形式实际上只当作从另一角度看的生产形式，而批判的经济学家却把它们彼此分开，并且否认它们的同一性，这一点表明，……和批判的经济学家比较起来，庸俗经济学家真是愚蠢透顶。"[①] 把它们分开，即否认生产要素创造供分配的价值，"古典经济学把利息归结为利润的一部分，把地租归结为超过平均利润的余额，使这二者在剩余价值中合在一起；此外，把流通过程当作单纯的形态变化来说明；最后，在直接生产过程中把商品的价值和剩余价值归结为劳动"[②]。也就是说，他们认为利息和地租只是已经生产出来的利润的一部分，生息资本家和土地所有者没有参与价值的生产。而庸俗经济学则把职能资本家、生息资本家和土地所有者都看成是同一的，从而创立了愚蠢透顶的"功能分配"谬论。

可见，不能不联系价值的生产来阐明分配，也不能不把价值的生产和分配彼此分开，"这里就是罗陀斯，就在这里跳吧"[③]。从传统理解的劳动价值论的抽象规定来看，这是个两难的问题，但从劳动价值论的具体化来看，又是完全可以理解的。

---

① 《马克思恩格斯全集》第26第3册，人民出版社1974年版，第555页。
② 《资本论》第3卷，人民出版社1975年版，第938页。
③ 参看《资本论》第1卷，人民出版社1975年版，第189页。

《资本论》基本理论在终篇的具体化

如上所述，这一理论是深化研究和外化研究的统一，前者揭示劳动与价值的内在关系，后者阐明这种内在规定在社会表面上如何将内在规定颠倒表现。马克思在终篇分析了"三位一体公式"产生与流通、竞争的假象的关系，从而将客观对象的内在规定与社会表象相联系，阐明这些内在规定在社会表面上会因为竞争、流通和资本家的观念而发生变异，以至于颠倒表现。这种内在规定，当然也包括社会劳动（或社会总劳动）与社会价值的关系。他指出，社会劳动创造商品价值的唯一源泉这种内在规定虽然是看不见的，但它一定会表现出来，并会因为流通、竞争和资本家奇特观念的改造制作而颠倒地表现为三种要素共同创造价值。这样看来，劳动价值论不仅要说明是什么样的劳动形成价值，为什么形成价值以及怎样形成价值，还要说明这种内在规定是如何在社会表面上外化而颠倒表现的。由此观之，它的内在规定与分配无关，而其内在规定的外化或颠倒表现则与分配有关。

就后一问题看，主要是关于新时期的分配政策与"三位一体公式"是否有区别。表面看，新分配政策允许"按要素分配"，与"三位一体公式"主张的"按要素分配"没有什么不同，但性质却完全不同。"三位一体公式"是对社会表象的直接的镜面式的反映，而新分配政策中的"按要素分配"则是用劳动价值论的内在规定的外化、颠倒表现来体现现阶段一种客观存在的现实需要。因为在社会主义社会的初级阶段，宪法允许在社会主义公有制生产关系"普照之光"笼罩之下大大小小的私有制经济成分的存在和发展。从现实情况看，这种情况是符合三个"有利于"原则的，也符合已经发展了的市场经济的发展要求①。并且它们又不可能按照公有制经

---

① 在资本主义起点的商品生产中，小商品生产者以自己小规模低水平的生产资料进行生产，而在资本主义较为发展阶段，资本家的生产是大规模高水平的，他们所使用的生产资料的所有权是独立的，所以分配方式与前者不同。马克思的劳动价值论的阶段发展正好体现了这种变化。但许多人不知道劳动价值论有这种发展，将其最抽象形态的规定固定化，并直接用来解释已经发展变化了的分配，当然会感到不相匹配。

济的固有规定来实行按劳分配，只能根据它们的所有权来索取经济利益。所以马克思说："劳动力的、资本的和土地的所有权，就是商品这些不同的价值组成部分所以会分别属于各自的所有者，并把这些价值组成部分转化为他们的收入的原因。"① 这样看来，新分配政策所要体现的，是比较发展的商品经济生产要素所有权的内在要求，而这种内在要求仍然会因为流通、竞争、所有者的观念像在资本主义条件下那样颠倒地表现为价值源泉。简单说，"三位一体公式"是社会表象的复制，而新分配政策则是内在要求的颠倒表现。将两者等量齐观是很肤浅的、表面的、简单的。由于不了解马克思的这种深化与外化统一的方法，所以产生以上的困惑是难免的。

三、现代政治经济学批判的先导和主导

众所周知，《资本论》同时就是政治经济学批判。理论的批判是客观对象的批判性所决定的，它体现了对象及其中包含的主体（客观主体）的历史发展，即现阶段对以往发展阶段的超越，是规定性的丰富、具体化。这是对客观对象自我发展的科学反映。既然对象是历史发展的，是自我发展，那么理论在反映这个对象"发展过程的完成的结果"② 时，已经是对它之前阶段的一种批判，是自我批判。这种自我批判不仅反映特殊对象的自我发展，还反映特殊过程离不开的一般过程的自我发展，所以可称之为"广义的批判"。在《资本论》中，逻辑阶段的上升，范畴规定的转型，就是这样一种自我批判。

理论的批判都是由一定主体实施的，所以强调理论的批判性，一方面

---

① 《资本论》第3卷，人民出版社1975年版，第981页。这里说"劳动力的所有权"而不是说"劳动"的所有权，是因为在资本运动中，劳动已经不属于劳动者。不过，在资本运动中，劳动力的价值却必然会折射为劳动的价值。

② 《资本论》第1卷，人民出版社1975年版，第92页。

《资本论》基本理论在终篇的具体化

突出了理论的客观性，另一方面也突出了理论的主体性。对资产阶级学者来说，他们的理论意识中并不认为对象是历史发展的，因为他们认为资本主义是天然的制度。但在马克思看来，对象不仅是历史发展的，而且达到一定程度时还会跳跃式地质变、被另外的过程所代替。也就是说，这个批判的主体（主观主体）不是以表现对象的自我发展为最终目的，更重要的是将它当成批判的对象，指出它最终要被取代。与广义的自我批判不同，这种批判是有特指对象的，是外在的，比较容易被人感觉的，并且具有对他的破坏性，是一种"狭义的批判"。对客观对象来说，这是一种来自异己方的批判、异己的批判；而从批判者方面来说，这是对他者的批判，或者说是"对他批判"。可见，理论的批判包括"自我批判"和"对他批判"两种。

但是，这两种批判并非分道扬镳的。就理论的"对他批判"而言，它所批判的对象包括其中的一定的主体，即资本运动中的资本家及其理论家的理论。也就是说，马克思作为批判主体，是代表无产阶级对资产阶级及其制度的批判，因而一定是针对另外主体的，是代表、表达、维护对象发展过程中的工人阶级这种主体的特殊利益，有一定价值性。政治经济学所研究的材料的特殊性，一定会"把人们心中最激烈、最卑鄙、最恶劣的感情，把代表私人利益的复仇女神召唤到战场上来反对自由的科学研究。"① 而自我批判要表现的是对象由生到灭的发展规律，所以，马克思理论的"自我批判"实际上联系着"对他批判"。

无论是哪种理论批判，都不会直接导致被批判对象退出历史舞台。马克思说：理论"批判的武器当然不能代替武器的批判，物质力量只能用物质力量来摧毁；但是理论一经掌握群众，也会变成物质力量。理论只要说服人，就能掌握群众；而理论只要彻底，就能说服人"②。所以批判主体的

---

① 《资本论》第1卷，人民出版社1975年版，第12页。
② 《马克思恩格斯选集》第1卷，人民出版社1995年版，第9页。

理论批判还要诉诸无产阶级和劳动大众，教育他们起来对它们（包括客观对象和维护它的理论）实行武器的批判。这样看来，终篇的批判既是马克思主义经济理论在一定逻辑圆圈内"自我批判"的完成，又是"对他批判"即对资本主义批判从理论的批判转化为武器的批判转化的起点。之所以说"起点"，因为在此之前，"对他批判"虽然已经包含在理论的进程中，特别在第一卷中，但只有在这个逻辑圆圈的终点处才臻于全面彻底、科学化。在马克思之前，空想社会主义也曾经对资本主义实行严厉的批判，但它不彻底，与武器的批判没有联系，因而充其量只是空想。而马克思的《资本论》则既彻底、又要掌握群众，能使理论变成物质力量。

虽然狭义的批判以破坏性为主，广义的批判以建设性为主，但两种批判并非彼此对立或分开的。因此，不能因为它有狭义的意思就忽视它的广义含义。对一种历史发展的理论来说，批判性极为重要。没有批判性，理论就不能发展，就不能显示批判主体自身的强大，不能显示这种批判理论相对于其他相关理论的优越性和战斗力、就不能避免僵化，从而不能避免教条化。

关于"自我批判"及其转化为"对他批判"，在《资本论》终篇是表现得十分充分的，并且很有特点。一方面，它是对前面批判的综合和超越，另一方面，它又显示了超越和批判的逻辑、边界，特别是在转入第二个逻辑圆圈的时候。它意味着批判不是依据理论，而是依据事实、发展了的事实。也表明自我批判必须遵循固有的逻辑，不能超出对象运动的一定边界，否则就不是自我批判，而转变为自我毁弃。在马克思主义经济思想史上，列宁就是循着《资本论》原有的逻辑发展的，所以尽管《帝国主义论》与终篇之间有一定的逻辑跳跃，因为垄断对自由竞争是一种跳跃，但垄断是资本主义的垄断，所以列宁并没有超出对象范围所确定的边界。反之，伯恩斯坦的"发展"完全不遵循马克思主义理论的逻辑，随意扩大对象的边界，将不是对象的固有属性也纳入对象之中，从而改变了对象的性质，所以他的"发展"实质上已经变味变质，转变为自我毁弃，即站在马克思主义理论的对立面对它进行批判。

长期以来，中国的马克思主义政治经济学的对他批判表现得十分充分，同时，还延续着马克思主义的批判逻辑，在开创社会主义建设的新过程的同时，自觉地进行自我批判。从建国之初起，就将马克思主义经济理论与中国的具体实际相结合，开始探索社会主义的经济建设理论，这本身就是对马克思主义的发展，也是一种自我超越。认识社会主义条件下价值规律是个大学校，也是一种认识上的自我批判。进行改革开放，提出社会主义社会有阶段之分，在其初级阶段可以实行市场经济体制，更是实践上的自我批判。但由于人们对批判的理解偏于狭义，这种自我批判并非自觉实施的，没有意识到这是在原有科学理论基础上的超越，以至于没有充分地阐明马克思主义与发展了的马克思主义之间内在联系。也因为这样，倒是冒出了另类的自我批判，即有些人抓住改革开放进程前后出现的某些新问题向马克思主义基本原理发难，甚至直接攻击其中的基本理论，特别是劳动价值论。不仅指责它已经过时，而且说它不符合现在的中国国情。就这种自我批判而言，实质上已经离经叛道，转变为自我毁弃。这是必须认真对待和批判的。

关于当代的"对他批判"，主要有两个方面：一是对当代资本主义的批判，这是马克思主义对他批判地继承和发展；二是对当代中国社会主义社会中出现的一系列错误的理论和思潮，并且特别集中在所有制和分配方面，由于这些理论实际上是资产阶级旧理论在现代的翻版和变种，因此，我们发现，《资本论》终篇的批判还很有现实的指导意义。

终篇的批判虽然集中在广义的分配上，但马克思认为，分配关系是生产关系的反面，或颠倒表现，所以他不是就分配论分配，而是将它与生产关系联系起来。他的分析批判表明，"三位一体公式"似乎表现了一种"公平"，但背后的潜台词是"公平"是"按份享受"的，因而是一种表面的"共享"，实质上是根据生产资料的所有权对劳动者劳动的剥夺，所以是传统的资本主义所有制及其观念的典型表现。

结 语

不言而喻，在当代世界上，传统的资本主义所有制及传统的观念至今仍然存在。尽管从《资本论》第三卷出版至今已经过了一个多世纪，其表现形式有所变化，但万变不离其宗。特别是"三位一体公式"所包含的全部错误，其发生的根据至今仍然存在，并且不仅在资本主义世界膨胀，还在我国社会也已发酵多时。而"斯密教条"似乎也死灰复燃，时不时有人提出、鼓吹。至于现在流行并已经成为主流的西方经济学，其中的错误比比皆是，它表面的具体实用性，很难掩盖它实质的抽象性、非历史性、非逻辑性、应用的非典型性、条件的虚无性，它虽然面面俱到，但其中缺乏内在联系，它对生产资料所有制的关键问题虽然刻意回避，但以表面的"共享"来掩盖对劳动的剥夺却没有丝毫改变。

就社会主义社会中出现的各种经济理论来看，也存在着许多错误。在实行改革开放之前，社会上就有许多奇谈怪论出现。对《资本论》断章取义的有之，直接歪曲的有之，曲意附加的有之，更有人打着思想解放旗号鼓吹大胆突破。在改革开放进行中，又有许许多多似是而非的意见、理论冒出。甚至有人在媒体上公开说，改革开放所取得的成就，大都是中共歪打正着而取得的。在学术界，伴随着西方经济学的教条化、扩大化、主流化，许多人在正式场合公开宣扬私有化、自由化。不仅对改革存在的问题，而且对改革本身的理解和阐释也存在问题。例如有人将"转型"偷换为"转轨"，有人提出改革就是一切，改革就要改革一切。对这些思潮，应该进行批判，否则改革就变成社会制度的根本改变了。

如果说对有些问题提出不同的看法是正常的，可以继续讨论，那么对国内学术界对不断涌现的许多违宪、违法的观点、做法，却不能都听之任之，放任其自由膨胀。当前最大且最重要的问题是，一方面是理论的，许多人直接攻击我国宪法中关于马克思主义占据领导地位、公有制占据主体地位的规定，提出要修宪。除了这些明显的违法外，还在许多问题上制造混乱，有人接过"包容性发展"的口号，大讲特讲"包容"，但又完全撇开谁来包容谁、什么包容什么的问题，撇开为什么要包容，包容到什么程度的问题。难道要数量很大的穷人要包容已经富得流油的富人继续以几何级数增加其财富、而自己必须继续相对贫困?人们在大讲特讲"共享文明成果"的时候,也模仿西方学者的说法:"做大蛋糕,分好蛋糕",但却不提根据什么规则、资格、标准、条件分,更不提按什么样的幅度、速度来缩小已经放大到极度的贫富差距,……另一方面是实际的:国有企业被私人一轮又一轮地大量侵吞,公有制的主体地位岌岌可危,公有制的"普照之光"黯然失色;社会财富过度、过快地集中于过少数富人手中,收入差距扩大、基尼系数居高不下,数量不少的黑心矿主、厂家虐待盘剥劳动者的情况经常大量地发生和存在,等等。对此,尽管有不少学者长期进行了深入的批判,但因为各方面的原因,对社会舆论、政府官员的影响力却没有上升,这些不应该发生的事情不断地死灰复燃。反之,则有很多人将改革开放过程中出现的问题、腐败、分配不公等问题与国有企业联系起来。

总之,在社会经济结构中,现在的情况是,公有制"主体"不成主体,"基础"不成基础,"为主"的没有为主。文明成果共享不是"共同共享",而成了"按份共享",以至于公共部分也这样集中在少数人手里,成了他们的"共享",这样共享成了"供(少数人)享"。由于这些错误说法、做法借势发力,更由于长期以来人们对《资本论》并不真懂真信,以至于让西方经济学逐步成为"主流",占据舆论阵地、教学阵地。因此,现在强调和突出终篇的批判实在很有必要,刻不容缓。对这些不是少数、局部、偶然的情况,马克思主义理论家理所当然地要进行必要的批判。可以说,现在,强调马克思主义经济理论的批判性特质,有特别重要的意义。《资本论》研究的是一种典型的社会经济运动。作为一种典型,它包含着一般。这种一般,虽然未必构成《资本论》研究的"最终目的",但却是一种科学揭示,是《资本论》实际提供的有价值的东西,对当代社会主义市场经济来说,它的指导作用同样是难以估量的。

参考文献

1. 《资本论》1—3 卷，人民出版社 1975 年版。
2. 《剩余价值理论》，见《马克思恩格斯全集》第 26 卷 1—3 册，人民出版社 1972、1973、1974 年版。
3. 《马克思恩格斯〈资本论〉书信集》，人民出版社 1976 年版。
4. 《政治经济学批判》，见《马克思恩格斯全集》第 13 卷，人民出版社 1962 年版。
5. 恩格斯：《卡·马克思〈资本论〉第一卷书评》，《马克思恩格斯全集》第 16 卷，人民出版社 1964 年版。
6. 《评阿·瓦格纳的"政治经济学教科书"》，《马克思恩格斯全集》第 19 卷，人民出版社 1963 年版。
7. 《卡·马克思"雇佣劳动与资本"1891 年单行本导言》、《马克思的"资本论"。第三卷》、《关于"资本论"第三卷的内容》、《关于马克思的"资本论"第四卷》，见《马克思恩格斯全集》第 22 卷，人民出版社 1965 年版。
8. 《1844 年经济学哲学手稿》，《马克思恩格斯全集》第 42 卷，人民出版社 1979 年版。
9. 《马克思恩格斯全集》第 46 卷上册、下册，人民出版社 1979、1980 年版。
10. 《马克思恩格斯全集》第 47 卷，人民出版社 1979 年版。
11. 《马克思恩格斯全集》第 48 卷，人民出版社 1985 年版。
12. 《马克思恩格斯全集》第 49 卷，人民出版社 1982 年版。

13. 《资本论》法文版第一卷,中国社会科学出版社1983年版。
14. 《资本论》德文版第一卷,经济科学出版社1987年版。
15. 《马克思恩格斯列宁论英国古典政治经济学》,商务印书馆1981年版。
16. 列宁:《哲学笔记》,人民出版社1974年版。
17. 列宁:《什么是"人民之友"以及他们如何攻击社会民主主义者?》,见《列宁选集》第1卷,人民出版社1972年版。
18. 斯大林:《苏联社会主义经济问题》,人民出版社1961年版。
19. [英]斯密:《国民财富的性质和原因的研究》上卷,商务印书馆1972年版。
20. [英]李嘉图:《李嘉图著作和通讯集》第1卷,商务印书馆1981年版。
21. 王亚南:《〈资本论〉研究》,上海人民出版社1978年版。
22. 陈征:《〈资本论〉解说》,福建人民出版社1977、1978、1980、1981、1982年版。
23. 张薰华、洪远朋:《〈资本论〉提要》,上海人民出版社1977、1978、1982年版。
24. 蒋绍进、李绪蔼主编:《〈资本论〉研究综述》,福建人民出版社1984年版。
25. 吴易风:《英国古典经济理论》,商务印书馆1988年版。
26. 北京大学经济系《资本论》研究组:《〈剩余价值理论〉释义》,山东人民出版社1992年版。
27. 汤在新主编:《〈资本论〉续编探索》,中国金融出版社1995年版。
28. 罗郁聪、苏振富:《〈反杜林论〉研究》,山东人民出版社1990年版。
29. 罗郁聪:《现代社会主义论》,山西经济出版社1998年版。
30. 陈征、李建平、郭铁民:《〈资本论〉在社会主义市场经济中的运用与发展》,福建教育出版社1998年版。
31. 季陶达:《英国古典政治经济学》,三联书店1960年版。
32. 张世英:《论黑格尔的逻辑学》,上海人民出版社1981年版。

33. ［德］黑格尔著，贺麟译：《小逻辑》，商务印书馆1982年版。
34. ［德］黑格尔著，杨一之译：《逻辑学》上、下卷，商务印书馆1977、1981年版。
35. 冯文光、张钟朴：《法文版〈资本论〉的独立科学价值》，黑龙江人民出版社1985年版。
36. 洪远朋：《〈资本论〉难题探索》，山东人民出版社1985年版。
37. 张薰华：《〈资本论〉脉络》，复旦大学出版社1987年版。
38. 蒋绍进、王锦涛：《〈资本论〉的结构》，山东人民出版社1991年版。
39. 宛憔、吴宇辉：《亚当·斯密与〈国富论〉》，吉林大学出版社1986年版。
40. 刘炯忠：《〈资本论〉方法论研究》，中国人民大学出版社1991年版。
41. 马健行、郭继严：《〈资本论〉创作史》，山东人民出版社1983年版。
42. 张巨青等：《辩证逻辑》，吉林人民出版社1980年版。
43. 鲁友章、李宗正主编：《经济学说史》，人民出版社1979年版。
44. 王元璋：《政治经济学从古典学派到马克思的发展》，求实出版社1989年版。
45. ［英］米克：《劳动价值学说的研究》，商务印书馆1979年版。
46. 何炼成主编：《价值学说史》，陕西人民出版社1984年版。
47. 刘永佶：《马克思政治经济学方法论史》，北京大学出版社1987年版。
48. ［苏］伊·谢·纳尔斯基著，冯申译：《异化与劳动》，湖南人民出版社1987年版。
49. 王书瑶：《无形价值论》，东方出版社1992年11月版。
50. 乔宗寿、王琪：《毛泽东经济思想发展史》，上海人民出版社1993年2月版。
51. 卓炯：《〈资本论〉体系与社会主义市场经济》，中国财政经济出版社1990年版。
52. 于丁春主编：《哲学方法论》，北京出版社1990年版。
53. 何干强：《〈资本论〉基本思想与理论逻辑》，中国经济出版社2000年版。

54. 何干强：《唯物史观的经济分析范式及其应用》，中国经济出版社 2008 年版。

55. 冯文光、张仲朴《法文版〈资本论〉的独立价值》，黑龙江人民出版社 1985 年版。

56. 刘永佶：《马克思经济学手稿的方法论》，河南人民出版社 1990 年版。

57. 林水源：《论新型社会主义所有制的建构》，中国社会科学出版社 1991 年版。

58. 钱津：《劳动论》，社会科学文献出版社 2005 年版。

59. 钱津：《劳动效用论》，社会科学文献出版社 2005 年版。

60. 钱津：《劳动价值论》，社会科学文献出版社 2005 年版。

61. 商英伟、徐梦秋主编《主体论——从马克思到毛泽东》，厦门大学出版社 1995 年版。

62. ［日］佐藤金三郎、冈琦荣松等编，刘焱、赵洪、陈家英译：《〈资本论〉百题论证》（一）、（二）、（三），山东人民出版社 1993 年版。

63. ［苏］В. П. 库兹明著，王炳文、贾泽林译：《马克思理论和方法论中的系统性原则》，三联书店 1980 年版。

后 记

在研究《资本论》终篇之前,我对《资本论》是个"艺术的整体"已经有了一种新的理解。这个"整体"不是由许许多多的部分像七巧板那样组合而成的,既然马克思用"细胞"来比喻其中的某个部分,那么这就意味着这个整体是个有机体,既然他认为思想材料有"生命"①,那么每个部分也有生命,它们都与整体的发展紧密相连。因此,其中的各种基本理论都对应总体对象的某个方面,与总体对象一起发展。自从产生这样的理解之后,我重新审视学术界对《资本论》各种基本理论的研究,发现人们对它们的理解大都是无机的,特别是像劳动价值论,都以为只涉及《资本论》的某些章节,并且各种规定彼此之间都具有同等的抽象度而并列,这显然与《资本论》的实际情况不符。因此,我就萌生根据这种新理解来重新理解《资本论》各种基本理论的想法。

从开始确定以"《资本论》终篇"为研究方向以来,我的心始终为这个选择激动着、折腾着。在《资本论》中,终篇的地位十分特殊和重要,它既是《资本论》有机的"艺术整体"的终点,又是"续篇"的起点。作为《资本论》的终点,它与起点、过程紧密相连。根据这些新理解,我确

---

① "材料的生命一旦观念地反映出来,呈现在我们面前的就好像是一个先验的结构了。"(《资本论》第1卷,人民出版社1975年版,第24—25页)可见,马克思已经指出,思想材料是有生命的。

《资本论》基本理论在终篇的具体化

定《资本论》有终点范畴,终篇是《资本论》全书各种基本理论发展的集结地,是它完整的逻辑圆圈从抽象上升到具体的完成处。因此,既要论证终点范畴是什么,又要论证各种基本理论如何在终篇完成。经过整整10年的一系列研究,终于在1996年出版了《〈资本论〉终篇研究》。但即使在这个时候,我仍然感到,原先研究中虽然已经论证了劳动价值论、狭义资本理论、剩余价值理论、政治经济学批判等基本理论在终篇的完成,但它们在《资本论》中的发展尚未被论证,因此,有必要对这些基本理论在《资本论》中的发展进行研究。可以说,心绪仍然萦绕着这个终篇。于是,我相继申请了几个课题,研究并出版了四部关于《资本论》基本理论具体化的著作,形成了研究《资本论》基本理论具体化的序列著作。在此基础上,这部《再研究》自然与1996年的著作有所不同。不仅论证有新的角度,结构有新的整合,而且内容有新的增加,更重要的是深度和广度都有较大的拓展。研究之中,我努力将马克思治学和研究的严谨、全面、深入展示出来,将《资本论》终篇表述的细致、结构的科学,包含的丰富哲理、深刻逻辑以及不断发展的活力都表现出来,将其中包含的批判和价值发掘出来。终篇所包含的理论不仅具有学术的价值,还有广泛而深入的现实意义,特别是关于生产资料所有制与分配关系对此,我也提出了一些新的认识。

从1987年开始研究《资本论》终篇至今,已经有25年之久。这期间,我国经济开始腾飞,有一系列的现实问题需要人们去研究。看到我的同学、学术界的朋友们都纷纷进行研究,取得不凡的成就,钦佩之余,我的心绪也经常被搅动。在教学研究的过程中,我对现实经济问题也曾有许多系统的看法,也想花时间去整理发表,但心里总有一种挥之不去的情结,仍然痴迷于《资本论》的研究,这既缘于信仰,也因为心中涌动的情感,还有已经定型的对《资本论》的热爱,总感到自己有责任来进行这种基础性的研究,而且我也时时想起马克思撰写《资本论》的情况。马克思曾对恩格斯说:未必有人会在这样缺乏货币的情况下来写关于货币的文章。这

后 记

是无产阶级战士①的使命感在驱使他。相比之下，我们现在有稳定的工作和收入，生活安定，有很好的条件可以搞研究，因此，何必去与别人计较收入谁高谁低呢。既然《资本论》终篇这样重要，而自己又乐在其中，又有什么放弃不下的呢？我感到遗憾的是，虽然从1988年开始有关于《资本论》终篇的文章发表，又有专著出版，但时过16年，仍然没有引起国内学术界的重视和兴趣。当然，我也知道，特定的学术研究只有借势才能形成气候，但是，我更知道，有价值的研究永远不会因为较少人理睬而失去价值，何况这种研究是与我党的宗旨、信仰、信念紧密相连的，与现在的马克思主义理论研究与建设工程相适应的。马克思早已说过，政治经济学实践上有意义的东西和理论上必要的东西，彼此相距很远。但他考虑的是严谨和科学，是理论发展的需要，并没有因为在实践上暂时显示不出最直接的实际意义而不重视理论上必要的东西。对马克思主义理论研究来说，埋头苦干是必须的，也是可贵的。

《资本论》终篇的研究、再研究，凝聚着我的师长的心血和教诲。我曾在福建师范大学原校长陈征教授帐下读研究生，研究《资本论》，他对《资本论》的卓著研究，对我研究的关心，一直在激励着我。在1996年《〈资本论〉终篇研究》出版之际，他还欣然为之作序，给我极大的鼓舞和鞭策。我也曾在厦门大学罗郁聪教授的指导下攻读博士学位，他对《资本论》、《反杜林论》的精湛研究，对我的研究经常耳提面命，也一直在鼓励着我。我后来的几部研究《资本论》的著作，他都不辞年事已高，欣然作序，也给极大的鼓舞和激励。在此，我要向他们表示衷心的感谢。

本书是福建省社会科学基金重点项目（2011A028）的最终成果，同时也是教育部哲学社会科学重大招标课题（11JZD004）阶段性成果。在研究过程中，我始终得到泉州师范学院领导的关心、有关职能部门的支持，并

---

① 马克思说："工人阶级永远可以把我当做一个忠诚的先锋战士。"《马克思恩格斯〈资本论〉书信集》，人民出版社1974年版，第189页。

获得学院"桐江学术丛书出版基金"的支持。在本书出版之际，我要对这两项基金，对学院领导和关心支持我研究的同事表示衷心的感谢！本书由中央编译出版社出版，在此，对出版社领导和编辑的支持和劳动，我也要表示衷心的感谢！

陈俊明

2012 年 6 月

图书在版编目（CIP）数据

《资本论》基本理论在终篇的具体化：《资本论》终篇再研究 / 陈俊明著. —北京：中央编译出版社，2012.12

ISBN 978-7-5117-1564-7

Ⅰ. ①资…

Ⅱ. ①陈…

Ⅲ. ①《资本论》-马克思著作研究

Ⅳ. ①A811.23

中国版本图书馆 CIP 数据核字（2012）第 080092 号

《资本论》基本理论在终篇的具体化——《资本论》终篇再研究

出 版 人	刘明清
责任编辑	陈　琼
责任印制	尹　珺
出版发行	中央编译出版社
地　　址	北京西城区车公庄大街乙 5 号鸿儒大厦 B 座（100044）
电　　话	（010）52612345（总编室）　（010）52612352（编辑室） （010）66161011（团购部）　（010）52612332（网络销售） （010）52612316（发行部）　（010）66509618（读者服务部）
网　　址	www.cctphome.com
经　　销	全国新华书店
印　　刷	河北下花园光华印刷有限责任公司
开　　本	787 毫米×1092 毫米　1/16
字　　数	510 千字
印　　张	30.5
版　　次	2012 年 12 月第 1 版第 1 次印刷
定　　价	89.00 元

本社常年法律顾问：北京市吴栾赵阎律师事务所律师　闫军　梁勤
凡有印装质量问题，本社负责调换，电话：010 - 66509618